中国科学技术协会
统计年鉴 *2021*（上）

中国科学技术协会 编

中国科学技术出版社

·北 京·

图书在版编目（CIP）数据

中国科学技术协会统计年鉴 . 2021. 上 / 中国科学
技术协会编 . –– 北京：中国科学技术出版社，2022.12
ISBN 978–7–5046–9155–2

Ⅰ. ①中…　Ⅱ. ①中…　Ⅲ. ①中国科学技术协会—统
计资料— 2021 —年鉴　Ⅳ. ① G322.25–54

中国版本图书馆 CIP 数据核字（2021）第 162326 号

策划编辑	符晓静
责任编辑	李　洁　史朋飞
图文设计	中文天地
责任校对	吕传新
责任印制	徐　飞

出　　版	中国科学技术出版社
发　　行	中国科学技术出版社有限公司发行部
地　　址	北京市海淀区中关村南大街16号
邮　　编	100081
发行电话	010–62173865
传　　真	010–62179148
网　　址	http://www.cspbooks.com.cn

开　　本	880mm×1230mm　1/16
字　　数	860千字
印　　张	31.25
版　　次	2022年12月第1版
印　　次	2022年12月第1次印刷
印　　刷	北京中科印刷有限公司
书　　号	ISBN 978–7–5046–9155–2 / G·908
定　　价	398.00元

编印说明

一、《中国科学技术协会统计年鉴 2021（上）》（以下简称《年鉴》）是一本反映各级科协及所属团体事业发展情况的资料性年度出版物。《年鉴》收录了 2020 年度中国科协（仅指中国科协机关和直属单位，下同）、省级科协、市级科协、县级科协、所属全国学会、省级学会的组织建设、为科技工作者服务、国际及港澳台地区民间科技交流、学术交流、科学普及、科技决策咨询等方面的统计数据。

二、全书内容分为 8 部分：中国科协 2020 年度事业发展统计公报、综合、组织建设、为科技工作者服务、国际及港澳台地区民间科技交流、学术交流、科学普及、科技决策咨询。各部分前编有简要说明。《年鉴》后附有主要指标解释。

三、《年鉴》各项统计数据均未包括香港特别行政区、澳门特别行政区和台湾省的数据。

四、《年鉴》中以"学会"统称各类科协所属学会、协会、研究会。

五、《年鉴》表中的符号"—"表示该项统计指标数据不详或无该项数据；"#"表示其中的主要项；"*"表示表下另有注释。

六、《年鉴》资料来源于中国科学技术协会综合统计调查制度（批准机关：国家统计局；批准文号：国统制〔2019〕216 号；有效期至 2022 年12 月）。综合统计调查年报工作由中国科协战略发展部统一组织开展，所有数据均由基层单位通过网络平台逐级填报、审核和汇总。《年鉴》由中国科学技术出版社出版。

由于时间紧、数据量大，难免有疏漏之处，欢迎指正。

目 录

七、科学普及

八、科技决策咨询

主要指标解释

一、中国科协
2020 年度事业发展统计公报

一、中国科协 2020 年度事业发展统计公报 [①]

2021 年 4 月

2020 年，面对新冠肺炎疫情的严重冲击，中国科协坚持以习近平新时代中国特色社会主义思想为指导，深入贯彻党的十九大和十九届二中、三中、四中、五中全会精神，紧扣决胜全面建成小康社会、决战脱贫攻坚，聚焦保持和增强政治性、先进性、群众性，着力加强对科技工作者的思想政治引领，着力服务党和国家工作大局，着力深化科协系统改革，着力构建联系广泛、服务群众的科协工作体系，深化合作发展，拓展"四服务"空间，引领广大科技工作者为统筹疫情防控和经济社会发展做出扎实贡献。

一、组织建设

（一）科协组织建设

各级科协 3097 个，直属单位 2016 个。各级代表大会总人数 326889 人，其中委员会委员总人数 89307 人，常务委员会委员总人数 34954 人。

各级科协从业人员 37431 人，其中女性从业人员 16136 人。各级科协 2020 年收入 [②] 总额 1532280 万元（图 1）。

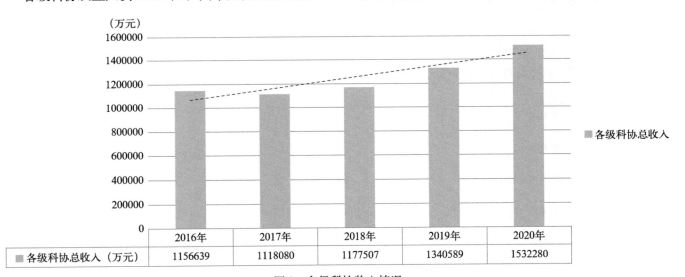

	2016年	2017年	2018年	2019年	2020年
各级科协总收入（万元）	1156639	1118080	1177507	1340589	1532280

图 1　各级科协收入情况

[①] 本公报中各项统计数据均未包括香港特别行政区、澳门特别行政区和台湾省。部分数据因四舍五入，存在着与分项合计不等的情况。

公报中各种范围所表述的含义如下：

各级科协指中国科协机关及直属单位、省级科协、市级科协、县级科协。

地方科协指省级科协、市级科协、县级科协。

学会指各级科协所属学会、协会、研究会。

两级学会指中国科协所属全国学会、省级科协所属省级学会。

全国学会指中国科协所属学会、协会、研究会。

省级学会指省级科协所属学会、协会、研究会。

中国科协基层组织指各级科协在科技工作者集中的企业和事业单位、高等院校和有条件的乡镇（街道）、村（社区）、农村等建立的科学技术协会（科学技术普及协会）等。主要包括企业科协、高校科协、乡镇（街道）科协、村（社区）科协、农技协等。

[②] 各级科协 2020 年收入指 2020 年度各级科协部门经费总收入，包括科协经费总收入和直属单位经费总收入。考虑到统计调查数据的时效性，公报中的财务类数据均按调查单位确定的时点数据或预计数上报。

企业科协① 21849 个，个人会员 252.2 万人。高校科协② 1607 个，个人会员 83.8 万人。乡镇（街道）科协③ 29380 个，个人会员 153.7 万人。村（社区）科协④ 39206 个，个人会员 58.9 万人。农技协⑤ 24658 个，个人会员 394.1 万人。（图 2）

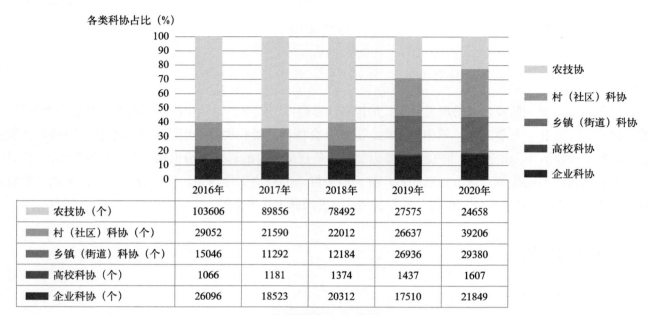

	2016年	2017年	2018年	2019年	2020年
农技协（个）	103606	89856	78492	27575	24658
村（社区）科协（个）	29052	21590	22012	26637	39206
乡镇（街道）科协（个）	15046	11292	12184	26936	29380
高校科协（个）	1066	1181	1374	1437	1607
企业科协（个）	26096	18523	20312	17510	21849

图 2　科协基层组织基本情况

（二）学会组织建设

各级科协所属学会 23123 个，其中中国科协所属全国学会 209 个，省级科协所属省级学会 3599 个。全国学会理事会理事⑥ 3.0 万人，省级学会理事会理事 27.8 万人。

两级学会从业人员 63593 人，其中全国学会从业人员 4009 人，省级学会从业人员 59584 人。

两级学会 2020 年收入总额 73.3 亿元，其中全国学会 2020 年收入总额 388411 万元（图 3）。

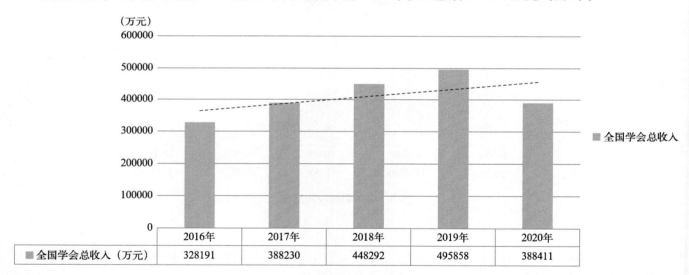

	2016年	2017年	2018年	2019年	2020年
全国学会总收入（万元）	328191	388230	448292	495858	388411

图 3　全国学会收入情况

① 企业科协指各级科协批复由企业（园区）成立的科协基层组织，以及在民政部门登记、经各级科协正式审批接纳的在国家和各级地方政府批准成立的自主创新示范区、经济技术开发区和高新技术产业开发区等企业密集区域和众创空间等新经济组织内建立的科协组织。
② 高校科协指各级科协批复由高等院校成立的科协基层组织。
③ 乡镇（街道）科协指乡镇、街道成立的科协基层组织。
④ 村（社区）科协指在村、社区设立的科协基层组织。
⑤ 农技协指经各级科协正式审批接纳或登记备案的农村专业技术协会及各类农村专业技术研究会（农研会）等。
⑥ 理事会理事指经学会会员代表大会选举产生的学会理事。

两级学会个人会员[①] 1324.3 万人，团体会员 32.1 万个。其中全国学会个人会员 557.9 万人，团体会员 6.4 万个。省级学会个人会员 766.4 万人，团体会员 25.8 万个。（图 4）

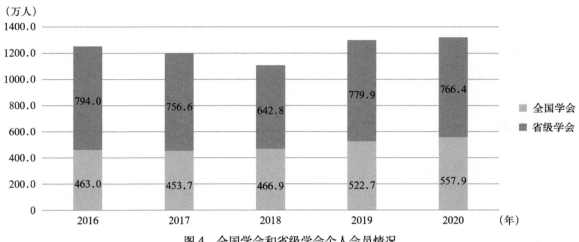

图 4　全国学会和省级学会个人会员情况

二、为科技工作者服务

（一）思想政治教育及能力提升

开展科学道德与学风建设宣讲活动[②] 8745 次，宣讲活动受众 442.8 万人次。

举办干部教育培训班 5037 次（期），共培训 47.8 万人次。

举办继续教育培训班 17583 次，共培训 2770.2 万人次。

（二）表彰举荐

各级科协和两级学会向省部级（含）以上科技奖项、人才计划（工程）举荐人才 10760 人次，向省部级（含）以上科技奖项推荐项目 4570 项。

设立科技奖项[③] 1636 项，其中全国学会设立 365 项。表彰奖励科技工作者 14.7 万人次，其中女性科技工作者 4.0 万人次，45 岁及以下科技工作者 8.4 万人次。

（三）媒体宣传

通过媒体宣传科技工作者 42.2 万人次，其中中央及省级媒体宣传科技工作者 3.8 万人次。宣传媒介呈多样化，通过电视宣传 9.0 万人次，通过纸质媒体宣传 9.2 万人次，通过网络与新媒体宣传 29.1 万人次。

（四）志愿服务

在基层直接为公众提供科技攻坚、成果转化、人才培养、科技咨询、科学普及等服务的专职科普工作者（科普工作时间占其全部工作时间 60% 以上的工作人员）7.5 万人，兼职科普工作者 104.2 万人，科技志愿者[④] 253.7 万人。

---

① 学会个人会员指在学会注册登记，并取得本学会会员资格的人员（包括外籍会员）。

② 科学道德与学风建设宣讲活动指各级科协和两级学会主办或牵头组织宣讲科学精神、科学道德、科学伦理和科学规范的会议、培训及活动等。

③ 科技奖项指省级及以上科协组织和两级学会设立的科技奖项，涵盖人物奖、成果奖、科技奖和科普类奖项等，不包括一般的表扬鼓励和专门针对本单位工作人员的表彰奖励。

④ 科技志愿者指各级科协及所属学会按照国家志愿服务的相关规定登记注册的不以物质报酬为目的，利用自己的时间、科技技能、科技成果、社会影响力等，自愿为社会或他人提供公益性科技类服务的科技工作者、科技爱好者和热心科技传播的人士等。

三、国际及港澳台地区民间科技交流

各级科协和两级学会加入国际民间科技组织[①] 889 个。在国际民间科技组织中任职专家 2248 人，其中担任主席、副主席、执委或相当职务的高级别任职专家 1173 人，其他一般级别任职专家 1060 人。

参加国际科学计划[②] 154 项。参加境外科技活动 6.2 万人次，参加港澳台地区科技活动 0.3 万人次。接待境外专家学者 0.8 万人次。

四、学术交流

（一）推进创新创业服务活动

开展推进创新创业活动 3.1 万项，其中举办竞赛、论坛、展览等活动 7615 项，开展咨询、教育、培训等活动 1.9 万项，开展投融资、成果转化等类型的活动 2291 项。

（二）专家服务

各级科协指导组建专家工作站[③] 7858 个，全年组织进站（中心）专家 87507 人次。组建专家服务团队[④] 5435 个，参加服务团队专家 136907 人次。（图 5）

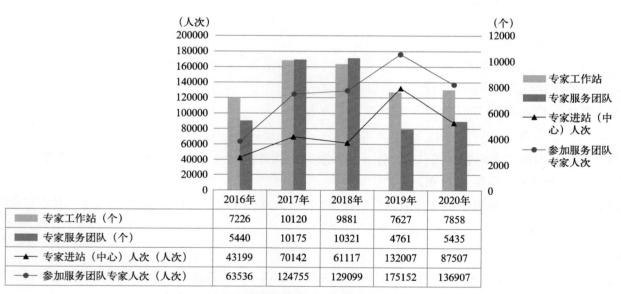

	2016年	2017年	2018年	2019年	2020年
专家工作站（个）	7226	10120	9881	7627	7858
专家服务团队（个）	5440	10175	10321	4761	5435
专家进站（中心）人次（人次）	43199	70142	61117	132007	87507
参加服务团队专家人次（人次）	63536	124755	129099	175152	136907

图 5　各级科协指导组建专家工作站、专家服务团队情况

（三）标准制定

两级学会研制技术标准[⑤] 481 个。两级学会研制团体标准[⑥] 1698 个。

（四）学术会议

各级科协和两级学会共举办学术会议 16442 次，参加人次 16758.9 万人次，交流论文 68.2 万篇。

---

① 国际民间科技组织指各级科协和两级学会代表国家、地区或学科加入的，在所在国正式注册、具有法人资质的国际民间科技组织。

② 国际科学计划指各级科协和两级学会及所联系的专家参与的，国际民间科技组织发起或主导的国际科学计划。

③ 专家工作站指各级科协组织和两级学会协同有关单位，为高层次专家直接参与经济建设和社会服务组建的科技服务机构。

④ 专家服务团队指各级科协和两级学会根据项目合作需要，按专业特点牵头组织的专家服务团队，主要承担科学普及、科技攻关、决策咨询、工程论证、技术指导、科技扶贫等相关合作项目。

⑤ 技术标准指两级学会经公认机构批准的、非强制执行的、供通用或重复使用的产品或相关工艺和生产方法的规则、指南或特性的文件等。

⑥ 团体标准指两级学会按照团体确立的标准制定程序自主制定发布，由社会自愿采用的标准。

举办国内学术会议[①] 15692 次，其中举办学术年会 6588 次。国内学术会议参加人次 16314.4 万人次，交流论文 62.9 万篇。

举办境内国际学术会议[②] 678 次。境内国际学术会议参加人次 441.6 万人次，交流论文 5.0 万篇。

举办港澳台地区学术会议[③] 72 次。港澳台地区学术会议参加人次 2.9 万人次，交流论文 0.3 万篇。（图 6）

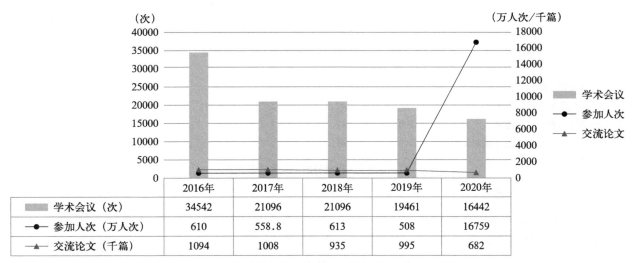

	2016年	2017年	2018年	2019年	2020年
学术会议（次）	34542	21096	21096	19461	16442
参加人次（万人次）	610	558.8	613	508	16759
交流论文（千篇）	1094	1008	935	995	682

图 6　各级科协和两级学会举办学术交流情况

（五）学术期刊

各级科协和两级学会主办科技期刊[④] 1819 种。编委会成员 10.9 万人，编辑部总人数 11387 人。科技期刊总印数 4270.6 万册，发表论文、文章 58.3 万篇。

五、科学普及

（一）科普基础设施建设

截至 2020 年年底，各级科协拥有所有权或使用权的科技馆[⑤] 1000 座。总建筑面积 526.5 万平方米，展厅面积 284.1 万平方米（图 7）。已实行免费开放的科技馆 933 座。科技馆全年接待参观人次 3664.1 万人次。流动科技馆 1202 个。科普活动站（中心、室）59486 个，全年参加活动（培训）人次 3497.0 万人次。科普画廊建筑面积（宣传栏、宣传橱窗）183.3 万平方米，全年展示面积[⑥] 425.1 万平方米。科普大篷车 1265 辆，全年下乡次数 3.5 万次。科普大篷车全年下乡行驶里程 720.2 万千米，受益人次 4588.8 万人次。

---

① 国内学术会议指在我国境内由各级科协和两级学会主办或牵头主办的，以学术交流为目的，由国内有关专家、学者及科技人员参加并提交学术论文的综合交叉性、专业性高端前沿等系列学术研讨会、交流会、报告会和论坛等。

② 境内国际学术会议指在我国境内由各级科协和两级学会主办或牵头主办，受国际组织委托承办的，以学术交流为目的，与会代表来自 3 个或 3 个以上国家或地区（不含港澳台地区）的研讨会、交流会、报告会和论坛等。

③ 港澳台地区学术会议指由各级科协和两级学会与港澳台地区有关组织联合主办的，以学术交流为目的，来自港澳台地区的与会代表人数占总参会人数 1/3 以上的研讨会、交流会、报告会和论坛等。

④ 科技期刊指由各级科协和两级学会主办或合办，具有固定刊名、刊期、年卷或年月顺序编号，以报道科学技术为主要内容的连续出版物，包括学术期刊、综合期刊、技术期刊、科普期刊和检索期刊等，不包括各类内部刊物。

⑤ 科技馆指各级科协拥有所有权或使用权的具备展览教育、培训教育、实验教育等功能，面向公众常年开放的社会科技教育固定设施。

⑥ 科普画廊展示面积指各级科协和两级学会单独或牵头联合有关单位共同建设的科普画廊（宣传栏、橱窗）中，展示科学技术信息图片、文字的实际面积。按实际展示面积计算，单面的计算单面面积，双面的计算双面面积。单个年展示面积 = 每次展示面积 × 展示次数。

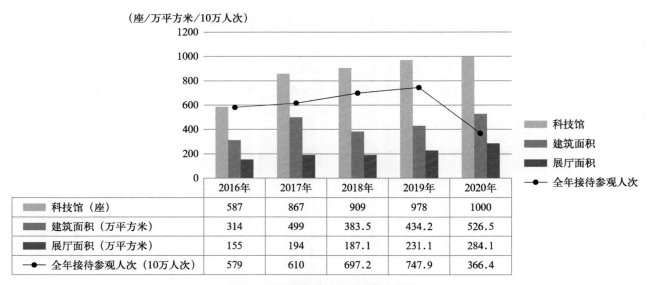

（座/万平方米/10万人次）

	2016年	2017年	2018年	2019年	2020年
科技馆（座）	587	867	909	978	1000
建筑面积（万平方米）	314	499	383.5	434.2	526.5
展厅面积（万平方米）	155	194	187.1	231.1	284.1
全年接待参观人次（10万人次）	579	610	697.2	747.9	366.4

图 7　各级科协科技馆建设基本情况

（二）科普宣讲活动

各级科协和两级学会举办科普宣讲活动① 26.7万场，其中专家科普报告会4.3万场，专题展览1.2万场，科技咨询7.9万场。科普宣讲活动受众24.9亿人次。举办实用技术培训8.1万次，接受培训人次1874.2万人次。推广新技术、新品种20757项（图8）。各类科普活动覆盖村（社区）24.6万个。

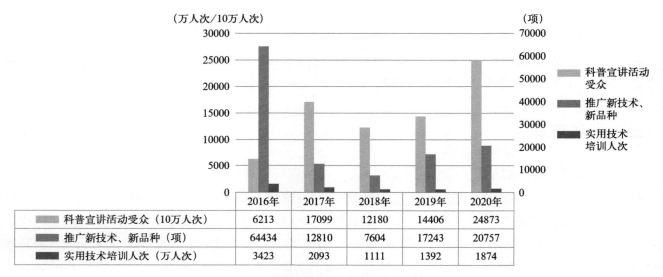

（万人次/10万人次）　　　　　　　　　　　　　　　（项）

	2016年	2017年	2018年	2019年	2020年
科普宣讲活动受众（10万人次）	6213	17099	12180	14406	24873
推广新技术、新品种（项）	64434	12810	7604	17243	20757
实用技术培训人次（万人次）	3423	2093	1111	1392	1874

图 8　各级科协和两级学会科普活动情况

（三）青少年科技教育

各级科协和两级学会举办青少年科普宣讲活动60288次。青少年科普宣讲活动受众4.2亿人次。举办青少年科技竞赛5785项，参加竞赛的青少年2625.6万人次，获奖人次130.9万人次。举办青少年科学营② 957次，参加人次10.8万人次。编印青少年科技教育资料3187种，印数743.6万册。举办青少年科技教育活动和培训35270次，参加培训人次9900.0万人次。通过中学生英才计划③ 培养学生5.2万人。（图9）

---

① 科普宣讲活动指各级科协和两级学会单独或牵头组织的，以报告会、广播、电视、报刊、网络或其他形式举办的科普讲座和报告，以陈列实物及展示图片等形式举办的各类科普展览，组织相关专业专家组成智力团体，以科学技术为依据，向社会和公众提供的智力服务。

② 青少年科学营指由中国科协、教育部共同主办，旨在充分利用重点大学的科技教育资源，激发青少年对科学的兴趣，培养青少年的科学精神、创新意识和实践能力的青少年高校科学营活动。

③ 中学生英才计划指中国科协和教育部联合开展，为落实"支持有条件的高中与大学、科研院所合作开展创新人才培养研究和试验，建立创新人才培养基地"的要求，发现和培养一批具有科学创新潜质的中学生走进大学，在自然科学基础学科领域著名科学家的指导下参加科学研究项目、科技社团活动、学术研讨和科研实践等活动。

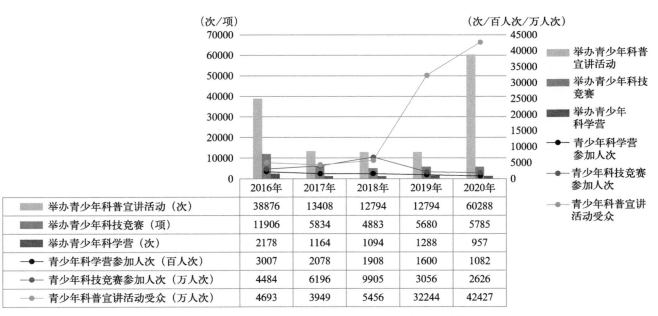

	2016年	2017年	2018年	2019年	2020年
■ 举办青少年科普宣讲活动（次）	38876	13408	12794	12794	60288
■ 举办青少年科技竞赛（项）	11906	5834	4883	5680	5785
■ 举办青少年科学营（次）	2178	1164	1094	1288	957
● 青少年科学营参加人次（百人次）	3007	2078	1908	1600	1082
● 青少年科技竞赛参加人次（万人次）	4484	6196	9905	3056	2626
● 青少年科普宣讲活动受众（万人次）	4693	3949	5456	32244	42427

图 9 各级科协与两级学会举办的青少年科技教育活动情况

（四）科普传播

各级科协和两级学会编著科技图书 6525 种，印数 6224.7 万册。制作科普挂图 65899 种，印数 961.6 万张。制作科技广播影视节目总时长 4.8 万小时。制作科普动漫作品总时长 3.0 万小时。

主办科普传播类网站 1586 个，全年浏览量 233.9 亿人次。主办科普 App 257 个，下载安装 1671.4 万次。主办科普微信公众号 2521 个，关注数 5856.6 万个。主办科普微博 2574 个，粉丝数 4878.3 万个。

六、科技决策咨询

（一）科技决策咨询活动

各级科协和两级学会举办决策咨询活动 4922 次，参与专家 6.2 万人次。开展科技评估[①] 8927 项。组织参与立法咨询 476 次。组织政协科协界委员协商或调研活动 1667 次。

（二）科技决策咨询成果

提供决策咨询报告 5099 篇，其中获上级领导同志批示的报告 1422 篇。反映科技工作者建议 10586 条，其中获上级领导同志批示的建议 2119 条。答复人大政协代表（委员）提案 1002 件。组织政策解读活动 1938 次。发布政策解读文章 946 篇。

---

① 科技评估指各级科协和两级学会独立或牵头开展，遵循一定的原则、程序和标准，运用科学、公正和可行的方法，对科技活动有关的政策、计划、项目、成果、专有技术、产品机构、人才等进行专业判断的评估活动。

二、综 合

简要说明

　　本部分主要指标数据是从各章节提取或经过简单加工的，旨在总体反映 2020 年科协系统组织建设和主要业务活动的情况。

2020 年科协系统综合统计主要数据汇总表

指 标		总 计		科协小计		中国科协机关及直属单位	
		2019 年	2020 年	2019 年	2020 年	2019 年	2020 年
科协基本情况							
科协数	（个）	3040	3097	3040	3097	1	1
从业人员数（科协机关＋直属单位）	（人／个）	35204	37431	35204	37431	648	1237
企业科协	（个）	17298	21849	17298	21849	2	0
会员数	（人／个）	2647890	2522162	2647890	2522162	40	0
高校科协	（个）	1555	1607	1555	1607	1	0
会员数	（人／个）	780289	837939	780289	837939	0	0
乡镇（街道）科协	（个）	29220	29380	29220	29380	0	0
会员数	（人／个）	1525054	1536885	1525054	1536885	0	0
村（社区）科协	（个）	27669	39206	27669	39206	0	0
会员数	（人／个）	408652	588994	408652	588994	0	0
农技协	（个）	27453	24658	27453	24658	0	0
会员数	（人／个）	4394802	3941670	4394802	3941670	0	0
学会基本情况							
各级科协所属学会	（个）	23804	23123	23804	23123	210	209
学会个人会员	（人／个）	13065584	13243028	—	—	—	—
举办干部教育培训班	（期）	4893	5037	3556	3667	9	19
干部教育培训班参训人次	（人次）	540204	478106	478041	404030	438	4948
举办继续教育培训班	（期）	20935	17583	4873	4407	0	1
继续教育培训班参训人次	（人次）	3530110	27702127	433842	415613	0	76
表彰举荐							
向省部级（含）以上科技奖项、人才计划（工程）举荐的人才数	（人次）	8412	10760	2097	2679	2	1
向省部级（含）以上科技奖项推荐获奖的项目数	（项）	3933	4570	1081	1238	1	0
表彰奖励科技工作者	（人次）	113053	147265	27678	31279	0	446
媒体宣传							
通过媒体宣传科技工作者	（人次）	285967	421607	225301	329940	275	28389
志愿服务							
科技志愿者	（人）	1719525	2536719	1470576	2232131	197	239
专职科普人员	（人）	68254	74932	59277	66620	540	536
兼职科普人员	（人）	830487	1041660	676607	872646	9662	668

续表 1

指　标		省级科协		市级科协		县级科协	
		2019 年	2020 年	2019 年	2020 年	2019 年	2020 年
科协基本情况							
科协数	（个）	32	32	404	418	2606	2646
从业人员数（科协机关＋直属单位）	（人／个）	7493	7364	8908	9346	18155	19484
企业科协	（个）	2156	1726	5063	7182	10077	12941
会员数	（人／个）	1338730	949197	822973	978837	486147	594128
高校科协	（个）	678	701	753	804	123	102
会员数	（人／个）	403665	447230	358384	375276	18240	15433
乡镇（街道）科协	（个）	246	0	2284	2855	26690	26525
会员数	（人／个）	13796	0	93055	105380	1418203	1431505
村（社区）科协	（个）	0	1	3971	5270	23698	33935
会员数	（人／个）	0	120	18169	24102	390483	564772
农技协	（个）	2470	2468	1350	1571	23633	20619
会员数	（人／个）	17426	17209	191587	254862	4185789	3669599
学会基本情况							
各级科协所属学会	（个）	3777	3599	8451	8654	11366	10661
学会个人会员	（人／个）	—	—	—	—	—	—
思想政治教育及能力提升							
举办干部教育培训班	（期）	174	237	563	565	2810	2846
干部教育培训班参训人次	（人次）	14912	19412	45510	40965	417181	338705
举办继续教育培训班	（期）	281	405	820	679	3772	3322
继续教育培训班参训人次	（人次）	35077	49101	130081	84665	268684	281771
表彰举荐							
向省部级（含）以上科技奖项、人才计划（工程）举荐的人才数	（人次）	642	684	782	1353	671	641
向省部级（含）以上科技奖项推荐获奖的项目数	（项）	327	294	371	572	382	372
表彰奖励科技工作者	（人次）	2470	2425	11480	13319	13728	15089
媒体宣传							
通过媒体宣传科技工作者	（人次）	19784	18615	12626	18856	192616	264080
志愿服务							
科技志愿者	（人）	247366	609422	484547	554392	738466	1068078
专职科普人员	（人）	3756	3895	11838	11744	43143	50445
兼职科普人员	（人）	10723	17335	197738	250089	458484	604554

续表 2

指　标		学会小计		全国学会		省级学会	
		2019 年	2020 年	2019 年	2020 年	2019 年	2020 年
科协基本情况							
科协数	（个）	—	—	—	—	—	—
从业人员数（科协机关＋直属单位）	（人／个）	—	—	—	—	—	—
企业科协	（个）	—	—	—	—	—	—
会员数	（人／个）	—	—	—	—	—	—
高校科协	（个）	—	—	—	—	—	—
会员数	（人／个）	—	—	—	—	—	—
乡镇（街道）科协	（个）	—	—	—	—	—	—
会员数	（人／个）	—	—	—	—	—	—
村（社区）科协	（个）	—	—	—	—	—	—
会员数	（人／个）	—	—	—	—	—	—
农技协	（个）	—	—	—	—	—	—
会员数	（人／个）	—	—	—	—	—	—
学会基本情况							
各级科协所属学会	（个）	—	—	—	—	—	—
学会个人会员	（人／个）	13065584	13243028	5247873	5578979	7817711	7664049
思想政治教育及能力提升							
举办干部教育培训班	（期）	1337	1370	186	175	1151	1195
干部教育培训班参训人次	（人次）	62163	74076	10535	10276	51628	63800
举办继续教育培训班	（期）	16062	13176	1978	1745	14084	11431
继续教育培训班参训人次	（人次）	3096268	27286514	460950	2335283	2635318	24951231
表彰举荐							
向省部级（含）以上科技奖项、人才计划（工程）举荐的人才数	（人次）	6315	8081	1008	1518	5307	6563
向省部级（含）以上科技奖项推荐获奖的项目数	（项）	2852	3332	438	589	2414	2743
表彰奖励科技工作者	（人次）	85375	115986	27512	43448	57863	72538
媒体宣传							
通过媒体宣传科技工作者	（人次）	60666	91667	23713	38619	36953	53048
志愿服务							
科技志愿者	（人）	248949	304588	56550	85765	192399	218823
专职科普人员	（人）	8977	8312	687	859	8290	7453
兼职科普人员	（人）	153880	169014	9464	48813	144416	120201

续表 3

指　标		总　计		科协小计		中国科协机关及直属单位	
		2019 年	2020 年	2019 年	2020 年	2019 年	2020 年
国际及港澳台地区民间科技交流							
加入国际民间科技组织	（个）	897	889	41	31	5	4
任职专家	（位）	1956	2248	21	7	3	3
参加大陆境外科技活动人次	（人次）	44589	61950	3975	3131	63	36
学术交流							
开展推进创新创业活动	（项）	24059	30808	9765	11751	715	1377
参与服务活动的科技工作者	（人次）	1100060	67675453	402357	66680091	25000	54381000
国内学术会议	（次）	18314	15692	2112	2129	8	17
参加人次	（人次）	4975816	163144343	638868	1780851	790	6233
交流论文、报告数	（篇）	998953	629272	30252	28933	200	569
境内国际学术会议	（次）	1500	678	159	104	12	7
参加人次	（人次）	1336365	4415991	423914	64901	315970	3130
交流论文、报告数	（篇）	140720	49940	8491	2741	4556	429
港澳台地区学术会议	（次）	166	72	28	18	1	0
参加人次	（人次）	39657	28687	9272	4442	200	0
交流论文、报告数	（篇）	10078	3256	2307	688	90	0
科技期刊							
主办科技期刊	（种）	1876	1819	157	129	2	7
科技期刊印刷量	（册）	46851366	42706301	9457587	9135690	91900	339027
科技期刊发表文章数	（篇）	583586	582819	26764	37432	435	1079
科普基础设施建设							
实体科技馆	（座）	978	1000	879	890	1	1
建筑面积	（平方米）	4340676	5264738	4083736	4688453	102000	102000
全年参观人次	（人次）	74785024	36640620	71496079	34275682	3890765	689628
流动科技馆	（个）	1730	1202	1678	1173	328	76
全年流动科技馆巡展受众人次	（人次）	89871509	33034588	88423131	32838139	22973000	7983156
科普大篷车	（辆）	1232	1265	1189	1246	0	0
科普大篷车覆盖人次	（人次）	18301773	45887524	18134112	45729928	0	0

续表 4

指　标		省级科协		市级科协		县级科协	
		2019 年	2020 年	2019 年	2020 年	2019 年	2020 年
国际及港澳台地区民间科技交流							
加入国际民间科技组织	（个）	5	1	3	4	28	22
任职专家	（位）	4	0	0	3	14	1
参加大陆境外科技活动人次	（人次）	2225	1046	1012	118	675	1931
学术交流							
开展推进创新创业活动	（项）	1042	1176	3117	3517	4891	5681
参与服务活动的科技工作者	（人次）	206731	12004370	56676	162138	113950	132583
国内学术会议	（次）	281	320	1471	1489	352	303
参加人次	（人次）	108750	1163076	428938	501828	100390	109714
交流论文、报告数	（篇）	5265	8691	20476	16012	4311	3661
境内国际学术会议	（次）	37	36	72	43	38	18
参加人次	（人次）	73021	10430	23987	46623	10936	4718
交流论文、报告数	（篇）	1703	745	1568	1340	664	227
港澳台地区学术会议	（次）	8	6	13	9	6	3
参加人次	（人次）	5201	2662	2720	1370	1151	410
交流论文、报告数	（篇）	1990	607	110	55	117	26
科技期刊							
主办科技期刊	（种）	27	28	37	34	91	60
科技期刊印刷量	（册）	8391877	8091833	337610	144980	636200	559850
科技期刊发表文章数	（篇）	22760	31340	2564	4098	1005	915
科普基础设施建设							
实体科技馆	（座）	26	27	173	189	679	673
建筑面积	（平方米）	802834	866407	1700364	1993506	1478538	1726540
全年参观人次	（人次）	21963060	7373626	27814585	14787151	16726469	11425277
流动科技馆	（个）	328	239	310	284	712	574
全年流动科技馆巡展受众人次	（人次）	45280377	9125181	9037492	7879781	11132262	7850022
科普大篷车	（辆）	38	69	261	267	890	910
科普大篷车覆盖人次	（人次）	1213033	24564257	6582325	6630594	10338754	14535077

续表 5

指　标		学会小计		全国学会		省级学会	
		2019 年	2020 年	2019 年	2020 年	2019 年	2020 年
国际及港澳台地区民间科技交流							
加入国际民间科技组织	（个）	856	858	585	612	271	246
任职专家	（位）	1935	2241	1167	1333	768	908
参加大陆境外科技活动人次	（人次）	40614	58819	12685	53490	27929	5329
学术交流							
开展推进创新创业活动	（项）	14294	19057	2323	2229	11971	16828
参与服务活动的科技工作者	（人次）	697703	995362	146388	389500	551315	605862
国内学术会议	（次）	16202	13563	4340	3304	11862	10259
参加人次	（人次）	4336948	161363492	1696958	27006936	2639990	134356556
交流论文、报告数	（篇）	968701	600339	649331	367081	319370	233258
境内国际学术会议	（次）	1341	574	566	280	775	294
参加人次	（人次）	912451	4351090	497376	2638804	415075	1712286
交流论文、报告数	（篇）	132229	47199	76150	26976	56079	20223
港澳台地区学术会议	（次）	138	54	34	13	104	41
参加人次	（人次）	30385	24245	5998	14661	24387	9584
交流论文、报告数	（篇）	7771	2568	1555	694	6216	1874
科技期刊							
主办科技期刊	（种）	1719	1690	988	986	731	704
科技期刊印刷量	（册）	37393779	33570611	26217888	24069233	11175891	9501378
科技期刊发表文章数	（篇）	556822	545387	248319	249048	308503	296339
科普基础设施建设							
实体科技馆	（座）	—	—	—	—	—	—
建筑面积	（平方米）	—	—	—	—	—	—
全年参观人次	（人次）	—	—	—	—	—	—
流动科技馆	（个）	—	—	—	—	—	—
全年流动科技馆巡展受众人次	（人次）	—	—	—	—	—	—
科普大篷车	（辆）	—	—	—	—	—	—
科普大篷车覆盖人次	（人次）	—	—	—	—	—	—

续表 6

指 标		总 计		科协小计		中国科协机关及直属单位	
		2019 年	2020 年	2019 年	2020 年	2019 年	2020 年
科普画廊建筑面积	（平方米）	—	—	—	—	—	—
科普画廊展示面积	（平方米）	—	—	—	—	—	—
科普宣讲活动							
举办科普宣讲活动	（次）	243043	267396	115099	170292	1291	17548
科普活动受众	（人次）	1443894217	2487338748	528708904	722254193	48115044	97656214
# 青少年科普活动受众	（人次）	135339692	424274976	93531048	156864418	28762494	71489748
参加活动科技人员、专家人次	（人次）	1037831	1482184	344041	372725	20	42
青少年科技教育							
举办青少年科技竞赛	（项）	5522	5785	4762	4525	0	2
参加人次	（人次）	30183306	26255591	25961321	22971345	0	29593
青少年参加国际及港澳台地区科技交流活动	（次）	10724	2206	7153	1442	0	10
参加人次	（人次）	66478	24552	39800	13090	0	80
举办青少年高校科学营	（次）	1540	957	1268	784	5	68
参加人次	（人次）	152483	108231	119146	81526	22149	11940
举办青少年科技教育活动和培训	（次）	43633	35270	39805	32248	23298	16869
参加人次	（人次）	14323158	98999644	13335120	98016187	1677144	74591347
科普传播							
编著科技图书	（种）	4099	6525	2172	4728	18	1394
总印数	（册）	18305206	62246896	10831693	55173164	16150	44303572
主办科技报纸	（种）	578	586	478	500	0	0
总印数	（份）	74574515	67596168	56664141	50634065	0	0
主办科普微信公众号	（个）	2192	2521	1265	1413	11	18
全年阅读量	（次）	644377245	1456246050	310534588	511848504	161065671	317306818
科技决策咨询							
开展科技评估	（项）	7197	8927	454	394	114	23
举办决策咨询活动	（次）	4684	4922	1156	1298	27	72
反映科技工作者建议	（篇）	10633	10586	8625	7738	0	29

续表 7

指　标		省级科协		市级科协		县级科协	
		2019 年	2020 年	2019 年	2020 年	2019 年	2020 年
科普画廊建筑面积	（平方米）	8098	8048	272078	265048	1448567	1522131
科普画廊展示面积	（平方米）	8039	7932	663796	652392	3632871	3554439
科普宣讲活动							
举办科普宣讲活动	（次）	16891	13605	43069	53787	53848	85352
科普活动受众	（人次）	375350451	469152207	51795495	73362381	53447914	82083391
#青少年科普活动受众	（人次）	44576865	54205976	9154097	13310100	11037592	17858594
参加活动科技人员、专家人次	（人次）	32676	21357	112217	121711	199128	229615
青少年科技教育							
举办青少年科技竞赛	（项）	177	166	1270	1091	3315	3266
参加人次	（人次）	11915956	10031521	7394913	6342241	6650452	6567990
青少年参加国际及港澳台地区科技交流活动	（次）	59	19	533	31	6561	1382
参加人次	（人次）	13051	381	13876	6940	12873	5689
举办青少年高校科学营	（次）	60	40	821	361	382	315
参加人次	（人次）	22922	18969	17045	13680	57030	36937
举办青少年科技教育活动和培训	（次）	6189	3322	3454	4045	6864	8012
参加人次	（人次）	6811724	17620595	1165013	2329170	3681239	3475075
科普传播							
编著科技图书	（种）	164	176	256	253	1734	2905
总印数	（册）	1751712	2252898	2238555	1707168	6825276	6909526
主办科技报纸	（种）	24	24	17	14	437	462
总印数	（份）	47856518	44809902	7474208	4483471	1333415	1340692
主办科普微信公众号	（个）	122	123	355	398	777	874
全年阅读量	（次）	49707902	91164181	66075158	64333544	33685857	39043961
科技决策咨询							
开展科技评估	（项）	111	66	50	102	179	203
举办决策咨询活动	（次）	172	205	355	353	602	668
反映科技工作者建议	（篇）	1413	1424	2392	1955	4820	4330

续表 8

指 标		学会小计		全国学会		省级学会	
		2019 年	2020 年	2019 年	2020 年	2019 年	2020 年
科普画廊建筑面积	（平方米）	33113	37576	700	3100	32413	34476
科普画廊展示面积	（平方米）	24201	36379	400	2166	23801	34213
科普宣讲活动							
举办科普宣讲活动	（次）	127944	97104	87581	42776	40363	54328
科普活动受众	（人次）	915185313	1765084555	851844065	1481163316	63341248	283921239
#青少年科普活动受众	（人次）	41808644	267410558	36305053	228288105	5503591	39122453
参加活动科技人员、专家人次	（人次）	693790	1109459	493642	868550	200148	240909
青少年科技教育							
举办青少年科技竞赛	（项）	760	1260	124	112	636	1148
参加人次	（人次）	4221985	3284246	1904853	1711049	2317132	1573197
青少年参加国际及港澳台地区科技交流活动	（次）	3571	764	79	15	3492	749
参加人次	（人次）	26678	11462	1973	393	24705	11069
举办青少年高校科学营	（次）	272	173	51	41	221	132
参加人次	（人次）	33337	26705	5881	8155	27456	18550
举办青少年科技教育活动和培训	（次）	3828	3022	604	439	3224	2583
参加人次	（人次）	988038	983457	378250	402360	609788	581097
科普传播							
编著科技图书	（种）	1927	1797	388	384	1539	1413
总印数	（册）	7473513	7073732	1546531	1798166	5926982	5275566
主办科技报纸	（种）	100	86	13	7	87	79
总印数	（份）	17910374	16962103	626137	547400	17284237	16414703
主办科普微信公众号	（个）	927	1108	226	311	701	797
全年阅读量	（次）	333842657	944397546	215634385	791247785	118208272	153149761
科技决策咨询							
开展科技评估	（项）	6743	8533	1921	2368	4822	6165
举办决策咨询活动	（次）	3528	3624	881	791	2647	2833
反映科技工作者建议	（篇）	2008	2848	228	883	1780	1965

三、组织建设

简要说明

本篇统计资料为:

1. 汇总数据,反映中国科协、地方科协、全国学会和省级学会组织建设的基本情况。

2. 地方科协统计数据,分别反映各省级科协、市级科协、县级科协的组织建设情况,包括 2020 年度科协数、会员数等情况。

3. 基层组织统计数据,分别反映乡镇、街道、高校、企业、农村和社区的基层组织建设情况。

4. 省级学会统计数据,按行政区划反映省级学会 2020 年度理事会理事、学会会员、学会从业人员等情况。

3-1 2020年各级科协组织建设汇总表

指 标		总 计		科协小计		中国科协机关及直属单位	
		2019年	2020年	2019年	2020年	2019年	2020年
科协数	（个）	3040	3097	3040	3097	1	1
本级科协直属单位	（个）	2049	2016	2033	2016	16	16
本级科协基层组织							
企业科协	（个）	17298	21849	17298	21849	0	0
会员数	（人／个）	2647890	2522162	2647890	2522162	0	0
高校科协	（个）	1555	1607	1555	1607	0	0
会员数	（人／个）	780289	837939	780289	837939	0	0
乡镇（街道）科协	（个）	29220	29380	29220	29380	0	0
会员数	（人／个）	1525054	1536885	1525054	1536885	0	0
村（社区）科协	（个）	27669	39206	27669	39206	0	0
会员数	（人／个）	408652	588994	408652	588994	0	0
农技协	（个）	27453	24658	27453	24658	0	0
会员数	（人／个）	4394802	3941670	4394802	3941670	0	0

3-1 续表

指 标		省级科协		市级科协		县级科协	
		2019 年	2020 年	2019 年	2020 年	2019 年	2020 年
科协数	（个）	32	32	404	418	2603	2646
本级科协直属单位	（个）	173	149	508	503	1352	1348
本级科协基层组织							
企业科协	（个）	2156	1726	5063	7182	10075	12941
会员数	（人／个）	1338730	949197	822973	978837	486107	594128
高校科协	（个）	678	701	753	804	122	102
会员数	（人／个）	403665	447230	358384	375276	18240	15433
乡镇（街道）科协	（个）	246	0	2284	2855	26690	26525
会员数	（人／个）	13796	0	93055	105380	1418203	1431505
村（社区）科协	（个）	0	1	3971	5270	23698	33935
会员数	（人／个）	0	120	18169	24102	390483	564772
农技协	（个）	2470	2468	1350	1571	23633	20619
会员数	（人／个）	17426	17209	191587	254862	4185789	3669599

3-2　2020 年全国学会、省级学会组织建设汇总表

指　标		学会合计		全国学会		省级学会	
		2019 年	2020 年	2019 年	2020 年	2019 年	2020 年
学会分支机构	（个）	32755	34156	5428	5651	27327	28505
＃专业委员会	（个）	23583	24705	3971	4143	19612	20562
＃工作委员会	（个）	4564	4739	1061	1070	3503	3669
＃专项基金管理委员会	（个）	81	88	31	34	50	54
学会团体（单位）会员	（个）	544933	321323	53959	63735	490974	257588
理事会理事	（人）	298663	307662	36561	29997	262102	277665
＃常务理事	（人）	98339	96316	11594	9455	86745	86861
＃女性理事	（人）	58527	61078	5234	4621	53293	56457
＃45 岁及以下的理事	（人）	78226	79951	6263	4627	71963	75324
学会个人会员	（人）	13065584	13243028	5247873	5578979	7817711	7664049
＃女性会员	（人）	4329398	4360128	1613110	1788865	2716288	2571263
＃高级（资深）会员	（人）	1160025	1193349	318101	377759	841924	815590
＃学生会员	（人）	790487	930990	476079	604205	314408	326785
＃外籍会员	（人）	5397	5499	4492	4397	905	1102
＃港澳台会员	（人）	3371	3857	2305	2523	1066	1334
＃交纳会费会员	（人）	2777153	2865803	981826	1139932	1795327	1725871
＃党员会员	（人）	3859242	4105276	1565548	1771117	2293694	2334159
学会从业人员	（人）	64519	63593	3704	4009	60815	59584
＃女性从业人员	（人）	27710	26719	2189	2201	25521	24518
＃专职人员	（人）	13669	16587	3036	3008	10633	13579
＃社会聘用人员	（人）	8064	7577	1821	2098	6243	5479

3-3　2020年各省级科协组织建设情况

地　区	科协数（个）	本级科协直属单位（个）	企业科协（个）	会员数（人／个）	高校科协（个）	会员数（人／个）	农技协（个）	会员数（人／个）
合　计	30	149	1726	949197	701	447230	2468	17209
北　京	1	11	123	403368	28	79916	1	382
天　津	1	2	0	0	3	715	0	0
河　北	1	6	0	0	0	0	0	0
山　西	1	11	241	9509	17	4878	1	560
内蒙古	1	5	44	7636	30	6537	1	245
辽　宁	1	1	0	0	0	0	1	184
吉　林	1	7	340	74820	28	774	0	0
黑龙江	1	3	82	79284	22	19880	0	0
上　海	1	7	0	0	11	11177	0	0
江　苏	1	8	0	0	25	41557	0	0
浙　江	1	5	18	20775	12	19088	0	0
安　徽	1	4	3	3710	27	14650	0	0
福　建	1	5	0	0	21	13360	1	550
江　西	1	0	0	0	0	0	0	0
山　东	1	7	13	15910	129	47110	1	2400
河　南	1	7	0	0	21	210	1	96
湖　北	1	6	23	86949	50	32304	1	30
湖　南	1	7	0	0	0	0	0	0
广　东	1	4	0	0	85	37251	0	0
广　西	1	4	4	264	42	21617	1	120
海　南	1	2	12	7576	1	110	1	85
重　庆	1	3	425	65180	27	31271	1	77
四　川	1	9	0	0	0	0	0	0
贵　州	1	4	48	10633	70	3722	0	0
云　南	1	7	0	0	0	0	0	0
西　藏	1	1	0	0	0	0	0	0
陕　西	1	5	207	153835	34	43988	2455	12275
甘　肃	1	7	0	0	0	0	0	0
青　海	1	4	5	223	0	0	1	105
宁　夏	1	5	26	724	0	0	0	0
新　疆	1	8	112	8801	18	17115	1	100
新疆生产建设兵团	1	0	0	0	0	0	0	0

3-4 2020年各地区市级科协组织建设情况

地 区	科协数 （个）	本级科协 直属单位 （个）	企业科协 （个）	会员数 （人／个）	高校科协 （个）	会员数 （人／个）
合 计	418	503	7182	978837	804	375276
北 京	16	12	458	50621	2	528
天 津	15	7	196	9238	1	100
河 北	11	21	120	39546	46	9526
山 西	11	18	77	32244	17	2975
内蒙古	12	16	77	12232	0	0
辽 宁	14	3	194	115856	57	56700
吉 林	9	10	150	4712	29	5470
黑龙江	13	9	62	27711	21	18369
上 海	16	10	203	10836	1	150
江 苏	13	17	475	48429	83	85302
浙 江	11	19	251	18464	54	20290
安 徽	15	20	253	28575	31	21078
福 建	9	16	365	22980	40	6554
江 西	11	23	236	15566	40	11000
山 东	16	28	698	56476	126	49920
河 南	18	36	201	72329	21	7732
湖 北	13	19	324	37967	27	13008
湖 南	14	18	1114	113301	73	19402
广 东	21	26	691	52147	37	16693
广 西	14	15	276	38292	7	1525
海 南	2	1	1	0	0	0
重 庆	27	13	363	36222	7	1488
四 川	21	23	84	64584	23	11650
贵 州	9	13	28	1731	29	5041
云 南	16	21	18	2916	9	1968
西 藏	5	21	1	0	0	0
陕 西	12	11	106	42782	12	3095
甘 肃	14	17	32	15894	7	2755
青 海	8	5	0	0	0	0
宁 夏	5	2	99	4274	0	0
新 疆	14	28	21	2262	2	92

3-4 续表

地　区	乡镇（街道）科协（个）	会员数（人／个）	村（社区）科协（个）	会员数（人／个）	农技协（个）	会员数（人／个）
合　计	2855	105380	5270	24102	1571	254862
北　京	312	20129	258	258	21	5693
天　津	236	9181	2302	10442	15	1122
河　北	325	2643	0	0	22	3017
山　西	63	237	0	0	106	363
内蒙古	149	2027	0	0	52	5253
辽　宁	56	1163	529	1058	63	5019
吉　林	0	0	0	0	62	7756
黑龙江	0	0	0	0	18	1733
上　海	188	10911	350	8750	10	688
江　苏	0	0	0	0	30	3059
浙　江	10	166	0	0	7	555
安　徽	0	0	0	0	2	172
福　建	0	0	0	0	8	873
江　西	54	1101	0	0	21	4240
山　东	285	10304	0	0	61	2878
河　南	74	6101	2	216	55	30162
湖　北	0	0	0	0	3	486
湖　南	130	130	1717	1717	3	599
广　东	160	7787	5	15	1	20
广　西	57	171	0	0	10	1267
海　南	0	0	0	0	3	105
重　庆	631	28751	8	94	465	53759
四　川	0	0	0	0	28	41403
贵　州	0	0	0	0	5	292
云　南	103	4311	0	0	163	27368
西　藏	0	0	0	0	3	1015
陕　西	8	85	0	0	230	49021
甘　肃	3	22	31	930	9	600
青　海	0	0	0	0	2	155
宁　夏	11	110	67	402	93	6009
新　疆	0	50	1	220	0	180

3-5　2020年各地区县级科协组织建设情况

地 区	科协数 （个）	本级科协 直属单位 （个）	企业科协 （个）	会员数 （人／个）	高校科协 （个）	会员数 （人／个）
合　计	**2646**	**1348**	**12941**	**594128**	**102**	**15433**
河　北	164	89	296	7700	3	65
山　西	117	32	88	5244	0	0
内蒙古	103	17	257	8951	0	0
辽　宁	100	22	91	4994	2	1500
吉　林	57	55	31	814	0	0
黑龙江	107	29	26	233	1	10
江　苏	97	51	3091	136356	16	2410
浙　江	89	56	2200	125627	14	1987
安　徽	99	38	334	12168	3	30
福　建	84	56	1255	47721	2	92
江　西	94	68	219	8863	7	503
山　东	136	89	1157	60624	18	2596
河　南	158	99	188	8788	5	161
湖　北	102	103	734	21339	6	1354
湖　南	122	88	1331	41280	3	948
广　东	119	28	221	21206	2	531
广　西	109	51	131	3544	0	0
海　南	18	11	0	0	0	0
重　庆	12	6	48	2041	0	0
四　川	181	90	744	52793	17	3220
贵　州	88	42	57	1499	0	0
云　南	129	57	133	9644	0	0
西　藏	47	17	2	1	1	0
陕　西	95	61	99	5073	0	1
甘　肃	84	27	60	2231	0	0
青　海	29	12	2	141	1	5
宁　夏	21	6	125	4017	0	0
新　疆	87	48	21	1236	1	20

注：本表数据不含北京、天津和上海地区。

3-5 续表

地 区	乡镇（街道）科协（个）	会员数（人／个）	村（社区）科协（个）	会员数（人／个）	农技协（个）	会员数（人／个）
合 计	26525	1431505	33935	564772	20619	3669599
河 北	1604	45384	30	3201	479	129735
山 西	1159	30242	388	2953	318	46620
内蒙古	968	23491	166	719	328	59509
辽 宁	1018	46333	254	4395	420	66092
吉 林	425	16371	89	2723	359	58590
黑龙江	501	51382	234	9334	579	209840
江 苏	1168	126297	4346	81478	1041	118072
浙 江	1245	72403	4194	52148	389	40773
安 徽	1329	61846	243	4835	958	146863
福 建	1089	39068	1506	13530	602	60121
江 西	1411	48952	67	3294	588	63562
山 东	1528	146935	3528	62039	1185	313242
河 南	1681	119193	191	4907	1588	310870
湖 北	1157	68896	536	12202	589	86247
湖 南	1753	135620	14825	246031	883	158963
广 东	1170	65494	436	2696	396	39838
广 西	812	24644	180	1955	613	85072
海 南	111	3045	235	754	107	9039
重 庆	381	19755	7	310	354	33917
四 川	2125	99363	571	16008	3089	869836
贵 州	868	44319	45	1726	657	87314
云 南	1069	38544	520	7598	2609	283792
西 藏	0	0	3	0	6	1867
陕 西	837	37740	277	3149	983	180285
甘 肃	643	26586	253	2980	1029	122224
青 海	36	26391	16	16692	133	32152
宁 夏	187	7104	266	4401	210	41473
新 疆	250	6107	529	2714	127	13691

3-6　2020年各地区省级学会组织建设情况

地　区	理事会理事 （人）	#常务理事 （人）	#女性理事 （人）	#45岁及以下的理事 （人）
合　计	277665	86861	56457	75324
北　京	10129	2906	2935	2957
天　津	6946	1698	1929	2135
河　北	12989	4672	3382	3967
山　西	10934	3692	2457	2590
内蒙古	10586	3726	2744	2652
辽　宁	9414	2671	2619	2721
吉　林	11134	3776	2927	3401
黑龙江	4454	1508	1289	1336
上　海	9330	2373	2155	2412
江　苏	11690	3747	1961	3369
浙　江	19874	3698	1903	2865
安　徽	10996	3760	2023	3265
福　建	10350	3227	2022	2843
江　西	7698	2454	1339	2227
山　东	13034	4054	2497	3641
河　南	11207	3822	2339	3099
湖　北	13225	3767	2246	3964
湖　南	15792	5531	2825	4899
广　东	16534	5632	2876	4218
广　西	8580	2663	1605	2700
海　南	1809	720	304	481
重　庆	8020	2460	1590	2815
四　川	7761	2528	1499	2336
贵　州	5205	1720	1160	1592
云　南	6475	2056	1424	1291
西　藏	868	329	210	321
陕　西	9117	3004	1724	2309
甘　肃	1829	599	295	495
青　海	2303	656	361	430
宁　夏	2758	886	513	575
新　疆	6624	2526	1304	1418

3-6　续表 1

地　区	学会个人会员（人）	#女性会员（人）	#高级（资深）会员（人）	#学生会员（人）	#外籍会员（人）	#港澳台会员（人）	#交纳会费会员（人）	#党员会员（人）
合　计	7664049	2571263	815590	326785	1102	1334	1725871	2334159
北　京	431883	174800	55836	15916	34	18	89873	66160
天　津	130117	61614	12030	7322	8	5	45389	38613
河　北	230532	115828	22510	16675	54	14	83096	89871
山　西	165689	74331	14699	7009	1	0	49454	51593
内蒙古	239811	145960	23987	5884	1	0	16841	85881
辽　宁	190885	94393	18942	14106	205	50	13574	59652
吉　林	1158203	71038	18950	8262	4	301	24789	212985
黑龙江	31674	11163	5527	6369	2	8	10354	11594
上　海	313438	147412	39228	14672	166	207	180313	101695
江　苏	471265	191006	111317	58168	25	17	187723	112550
浙　江	241186	109602	25781	13433	301	160	81749	79958
安　徽	269763	74307	33172	18949	4	0	22714	88292
福　建	264656	128607	39111	18987	11	140	127367	117440
江　西	239847	119540	27701	5013	0	0	28614	57653
山　东	399849	196088	36596	22712	56	18	98819	208258
河　南	255180	71914	45745	16028	0	0	15788	110629
湖　北	209752	41181	28466	6399	10	1	19530	133295
湖　南	506371	127217	36190	9625	42	25	118975	238646
广　东	553021	180220	50377	12973	64	259	163911	87380
广　西	132422	68185	7821	3715	45	47	66462	45475
海　南	38434	24494	1715	1757	0	0	19961	4521
重　庆	107757	50685	17889	6370	1	2	37446	40332
四　川	201551	49225	60631	6801	50	15	41065	82961
贵　州	69310	29644	9128	2393	3	3	17994	19469
云　南	148613	41131	31244	3306	1	40	49604	51210
西　藏	8207	2008	634	376	0	0	404	2616
陕　西	155774	61878	18370	12744	13	0	50112	64007
甘　肃	19172	4934	2044	4391	0	3	5017	5291
青　海	41650	16980	2454	1297	0	0	10851	10995
宁　夏	59593	28869	5638	2582	1	1	9878	11726
新　疆	378444	57009	11857	2551	0	0	38204	43411

3-6 续表 2

地 区	学会从业人员 （人）	#女性从业人员 （人）	#专职人员 （人）	#社会聘用人员 （人）
合 计	59584	24518	13579	5479
北 京	1070	602	524	333
天 津	1515	561	491	78
河 北	3717	1106	249	190
山 西	2514	1174	586	84
内蒙古	2575	1089	342	246
辽 宁	2425	795	368	233
吉 林	2623	814	148	131
黑龙江	516	209	46	29
上 海	2871	2127	582	466
江 苏	1688	796	1274	330
浙 江	906	425	329	209
安 徽	1907	500	190	183
福 建	456	231	182	146
江 西	4251	457	115	70
山 东	1867	607	373	290
河 南	3799	2158	2902	125
湖 北	2908	980	748	391
湖 南	1542	479	283	177
广 东	1387	723	788	371
广 西	1817	763	535	138
海 南	280	138	101	87
重 庆	1968	1202	209	151
四 川	1209	439	594	286
贵 州	4992	2197	782	148
云 南	2149	468	223	161
西 藏	381	125	34	9
陕 西	2750	1459	257	186
甘 肃	1070	770	66	42
青 海	235	77	43	38
宁 夏	1388	699	101	55
新 疆	808	348	114	96

四、为科技工作者服务

简要说明

本篇统计资料为：

1. 汇总数据，反映中国科协、地方科协、全国学会、省级学会为科技工作者服务的基本情况。

2. 省级科协的统计数据为 2020 年度向省部级（含）以上科技奖项、人才计划（工程）举荐人才，设立科技奖项，表彰奖励科技工作者，举办继续教育培训班，通过媒体宣传科技工作者等情况。

3. 市级科协的统计数据为 2020 年度向省部级（含）以上科技奖项、人才计划（工程）举荐人才，设立科技奖项，表彰奖励科技工作者，举办继续教育培训班，通过媒体宣传科技工作者等情况。

4. 县级科协的统计数据为 2020 年度向省部级（含）以上科技奖项、人才计划（工程）举荐人才，设立科技奖项，表彰奖励科技工作者，通过媒体宣传科技工作者等情况。

5. 省级学会的统计数据为 2020 年度向省部级（含）以上科技奖项、人才计划（工程）举荐人才，表彰奖励科技工作者，举办继续教育培训班，通过媒体宣传科技工作者等情况。

4-1 2020 年各级科协为科技工作者服务汇总表

指　　标		合　　计		科协小计		中国科协机关 及直属单位	
		2019 年	2020 年	2019 年	2020 年	2019 年	2020 年
思想政治教育及能力提升							
举办科学道德与学风建设宣讲活动	（次）	9833	8745	4907	4018	0	0
科学道德与学风建设宣讲活动受众	（人次）	5111141	4428025	1965949	1615863	0	1100
举办干部教育培训班	（期）	4893	5037	3556	3667	9	19
干部教育培训班参训人次	（人次）	540204	478106	478041	404030	438	4948
举办继续教育培训班	（期）	20935	17583	4873	4407	0	1
继续教育培训班参训人次	（人次）	3530110	27702127	433842	415613	0	76
表彰举荐							
向省部级（含）以上科技奖项、人才计划 （工程）举荐的人才数	（人次）	8412	10760	2097	2679	2	1
向省部级（含）以上科技奖项推荐获奖的项目数	（项）	3933	4570	1081	1238	1	0
设立科技奖项数	（个）	2539	2634	1037	1077	0	7
# 人物类奖项数	（个）	1402	1497	698	768	0	7
# 成果类奖项数	（个）	887	998	212	247	0	0
表彰奖励科技工作者	（人次）	113053	147265	27678	31279	0	446
# 表彰奖励女性科技工作者	（人次）	32658	40131	9293	11405	0	73
# 表彰奖励 45 岁及以下科技工作者	（人次）	61922	83964	15811	19332	0	185
媒体宣传							
通过媒体宣传科技工作者	（人次）	285967	421607	225301	329940	275	28389
按照媒体级别分类							
# 中央及省级媒体宣传科技工作者	（人次）	28774	37981	8616	10564	0	918
按照媒体介质分类							
# 广播电视宣传科技工作者	（人次）	79229	90083	74234	81277	0	18
# 纸质媒体宣传科技工作者	（人次）	39872	92213	25302	74257	0	377
# 网络新媒体宣传科技工作者	（人次）	174065	291447	130318	225982	275	27479
志愿服务							
举办科技志愿服务活动	（次）	71709	120416	41806	99525	29	515
参与科技志愿服务活动人次	（人次）	8984730	19534436	6923764	15995597	6070	7712
科技志愿服务组织	（个）	22194	64137	17608	58390	8	3
科技志愿者	（人）	1719525	2536719	1470576	2232131	197	239
专职科普人员	（人）	68254	74932	59277	66620	540	536
兼职科普人员	（人）	830487	1041660	676607	872646	9662	668

4-1 续表

指　标		省级科协		市级科协		县级科协	
		2019 年	2020 年	2019 年	2020 年	2019 年	2020 年
思想政治教育及能力提升							
举办科学道德与学风建设宣讲活动	（次）	2392	514	335	416	2180	3088
科学道德与学风建设宣讲活动受众	（人次）	932080	701210	94203	86804	939666	826749
举办干部教育培训班	（期）	174	237	563	565	2810	2846
干部教育培训班参训人次	（人次）	14912	19412	45510	40965	417181	338705
举办继续教育培训班	（期）	281	405	820	679	3772	3322
继续教育培训班参训人次	（人次）	35077	49101	130081	84665	268684	281771
表彰举荐							
向省部级（含）以上科技奖项、人才计划（工程）举荐的人才数	（人次）	642	684	782	1353	671	641
向省部级（含）以上科技奖项推荐获奖的项目数	（项）	327	294	371	572	382	372
设立科技奖项数	（个）	56	72	245	270	736	728
# 人物类奖项数	（个）	45	47	172	196	481	518
# 成果类奖项数	（个）	9	22	66	63	137	162
表彰奖励科技工作者	（人次）	2470	2425	11480	13319	13728	15089
# 表彰奖励女性科技工作者	（人次）	783	699	3519	5020	4991	5613
# 表彰奖励 45 岁及以下科技工作者	（人次）	1649	1591	6146	8350	8016	9206
媒体宣传							
通过媒体宣传科技工作者	（人次）	19784	18615	12626	18856	192616	264080
按照媒体级别分类							
# 中央及省级媒体宣传科技工作者	（人次）	7007	7365	952	1198	657	1083
按照媒体介质分类							
# 广播电视宣传科技工作者	（人次）	1273	1070	2335	2502	70626	77687
# 纸质媒体宣传科技工作者	（人次）	3809	3278	4105	4415	17388	66187
# 网络新媒体宣传科技工作者	（人次）	11705	13138	7772	13736	110566	171629
志愿服务							
举办科技志愿服务活动	（次）	7946	26558	16482	25718	17349	46734
参与科技志愿服务活动人次	（人次）	4345641	12066169	1351049	921663	1221004	3000053
科技志愿服务组织	（个）	2565	12929	2645	6439	12390	39019
科技志愿者	（人）	247366	609422	484547	554392	738466	1068078
专职科普人员	（人）	3756	3895	11838	11744	43143	50445
兼职科普人员	（人）	10723	17335	197738	250089	458484	604554

4-2 2020年全国学会、省级学会为科技工作者服务汇总表

指 标		学会小计		全国学会		省级学会	
		2019 年	2020 年	2019 年	2020 年	2019 年	2020 年
思想政治教育及能力提升							
举办科学道德与学风建设宣讲活动	（次）	4926	4727	298	580	4628	4147
科学道德与学风建设宣讲活动受众	（人次）	3145192	2812162	98167	498464	3047025	2313698
举办干部教育培训班	（期）	1337	1370	186	175	1151	1195
干部教育培训班参训人次	（人次）	62163	74076	10535	10276	51628	63800
举办继续教育培训班	（期）	16062	13176	1978	1745	14084	11431
继续教育培训班参训人次	（人次）	3096268	27286514	460950	2335283	2635318	24951231
表彰举荐							
向省部级（含）以上科技奖项、人才计划（工程）举荐的人才数	（人次）	6315	8081	1008	1518	5307	6563
向省部级（含）以上科技奖项推荐获奖的项目数	（项）	2852	3332	438	589	2414	2743
设立科技奖项数	（个）	1502	1557	389	365	1113	1192
#人物类奖项数	（个）	704	729	213	201	491	528
#成果类奖项数	（个）	675	751	156	149	519	602
表彰奖励科技工作者	（人次）	85375	115986	27512	43448	57863	72538
#表彰奖励女性科技工作者	（人次）	23365	28726	6296	7787	17069	20939
#表彰奖励45岁及以下科技工作者	（人次）	46111	64632	13312	21374	32799	43258
媒体宣传							
通过媒体宣传科技工作者	（人次）	60666	91667	23713	38619	36953	53048
按照媒体级别分类							
#中央及省级媒体宣传科技工作者	（人次）	20158	27417	9532	11567	10626	15850
按照媒体介质分类							
#广播电视宣传科技工作者	（人次）	4995	8806	1304	3606	3691	5200
#纸质媒体宣传科技工作者	（人次）	14570	17956	7413	8946	7157	9010
#网络新媒体宣传科技工作者	（人次）	43747	65465	17196	28476	26551	36989
志愿服务							
举办科技志愿服务活动	（次）	29903	20891	2732	3031	27171	17860
参与科技志愿服务活动人次	（人次）	2060966	3538839	457338	401064	1603628	3137775
科技志愿服务组织	（个）	4586	5747	1422	2508	3164	3239
科技志愿者	（人）	248949	304588	56550	85765	192399	218823
专职科普人员	（人）	8977	8312	687	859	8290	7453
兼职科普人员	（人）	153880	169014	9464	48813	144416	120201

4-3　2020年各省级科协为科技工作者服务情况

地　区	举办科学道德及学风建设宣讲活动（次）	科学道德与学风建设宣讲活动受众（人次）	举办干部教育培训班（期）	干部教育培训班参训人次（人次）	举办继续教育培训班（期）	继续教育培训班参训人次（人次）
合　计	514	701210	237	19412	405	49101
北　京	0	0	11	710	27	4012
天　津	1	150	25	2776	21	2335
河　北	53	4700	1	110	15	150
山　西	1	1200	14	76	10	140
内蒙古	4	2096	12	1891	37	5932
辽　宁	100	92511	1	60	16	600
吉　林	6	7922	1	130	0	0
黑龙江	1	42000	0	0	0	0
上　海	2	10000	1	2780	1	4587
江　苏	1	102020	3	515	1	56
浙　江	42	30700	8	830	1	135
安　徽	1	50000	4	296	1	30
福　建	2	220	3	391	7	1295
江　西	5	41000	1	100	0	0
山　东	1	100	3	105	4	230
河　南	3	5100	2	60	7	438
湖　北	1	530	3	303	0	0
湖　南	7	14486	1	98	75	6945
广　东	1	500	2	80	4	184
广　西	1	550	8	670	4	240
海　南	1	1000	3	100	2	52
重　庆	242	88327	21	561	21	3020
四　川	0	0	1	55	1	24
贵　州	1	800	2	220	0	0
云　南	2	56000	4	269	126	15533
西　藏	5	300	1	30	0	0
陕　西	4	117065	3	320	3	399
甘　肃	1	5230	8	900	0	0
青　海	18	24000	2	65	3	240
宁　夏	0	0	3	160	9	703
新　疆	6	1303	84	4701	9	1821
新疆生产建设兵团	1	1400	1	1	1	0

4-3 续表 1

地 区	向省部级（含）以上科技奖项、人才计划（工程）举荐的人才数（人次）	向省部级（含）以上科技奖项推荐获奖的项目数（项）	设立科技奖项数（个）	# 人物类奖项数（个）	# 成果类奖项数（个）
合 计	684	294	72	47	22
北 京	66	0	5	4	1
天 津	11	0	2	2	0
河 北	10	0	3	2	1
山 西	11	1	0	0	0
内蒙古	12	1	8	0	8
辽 宁	16	2	2	2	0
吉 林	36	0	2	1	0
黑龙江	0	0	2	2	0
上 海	69	0	1	1	0
江 苏	22	0	1	1	0
浙 江	15	0	0	0	0
安 徽	15	0	1	1	0
福 建	13	0	6	4	2
江 西	20	0	2	2	0
山 东	25	6	1	1	0
河 南	20	10	3	1	1
湖 北	20	0	0	0	0
湖 南	30	233	2	2	0
广 东	62	7	0	0	0
广 西	26	4	2	2	0
海 南	0	0	0	0	0
重 庆	7	0	3	2	1
四 川	0	0	1	1	0
贵 州	26	4	2	2	0
云 南	0	0	3	3	0
西 藏	23	2	4	3	0
陕 西	45	6	2	2	0
甘 肃	7	2	2	0	2
青 海	17	2	0	0	0
宁 夏	0	0	8	4	4
新 疆	33	10	3	1	2
新疆生产建设兵团	27	4	1	1	0

4-3 续表 2

地 区	表彰奖励科技工作者（人次）	# 表彰奖励女性科技工作者（人次）	# 表彰奖励 45 岁及以下科技工作者（人次）	通过媒体宣传科技工作者（人次）	举办科技志愿服务活动（次）	参与科技志愿服务活动人次（人次）
合 计	2425	699	1591	18615	26558	12066169
北 京	308	68	308	900	36	3287
天 津	100	40	68	20	8000	15000
河 北	3	1	0	4351	6	24
山 西	0	0	0	809	417	66015
内蒙古	238	81	68	974	1088	301412
辽 宁	210	53	46	72	0	0
吉 林	30	12	30	52	144	512108
黑龙江	0	0	0	1	2	13
上 海	29	4	29	556	30	3000
江 苏	20	4	20	453	6	55
浙 江	0	0	0	556	372	3646
安 徽	60	23	35	2191	209	132790
福 建	344	149	227	497	153	30222
江 西	40	4	9	123	367	64991
山 东	100	16	32	2469	6	2192
河 南	60	26	60	159	5036	10000250
湖 北	0	0	0	62	60	17000
湖 南	25	7	10	832	15	2114
广 东	0	0	0	127	8844	888780
广 西	69	9	36	887	319	7836
海 南	0	0	0	18	37	365
重 庆	122	47	84	283	1063	3193
四 川	11	1	10	186	0	0
贵 州	35	5	19	412	19	17
云 南	49	17	31	302	200	9000
西 藏	22	8	8	24	2	20
陕 西	151	23	115	487	3	1360
甘 肃	26	4	21	300	0	0
青 海	0	0	0	137	44	378
宁 夏	338	86	306	150	73	500
新 疆	25	8	9	111	7	601
新疆生产建设兵团	10	3	10	114	0	0

4-3　续表 3

地　区	科技志愿 服务组织 （个）	科技志愿者 （人）	专职科普 人　员 （人）	兼职科普 人　员 （人）
合　计	12929	609422	3895	17335
北　京	206	5210	326	323
天　津	1849	97111	180	0
河　北	4	20	36	0
山　西	267	31723	97	94
内蒙古	7	1914	67	1199
辽　宁	0	0	293	156
吉　林	135	1329	17	169
黑龙江	1	227	147	0
上　海	2	234	0	10
江　苏	1	10	18	2
浙　江	56	2111	295	293
安　徽	5886	136	74	206
福　建	24	767	94	0
江　西	1606	67281	5	0
山　东	3	173	6	1
河　南	842	151472	72	6
湖　北	1	40	5	35
湖　南	4	1622	173	327
广　东	1908	231241	23	21
广　西	4	493	212	295
海　南	27	1703	3	0
重　庆	84	13464	1012	13252
四　川	0	607	143	607
贵　州	1	17	33	17
云　南	0	0	71	12
西　藏	1	40	0	40
陕　西	1	92	31	20
甘　肃	0	11	11	0
青　海	2	58	218	0
宁　夏	0	0	0	50
新　疆	7	316	228	200
新疆生产建设兵团	0	0	5	0

4-4 2020年各地区市级科协为科技工作者服务情况

地　区	举办科学道德与学风建设宣讲活动（次）	科学道德与学风建设宣讲活动受众（人次）	举办干部教育培训班（期）	干部教育培训班参训人次（人次）	举办继续教育培训班（期）	继续教育培训班参训人次（人次）
合　计	416	86804	565	40965	679	84665
北　京	1	135	24	3115	23	2441
天　津	2	850	30	5321	2	70
河　北	3	190	4	770	13	780
山　西	5	1282	9	930	7	291
内蒙古	9	434	34	1694	4	620
辽　宁	2	140	16	540	2	120
吉　林	0	0	2	480	1	100
黑龙江	1	30	0	0	6	1030
上　海	0	0	47	1695	43	14962
江　苏	17	9726	27	2540	12	717
浙　江	3	232	9	592	1	25
安　徽	22	1268	18	1169	17	738
福　建	6	489	6	197	2	67
江　西	19	9242	4	147	5	554
山　东	10	3972	36	1720	11	483
河　南	13	2648	11	680	7	518
湖　北	33	700	20	922	28	2594
湖　南	20	9647	30	1194	19	2115
广　东	19	1590	61	3701	76	7895
广　西	2	530	12	818	5	360
海　南	0	0	2	400	1	150
重　庆	106	15808	52	4006	59	2264
四　川	18	1656	19	1356	81	7365
贵　州	23	2973	8	505	3	350
云　南	31	1837	23	1623	1	1
西　藏	0	0	2	34	1	60
陕　西	7	1840	10	740	74	18500
甘　肃	13	4550	11	1427	5	941
青　海	1	1562	11	663	5	111
宁　夏	2	200	0	0	2	184
新　疆	10	200	20	1713	3	62
新疆生产建设兵团	18	13073	7	7	7	18197

4-4　续表 1

地　区	向省部级（含）以上科技奖项、人才计划（工程）举荐的人才数（人次）	向省部级（含）以上科技奖项推荐获奖的项目数（项）	设立科技奖项数（个）	# 人物类奖项数（个）	# 成果类奖项数（个）
合　计	1353	572	270	196	63
北　京	104	30	2	1	1
天　津	32	0	0	0	0
河　北	52	1	4	4	0
山　西	24	0	4	4	0
内蒙古	81	12	20	18	1
辽　宁	38	0	18	11	7
吉　林	35	15	1	1	0
黑龙江	7	0	4	3	0
上　海	60	71	1	1	0
江　苏	95	51	28	23	5
浙　江	82	0	13	12	1
安　徽	89	10	15	14	1
福　建	18	0	3	3	0
江　西	29	3	6	4	1
山　东	58	29	14	9	5
河　南	54	12	30	14	12
湖　北	49	18	8	6	1
湖　南	69	10	14	12	1
广　东	10	1	12	7	5
广　西	47	9	6	3	3
海　南	0	3	5	3	2
重　庆	46	8	18	12	6
四　川	61	11	7	6	1
贵　州	23	9	1	1	0
云　南	8	2	1	1	0
西　藏	7	2	0	0	0
陕　西	50	36	10	8	1
甘　肃	12	14	9	7	2
青　海	6	5	4	2	2
宁　夏	30	2	0	0	0
新　疆	14	153	5	2	2
新疆生产建设兵团	63	55	7	4	3

4-4 续表 2

地　区	表彰奖励科技工作者（人次）	#表彰奖励女性科技工作者（人次）	#表彰奖励45岁及以下科技工作者（人次）	通过媒体宣传科技工作者（人次）	举办科技志愿服务活动（次）	参与科技志愿服务活动人次（人次）
合　计	13319	5020	8350	18856	25718	921663
北　京	103	54	76	181	152	3050
天　津	0	0	0	335	5379	50303
河　北	128	41	72	355	31	909
山　西	159	75	78	295	60	3423
内蒙古	426	180	253	589	507	72117
辽　宁	1457	569	934	283	194	1673
吉　林	37	13	1	75	48	750
黑龙江	43	15	36	677	91	2836
上　海	25	10	19	298	875	53039
江　苏	961	314	525	1249	1264	36586
浙　江	262	76	145	641	1587	26985
安　徽	433	195	239	1117	5439	145769
福　建	33	5	28	208	93	62922
江　西	296	93	132	163	443	8641
山　东	2043	820	916	3908	515	23899
河　南	3617	1402	3026	451	2220	156098
湖　北	220	72	139	1194	490	13859
湖　南	330	80	240	552	432	14359
广　东	268	85	174	2227	661	31736
广　西	265	78	157	179	97	3946
海　南	79	40	79	18	0	0
重　庆	507	230	433	856	776	25503
四　川	609	274	139	828	1170	24417
贵　州	20	4	2	185	243	1637
云　南	3	1	1	224	120	4690
西　藏	0	0	0	50	23	231
陕　西	349	90	168	481	571	3022
甘　肃	318	104	151	432	172	8634
青　海	245	74	128	26	31	2628
宁　夏	0	0	0	91	751	120150
新　疆	52	21	37	363	292	14171
新疆生产建设兵团	31	5	22	325	991	3680

4-4 续表 3

地 区	科技志愿 服务组织 （个）	科技志愿者 （人）	专职科普 人 员 （人）	兼职科普 人 员 （人）
合 计	6439	554392	11744	250089
北 京	9	4642	851	5511
天 津	777	73580	145	26134
河 北	61	5586	380	3776
山 西	24	3407	326	526
内蒙古	282	20191	335	10473
辽 宁	63	25772	265	11985
吉 林	20	3369	193	3107
黑龙江	189	15488	208	1386
上 海	28	12357	443	4843
江 苏	783	28015	240	3021
浙 江	458	70901	390	33874
安 徽	714	35394	349	26712
福 建	37	10688	322	3148
江 西	391	29539	137	3325
山 东	268	6740	200	6818
河 南	168	9629	448	2173
湖 北	162	11505	388	3463
湖 南	656	73704	497	25575
广 东	281	14082	535	5872
广 西	129	11203	451	3356
海 南	1	70	30	30
重 庆	87	13761	493	7026
四 川	320	7417	260	3001
贵 州	7	4325	964	871
云 南	70	5053	431	2304
西 藏	1	50	16	92
陕 西	102	5022	704	3370
甘 肃	38	8841	1261	7992
青 海	173	12602	61	11249
宁 夏	60	18528	124	16200
新 疆	36	11624	267	11429
新疆生产建设兵团	44	1307	30	1447

4-5　2020年各地区县级科协为科技工作者服务情况

地　区	举办科学道德与学风建设宣讲活动（次）	科学道德与学风建设宣讲活动受众（人次）	举办干部教育培训班（期）	干部教育培训班参训人次（人次）	举办继续教育培训班（期）	继续教育培训班参训人次（人次）
合　计	3088	826749	2846	338705	3322	281771
河　北	158	38759	138	10190	182	18896
山　西	47	7746	94	12908	58	5291
内蒙古	88	18400	145	11091	66	3437
辽　宁	56	13478	44	4841	37	4023
吉　林	63	25133	15	2330	42	2006
黑龙江	29	11380	64	25580	65	8343
江　苏	58	46400	113	8322	224	19553
浙　江	37	3979	55	3999	259	57157
安　徽	69	16401	149	10586	128	9062
福　建	65	7246	41	1426	48	4187
江　西	52	7749	60	4302	54	15853
山　东	85	16458	176	31863	134	12096
河　南	119	68744	114	18262	106	15418
湖　北	101	20985	97	6494	82	5877
湖　南	156	39910	157	10132	146	17471
广　东	69	12697	66	8777	49	6187
广　西	251	16084	101	10334	692	9577
海　南	26	15711	54	17355	11	1173
重　庆	54	4060	30	1502	10	303
四　川	785	110291	197	15634	201	18151
贵　州	77	25783	118	10973	41	4296
云　南	121	19664	312	28283	81	6919
西　藏	47	9686	32	318	118	7355
陕　西	49	49946	127	13223	186	12931
甘　肃	56	71176	114	25661	79	4127
青　海	23	3314	24	762	119	660
宁　夏	13	1000	48	11128	27	1827
新　疆	334	144569	161	32429	77	9595

注：本表数据不含北京、天津和上海地区。

4-5 续表 1

地 区	向省部级（含）以上科技奖项、人才计划（工程）举荐的人才数（人次）	向省部级（含）以上科技奖项推荐获奖的项目数（项）	表彰奖励科技工作者（人次）	#表彰奖励女性科技工作者（人次）	#表彰奖励45岁及以下科技工作者（人次）	通过媒体宣传科技工作者（人次）
合　计	641	372	15089	5613	9206	264080
河　北	62	20	496	178	310	689
山　西	27	18	64	28	38	1199
内蒙古	6	3	317	177	250	558
辽　宁	6	12	106	35	52	183
吉　林	5	0	64	27	29	434
黑龙江	2	1	28	9	11	348
江　苏	0	0	1460	373	945	1989
浙　江	93	39	1024	406	781	1446
安　徽	29	24	1074	410	719	1464
福　建	22	7	129	75	89	416
江　西	35	8	322	83	164	606
山　东	36	19	1736	647	1039	1256
河　南	10	14	1065	367	466	1031
湖　北	25	22	416	112	171	1141
湖　南	95	45	1032	275	538	794
广　东	31	21	587	311	320	582
广　西	4	2	216	114	106	520
海　南	15	11	968	440	811	36
重　庆	8	2	33	7	18	63
四　川	13	22	1879	763	1181	8654
贵　州	12	3	628	209	385	402
云　南	4	8	218	88	133	13977
西　藏	21	7	11	3	11	59596
陕　西	18	8	595	221	320	539
甘　肃	12	18	407	179	195	18723
青　海	6	3	61	13	43	130
宁　夏	23	14	82	46	55	105
新　疆	21	21	71	17	26	147199

4-5 续表 2

地 区	举办科技志愿 服务活动 （次）	参与科技志愿 服务活动人次 （人次）	科技志愿 服务组织 （个）	科技志愿者 （人）	专职科普 人 员 （人）	兼职科普 人 员 （人）
合 计	46734	3000053	39019	1068078	50445	604554
河 北	551	21298	198	14884	1622	14249
山 西	593	34720	255	22931	1243	14559
内蒙古	1247	167998	4621	40793	1135	27524
辽 宁	510	35234	145	23484	914	11530
吉 林	487	11171	201	21304	764	4449
黑龙江	370	16831	117	13182	553	5847
江 苏	1720	202610	496	28308	5502	55873
浙 江	2037	82537	566	97849	900	62169
安 徽	7089	112869	3430	79960	2961	76086
福 建	1320	122376	702	32762	1778	15792
江 西	828	84768	482	33137	4162	9865
山 东	1701	108054	424	51751	2226	38204
河 南	1051	118009	388	38069	2840	18730
湖 北	2372	875619	666	52418	5465	27785
湖 南	14538	270495	22262	157199	3664	83058
广 东	1183	86814	272	37298	715	9149
广 西	711	40446	517	13784	1088	13697
海 南	93	6969	62	34103	147	2442
重 庆	235	3467	58	2583	91	2278
四 川	1723	75726	747	80244	5098	39901
贵 州	926	36652	180	39915	1016	8376
云 南	980	83465	265	35484	1631	14745
西 藏	225	35575	215	963	348	838
陕 西	843	33575	561	40010	1532	19922
甘 肃	629	39591	179	22381	779	9058
青 海	160	10615	72	6736	1226	3712
宁 夏	1111	35714	393	19235	362	3293
新 疆	1501	246855	545	27311	683	11423

4-6　2020年各地区省级学会为科技工作者服务情况

地　区	举办科学道德与学风建设宣讲活动（次）	科学道德与学风建设宣讲活动受众（人次）	举办干部教育培训班（期）	干部教育培训班参训人次（人次）	举办继续教育培训班（期）	继续教育培训班参训人次（人次）
合　计	4147	2313698	1195	63800	11431	24951231
北　京	88	14244	24	886	1026	21514296
天　津	55	5636	33	1154	284	173942
河　北	74	1219618	52	2507	232	92556
山　西	33	6419	20	392	67	4965
内蒙古	25	1846	14	180	38	4188
辽　宁	102	13211	30	680	236	143332
吉　林	49	8243	102	810	249	444461
黑龙江	25	1179	2	30	24	6196
上　海	6	480	35	1274	544	143676
江　苏	196	24139	68	2550	550	209614
浙　江	77	13357	59	8243	436	86157
安　徽	77	4620	15	341	569	94446
福　建	67	8503	29	2006	283	64141
江　西	79	4001	22	1448	143	48763
山　东	106	13436	65	2724	331	49816
河　南	49	16159	18	1103	269	71752
湖　北	93	5550	21	446	518	12602
湖　南	129	9084	52	6656	1557	263567
广　东	109	9277	75	2696	833	184465
广　西	70	3549	24	2143	262	48868
海　南	18	2466	11	826	81	12655
重　庆	89	4123	88	3066	325	49862
四　川	128	592993	38	5636	317	245280
贵　州	30	2606	8	210	200	16839
云　南	83	21259	56	1868	180	144382
西　藏	41	4000	15	179	46	7206
陕　西	35	23732	25	1054	439	547241
甘　肃	65	5521	59	5256	110	11617
青　海	10	1573	4	269	1006	104877
宁　夏	50	8081	28	1708	152	118674
新　疆	2089	264793	103	5459	124	30795

4-6 续表 1

地 区	向省部级（含）以上科技奖项、人才计划（工程）举荐的人才数（人次）	向省部级（含）以上科技奖项推荐获奖的项目数（项）	设立科技奖项数（个）	# 人物类奖项数（个）	# 成果类奖项数（个）
合 计	6563	2743	1192	528	602
北 京	774	65	60	28	31
天 津	99	17	28	12	15
河 北	118	60	16	11	5
山 西	41	35	22	14	5
内蒙古	17	12	21	14	5
辽 宁	212	93	55	34	20
吉 林	301	117	27	13	11
黑龙江	20	7	5	2	3
上 海	219	100	92	36	53
江 苏	360	315	129	58	68
浙 江	672	120	63	31	32
安 徽	142	83	25	10	15
福 建	190	109	36	9	25
江 西	256	43	25	9	13
山 东	551	181	108	43	63
河 南	160	80	13	4	8
湖 北	106	127	46	17	26
湖 南	206	94	53	18	32
广 东	447	219	74	33	41
广 西	173	77	20	7	10
海 南	57	20	14	7	4
重 庆	81	84	35	15	19
四 川	322	156	47	21	19
贵 州	70	68	28	14	11
云 南	68	59	18	9	9
西 藏	39	13	4	2	0
陕 西	211	123	55	22	27
甘 肃	151	82	6	2	4
青 海	122	33	10	6	3
宁 夏	175	70	24	11	13
新 疆	203	81	33	16	12

4-6 续表 2

地 区	表彰奖励科技工作者（人次）	#表彰奖励女性科技工作者（人次）	#表彰奖励45岁及以下科技工作者（人次）	通过媒体宣传科技工作者（人次）	举办科技志愿服务活动（次）	参与科技志愿服务活动人次（人次）
合 计	72538	20939	43258	53048	17860	3137775
北 京	4534	1586	3137	1733	872	2007890
天 津	1383	481	905	442	229	6008
河 北	1812	343	1031	2579	329	108146
山 西	749	241	528	690	2712	13095
内蒙古	686	275	484	544	73	3933
辽 宁	3572	1167	2083	669	256	43390
吉 林	1120	413	627	2439	446	46877
黑龙江	109	46	60	268	30	1678
上 海	4216	1703	2680	1780	2351	142306
江 苏	7458	2340	5254	6429	403	25463
浙 江	3562	1186	2034	1373	613	18095
安 徽	1981	365	1098	2652	198	9412
福 建	1956	457	1413	1193	734	53837
江 西	872	119	287	395	748	15777
山 东	16217	4816	7908	2699	323	9099
河 南	2825	660	1718	1138	494	37910
湖 北	909	224	428	1607	441	12780
湖 南	3136	1027	2114	2138	1213	224606
广 东	6966	1144	4637	3530	954	51397
广 西	696	273	419	628	273	13739
海 南	114	10	52	1051	136	1965
重 庆	776	186	346	531	837	14000
四 川	1333	419	585	10924	207	11528
贵 州	727	172	568	656	82	3022
云 南	1348	195	1008	1086	1138	93741
西 藏	30	14	14	23	63	726
陕 西	1640	422	652	1826	265	15854
甘 肃	638	180	448	264	211	22117
青 海	121	21	85	112	132	18431
宁 夏	413	245	288	508	434	18510
新 疆	639	209	367	1141	663	92443

4-6 续表 3

地 区	科技志愿服务组织（个）	科技志愿者（人）	专职科普人员（人）	兼职科普人员（人）
合 计	3239	218823	7453	120201
北 京	143	4106	134	4139
天 津	157	3016	193	2058
河 北	127	3760	139	4695
山 西	44	12973	35	14861
内蒙古	17	900	20	1251
辽 宁	71	3486	99	1638
吉 林	48	4635	209	3394
黑龙江	12	351	7	306
上 海	90	38492	164	1226
江 苏	184	6988	3765	16442
浙 江	108	3369	113	3145
安 徽	55	1609	230	1611
福 建	93	5014	66	3744
江 西	75	2686	14	2462
山 东	40	2718	402	3450
河 南	221	5823	42	5246
湖 北	358	2119	234	2210
湖 南	274	18694	169	3006
广 东	352	7912	86	5851
广 西	55	1340	95	1373
海 南	27	3496	30	714
重 庆	278	3506	320	4957
四 川	91	44940	202	1773
贵 州	31	723	47	2649
云 南	53	5956	100	5954
西 藏	16	2887	40	918
陕 西	49	5374	118	1070
甘 肃	36	1217	112	514
青 海	11	10082	20	10146
宁 夏	30	4590	41	4560
新 疆	93	6061	207	4838

五、国际及港澳台地区民间科技交流

简要说明

本篇统计资料为：

1. 汇总数据，反映中国科协、地方科协、全国学会和省级学会国际及港澳台地区民间科技交流情况。

2. 省级科协的统计数据为 2020 年度加入国际民间科技组织、参加国际科学计划、开展推进创新创业活动等情况。

3. 省级科协、市级科协、县级科协、省级学会的统计数据为 2020 年度加入国际民间科技组织、参加国际科学计划、开展推进创新创业活动等情况。

5-1 2020 年各级科协国际及港澳台地区民间科技交流汇总表

指　标		合　计		科协小计		中国科协机关及直属单位	
		2019 年	2020 年	2019 年	2020 年	2019 年	2020 年
加入国际民间科技组织	（个）	897	889	41	31	5	4
任职专家	（位）	1956	2248	21	7	3	3
＃高级别任职专家	（位）	872	1173	1	6	1	3
＃一般级别任职专家	（位）	762	1060	7	0	2	0
普通工作人员	（人）	163	168	3	0	1	0
参加大陆境外科技活动人次	（人次）	44589	61950	3975	3131	63	36
＃参加港澳台地区科技活动人次	（人次）	18433	2580	2797	1103	9	14
接待大陆境外专家学者	（人次）	43707	8205	11996	2146	223	7
＃接待港澳台地区专家学者	（人次）	11722	2497	4174	728	1	1

5-1 续表

指 标		省级科协		市级科协		县级科协	
		2019 年	2020 年	2019 年	2020 年	2019 年	2020 年
加入国际民间科技组织	（个）	5	1	3	4	28	22
任职专家	（位）	4	0	0	3	14	1
#高级别任职专家	（位）	0	0	0	3	0	0
#一般级别任职专家	（位）	4	0	1	0	0	0
普通工作人员	（人）	0	0	0	0	2	0
参加大陆境外科技活动人次	（人次）	2225	1046	1012	118	675	1931
#参加港澳台地区科技活动人次	（人次）	1532	942	826	91	430	56
接待大陆境外专家学者	（人次）	6499	935	3248	580	2026	624
#接待港澳台地区专家学者	（人次）	2733	600	1120	88	320	39

5-2 2020 年全国学会、省级学会国际及港澳台地区民间科技交流汇总表

指　标		学会小计		全国学会		省级学会	
		2019 年	2020 年	2019 年	2020 年	2019 年	2020 年
加入国际民间科技组织	（个）	856	858	585	612	271	246
任职专家	（位）	1935	2241	1167	1333	768	908
＃ 高级别任职专家	（位）	871	1167	443	559	428	608
＃ 一般级别任职专家	（位）	755	1060	595	775	160	285
普通工作人员	（人）	160	168	64	65	96	103
参加大陆境外科技活动人次	（人次）	40614	58819	12685	53490	27929	5329
＃ 参加港澳台地区科技活动人次	（人次）	15636	1477	1939	443	13697	1034
接待大陆境外专家学者	（人次）	31711	6059	14344	2734	17367	3325
＃ 接待港澳台地区专家学者	（人次）	7548	1769	2545	1199	5003	570

5-3 2020年各省级科协国际及港澳台地区民间科技交流情况

地 区	加入国际民间科技组织					参加国际科学计划（项）
	组织数（个）	任职专家（位）	#高级别任职专家（位）	#一般级别任职专家（位）	普通工作人员（人）	
合 计	1	0	0	0	0	1
北 京	1	0	0	0	0	0
天 津	0	0	0	0	0	0
河 北	0	0	0	0	0	0
山 西	0	0	0	0	0	0
内蒙古	0	0	0	0	0	0
辽 宁	0	0	0	0	0	0
吉 林	0	0	0	0	0	0
黑龙江	0	0	0	0	0	0
上 海	0	0	0	0	0	0
江 苏	0	0	0	0	0	1
浙 江	0	0	0	0	0	0
安 徽	0	0	0	0	0	0
福 建	0	0	0	0	0	0
江 西	0	0	0	0	0	0
山 东	0	0	0	0	0	0
河 南	0	0	0	0	0	0
湖 北	0	0	0	0	0	0
湖 南	0	0	0	0	0	0
广 东	0	0	0	0	0	0
广 西	0	0	0	0	0	0
海 南	0	0	0	0	0	0
重 庆	0	0	0	0	0	0
四 川	0	0	0	0	0	0
贵 州	0	0	0	0	0	0
云 南	0	0	0	0	0	0
西 藏	0	0	0	0	0	0
陕 西	0	0	0	0	0	0
甘 肃	0	0	0	0	0	0
青 海	0	0	0	0	0	0
宁 夏	0	0	0	0	0	0
新 疆	0	0	0	0	0	0
新疆生产建设兵团	0	0	0	0	0	0

5-3 续表

地 区	参加大陆境外 科技活动人次 （人次）	#参加港澳台地区 科技活动人次 （人次）	接待大陆境外 专家学者 （人次）	#接待港澳台地区 专家学者 （人次）
合 计	**1046**	**942**	**935**	**600**
北 京	32	10	263	12
天 津	0	0	0	0
河 北	0	0	0	0
山 西	0	0	0	0
内 蒙 古	0	0	2	0
辽 宁	0	0	0	0
吉 林	0	0	0	0
黑 龙 江	0	0	0	0
上 海	0	0	0	0
江 苏	959	885	61	19
浙 江	1	0	10	6
安 徽	0	0	3	0
福 建	0	0	500	482
江 西	0	0	0	0
山 东	0	0	0	0
河 南	0	0	0	0
湖 北	0	0	10	1
湖 南	0	0	0	0
广 东	47	47	78	78
广 西	0	0	0	0
海 南	0	0	0	0
重 庆	7	0	1	0
四 川	0	0	2	2
贵 州	0	0	5	0
云 南	0	0	0	0
西 藏	0	0	0	0
陕 西	0	0	0	0
甘 肃	0	0	0	0
青 海	0	0	0	0
宁 夏	0	0	0	0
新 疆	0	0	0	0
新疆生产建设兵团	0	0	0	0

5-4　2020年各地区省级学会国际及港澳台地区民间科技交流情况

地　区	加入国际民间科技组织				普通工作人员（人）
	组织数（个）	任职专家（位）	#高级别任职专家（位）	#一般级别任职专家（位）	
合　计	**246**	**908**	**908**	**608**	**285**
北　京	29	75	75	13	62
天　津	19	12	12	8	4
河　北	2	3	3	2	1
山　西	3	1	1	1	0
内蒙古	2	11	11	1	10
辽　宁	11	24	24	11	13
吉　林	2	0	0	0	0
黑龙江	0	0	0	0	0
上　海	10	540	540	437	103
江　苏	25	43	43	31	12
浙　江	34	48	48	30	18
安　徽	3	14	14	1	0
福　建	10	13	13	4	9
江　西	0	0	0	0	0
山　东	7	5	5	4	1
河　南	3	1	1	0	1
湖　北	13	11	11	7	4
湖　南	23	36	36	20	16
广　东	11	9	9	5	4
广　西	4	2	2	1	1
海　南	2	0	0	0	1
重　庆	5	6	6	1	3
四　川	10	34	34	27	7
贵　州	3	0	0	0	0
云　南	3	1	1	0	1
西　藏	0	0	0	0	0
陕　西	5	13	13	2	10
甘　肃	0	0	0	0	0
青　海	2	2	2	0	2
宁　夏	1	0	0	0	0
新　疆	4	4	4	2	2

5-4 续表

地　区	参加大陆境外科技活动人次（人次）	#参加港澳台地区科技活动人次（人次）	接待大陆境外专家学者（人次）	#接待港澳台地区专家学者（人次）
合　计	66	5329	1034	3325
北　京	2	497	127	119
天　津	3	32	1	22
河　北	0	22	2	32
山　西	3	32	0	48
内蒙古	1	0	0	2
辽　宁	0	30	1	5
吉　林	2	19	4	23
黑龙江	0	0	0	0
上　海	0	71	0	176
江　苏	1	919	221	374
浙　江	4	697	40	105
安　徽	1	67	39	40
福　建	1	75	45	81
江　西	0	70	14	38
山　东	1	26	7	31
河　南	0	0	0	0
湖　北	2	49	11	70
湖　南	23	625	15	132
广　东	3	455	391	207
广　西	2	31	17	11
海　南	1	18	13	19
重　庆	1	66	10	99
四　川	7	91	33	67
贵　州	1	35	15	53
云　南	3	18	0	13
西　藏	0	0	0	1
陕　西	1	103	28	95
甘　肃	1	85	0	37
青　海	1	1095	0	1420
宁　夏	1	19	0	5
新　疆	0	82	0	0

六、学术交流

本篇统计资料为：

1. 汇总数据，反映中国科协、地方科协、全国学会和省级学会开展的各类学术交流总体情况。

2. 地方科协和省级学会统计数据，分别反映各省级科协及其所属学会、市级科协、县级科协开展的各类学术交流情况。

3. 相关统计指标包括中国境内开展的国内学术会议、境内国际学术会议、港澳台地区学术会议及各类学术会议的交流论文、报告数等。

6-1 2020年各级科协学术交流汇总表

指 标		合 计		科协小计		中国科协机关及直属单位	
		2019 年	2020 年	2019 年	2020 年	2019 年	2020 年
推进创新创业服务活动							
开展推进创新创业活动	（项）	24059	30808	9765	11751	715	1377
＃举办竞赛、论坛、展览等	（场次）	7381	7615	3351	3535	419	785
＃开展咨询、教育、培训等	（场次）	13560	18679	4899	5957	146	277
＃开展投融资、成果转化等	（项）	1987	2291	814	1199	150	315
参与服务活动的科技工作者	（人次）	1100060	67675453	402357	66680091	25000	54381000
专家服务							
专家服务工作站（中心）数	（个）	7757	7858	6859	6796	26	26
专家进站（中心）人次	（人次）	131361	87507	45667	54570	26	245
专家服务团队	（个）	5045	5435	3014	3115	23	120
参加服务团队专家人次	（人次）	174692	136907	51177	55469	276	525
标准制定							
技术标准研制数	（个）	465	518	35	37	0	0
团体标准研制数	（个）	1063	1785	33	87	0	0
学术会议							
国内学术会议	（次）	18314	15692	2112	2129	8	17
＃学术年会	（次）	7411	6588	691	701	5	5
参加人次	（人次）	4975816	163144343	638868	1780851	790	6233
交流论文、报告数	（篇）	998953	629272	30252	28933	200	569
境内国际学术会议	（次）	1500	678	159	104	12	7
参加人次	（人次）	1336365	4415991	423914	64901	315970	3130
＃境外专家学者	（人次）	38227	18556	4159	1459	2185	135
交流论文、报告数	（篇）	140720	49940	8491	2741	4556	429
港澳台地区学术会议	（次）	166	72	28	18	1	0
参加人次	（人次）	39657	28687	9272	4442	200	0
交流论文、报告数	（篇）	10078	3256	2307	688	90	0
科技期刊							
主办科技期刊	（种）	1876	1819	157	129	2	7
编委会成员人数	（人）	104259	109020	1503	1946	217	592
＃两院院士人数	（人）	5142	5288	65	146	34	104
＃国际编委人数	（人）	8257	8846	96	120	25	38
编辑部总人数	（人）	12418	11387	620	642	16	54
＃高级技术职称人数	（人）	5189	5236	93	136	7	18
＃硕士、博士及以上学位人数	（人）	5499	5611	68	139	14	32
科技期刊印刷量	（册）	46851366	42706301	9457587	9135690	91900	339027
科技期刊发表文章数	（篇）	583586	582819	26764	37432	435	1079

6-1 续表

指　标		省级科协		市级科协		县级科协	
		2019 年	2020 年	2019 年	2020 年	2019 年	2020 年
推进创新创业服务活动							
开展推进创新创业活动	（项）	1042	1176	3117	3517	4891	5681
＃举办竞赛、论坛、展览等	（场次）	272	280	1017	858	1643	1612
＃开展咨询、教育、培训等	（场次）	602	657	1716	2102	2435	2921
＃开展投融资、成果转化等	（项）	103	139	254	351	307	394
参与服务活动的科技工作者	（人次）	206731	12004370	56676	162138	113950	132583
专家服务							
专家服务工作站（中心）数	（个）	2498	2198	2234	2220	2101	2352
专家进站（中心）人次	（人次）	12193	17886	17807	17733	15641	18706
专家服务团队	（个）	783	575	595	836	1613	1584
参加服务团队专家人次	（人次）	10440	8543	13506	18225	26955	28176
标准制定							
技术标准研制数	（个）	8	12	12	9	15	16
团体标准研制数	（个）	13	40	10	22	10	25
学术会议							
国内学术会议	（次）	281	320	1471	1489	352	303
＃学术年会	（次）	29	41	543	522	114	133
参加人次	（人次）	108750	1163076	428938	501828	100390	109714
交流论文、报告数	（篇）	5265	8691	20476	16012	4311	3661
境内国际学术会议	（次）	37	36	72	43	38	18
参加人次	（人次）	73021	10430	23987	46623	10936	4718
＃境外专家学者	（人次）	827	561	931	525	216	238
交流论文、报告数	（篇）	1703	745	1568	1340	664	227
港澳台地区学术会议	（次）	8	6	13	9	6	3
参加人次	（人次）	5201	2662	2720	1370	1151	410
交流论文、报告数	（篇）	1990	607	110	55	117	26
科技期刊							
主办科技期刊	（种）	27	28	37	34	91	60
编委会成员人数	（人）	559	664	592	548	135	142
＃两院院士人数	（人）	22	29	9	9	0	4
＃国际编委人数	（人）	68	70	3	0	0	12
编辑部总人数	（人）	217	247	231	214	156	127
＃高级技术职称人数	（人）	34	68	34	30	18	20
＃硕士、博士及以上学位人数	（人）	35	68	10	26	9	13
科技期刊印刷量	（册）	8391877	8091833	337610	144980	636200	559850
科技期刊发表文章数	（篇）	22760	31340	2564	4098	1005	915

6-2 2020年全国学会、省级学会学术交流汇总表

指 标		学会小计		全国学会		省级学会	
		2019年	2020年	2019年	2020年	2019年	2020年
推进创新创业服务活动							
开展推进创新创业活动	(项)	14294	19057	2323	2229	11971	16828
＃举办竞赛、论坛、展览等	(场次)	4030	4080	689	570	3341	3510
＃开展咨询、教育、培训等	(场次)	8661	12722	1365	1376	7296	11346
＃开展投融资、成果转化等	(项)	1173	1092	280	254	893	838
参与服务活动的科技工作者	(人次)	697703	995362	146388	389500	551315	605862
专家服务							
专家服务工作站（中心）数	(个)	898	1062	239	292	659	770
专家进站（中心）人次	(人次)	85694	32937	63185	3686	22509	29251
专家服务团队	(个)	2031	2320	448	612	1583	1708
参加服务团队专家人次	(人次)	123515	81438	76471	25843	47044	55595
标准制定							
技术标准研制数	(个)	430	481	114	97	316	384
团体标准研制数	(个)	1030	1698	654	965	376	733
学术会议							
国内学术会议	(次)	16202	13563	4340	3304	11862	10259
＃学术年会	(次)	6720	5887	1903	1420	4817	4467
参加人次	(人次)	4336948	161363492	1696958	27006936	2639990	134356556
交流论文、报告数	(篇)	968701	600339	649331	367081	319370	233258
境内国际学术会议	(次)	1341	574	566	280	775	294
参加人次	(人次)	912451	4351090	497376	2638804	415075	1712286
＃境外专家学者	(人次)	34068	17097	19332	11665	14736	5432
交流论文、报告数	(篇)	132229	47199	76150	26976	56079	20223
港澳台地区学术会议	(次)	138	54	34	13	104	41
参加人次	(人次)	30385	24245	5998	14661	24387	9584
交流论文、报告数	(篇)	7771	2568	1555	694	6216	1874
科技期刊							
主办科技期刊	(种)	1719	1690	988	986	731	704
编委会成员人数	(人)	102756	107074	77711	81608	25045	25466
＃两院院士人数	(人)	5077	5142	4453	4484	624	658
＃国际编委人数	(人)	8161	8726	7516	7920	645	806
编辑部总人数	(人)	11798	10745	7208	6131	4590	4614
＃高级技术职称人数	(人)	5096	5100	2776	2815	2320	2285
＃硕士、博士及以上学位人数	(人)	5431	5472	3533	3641	1898	1831
科技期刊印刷量	(册)	37393779	33570611	26217888	24069233	11175891	9501378
科技期刊发表文章数	(篇)	556822	545387	248319	249048	308503	296339

6-3 2020年各省级科协学术交流情况

地　区	开展推进创新创业活动（项）	参与服务活动的科技工作者（人次）	专家服务工作站（中心）数（个）	专家进站（中心）人次（人次）	专家服务团队（个）	参加服务团队专家人次（人次）
合　计	**1176**	**12004370**	**2198**	**17886**	**575**	**8543**
北　京	84	150	85	1450	76	1589
天　津	11	11842615	0	0	0	0
河　北	28	0	0	0	0	0
山　西	6	40	41	820	41	1120
内蒙古	23	1200	48	79	9	212
辽　宁	39	96	0	0	0	0
吉　林	4	920	58	248	22	161
黑龙江	17	2500	2	18	0	0
上　海	7	2100	464	2655	0	0
江　苏	64	2793	24	221	5	74
浙　江	6	218	283	7771	262	2732
安　徽	19	365	0	0	2	175
福　建	7	497	436	2914	1	156
江　西	9	1862	1	5	1	22
山　东	135	120836	16	69	0	0
河　南	6	189	0	0	9	233
湖　北	1	100	600	612	24	255
湖　南	115	8205	11	335	11	335
广　东	0	0	36	278	36	366
广　西	10	1070	6	43	0	0
海　南	0	0	0	0	0	0
重　庆	354	3085	27	175	61	296
四　川	4	577	3	6	0	0
贵　州	15	1135	0	0	2	4
云　南	4	0	52	156	2	645
西　藏	1	0	0	0	1	0
陕　西	155	12179	1	20	1	25
甘　肃	1	25	0	0	0	0
青　海	2	20	4	11	0	0
宁　夏	30	705	0	0	7	115
新　疆	18	358	0	0	2	28
新疆生产建设兵团	1	530	0	0	0	0

6-3 续表 1

地 区	技术标准研制数（个）	团体标准研制数（个）	国内学术会议			
			次 数（次）	# 学术年会（次）	参加人次（人次）	交流论文、报告数（篇）
合　计	12	40	320	41	1163076	8691
北　京	0	0	23	0	2860	157
天　津	0	0	1	0	80	6
河　北	0	0	2	0	350	6
山　西	0	0	11	4	1641	524
内蒙古	7	0	5	4	2870	1111
辽　宁	0	0	3	1	1130	128
吉　林	0	0	3	1	630	35
黑龙江	0	0	17	0	2500	118
上　海	0	0	8	1	2300	104
江　苏	0	0	16	2	3564	73
浙　江	3	39	4	1	3600	418
安　徽	0	0	0	0	0	0
福　建	0	0	4	1	1112	16
江　西	0	0	15	1	4800	750
山　东	2	1	126	1	500700	353
河　南	0	0	41	10	18737	2241
湖　北	0	0	0	0	0	0
湖　南	0	0	6	6	6500	32
广　东	0	0	13	1	5508	466
广　西	0	0	1	0	130	3
海　南	0	0	0	0	0	0
重　庆	0	0	8	1	1456	492
四　川	0	0	1	0	400	4
贵　州	0	0	1	1	400	10
云　南	0	0	0	0	0	0
西　藏	0	0	0	0	0	0
陕　西	0	0	1	1	600000	1324
甘　肃	0	0	1	0	68	5
青　海	0	0	1	1	300	30
宁　夏	0	0	8	3	1440	285
新　疆	0	0	0	0	0	0
新疆生产建设兵团	0	0	0	0	0	0

6-3 续表 2

地 区	境内国际学术会议（次）	参加人次（人次）	#境外专家学者（人次）	交流论文、报告数（篇）
合 计	36	10430	561	745
北 京	2	350	22	12
天 津	0	0	0	0
河 北	1	400	2	10
山 西	0	0	0	0
内蒙古	1	140	20	147
辽 宁	0	0	0	0
吉 林	0	0	0	0
黑龙江	0	0	0	0
上 海	0	0	0	0
江 苏	14	700	84	44
浙 江	1	200	50	10
安 徽	0	0	0	0
福 建	0	0	0	0
江 西	0	0	0	0
山 东	2	620	13	52
河 南	0	0	0	0
湖 北	1	200	35	4
湖 南	0	0	0	0
广 东	0	0	0	0
广 西	2	190	10	18
海 南	0	0	0	0
重 庆	10	6600	320	393
四 川	0	0	0	0
贵 州	0	0	0	0
云 南	0	0	0	0
西 藏	0	0	0	0
陕 西	1	430	3	10
甘 肃	0	0	0	0
青 海	0	0	0	0
宁 夏	1	600	2	45
新 疆	0	0	0	0
新疆生产建设兵团	0	0	0	0

6-3 续表 3

地 区	港澳台地区学术会议 （次）	参加人次 （人次）	交流论文、报告数 （篇）
合 计	6	2662	607
北 京	1	70	34
天 津	0	0	0
河 北	0	0	0
山 西	0	0	0
内蒙古	0	0	0
辽 宁	0	0	0
吉 林	0	0	0
黑龙江	0	0	0
上 海	1	200	23
江 苏	0	0	0
浙 江	0	0	0
安 徽	0	0	0
福 建	3	2192	541
江 西	0	0	0
山 东	0	0	0
河 南	0	0	0
湖 北	1	200	9
湖 南	0	0	0
广 东	0	0	0
广 西	0	0	0
海 南	0	0	0
重 庆	0	0	0
四 川	0	70	34
贵 州	0	0	0
云 南	0	0	0
西 藏	0	0	0
陕 西	0	0	0
甘 肃	0	0	0
青 海	0	0	0
宁 夏	0	0	0
新 疆	0	0	0
新疆生产建设兵团	0	0	0

6-3 续表 4

地　区	主办科技期刊（种）	编委会成员人数（人）	#两院院士人数（人）	#国际编委人数（人）
合　计	**28**	**664**	**29**	**70**
北　京	1	38	0	0
天　津	0	0	0	0
河　北	0	0	0	0
山　西	5	116	0	0
内蒙古	1	6	0	0
辽　宁	0	0	0	0
吉　林	0	0	0	0
黑龙江	0	0	0	0
上　海	1	83	1	68
江　苏	3	23	5	0
浙　江	2	35	4	0
安　徽	0	0	0	0
福　建	2	202	11	0
江　西	0	0	0	0
山　东	1	0	0	0
河　南	0	0	0	0
湖　北	0	0	0	0
湖　南	1	0	0	0
广　东	0	0	0	0
广　西	2	82	7	2
海　南	2	32	1	0
重　庆	1	18	0	0
四　川	2	0	0	0
贵　州	0	0	0	0
云　南	2	17	0	0
西　藏	0	0	0	0
陕　西	0	0	0	0
甘　肃	0	0	0	0
青　海	0	0	0	0
宁　夏	0	0	0	0
新　疆	2	12	0	0
新疆生产建设兵团	0	0	0	0

6-3 续表 5

地 区	编辑部总人数（人）	#高级技术职称人数（人）	#硕士、博士及以上学位人数（人）	科技期刊印刷量（册）	科技期刊发表文章数（篇）
合 计	247	68	68	8091833	31340
北 京	38	0	10	457350	402
天 津	0	0	0	0	0
河 北	0	0	0	0	0
山 西	49	8	11	134090	9903
内蒙古	6	2	1	21191	636
辽 宁	0	0	0	0	0
吉 林	0	0	0	0	0
黑龙江	0	0	0	0	0
上 海	4	3	4	1000	58
江 苏	23	3	4	3421794	2060
浙 江	11	4	0	870100	475
安 徽	0	0	0	0	0
福 建	7	4	2	36600	437
江 西	0	0	0	0	0
山 东	2	0	0	140400	12994
河 南	0	0	0	0	0
湖 北	0	0	0	0	0
湖 南	0	0	0	0	0
广 东	0	0	0	0	0
广 西	44	36	35	1026000	1680
海 南	17	1	1	8400	1039
重 庆	4	0	0	4800	150
四 川	22	1	0	1382000	1044
贵 州	0	0	0	0	0
云 南	10	2	0	491568	0
西 藏	0	0	0	0	0
陕 西	0	0	0	0	0
甘 肃	0	0	0	0	0
青 海	0	0	0	0	0
宁 夏	0	0	0	0	0
新 疆	10	4	0	96540	462
新疆生产建设兵团	0	0	0	0	0

6–4 2020年各地区市级科协学术交流情况

地　区	开展推进创新 创业活动 （项）	参与服务活动的 科技工作者 （人次）	专家服务工作站 （中心）数 （个）	专家进站 （中心）人次 （人次）	专家服务团队 （个）	参加服务团队 专家人次 （人次）
合　计	3517	162138	2220	17733	836	18225
北　京	24	16239	8	172	9	106
天　津	31	610	4	44	4	59
河　北	0	0	57	169	3	586
山　西	4	345	43	377	39	634
内蒙古	31	2999	69	565	9	591
辽　宁	21	842	238	639	15	249
吉　林	35	2161	12	62	3	152
黑龙江	20	357	1	10	0	0
上　海	61	18426	7	28	9	327
江　苏	192	5575	84	555	64	1846
浙　江	540	58856	495	4764	271	4234
安　徽	48	1676	20	103	5	135
福　建	19	75	165	896	2	228
江　西	28	560	51	481	16	272
山　东	282	2940	125	917	13	1189
河　南	56	3279	18	296	22	674
湖　北	43	3380	296	949	148	734
湖　南	18	1075	53	489	13	1195
广　东	357	21746	166	4340	73	1994
广　西	27	3624	12	148	4	224
海　南	0	0	0	0	0	0
重　庆	169	8706	25	199	28	386
四　川	63	3665	157	525	21	352
贵　州	43	231	3	31	4	523
云　南	8	790	59	465	7	273
西　藏	1	3	0	0	0	0
陕　西	14	230	24	156	11	424
甘　肃	4	0	14	68	14	235
青　海	6	351	0	0	0	0
宁　夏	18	408	6	51	3	18
新　疆	483	1122	2	47	3	42

6-4 续表 1

地 区	技术标准 研制数 （个）	团体标准 研制数 （个）	国内学术会议			
			次 数 （次）	#学术年会 （次）	参加人次 （人次）	交流论文、报告数 （篇）
合 计	9	22	1489	522	501828	16012
北 京	0	0	3	2	16185	8
天 津	0	0	4	0	1520	45
河 北	0	0	45	16	6929	128
山 西	0	0	8	0	1058	36
内蒙古	0	0	13	5	8394	375
辽 宁	0	0	75	17	19877	474
吉 林	0	0	2	0	100	2
黑龙江	0	0	9	3	1926	125
上 海	0	0	72	33	27693	403
江 苏	3	1	100	39	24401	1311
浙 江	2	14	203	73	36778	2269
安 徽	0	0	49	22	7066	320
福 建	0	0	31	29	11006	860
江 西	0	0	12	5	1553	21
山 东	0	1	137	71	34592	665
河 南	0	0	103	16	37446	1709
湖 北	1	0	65	24	12185	584
湖 南	0	0	26	15	5090	621
广 东	3	6	98	21	52808	904
广 西	0	0	14	1	2404	336
海 南	0	0	1	1	500	12
重 庆	0	0	36	12	5211	386
四 川	0	0	260	81	139940	2803
贵 州	0	0	26	6	10943	178
云 南	0	0	10	4	1028	326
西 藏	0	0	0	0	0	0
陕 西	0	0	72	20	32502	941
甘 肃	0	0	6	3	1330	103
青 海	0	0	1	0	111	3
宁 夏	0	0	7	2	1197	60
新 疆	0	0	0	0	0	0

6-4 续表 2

地　区	境内国际学术会议 （次）	参加人次 （人次）	＃境外专家学者 （人次）	交流论文、报告数 （篇）
合　计	**43**	**46623**	**525**	**1340**
北　京	0	0	0	0
天　津	0	0	0	0
河　北	0	0	0	0
山　西	1	500	2	8
内蒙古	0	0	0	0
辽　宁	2	600	70	350
吉　林	0	0	0	0
黑龙江	0	0	0	0
上　海	2	7300	68	205
江　苏	3	3120	27	97
浙　江	7	1893	80	130
安　徽	0	0	0	0
福　建	0	0	0	0
江　西	0	0	0	0
山　东	2	440	18	157
河　南	0	0	0	0
湖　北	3	560	10	15
湖　南	1	300	2	6
广　东	6	3000	39	68
广　西	6	24550	43	137
海　南	1	60	7	10
重　庆	3	420	130	37
四　川	1	180	8	10
贵　州	0	0	0	0
云　南	0	0	0	0
西　藏	0	0	0	0
陕　西	5	3700	21	110
甘　肃	0	0	0	0
青　海	0	0	0	0
宁　夏	0	0	0	0
新　疆	0	0	0	0

6-4 续表 3

地 区	港澳台地区学术会议 （次）	参加人次 （人次）	交流论文、报告数 （篇）
合 计	9	1370	55
北 京	0	0	0
天 津	0	0	0
河 北	0	0	0
山 西	0	0	0
内蒙古	0	0	0
辽 宁	0	0	0
吉 林	0	0	0
黑龙江	0	0	0
上 海	0	0	0
江 苏	0	0	0
浙 江	0	0	0
安 徽	1	300	6
福 建	0	0	0
江 西	0	0	0
山 东	0	0	0
河 南	0	0	0
湖 北	0	0	0
湖 南	0	0	0
广 东	8	1070	49
广 西	0	0	0
海 南	0	0	0
重 庆	0	0	0
四 川	0	0	0
贵 州	0	0	0
云 南	0	0	0
西 藏	0	0	0
陕 西	0	0	0
甘 肃	0	0	0
青 海	0	0	0
宁 夏	0	0	0
新 疆	0	0	0

6-4　续表 4

地　区	主办科技期刊 （种）	编委会成员人数 （人）	#两院院士人数 （人）	#国际编委人数 （人）
合　计	**34**	**548**	**9**	**0**
北　京	1	9	0	0
天　津	0	0	0	0
河　北	1	39	0	0
山　西	1	25	0	0
内蒙古	1	38	0	0
辽　宁	1	3	0	0
吉　林	1	45	0	0
黑龙江	0	0	0	0
上　海	0	0	0	0
江　苏	4	55	0	0
浙　江	0	0	0	0
安　徽	3	0	0	0
福　建	1	15	0	0
江　西	4	41	0	0
山　东	0	0	0	0
河　南	0	0	0	0
湖　北	0	0	0	0
湖　南	0	0	0	0
广　东	3	44	0	0
广　西	0	0	0	0
海　南	0	0	0	0
重　庆	0	0	0	0
四　川	4	32	0	0
贵　州	1	40	0	0
云　南	3	61	0	0
西　藏	0	0	0	0
陕　西	0	0	0	0
甘　肃	1	33	0	0
青　海	1	0	0	0
宁　夏	1	6	0	0
新　疆	0	0	0	0

6-4　续表 5

地　区	编辑部总人数（人）	#高级技术职称人数（人）	#硕士、博士及以上学位人数（人）	科技期刊印刷量（册）	科技期刊发表文章数（篇）
合　计	214	30	26	144980	4098
北　京	9	0	0	0	150
天　津	0	0	0	0	0
河　北	2	0	0	4000	110
山　西	13	0	0	6000	0
内蒙古	16	3	0	6500	2
辽　宁	3	0	0	100	8
吉　林	4	1	1	6000	30
黑龙江	0	0	0	0	0
上　海	0	0	0	0	0
江　苏	42	5	13	51500	170
浙　江	0	0	0	0	0
安　徽	0	0	0	0	2316
福　建	3	0	0	2100	4
江　西	15	0	0	13000	547
山　东	0	0	0	0	0
河　南	0	0	0	0	0
湖　北	0	0	0	0	0
湖　南	0	0	0	0	0
广　东	23	0	3	8600	83
广　西	0	0	0	0	0
海　南	0	0	0	0	0
重　庆	0	0	0	0	0
四　川	21	9	0	12000	408
贵　州	10	0	0	500	12
云　南	18	3	1	5280	80
西　藏	0	0	0	0	0
陕　西	0	0	0	0	0
甘　肃	18	0	0	1500	34
青　海	0	0	0	8000	0
宁　夏	6	0	0	3900	0
新　疆	0	0	0	0	0

6-5 2020年各地区县级科协学术交流情况

地 区	开展推进创新创业活动（项）	参与服务活动的科技工作者（人次）	专家服务工作站（中心）数（个）	专家进站（中心）人次（人次）	专家服务团队（个）	参加服务团队专家人次（人次）
合 计	**5681**	**132583**	**2352**	**18706**	**1584**	**28176**
河 北	188	3311	145	647	67	1038
山 西	58	885	12	1167	30	343
内蒙古	85	675	12	104	52	503
辽 宁	69	556	129	563	59	758
吉 林	24	186	4	80	10	201
黑龙江	209	1430	6	42	24	502
江 苏	414	5293	102	1066	57	1273
浙 江	396	14444	585	5431	214	2933
安 徽	275	2441	54	286	44	492
福 建	244	7593	191	1020	62	729
江 西	140	1616	57	402	49	609
山 东	393	29543	80	446	84	955
河 南	215	21291	38	428	86	3813
湖 北	276	5013	307	1440	150	1187
湖 南	551	4570	27	264	93	2212
广 东	191	9151	38	92	9	313
广 西	73	857	5	25	33	559
海 南	24	5	0	0	8	214
重 庆	15	497	0	0	4	108
四 川	521	15344	262	2280	186	3585
贵 州	99	654	26	733	40	1792
云 南	219	1255	97	825	55	1135
西 藏	177	276	3	23	9	35
陕 西	89	1350	137	910	81	1105
甘 肃	144	1354	13	248	37	1097
青 海	210	1395	5	25	11	110
宁 夏	69	330	8	106	11	162
新 疆	313	1268	9	53	19	413

注：本表数据不含北京、天津和上海地区。

6-5 续表 1

地 区	技术标准研制数（个）	团体标准研制数（个）	国内学术会议			
			次 数（次）	#学术年会（次）	参加人次（人次）	交流论文、报告数（篇）
合 计	16	25	303	133	109714	3661
河 北	1	1	6	2	2900	111
山 西	0	0	1	1	100	0
内蒙古	1	0	0	0	0	0
辽 宁	0	2	0	0	0	0
吉 林	0	0	0	0	0	0
黑龙江	0	0	2	1	58	36
江 苏	1	1	69	30	67806	880
浙 江	3	7	83	35	17798	785
安 徽	0	0	8	4	662	69
福 建	2	2	14	13	1372	242
江 西	0	0	7	2	1031	64
山 东	0	0	18	4	5374	181
河 南	0	1	3	1	780	24
湖 北	0	0	20	2	2498	119
湖 南	0	1	9	7	887	260
广 东	0	0	10	4	1522	153
广 西	0	0	0	0	0	0
海 南	0	0	2	0	150	5
重 庆	0	0	2	1	580	7
四 川	4	2	28	10	4892	419
贵 州	0	2	0	0	0	0
云 南	2	0	3	3	66	23
西 藏	1	0	0	0	0	0
陕 西	0	1	9	6	936	241
甘 肃	0	0	5	5	298	38
青 海	0	0	0	0	0	0
宁 夏	0	5	0	0	0	0
新 疆	1	0	4	2	4	4

6-5 续表 2

地 区	境内国际学术会议 （次）	参加人次 （人次）	#境外专家学者 （人次）	交流论文、报告数 （篇）
合 计	18	4718	238	227
河 北	0	0	0	0
山 西	0	0	0	0
内蒙古	0	0	0	0
辽 宁	0	0	0	0
吉 林	0	0	0	0
黑龙江	0	0	0	0
江 苏	11	3520	196	178
浙 江	2	300	27	17
安 徽	0	0	0	0
福 建	0	0	0	0
江 西	0	0	0	0
山 东	1	73	2	3
河 南	0	0	0	0
湖 北	0	0	0	0
湖 南	0	0	0	0
广 东	1	500	10	20
广 西	0	0	0	0
海 南	0	0	0	0
重 庆	0	0	0	0
四 川	3	325	3	9
贵 州	0	0	0	0
云 南	0	0	0	0
西 藏	0	0	0	0
陕 西	0	0	0	0
甘 肃	0	0	0	0
青 海	0	0	0	0
宁 夏	0	0	0	0
新 疆	0	0	0	0

6-5 续表 3

地 区	港澳台地区学术会议 （次）	参加人次 （人次）	交流论文、报告数 （篇）
合 计	3	410	26
河 北	0	0	0
山 西	0	0	0
内蒙古	0	0	0
辽 宁	0	0	0
吉 林	0	0	0
黑龙江	0	0	0
江 苏	2	110	1
浙 江	0	0	0
安 徽	0	0	0
福 建	0	0	0
江 西	0	0	0
山 东	0	0	0
河 南	0	0	0
湖 北	0	0	0
湖 南	0	0	0
广 东	1	300	25
广 西	0	0	0
海 南	0	0	0
重 庆	0	0	0
四 川	0	0	0
贵 州	0	0	0
云 南	0	0	0
西 藏	0	0	0
陕 西	0	0	0
甘 肃	0	0	0
青 海	0	0	0
宁 夏	0	0	0
新 疆	0	0	0

6-5 续表 4

地　区	主办科技期刊（种）	编委会成员人数（人）	#两院院士人数（人）	#国际编委人数（人）
合　计	**60**	**142**	**4**	**12**
河　北	6	3	0	0
山　西	3	0	0	0
内蒙古	3	4	0	0
辽　宁	1	0	0	0
吉　林	1	0	0	0
黑龙江	0	0	0	0
江　苏	3	40	1	10
浙　江	2	14	0	0
安　徽	3	15	0	0
福　建	1	0	0	0
江　西	2	2	0	0
山　东	2	12	0	0
河　南	4	22	0	0
湖　北	5	10	3	2
湖　南	5	5	0	0
广　东	0	0	0	0
广　西	0	0	0	0
海　南	1	0	0	0
重　庆	0	0	0	0
四　川	6	0	0	0
贵　州	5	7	0	0
云　南	0	0	0	0
西　藏	1	0	0	0
陕　西	1	0	0	0
甘　肃	1	0	0	0
青　海	2	0	0	0
宁　夏	0	0	0	0
新　疆	2	8	0	0

6-5 续表 5

地 区	编辑部总人数 （人）	#高级技术职称人数 （人）	#硕士、博士及以上 学位人数 （人）	科技期刊印刷量 （册）	科技期刊发表文章数 （篇）
合 计	127	20	13	559850	915
河 北	6	1	0	850	0
山 西	0	0	0	10000	0
内蒙古	4	2	0	31000	10
辽 宁	0	0	0	0	0
吉 林	0	0	0	1000	0
黑龙江	0	0	0	0	0
江 苏	14	5	9	4200	19
浙 江	16	0	0	76000	297
安 徽	5	0	0	1200	30
福 建	0	0	0	0	0
江 西	6	0	0	1500	12
山 东	12	1	1	21000	64
河 南	17	4	0	52500	58
湖 北	11	5	3	129100	56
湖 南	3	0	0	3800	274
广 东	0	0	0	0	0
广 西	0	0	0	0	0
海 南	0	0	0	0	0
重 庆	0	0	0	0	0
四 川	9	2	0	213000	27
贵 州	24	0	0	1800	56
云 南	0	0	0	0	0
西 藏	0	0	0	0	0
陕 西	0	0	0	12000	12
甘 肃	0	0	0	0	0
青 海	0	0	0	900	0
宁 夏	0	0	0	0	0
新 疆	0	0	0	0	0

6-6 2020年各地区省级学会学术交流情况

地 区	开展推进创新创业活动（项）	参与服务活动的科技工作者（人次）	专家服务工作站（中心）数（个）	专家进站（中心）人次（人次）	专家服务团队（个）	参加服务团队专家人次（人次）
合 计	**16828**	**605862**	**770**	**29251**	**1708**	**55595**
北 京	1382	27778	16	428	106	1991
天 津	400	69539	1	150	47	1014
河 北	316	7600	54	311	87	816
山 西	92	17451	27	182	24	883
内蒙古	680	7732	2	50	19	515
辽 宁	397	7778	183	914	169	3734
吉 林	202	19848	8	480	26	792
黑龙江	116	4890	2	10	6	47
上 海	700	51428	5	107	4	104
江 苏	681	42068	114	2986	153	4673
浙 江	942	28118	30	1078	87	3425
安 徽	490	14295	15	208	44	1890
福 建	682	21204	44	449	51	9373
江 西	181	4920	20	296	31	664
山 东	880	35513	44	733	102	2398
河 南	389	12744	9	258	33	1115
湖 北	315	7689	9	181	20	597
湖 南	395	19155	32	4762	142	6581
广 东	1153	96604	45	1420	125	4981
广 西	285	6486	5	11625	18	947
海 南	368	11765	4	119	1	19
重 庆	362	7428	30	789	167	2277
四 川	910	11271	16	444	51	1386
贵 州	296	7759	6	171	41	1425
云 南	330	3599	5	134	25	1184
西 藏	276	1930	4	17	1	4
陕 西	230	10020	14	557	36	1022
甘 肃	166	4751	2	8	10	278
青 海	755	30186	5	147	40	434
宁 夏	277	5706	16	167	13	334
新 疆	2180	8607	3	70	29	692

6-6 续表 1

地 区	技术标准研制数 （个）	团体标准研制数 （个）	国内学术会议			
			次 数 （次）	#学术年会 （次）	参加人次 （人次）	交流论文、报告数 （篇）
合　计	384	733	10259	4467	134356556	233258
北　京	19	88	863	249	13597344	16563
天　津	4	6	291	163	679742	4936
河　北	5	16	291	142	1399750	7585
山　西	4	8	155	95	62902	2253
内蒙古	3	6	36	21	8459	606
辽　宁	3	2	415	200	493490	8119
吉　林	0	2	324	166	1374697	4245
黑龙江	1	3	26	13	6583	383
上　海	21	40	988	295	700875	18466
江　苏	20	60	596	269	615312	23847
浙　江	21	102	607	339	472810	15461
安　徽	0	0	210	111	106732396	7421
福　建	13	9	205	106	65926	4674
江　西	4	0	164	94	158022	4858
山　东	89	94	608	301	460100	8967
河　南	7	16	132	75	118441	4874
湖　北	13	20	197	82	286189	4335
湖　南	67	11	476	261	144744	13697
广　东	20	112	1307	456	3421374	42693
广　西	20	57	184	136	38229	3946
海　南	0	1	71	32	10053	851
重　庆	6	5	631	230	208380	6030
四　川	3	8	556	237	1544679	13586
贵　州	6	11	131	53	353309	3163
云　南	0	5	68	34	196723	1916
西　藏	1	2	8	8	644	132
陕　西	6	8	197	94	847893	4773
甘　肃	7	2	13	5	1606	443
青　海	4	5	218	91	47316	1796
宁　夏	17	31	213	73	268423	552
新　疆	0	3	78	36	40145	2087

6-6 续表 2

地 区	境内国际学术会议 （次）	参加人次 （人次）	#境外专家学者 （人次）	交流论文、报告数 （篇）
合 计	294	1712286	5432	20223
北 京	16	69086	189	623
天 津	7	160021	84	456
河 北	7	3364	23	99
山 西	3	628	29	270
内蒙古	0	0	0	0
辽 宁	3	513	77	71
吉 林	13	27324	158	162
黑龙江	4	370	18	172
上 海	39	163791	1079	4516
江 苏	67	127533	1485	4958
浙 江	18	126951	492	1042
安 徽	2	107	3	9
福 建	4	850	98	293
江 西	0	0	0	0
山 东	11	7179	57	157
河 南	4	4800	31	145
湖 北	11	3587	82	268
湖 南	7	12714	303	896
广 东	16	755309	190	946
广 西	5	1300	29	221
海 南	2	510	3	2
重 庆	13	4545	267	1494
四 川	18	234228	132	756
贵 州	2	1116	73	282
云 南	2	390	20	16
西 藏	0	0	0	0
陕 西	14	5407	478	2245
甘 肃	1	80	2	11
青 海	4	433	7	110
宁 夏	0	0	0	0
新 疆	1	150	23	3

6—6 续表 3

地 区	港澳台地区学术会议 （次）	参加人次 （人次）	交流论文、报告数 （篇）
合　计	41	9584	1874
北　京	3	190	16
天　津	1	200	30
河　北	0	0	0
山　西	1	200	35
内蒙古	1	150	20
辽　宁	0	0	0
吉　林	0	0	0
黑龙江	0	0	0
上　海	0	0	0
江　苏	8	1490	383
浙　江	0	0	0
安　徽	0	0	0
福　建	8	2637	728
江　西	0	0	0
山　东	0	0	0
河　南	1	260	24
湖　北	1	15	1
湖　南	2	230	29
广　东	15	4212	608
广　西	0	0	0
海　南	0	0	0
重　庆	0	0	0
四　川	0	0	0
贵　州	0	0	0
云　南	0	0	0
西　藏	0	0	0
陕　西	0	0	0
甘　肃	0	0	0
青　海	0	0	0
宁　夏	0	0	0
新　疆	0	0	0

6-6 续表 4

地　区	主办科技期刊（种）	编委会成员人数（人）	#两院院士人数（人）	#国际编委人数（人）
合　计	704	25466	658	806
北　京	21	1466	13	8
天　津	21	788	11	3
河　北	19	579	24	6
山　西	16	331	10	2
内蒙古	8	159	0	0
辽　宁	27	1215	15	158
吉　林	16	390	7	51
黑龙江	4	99	3	14
上　海	60	3015	105	110
江　苏	37	1490	57	82
浙　江	45	1420	32	27
安　徽	29	1174	23	32
福　建	35	887	4	10
江　西	21	851	23	4
山　东	36	1333	18	16
河　南	21	589	12	3
湖　北	22	737	33	17
湖　南	24	802	15	3
广　东	38	1424	120	20
广　西	22	561	8	8
海　南	5	86	0	0
重　庆	25	1480	33	21
四　川	31	1114	30	80
贵　州	20	601	5	0
云　南	18	410	5	27
西　藏	3	69	1	0
陕　西	29	1017	34	10
甘　肃	6	129	8	5
青　海	15	229	1	0
宁　夏	16	313	1	0
新　疆	14	708	7	89

6-6 续表 5

地 区	编辑部总人数（人）	#高级技术职称人数（人）	#硕士、博士及以上学位人数（人）	科技期刊印刷量（册）	科技期刊发表文章数（篇）
合 计	4614	2285	1831	9501378	296339
北 京	116	37	43	528740	5662
天 津	70	36	24	356400	3209
河 北	221	89	58	213819	5407
山 西	61	37	16	51600	3537
内蒙古	40	22	19	54265	530
辽 宁	198	59	62	183300	4884
吉 林	123	80	42	88610	5479
黑龙江	17	8	8	41626	1555
上 海	387	165	155	2287796	14959
江 苏	218	94	115	389276	5499
浙 江	243	130	96	490589	17115
安 徽	154	83	70	161650	6367
福 建	267	156	84	428909	7997
江 西	163	81	82	102067	5039
山 东	249	142	98	614443	7997
河 南	203	130	84	286200	4025
湖 北	171	53	53	316061	5543
湖 南	132	68	49	385458	5591
广 东	348	220	209	419670	9534
广 西	108	55	39	171400	2965
海 南	56	20	13	10450	1262
重 庆	286	88	141	270850	3647
四 川	136	59	63	1072528	148531
贵 州	185	112	74	132017	2617
云 南	102	57	20	105100	2535
西 藏	12	8	2	4800	230
陕 西	133	84	47	189350	10843
甘 肃	17	6	7	4200	167
青 海	80	46	21	25604	1317
宁 夏	66	34	18	49300	1140
新 疆	52	26	19	65300	1156

七、科学普及

简要说明

本篇统计资料为：

1. 汇总数据，反映中国科协、地方科协、全国学会和省级学会开展科学普及总体情况。

2. 地方科协和省级学会统计数据，分别反映各省级科协及其所属学会、市级科协、县级科协开展科学普及的基本情况。

3. 相关统计指标包括实体科技馆数量、流动科技馆数量、科普大篷车数量、科普宣讲活动次数、青少年科技教育次数、科普传播次数等。

7-1 2020年各级科协科学普及汇总表

指 标		合 计		科协小计		中国科协机关及直属单位	
		2019 年	2020 年	2019 年	2020 年	2019 年	2020 年
科普基础设施建设							
实体科技馆	（座）	978	1000	879	890	1	1
# 实行免费开放的科技馆	（座）	871	933	819	844	0	0
建筑面积	（平方米）	4340676	5264738	4083736	4688453	102000	102000
展厅面积	（平方米）	2310726	2841402	2163242	2503376	62080	62080
全年参观人次	（人次）	74785024	36640620	71496079	34275682	3890765	689628
科普（技）活动站（室、中心）	（个）	56270	59486	55534	58486	0	0
全年参加活动（培训）人次	（人次）	40748645	34970197	40370917	33530998	0	0
科普大篷车	（辆）	1232	1265	1189	1246	0	0
科普大篷车下乡次数	（次）	35367	34973	35280	34800	0	0
科普大篷车覆盖人次	（人次）	18301773	45887524	18134112	45729928	0	0
科普大篷车行驶里程	（千米）	7367128	7201673	7329148	7152356	0	0
科普大篷车展品数量	（件）	67280	66075	67154	65886	0	0

7-1　续表 1

指　标		省级科协		市级科协		县级科协	
		2019 年	2020 年	2019 年	2020 年	2019 年	2020 年

科普基础设施建设

实体科技馆	（座）	26	27	173	189	679	673
#实行免费开放的科技馆	（座）	26	27	164	184	629	633
建筑面积	（平方米）	802834	866407	1700364	1993506	1478538	1726540
展厅面积	（平方米）	391073	435829	899688	1060504	810401	944963
全年参观人次	（人次）	21963060	7373626	27814585	14787151	16726469	11425277
科普（技）活动站（室、中心）	（个）	102	303	8364	9772	47068	48411
全年参加活动（培训）人次	（人次）	293858	368228	10533054	7914405	29544005	25248365
科普大篷车	（辆）	38	69	261	267	890	910
科普大篷车下乡次数	（次）	1117	2300	7087	6467	27076	26033
科普大篷车覆盖人次	（人次）	1213033	24564257	6582325	6630594	10338754	14535077
科普大篷车行驶里程	（千米）	347157	447045	1398303	1347045	5583688	5358266
科普大篷车展品数量	（件）	5254	12306	32147	11057	29753	42523

7-1 续表 2

指　标		省级科协		市级科协		县级科协	
		2019 年	2020 年	2019 年	2020 年	2019 年	2020 年
科普画廊建筑面积	（平方米）	8098	8048	272078	265048	1448567	1522131
科普画廊展示面积	（平方米）	8039	7932	663796	652392	3632871	3554439
科普宣讲活动							
举办科普宣讲活动	（次）	16891	13605	43069	53787	53848	85352
＃专家科普报告会	（次）	4757	4531	31752	7919	7464	8693
＃专题展览	（次）	638	928	3758	1662	4419	4456
＃开展科技咨询	（次）	1327	1121	9742	9837	13176	25614
＃全国科普日、科普周活动	（次）	1735	2241	8865	12194	15343	20525
＃青少年科普活动	（次）	8146	4201	11916	13701	11474	13139
科普活动受众	（人次）	375350451	469152207	51795495	73362381	53447914	82083391
＃全国科普日、科普周活动受众	（人次）	149195497	246609719	28401725	30607361	32100854	50863165
＃青少年科普活动受众	（人次）	44576865	54205976	9154097	13310100	11037592	17858594
参加活动的科技人员、专家人次	（人次）	32676	21357	112217	121711	199128	229615
参加科普宣讲活动的学会、协会、研究会	（个）	1056	973	5179	5267	13290	13468
科普宣讲活动覆盖村（社区）	（个）	8185	22629	29695	33127	85648	96714
举办实用技术培训	（次）	11178	8428	14047	10858	37753	42302
实用技术培训人次	（人次）	4514171	5107399	1966566	2858810	4903548	4788571
推广新技术、新品种	（项）	210	311	3072	3201	9756	10687

7-1 续表 3

指　标		合　计		科协小计		中国科协机关及直属单位	
		2019 年	2020 年	2019 年	2020 年	2019 年	2020 年
青少年科技教育							
举办青少年科技竞赛	（项）	5522	5785	4762	4525	0	2
参加人次	（人次）	30183306	26255591	25961321	22971345	0	29593
获奖人次	（人次）	1364188	1309032	1037525	961971	0	7595
青少年参加国际及港澳台地区科技交流活动	（次）	10724	2206	7153	1442	0	10
参加人次	（人次）	66478	24552	39800	13090	0	80
举办青少年高校科学营	（次）	1540	957	1268	784	5	68
参加人次	（人次）	152483	108231	119146	81526	22149	11940
编印青少年科技教育资料	（种）	3598	3187	3181	2501	2	7
总印数	（册）	7471094	7436190	5504435	5305705	32400	225009
举办青少年科技教育活动和培训	（次）	43633	35270	39805	32248	23298	16869
参加人次	（人次）	14323158	98999644	13335120	98016187	1677144	74591347
中学生英才计划培养学生人次	（人次）	60900	52205	44197	44955	0	970
科普传播							
纸质媒体							
编著科技图书	（种）	4099	6525	2172	4728	18	1394
总印数	（册）	18305206	62246896	10831693	55173164	16150	44303572

7–1 续表 4

指　标		省级科协		市级科协		县级科协	
		2019 年	2020 年	2019 年	2020 年	2019 年	2020 年
青少年科技教育							
举办青少年科技竞赛	（项）	177	166	1270	1091	3315	3266
参加人次	（人次）	11915956	10031521	7394913	6342241	6650452	6567990
获奖人次	（人次）	212825	195611	462918	411692	361782	347073
青少年参加国际及港澳台地区科技交流活动	（次）	59	19	533	31	6561	1382
参加人次	（人次）	13051	381	13876	6940	12873	5689
举办青少年高校科学营	（次）	60	40	821	361	382	315
参加人次	（人次）	22922	18969	17045	13680	57030	36937
编印青少年科技教育资料	（种）	47	186	207	251	2925	2057
总印数	（册）	432214	533930	1279372	645070	3760449	3901696
举办青少年科技教育活动和培训	（次）	6189	3322	3454	4045	6864	8012
参加人次	（人次）	6811724	17620595	1165013	2329170	3681239	3475075
中学生英才计划培养学生人次	（人次）	1082	1261	661	634	42454	42090
科普传播							
纸质媒体							
编著科技图书	（种）	164	176	256	253	1734	2905
总印数	（册）	1751712	2252898	2238555	1707168	6825276	6909526

7-1　续表 5

指　标		合　计		科协小计		中国科协机关及直属单位	
		2019 年	2020 年	2019 年	2020 年	2019 年	2020 年
主办科技报纸	（种）	578	586	478	500	0	0
总印数	（份）	74574515	67596168	56664141	50634065	0	0
制作科普挂图	（种）	61734	65899	21734	24736	182	268
总印数	（张）	11762199	9615783	5738680	6037362	182	159752
非纸质媒体							
制作科技广播、影视节目	（套）	8205	10180	5970	7023	679	908
制作节目播放时长	（分钟）	2170274	2861346	1801213	2091555	16771	28882
播放科技广播、影视节目时长	（分钟）	6657793	8378100	6244836	7834759	21812	16440
#电台、电视台播放科技节目时长	（分钟）	2978103	3282340	2667983	2960160	21812	16440
制作科普动漫作品	（套）	1842	1763	1158	745	25	30
科普动漫作品播放时长	（分钟）	1641582	1822448	722935	222508	4092	4049
主办科普 App 或设置科普栏目的综合类 App	（个）	603	257	389	223	1	4
科普 App 下载安装数	（次）	9493646	16714040	8363721	15498692	5060847	9785180
科普 App 更新数	（次）	1879309	9358712	1874261	9354070	12	86
主办科普微信公众号	（个）	2192	2521	1265	1413	11	18
关注数	（个）	39426503	58566319	26924904	42966350	3633937	8411596
全年阅读量	（次）	644377245	1456246050	310534588	511848504	161065671	317306818
主办科普微博	（个）	579	2574	284	262	7	5
关注数	（个）	49996875	48782738	16778240	22452981	11528200	16868778

7-1 续表 6

指　标		省级科协		市级科协		县级科协	
		2019 年	2020 年	2019 年	2020 年	2019 年	2020 年
主办科技报纸	（种）	24	24	17	14	437	462
总印数	（份）	47856518	44809902	7474208	4483471	1333415	1340692
制作科普挂图	（种）	332	366	3908	4311	17312	19791
总印数	（张）	1484749	1590296	1145219	1202913	3108530	3084401
非纸质媒体							
制作科技广播、影视节目	（套）	1094	1720	2209	2284	1988	2111
制作节目播放时长	（分钟）	205168	515162	546249	482327	1033025	1065184
播放科技广播、影视节目时长	（分钟）	2733678	2673630	2461736	3938242	1027610	1206447
#电台、电视台播放科技节目时长	（分钟）	1522824	623364	319834	1386395	803513	933961
制作科普动漫作品	（套）	789	218	116	234	228	263
科普动漫作品播放时长	（分钟）	678019	18285	12183	177785	28641	22389
主办科普 App 或设置科普栏目的综合类 App	（个）	24	18	36	16	328	185
科普 App 下载安装数	（次）	1378567	3548275	175318	286154	1748989	1879083
科普 App 更新数	（次）	2594	1926	6130	3994	1865525	9348064
主办科普微信公众号	（个）	122	123	355	398	777	874
关注数	（个）	7945338	13822345	10370208	15092038	4975421	5640371
全年阅读量	（次）	49707902	91164181	66075158	64333544	33685857	39043961
主办科普微博	（个）	39	37	67	58	171	162
关注数	（个）	3898861	4283510	843578	736972	507601	563721

7-2 2020 年全国学会、省级学会科学普及汇总表

指 标		学会小计		全国学会		省级学会	
		2019 年	2020 年	2019 年	2020 年	2019 年	2020 年
科普基础设施建设							
实体科技馆	（座）	235	110	16	53	219	57
# 实行免费开放的科技馆	（座）	52	89	11	40	41	49
建筑面积	（平方米）	239865	576285	90128	363840	149737	212445
展厅面积	（平方米）	139194	338026	49375	210972	89819	127054
全年参观人次	（人次）	2790145	2364938	894943	1601704	1895202	763234
科普（技）活动站（室、中心）	（个）	736	1000	270	50	466	950
全年参加活动（培训）人次	（人次）	377728	1439199	67311	23201	310417	1415998
科普大篷车	（辆）	43	19	0	1	43	18
科普大篷车下乡次数	（次）	87	173	0	0	87	173
科普大篷车覆盖人次	（人次）	167661	157596	0	0	167661	157596
科普大篷车行驶里程	（千米）	37980	49317	0	0	37980	49317
科普大篷车展品数量	（件）	126	189	0	0	126	189

7-2　续表 1

指　标		学会小计		全国学会		省级学会	
		2019 年	2020 年	2019 年	2020 年	2019 年	2020 年
科普宣讲活动							
举办科普宣讲活动	（次）	127944	97104	87581	42776	40363	54328
＃专家科普报告会	（次）	20126	21768	7035	8431	13091	13337
＃专题展览	（次）	5474	5054	2754	2197	2720	2857
＃开展科技咨询	（次）	50986	41759	42113	29074	8873	12685
＃全国科普日、科普周活动	（次）	23902	16931	15425	1958	8477	14973
＃青少年科普活动	（次）	15259	12474	7698	5735	7561	6739
科普活动受众	（人次）	915185313	1765084555	851844065	1481163316	63341248	283921239
＃全国科普日、科普周活动受众	（人次）	113074749	375966321	81463545	306401889	31611204	69564432
＃青少年科普活动受众	（人次）	41808644	267410558	36305053	228288105	5503591	39122453
参加活动的科技人员、专家人次	（人次）	693790	1109459	493642	868550	200148	240909
参加科普宣讲活动的学会、协会、研究会	（个）	9242	9181	1407	1385	7835	7796
科普宣讲活动覆盖村（社区）	（个）	91187	92435	46064	52830	45123	39605
举办实用技术培训	（次）	22277	19276	2013	2067	20264	17209
实用技术培训人次	（人次）	2669433	5980940	200553	3014634	2468880	2966306
推广新技术、新品种	（项）	5782	6460	876	900	4906	5560

7-2 续表 2

指　标		学会小计		全国学会		省级学会	
		2019 年	2020 年	2019 年	2020 年	2019 年	2020 年
青少年科技教育							
举办青少年科技竞赛	（项）	760	1260	124	112	636	1148
参加人次	（人次）	4221985	3284246	1904853	1711049	2317132	1573197
获奖人次	（人次）	326663	347061	81963	122838	244700	224223
青少年参加国际及港澳台地区科技交流活动	（次）	3571	764	79	15	3492	749
参加人次	（人次）	26678	11462	1973	393	24705	11069
举办青少年高校科学营	（次）	272	173	51	41	221	132
参加人次	（人次）	33337	26705	5881	8155	27456	18550
编印青少年科技教育资料	（种）	417	686	62	81	355	605
总印数	（册）	1966659	2130485	925290	847644	1041369	1282841
举办青少年科技教育活动和培训	（次）	3828	3022	604	439	3224	2583
参加人次	（人次）	988038	983457	378250	402360	609788	581097
中学生英才计划培养学生数	（人次）	16703	7250	702	3927	16001	3323
科普传播							
纸质媒体							
编著科技图书	（种）	1927	1797	388	384	1539	1413
总印数	（册）	7473513	7073732	1546531	1798166	5926982	5275566

7-2 续表 3

指　标		学会小计		全国学会		省级学会	
		2019 年	2020 年	2019 年	2020 年	2019 年	2020 年
主办科技报纸	（种）	100	86	13	7	87	79
总印数	（份）	17910374	16962103	626137	547400	17284237	16414703
制作科普挂图	（种）	40000	41163	1067	1979	38933	39184
总印数	（张）	6023519	3578421	1235360	1291028	4788159	2287393
非纸质媒体							
制作科技广播、影视节目	（套）	2235	3157	390	954	1845	2203
制作节目播放时长	（分钟）	369061	769791	25189	52259	343872	717532
播放科技广播、影视节目时长	（分钟）	412957	543341	25116	186999	387841	356343
#电台、电视台播放科技节目时长	（分钟）	310120	322180	6587	15916	303533	306264
制作科普动漫作品	（套）	684	1018	221	332	463	686
科普动漫作品播放时长	（分钟）	918648	1599940	897357	1561982	21291	37958
主办科普 App 或设置科普栏目的综合类 App	（个）	214	34	10	10	204	24
科普 App 下载安装数	（次）	1129925	1215348	256225	254820	873700	960528
科普 App 更新数	（次）	5048	4642	545	237	4503	4405
主办科普微信公众号	（个）	927	1108	226	311	701	797
关注数	（个）	12501599	15599969	4293299	6968201	8208300	8631768
全年阅读量	（次）	333842657	944397546	215634385	791247785	118208272	153149761
主办科普微博	（个）	295	2312	163	156	132	2156
关注数	（个）	33218635	26329757	3069358	3894817	30149277	22434940

7-3 2020年各省级科协科学普及情况

地 区	实体科技馆				
	数 量（座）	# 实行免费开放的科技馆（座）	建筑面积（平方米）	展厅面积（平方米）	全年参观人次（人次）
合 计	27	28	894407	444229	8105444
北 京	1	1	43500	16237	110000
天 津	1	1	18000	11861	158446
河 北	1	2	56000	16800	783306
山 西	1	1	30000	13209	250921
内蒙古	1	1	48300	28830	485665
辽 宁	1	1	102508	47937	650000
吉 林	1	1	43000	16754	237000
黑龙江	2	2	50000	24000	317799
上 海	0	0	0	0	0
江 苏	0	0	0	0	0
浙 江	1	1	30452	16042	327500
安 徽	1	1	12000	5000	180000
福 建	1	1	8000	4000	331700
江 西	0	0	0	0	0
山 东	1	1	21000	12000	208195
河 南	1	1	21334	1200	5000
湖 北	1	1	70300	44162	1
湖 南	1	1	28113	15248	230346
广 东	1	1	7979	1000	193135
广 西	1	1	38988	22500	500000
海 南	0	0	0	0	0
重 庆	1	1	48388	31805	1332684
四 川	1	1	41800	25000	706918
贵 州	1	1	15865	7040	286000
云 南	1	1	9590	3550	106495
西 藏	0	0	0	0	0
陕 西	1	1	9770	4736	73000
甘 肃	1	1	50075	30000	170000
青 海	1	1	33179	18100	254000
宁 夏	1	1	29664	16101	176333
新 疆	1	1	26602	11117	31000
新疆生产建设兵团	0	0	0	0	0

7-3　续表 1

地　区	数字科技馆及科技馆官方网站个数（个）	日均页面浏览量（次）	科普资源总量（个）	流动科技馆（个）	全年流动科技馆巡展站点数（个）	全年流动科技馆巡展受众（人次）
合　计	35	105006	136224	262	591	9125181
北　京	1	604	1	1	8	14250
天　津	2	291	1	0	0	0
河　北	4	570	80001	45	46	786391
山　西	1	788	260	12	18	184793
内蒙古	1	150	0	42	130	1387505
辽　宁	2	1421	634	5	10	200000
吉　林	2	603	5	4	2	100000
黑龙江	3	7122	5	12	10	300000
上　海	0	0	0	2	15	40000
江　苏	0	0	0	0	0	0
浙　江	1	482	1	9	8	50000
安　徽	1	142	51755	5	32	680000
福　建	2	100	1	7	15	262000
江　西	0	0	0	0	0	0
山　东	1	190	1	0	0	0
河　南	0	0	0	1	29	950000
湖　北	1	101	1	13	13	300000
湖　南	1	1367	1	14	19	584707
广　东	1	60	1	1	2	13798
广　西	2	1050	1	14	29	660000
海　南	0	0	0	2	8	99545
重　庆	2	1362	1	2	6	100009
四　川	2	10544	29	33	17	515820
贵　州	1	76128	1	0	0	0
云　南	0	0	0	0	53	701551
西　藏	0	0	0	1	3	10926
陕　西	1	20	1	1	23	360000
甘　肃	0	0	0	31	73	703486
青　海	1	30	30	1	12	45400
宁　夏	1	1750	1	4	10	75000
新　疆	1	131	3493	0	0	0
新疆生产建设兵团	0	0	0	0	0	0

7-3　续表 2

地　区	科普（技）活动站（室、中心）（个）	全年参加活动（培训）人次（人次）	科普大篷车（辆）	科普大篷车下乡次数（次）	科普大篷车行驶里程（千米）	科普大篷车覆盖人次（人次）	科普大篷车展品数量（件）
合　计	303	368228	69	2300	447045	24564257	12306
北　京	0	0	0	0	0	0	0
天　津	0	0	0	0	0	0	0
河　北	0	0	20	275	44099	128126	338
山　西	5	925	1	8	650	6068	25
内蒙古	9	1309	1	16	650	23385	25
辽　宁	14	4200	1	21	7000	48000	100
吉　林	0	0	1	3	3000	6000	26
黑龙江	46	80000	3	1	300	500	73
上　海	0	0	0	0	0	0	0
江　苏	0	0	2	144	21526	82000	49
浙　江	0	0	1	19	2552	10000	22
安　徽	0	300	1	16	6000	20000	30
福　建	2	46000	0	0	0	0	0
江　西	1	150	1	4	1500	4300	20
山　东	3	2602	1	10	3000	15000	40
河　南	0	0	1	0	0	0	36
湖　北	9	110000	1	2	40	500	25
湖　南	0	0	1	26	9800	31018	28
广　东	0	0	1	45	2500	26800	44
广　西	1	40000	3	83	19954	70710	84
海　南	0	37	2	76	22086	67150	52
重　庆	0	0	1	18	7200	48000	40
四　川	5	2340	2	52	11708	107300	49
贵　州	0	0	1	26	4240	48000	28
云　南	172	37245	3	85	31840	46420	67
西　藏	0	0	2	111	7500	33000	27
陕　西	0	0	4	169	27931	172000	88
甘　肃	0	11710	6	553	144364	23391300	6658
青　海	1	19400	5	442	41005	65680	4234
宁　夏	6	2510	2	94	20600	103000	70
新　疆	29	9500	1	1	6000	10000	28
新疆生产建设兵团	0	0	0	0	0	0	0

7-3 续表 3

地 区	科普中国 e 站 （个）	科普画廊建筑面积 （平方米）	科普画廊展示面积 （平方米）
合　计	26212	8048	4531
北　京	25	202	148
天　津	0	12	259
河　北	2546	0	30
山　西	879	879	57
内蒙古	6603	145	1037
辽　宁	0	0	60
吉　林	132	574	108
黑龙江	179	764	13
上　海	1657	0	3
江　苏	0	0	133
浙　江	0	0	23
安　徽	0	0	216
福　建	0	655	333
江　西	494	0	60
山　东	1	0	4
河　南	6059	6	18
湖　北	3	30	87
湖　南	0	0	3
广　东	316	0	34
广　西	0	0	116
海　南	3991	0	18
重　庆	235	106	63
四　川	2027	31	4
贵　州	0	0	22
云　南	7	10	195
西　藏	135	1500	0
陕　西	651	34	1294
甘　肃	0	0	84
青　海	70	3000	1
宁　夏	2	100	11
新　疆	200	0	97
新疆生产建设兵团	0	0	0

7-3 续表 4

地 区	举办科普宣讲活动					
	次 数（次）	# 专家科普报告会（次）	# 专题展览（次）	# 开展科技咨询（次）	# 全国科普日、科普周活动（次）	# 青少年科普活动（次）
合 计	7932	4531	928	1121	2241	4201
北 京	210	148	93	5	135	229
天 津	12	259	381	126	284	108
河 北	0	30	0	0	11	2
山 西	50	57	4	4	4	218
内蒙古	900	1037	7	150	37	85
辽 宁	0	60	10	20	16	31
吉 林	848	108	1	129	38	0
黑龙江	1516	13	2	300	29	15
上 海	0	3	8	0	5	2
江 苏	0	133	1	0	131	86
浙 江	0	23	6	6	23	126
安 徽	0	216	4	0	67	11
福 建	665	333	28	20	13	381
江 西	0	60	7	17	24	24
山 东	0	4	2	0	15	3
河 南	20	18	10	11	2	1
湖 北	30	87	0	0	2	10
湖 南	0	3	2	0	5	68
广 东	0	34	2	0	8	52
广 西	0	116	42	20	26	775
海 南	0	18	1	1	9	2
重 庆	400	63	8	3	211	1144
四 川	31	4	5	1	8	38
贵 州	0	22	5	3	4	49
云 南	30	195	0	124	4	173
西 藏	700	0	0	0	41	8
陕 西	20	1294	4	0	996	52
甘 肃	0	84	266	34	14	306
青 海	2400	1	1	0	2	29
宁 夏	100	11	17	40	9	33
新 疆	0	97	11	107	68	140
新疆生产建设兵团	0	0	0	0	0	0

7-3 续表 5

地 区	举办科普宣讲活动					
	科普活动受众（人次）	# 全国科普日、科普周活动受众（人次）	# 青少年科普活动受众（人次）	参加活动的科技人员、专家人次（人次）	参加科普宣讲活动的学会、协会、研究会（个）	科普宣讲活动覆盖村（社区）（个）
合 计	469152207	246609719	54205976	21357	973	22629
北 京	94391931	90044057	69583	252	0	24
天 津	84180226	10012785	9052538	724	121	666
河 北	2072200	2030000	44280	43	24	13
山 西	5098665	13780	4085	49	6	6
内蒙古	3293240	979550	903000	2580	20	921
辽 宁	424420	292000	73820	110	63	2675
吉 林	1707000	1001500	0	682	35	9375
黑龙江	1061000	734000	142000	358	10	3000
上 海	124130	67150	22500	5762	38	133
江 苏	297550	60541	175479	2203	90	25
浙 江	205167520	108852900	29165540	58	41	39
安 徽	8513000	7508000	306000	1184	27	113
福 建	127162	6300	81750	562	48	67
江 西	14120000	12503000	1516000	335	0	1880
山 东	9860	3590	6270	34	0	0
河 南	281467	100000	140000	967	25	20
湖 北	63442	8000	55442	239	40	0
湖 南	648271	5060	62594	121	15	30
广 东	4290000	3112500	1178800	1395	68	52
广 西	9412717	1421000	1001717	1287	7	41
海 南	898700	864000	140700	36	11	3
重 庆	2957074	1910000	2361066	372	53	21
四 川	59940	37000	22480	15	1	68
贵 州	1554700	1380750	20750	222	35	41
云 南	20810080	1415000	6735000	520	18	3000
西 藏	66600	60000	4800	0	8	0
陕 西	5787404	1853466	47464	410	38	160
甘 肃	379560	27560	368000	173	30	22
青 海	84618	4000	80618	0	0	11
宁 夏	490000	114000	304000	222	33	110
新 疆	779730	188230	119700	442	68	113
新疆生产建设兵团	0	0	0	0	0	0

7-3　续表 6

地　区	举办实用技术培训（次）	实用技术培训人次（人次）	推广新技术、新品种（项）	举办青少年科技竞赛（项）	参加人次（人次）	获奖人次（人次）
合　计	8428	5107399	311	166	10031521	195611
北　京	112	2612	0	2	200000	1800
天　津	278	4200	84	14	9027	5918
河　北	20	2810000	30	3	434926	1601
山　西	34	770	0	3	2952	2545
内蒙古	25	1818	0	4	2096	1730
辽　宁	40	5600	13	3	1500	1500
吉　林	104	503688	21	8	17712	6184
黑龙江	30	3000	3	6	7099	1389
上　海	1	200	0	3	302000	6973
江　苏	32	484168	9	16	2360269	45412
浙　江	10	1322	0	9	3100	2000
安　徽	10	230	0	7	10557	5138
福　建	2	200	0	5	64179	3594
江　西	69	5360	0	3	52528	4
山　东	8	2000	0	5	267957	53469
河　南	2	300	0	6	5217700	9700
湖　北	2201	186392	0	1	1000	0
湖　南	0	0	0	9	7979	4172
广　东	0	0	0	4	9400	6548
广　西	40	507868	98	4	46762	2993
海　南	18	333	4	5	5386	1307
重　庆	0	0	0	7	60671	3985
四　川	0	0	0	5	355176	8421
贵　州	47	2480	27	6	10900	5588
云　南	1	353	0	4	53423	3753
西　藏	24	1339	0	8	4800	917
陕　西	3319	146956	15	2	1604	1408
甘　肃	17	11710	3	3	377775	3582
青　海	3	200	4	2	54000	652
宁　夏	5	2000	0	5	81043	1828
新　疆	1976	422300	0	4	8000	1500
新疆生产建设兵团	0	0	0	0	0	0

7-3 续表 7

地 区	青少年参加国际及港澳台地区科技交流活动（次）	参加人次（人次）	举办青少年高校科学营（次）	参加人次（人次）	编印青少年科技教育资料（种）	总印数（册）
合 计	19	381	40	18969	186	533930
北 京	3	93	1	2500	0	0
天 津	1	21	2	805	2	1000
河 北	1	1	1	390	0	0
山 西	0	0	1	330	2	800
内蒙古	0	0	1	440	0	0
辽 宁	0	0	3	700	4	1660
吉 林	0	0	2	500	0	0
黑龙江	0	0	2	869	3	13000
上 海	0	0	1	1100	1	500
江 苏	2	200	1	1200	2	1500
浙 江	6	10	1	400	5	5000
安 徽	0	0	1	200	0	0
福 建	1	50	1	220	1	200
江 西	0	0	1	240	0	0
山 东	1	2	1	400	0	0
河 南	0	0	1	450	1	1000
湖 北	0	0	4	1496	3	2030
湖 南	2	2	1	495	4	482000
广 东	0	0	1	1040	1	400
广 西	0	0	1	385	5	7800
海 南	0	0	1	220	0	0
重 庆	0	0	1	350	2	100
四 川	2	2	1	495	4	1300
贵 州	0	0	1	280	140	140
云 南	0	0	1	410	1	3000
西 藏	0	0	2	320	2	10000
陕 西	0	0	1	1500	0	0
甘 肃	0	0	1	450	1	500
青 海	0	0	1	220	0	0
宁 夏	0	0	1	264	0	0
新 疆	0	0	1	300	2	2000
新疆生产建设兵团	0	0	0	0	0	0

7-3 续表 8

地 区	举办青少年科技教育活动和培训（次）	参加人次（人次）	中学生英才计划培养学生数（人次）
合　计	3322	17620595	1261
北　京	58	5429	260
天　津	22	15300	35
河　北	3	2900	30
山　西	234	5285	0
内蒙古	258	7858	25
辽　宁	8	21820	28
吉　林	325	6899	75
黑龙江	36	1021420	89
上　海	17	2868	78
江　苏	19	9907	50
浙　江	19	6500	44
安　徽	2	200	40
福　建	308	457803	55
江　西	0	0	0
山　东	160	200000	47
河　南	4	1400	100
湖　北	2	1149	45
湖　南	4	31688	34
广　东	5	9200	80
广　西	365	4564320	0
海　南	28	8832	0
重　庆	1143	4443074	16
四　川	4	1300	46
贵　州	13	11460	0
云　南	176	6730600	0
西　藏	2	195	0
陕　西	3	390	39
甘　肃	6	1000	45
青　海	26	39688	0
宁　夏	6	2510	0
新　疆	66	9600	0
新疆生产建设兵团	0	0	0

7-3 续表 9

地 区	编著科技图书（种）	总印数（册）	主办科技报纸（种）	总印数（份）	制作科普挂图（种）	总印数（张）
合 计	176	2252898	24	44809902	366	1590296
北 京	39	206000	0	0	8	24612
天 津	3	2080	0	0	5	53200
河 北	1	6000	1	25000	0	0
山 西	4	51000	2	3856400	7	45000
内蒙古	26	81000	1	499304	0	0
辽 宁	0	0	0	0	0	0
吉 林	16	110000	0	0	1	45000
黑龙江	3	50000	1	400	10	487037
上 海	0	0	1	2305122	1	1000
江 苏	10	10000	1	3313100	5	6000
浙 江	0	0	0	0	0	0
安 徽	0	0	1	724515	0	0
福 建	0	0	0	0	7	65000
江 西	2	11000	0	0	1	30000
山 东	1	500	1	2820000	5	159
河 南	1	600000	1	1500000	11	32000
湖 北	0	0	0	0	0	0
湖 南	1	60000	1	12500000	16	6000
广 东	0	0	3	530000	20	47924
广 西	4	16000	2	7525000	8	150000
海 南	0	0	0	0	0	0
重 庆	3	32000	0	0	27	20248
四 川	32	233500	1	1346400	9	34
贵 州	3	130000	0	0	0	0
云 南	3	506568	1	1200000	202	412121
西 藏	2	10000	2	2030005	0	0
陕 西	4	12000	1	3682056	8	160000
甘 肃	12	78000	1	9600	6	4880
青 海	0	0	2	943000	0	0
宁 夏	1	17250	0	0	0	0
新 疆	0	0	0	0	9	81
新疆生产建设兵团	5	30000	0	0	0	0

7-3　续表 10

地　区	主办科普 App 或设置科普栏目的综合类 App（个）	科普 App 下载安装数（次）	科普 App 更新数（次）
合　计	18	3548275	1926
北　京	1	506200	9
天　津	0	0	0
河　北	0	0	0
山　西	2	5326	269
内蒙古	1	3366	2
辽　宁	0	0	0
吉　林	0	0	0
黑龙江	2	10460	301
上　海	0	0	0
江　苏	1	139334	1043
浙　江	2	5526	7
安　徽	1	32	264
福　建	0	0	0
江　西	0	0	0
山　东	0	0	0
河　南	1	410000	0
湖　北	1	13400	1
湖　南	2	21000	4
广　东	0	0	0
广　西	2	3728	13
海　南	0	0	0
重　庆	1	80086	1
四　川	0	0	0
贵　州	0	0	0
云　南	1	2349817	12
西　藏	0	0	0
陕　西	0	0	0
甘　肃	0	0	0
青　海	0	0	0
宁　夏	0	0	0
新　疆	0	0	0
新疆生产建设兵团	0	0	0

7-3 续表 11

地 区	主办科普微信公众号（个）	关注数（个）	全年阅读量（次）	主办科普微博（个）	关注数（个）
合 计	123	13822345	91164181	37	4283510
北 京	11	555149	4852610	4	1246528
天 津	4	146287	12549557	3	2344
河 北	2	51444	710910	2	1518
山 西	18	219090	1502257	1	31883
内蒙古	5	222960	1249605	2	13631
辽 宁	1	590000	1606000	0	0
吉 林	2	45260	245565	0	0
黑龙江	1	80957	150000	1	7302
上 海	2	531	61218	0	0
江 苏	7	546295	2350776	1	55706
浙 江	3	224302	499608	3	649794
安 徽	3	125347	351313	0	0
福 建	3	164861	1865038	0	0
江 西	2	801523	1003000	0	0
山 东	4	1362322	6928447	1	6
河 南	3	200751	4646726	3	200824
湖 北	3	7296	195267	0	0
湖 南	7	3268923	35024743	1	3500
广 东	3	1518054	4988243	1	48800
广 西	10	329740	2450895	2	2224
海 南	1	148268	37000	0	0
重 庆	3	398788	890605	2	206038
四 川	4	1599972	3480243	3	763336
贵 州	2	202800	507600	0	0
云 南	3	56863	260986	1	51990
西 藏	1	41006	21230	0	0
陕 西	3	60568	253209	3	975710
甘 肃	4	259606	550200	0	0
青 海	3	86910	299089	2	640
宁 夏	3	192356	213769	0	0
新 疆	1	264116	168472	1	21736
新疆生产建设兵团	1	50000	1250000	0	0

7-4　2020 年各地区市级科协科学普及情况

地　区	实体科技馆				
	数　量 （座）	# 实行免费开放的 科技馆 （座）	建筑面积 （平方米）	展厅面积 （平方米）	全年参观人次 （人次）
合　计	189	184	1993506	1060504	14787151
北　京	4	4	12200	5931	4800
天　津	4	4	3858	3411	86100
河　北	4	4	49490	31140	129592
山　西	2	2	32170	15580	90001
内蒙古	10	10	113797	57700	517128
辽　宁	6	6	38850	24288	123000
吉　林	4	4	16919	9649	11000
黑龙江	5	5	21879	13442	346800
上　海	6	5	18937	9380	190257
江　苏	5	5	105500	58760	1200557
浙　江	9	9	212138	110701	2163798
安　徽	16	15	209330	95323	2072962
福　建	6	6	80658	37463	586892
江　西	6	6	53534	40311	341309
山　东	14	14	207593	121475	1104031
河　南	11	11	120397	65792	1088613
湖　北	11	11	103982	46318	665558
湖　南	7	7	37275	20791	408000
广　东	11	11	108051	50445	469312
广　西	3	3	80339	33461	535481
海　南	1	1	1000	1000	15520
重　庆	4	4	15431	11200	605000
四　川	7	6	47425	28139	386345
贵　州	3	1	39970	20085	163317
云　南	6	6	47822	29258	444805
西　藏	2	2	660	480	43000
陕　西	6	6	71721	42550	470401
甘　肃	2	2	6954	2833	85492
青　海	2	2	8034	5663	56770
宁　夏	4	4	31584	21335	151235
新　疆	6	6	80809	41980	183075

7-4 续表 1

地 区	数字科技馆及科技馆官方网站个数（个）	日均页面浏览量（次）	科普资源总量（个）	流动科技馆（个）	全年流动科技馆巡展站点数（个）	全年流动科技馆巡展受众（人次）
合　计	43	414489	175932	284	1000	7879781
北　京	1	421	2	1	1	1900
天　津	0	0	0	1	6	2000
河　北	0	0	0	16	33	314533
山　西	1	108	0	3	7	42560
内蒙古	0	0	0	23	30	345800
辽　宁	0	0	0	3	20	12200
吉　林	0	0	0	0	2	47300
黑龙江	1	232	1250	0	0	0
上　海	1	10000	15054	5	137	62471
江　苏	3	5289	227	4	70	134835
浙　江	5	74502	155396	5	47	74466
安　徽	3	810	6	15	139	190500
福　建	2	430	0	4	44	165275
江　西	0	0	0	12	14	514500
山　东	5	4396	583	25	27	75600
河　南	5	17035	1224	11	44	563270
湖　北	3	321	255	12	15	159863
湖　南	2	70306	501	16	27	3340100
广　东	6	6643	1180	4	59	57100
广　西	2	60	95	12	17	386000
海　南	0	0	0	0	0	0
重　庆	0	0	0	1	1	8000
四　川	0	0	0	26	39	354400
贵　州	0	0	0	4	7	110000
云　南	1	335	157	7	38	314866
西　藏	0	0	0	8	15	31858
陕　西	1	223586	1	4	9	44500
甘　肃	0	0	0	18	53	355970
青　海	0	0	0	2	44	10600
宁　夏	1	15	1	5	27	68149
新　疆	0	0	0	31	18	64365

7-4　续表 2

地　区	科普（技）活动站（室、中心）（个）	全年参加活动（培训）人次（人次）	科普大篷车（辆）	科普大篷车下乡次数（次）	科普大篷车行驶里程（千米）	科普大篷车覆盖人次（人次）	科普大篷车展品数量（件）
合　计	**9772**	**7914405**	**267**	**6467**	**1347045**	**6630594**	**11057**
北　京	1117	849580	5	49	8615	19000	3200
天　津	2027	794667	10	267	15377	61680	270
河　北	101	82380	4	159	11380	852500	157
山　西	3	2490	3	88	19331	17100	79
内蒙古	104	90487	11	356	48195	218646	300
辽　宁	202	46001	6	107	17690	70658	195
吉　林	13	3510	3	147	12100	12000	51
黑龙江	17	18300	9	183	25165	87500	386
上　海	1117	853338	1	16	846	6351	2
江　苏	477	2663020	4	105	18250	71791	95
浙　江	21	75412	8	264	25789	359245	388
安　徽	20	70226	17	291	37913	359293	794
福　建	110	102448	5	139	10501	140702	130
江　西	43	20210	6	156	27170	79919	134
山　东	532	285450	16	124	20370	297800	506
河　南	412	65719	13	302	54992	305640	316
湖　北	57	22230	9	264	14771	130515	262
湖　南	18	372749	9	185	58458	351846	234
广　东	19	125368	10	312	35026	310689	595
广　西	136	129000	13	331	99333	362838	353
海　南	11	44211	1	0	0	0	0
重　庆	2566	600570	12	251	152757	168479	261
四　川	279	132797	12	259	57165	198922	364
贵　州	7	36822	8	220	46381	180736	203
云　南	16	36590	12	157	83324	443390	409
西　藏	77	32791	14	316	166800	117400	44
陕　西	16	62373	8	113	44318	170820	205
甘　肃	55	32290	12	617	119520	519300	376
青　海	7	5372	5	166	43443	122200	97
宁　夏	10	60398	5	219	25481	326644	158
新　疆	31	78350	11	289	44182	259140	380

7-4 续表 3

地 区	科普中国 e 站（个）	科普画廊建筑面积（平方米）	科普画廊展示面积（平方米）
合 计	30481	265048	652392
北 京	26	17718	48201
天 津	1882	12953	26780
河 北	992	1693	1964
山 西	409	3044	9206
内蒙古	2208	2128	3340
辽 宁	547	30574	67625
吉 林	554	2792	1764
黑龙江	51	3656	3791
上 海	1159	27635	75810
江 苏	1777	23731	35191
浙 江	2082	2276	2090
安 徽	466	2432	3044
福 建	1160	403	700
江 西	324	5254	15026
山 东	1364	5191	27693
河 南	2469	6355	17255
湖 北	951	15559	19971
湖 南	267	583	2410
广 东	311	24572	129873
广 西	369	1542	2153
海 南	30	32	28
重 庆	331	37095	113513
四 川	1292	16275	13614
贵 州	401	2760	2900
云 南	1704	493	650
西 藏	54	733	1088
陕 西	379	1465	4016
甘 肃	275	7072	11172
青 海	130	1444	1444
宁 夏	401	356	502
新 疆	5922	1962	2502

7-4 续表 4

地 区	举办科普宣讲活动					
	次 数 （次）	# 专家科普报告会 （次）	# 专题展览 （次）	# 开展科技咨询 （次）	# 全国科普日、 科普周活动 （次）	# 青少年科普活动 （次）
合 计	53787	7919	1662	9837	12194	13701
北 京	1179	369	123	276	261	110
天 津	27253	1343	161	5988	6418	5534
河 北	163	42	16	3	68	30
山 西	428	212	7	14	85	135
内蒙古	994	313	77	435	100	181
辽 宁	523	43	21	54	119	92
吉 林	99	21	4	40	7	32
黑龙江	251	54	15	47	146	76
上 海	1616	106	32	56	949	234
江 苏	2406	391	84	184	293	1079
浙 江	3628	1031	87	58	376	1891
安 徽	913	191	86	85	385	236
福 建	362	104	25	42	56	172
江 西	454	81	26	42	42	92
山 东	3175	1495	124	665	469	424
河 南	1357	73	170	108	619	163
湖 北	941	89	35	51	291	500
湖 南	230	60	18	36	34	54
广 东	1693	731	59	118	163	752
广 西	1100	77	41	45	226	754
海 南	102	6	6	55	13	24
重 庆	1134	308	36	164	227	385
四 川	485	85	49	86	174	113
贵 州	213	31	45	40	43	60
云 南	248	42	22	41	101	53
西 藏	29	3	0	8	14	6
陕 西	553	44	68	210	101	129
甘 肃	344	52	49	134	63	44
青 海	164	9	32	29	83	30
宁 夏	262	20	24	52	114	96
新 疆	618	256	54	151	98	169

7-4 续表 5

地 区	举办科普宣讲活动					
	科普活动受众（人次）	# 全国科普日、科普周活动受众（人次）	# 青少年科普活动受众（人次）	参加活动的科技人员、专家人次（人次）	参加科普宣讲活动的学会、协会、研究会（个）	科普宣讲活动覆盖村（社区）（个）
合　计	73362381	30607361	13310100	121711	5267	33127
北　京	1441366	990060	234033	2757	105	1816
天　津	2073279	1168720	566931	7448	27	4037
河　北	1192355	844375	36630	2075	153	340
山　西	2962805	867788	1041980	8200	98	883
内蒙古	951920	622300	129210	1639	87	698
辽　宁	621178	431228	177953	1952	172	1712
吉　林	98350	30030	11700	508	11	59
黑龙江	246835	159195	79600	902	66	54
上　海	1652518	575007	266955	10505	175	2175
江　苏	4923870	3270950	1381640	27460	836	3035
浙　江	12754418	3815619	2200557	3526	325	1747
安　徽	386973	211283	136707	1220	182	433
福　建	1575553	1266625	648737	2818	86	1083
江　西	1257210	279950	133942	839	98	2706
山　东	1088290	585300	327990	2298	164	932
河　南	2715970	1010276	915586	6592	159	1256
湖　北	3900824	3186699	365200	1259	98	636
湖　南	1777290	890716	307640	2291	146	422
广　东	6390125	2114740	1901794	10689	846	1668
广　西	891249	293330	498579	769	132	221
海　南	84802	40850	30952	81	7	39
重　庆	13025351	2481600	228131	2883	291	2338
四　川	4242355	873519	307590	7562	159	1438
贵　州	508043	327700	129417	3447	169	192
云　南	1560913	931845	119804	2767	246	384
西　藏	75000	61000	9000	74	9	56
陕　西	2339390	1914800	411490	3667	151	488
甘　肃	775900	312600	189800	1701	118	140
青　海	277300	120304	49200	483	60	398
宁　夏	301500	167300	126650	418	22	98
新　疆	1038260	683960	297220	2576	54	1518

7-4 续表 6

地 区	举办实用技术培训（次）	实用技术培训人次（人次）	推广新技术、新品种（项）	举办青少年科技竞赛（项）	参加人次（人次）	获奖人次（人次）
合 计	10858	2858810	3201	1186	6342241	411692
北 京	217	11740	28	65	154383	22342
天 津	1066	55407	185	39	43389	11557
河 北	59	15274	10	26	205854	11035
山 西	72	7186	626	17	174020	10136
内蒙古	235	26412	74	23	27867	4264
辽 宁	270	36965	92	28	60518	15074
吉 林	17	3533	8	15	9800	7311
黑龙江	568	51850	20	22	10384	3675
上 海	243	16558	64	86	1114042	15297
江 苏	213	37429	161	124	1090395	88070
浙 江	581	57628	81	62	67475	8518
安 徽	79	6206	32	126	106234	12588
福 建	262	16400	4	28	57997	4891
江 西	60	5409	17	27	62592	7914
山 东	269	27262	74	41	96426	23161
河 南	255	177362	50	45	1088849	38921
湖 北	163	694007	41	23	134912	7436
湖 南	39	5860	544	25	30481	8543
广 东	94	10398	36	104	218993	16443
广 西	342	43880	29	18	179715	9665
海 南	45	2817	0	10	9066	1708
重 庆	336	67772	111	65	171957	8498
四 川	924	826513	238	31	459575	40665
贵 州	184	14209	113	17	71043	5771
云 南	679	57477	66	21	109057	6858
西 藏	8	584	2	1	500	53
陕 西	1040	101269	159	21	353585	6967
甘 肃	140	19500	33	18	95774	4801
青 海	124	6540	43	9	3473	366
宁 夏	84	5550	120	23	59457	3701
新 疆	1935	403675	29	26	16539	2133

7-4 续表 7

地 区	青少年参加国际及港澳台地区科技交流活动（次）	参加人次（人次）	举办青少年高校科学营（次）	参加人次（人次）	编印青少年科技教育资料（种）	总印数（册）
合 计	31	6940	361	13680	251	645070
北 京	0	0	0	0	1	1000
天 津	0	0	4	70	0	0
河 北	0	0	8	282	3	10000
山 西	0	0	9	302	3	8000
内蒙古	0	0	11	347	3	10230
辽 宁	0	0	9	172	2	16275
吉 林	3	19	5	95	3	2700
黑龙江	0	0	13	373	3	5000
上 海	4	588	1	500	7	11000
江 苏	0	0	12	432	8	17350
浙 江	1	151	13	273	3	5000
安 徽	0	0	13	192	84	5100
福 建	2	23	10	266	5	3500
江 西	0	0	9	152	1	100
山 东	0	0	18	295	1	8000
河 南	0	0	12	270	21	41000
湖 北	0	0	11	3339	6	18100
湖 南	0	0	11	471	18	50930
广 东	19	6137	5	125	15	48215
广 西	0	0	9	311	8	86180
海 南	0	0	1	20	1	70
重 庆	0	0	3	420	2	5000
四 川	1	8	18	377	20	72620
贵 州	0	0	6	174	2	5500
云 南	1	14	8	213	1	4000
西 藏	0	0	3	55	2	4000
陕 西	0	0	10	191	3	91500
甘 肃	0	0	10	388	10	33000
青 海	0	0	1	18	5	13000
宁 夏	0	0	4	169	2	33500
新 疆	0	0	4	226	4	14000

7-4　续表 8

地　区	举办青少年科技教育活动和培训（次）	参加人次（人次）	中学生英才计划培养学生数（人次）
合　计	4045	2329170	634
北　京	53	53925	31
天　津	1235	201440	16
河　北	98	35424	0
山　西	7	6128	0
内蒙古	71	9234	0
辽　宁	51	103154	0
吉　林	34	880	48
黑龙江	85	12540	0
上　海	123	69451	170
江　苏	86	43762	12
浙　江	533	1258303	0
安　徽	168	15649	0
福　建	18	42440	132
江　西	14	17390	0
山　东	146	98655	0
河　南	34	16914	70
湖　北	262	8933	0
湖　南	46	9798	0
广　东	280	74768	9
广　西	42	9423	0
海　南	6	481	0
重　庆	358	63286	0
四　川	55	6405	146
贵　州	45	73156	0
云　南	70	16353	0
西　藏	3	2813	0
陕　西	47	42451	0
甘　肃	32	6041	0
青　海	1	250	0
宁　夏	11	3451	0
新　疆	7	4940	0

7-4 续表 9

地　区	编著科技图书（种）	总印数（册）	主办科技报纸（种）	总印数（份）	制作科普挂图（种）	总印数（张）
合　计	253	1707168	14	4483471	4311	1202913
北　京	7	120004	0	0	4	40196
天　津	1	3000	1	18000	1532	17852
河　北	8	36130	1	3000	2	40000
山　西	7	50000	0	0	3	15050
内蒙古	10	57100	1	5000	46	42920
辽　宁	15	87000	0	0	24	89680
吉　林	1	1100	1	800	2	3000
黑龙江	2	70000	0	0	1	1500
上　海	3	6200	0	0	112	69319
江　苏	17	87800	0	0	70	39641
浙　江	9	60000	2	2000	44	127045
安　徽	4	10000	0	0	17	8333
福　建	3	12500	0	0	4	1572
江　西	2	21000	0	0	3	500
山　东	3	9000	0	0	48	147320
河　南	9	46554	0	0	26	34700
湖　北	13	142600	2	171	9	4836
湖　南	8	100000	0	0	30	6990
广　东	4	31000	2	4304500	436	100342
广　西	2	20000	0	0	13	70505
海　南	0	0	0	0	0	0
重　庆	9	86500	0	0	8	80130
四　川	16	111700	0	0	5	32000
贵　州	5	67000	0	0	5	85850
云　南	17	95980	3	60000	4	48
西　藏	10	25000	0	0	8	4024
陕　西	7	15500	1	90000	9	31500
甘　肃	6	63000	0	0	16	190
青　海	9	38000	0	0	19	17070
宁　夏	1	6000	0	0	0	0
新　疆	32	177000	0	0	1803	81800

7-4　续表 10

地　区	主办科普 App 或设置科普栏目的综合类 App（个）	科普 App 下载安装数（次）	科普 App 更新数（次）
合　计	**16**	**286154**	**3994**
北　京	1	51672	148
天　津	0	0	0
河　北	1	1100	40
山　西	0	0	0
内蒙古	1	80000	2
辽　宁	0	0	0
吉　林	0	0	0
黑龙江	2	77791	1064
上　海	0	0	0
江　苏	0	0	0
浙　江	0	0	0
安　徽	0	0	0
福　建	0	0	0
江　西	1	210	2100
山　东	3	17854	149
河　南	2	7042	15
湖　北	1	1264	1
湖　南	1	0	260
广　东	1	39220	4
广　西	0	0	0
海　南	0	0	0
重　庆	0	0	0
四　川	0	1	1
贵　州	1	10000	200
云　南	1	0	10
西　藏	0	0	0
陕　西	0	0	0
甘　肃	0	0	0
青　海	0	0	0
宁　夏	0	0	0
新　疆	0	0	0

7-4 续表 11

地 区	主办科普 微信公众号 （个）	关注数 （个）	全年阅读量 （次）	主办科普微博 （个）	关注数 （个）
合　计	398	15092038	64333544	58	736972
北　京	15	210103	1058622	1	221
天　津	11	90828	552599	3	157
河　北	14	187503	1679560	2	1442
山　西	11	5544953	13314491	0	0
内蒙古	13	66316	528405	3	6052
辽　宁	13	37073	242567	0	0
吉　林	4	9090	34608	0	0
黑龙江	6	54875	1486718	0	0
上　海	17	368787	2616225	2	22651
江　苏	15	769014	6336446	4	19040
浙　江	18	651230	3146094	2	14066
安　徽	19	607846	2358151	3	1074
福　建	12	167752	883334	1	248
江　西	12	453246	4061324	2	10353
山　东	23	428789	1430357	1	185
河　南	24	1162732	5651092	6	5742
湖　北	16	493893	3592642	4	86092
湖　南	13	1512236	2498942	0	0
广　东	28	406467	2060735	4	37115
广　西	15	238685	1375085	0	0
海　南	2	26101	82000	0	0
重　庆	21	90159	726077	8	4774
四　川	14	657324	3795434	3	301698
贵　州	10	306633	1389869	0	0
云　南	19	57824	500185	3	27212
西　藏	1	1404	28160	0	0
陕　西	10	242184	1958976	2	196
甘　肃	10	76313	214103	1	1487
青　海	5	93698	91778	0	0
宁　夏	5	61826	326857	3	197167
新　疆	2	17154	312108	0	0

7-5　2020年各地区县级科协科学普及情况

地　区	实体科技馆				
	数　量 （座）	#实行免费开放的 科技馆 （座）	建筑面积 （平方米）	展厅面积 （平方米）	全年参观人次 （人次）
合　计	**673**	**633**	**1726540**	**944963**	**11425277**
河　北	26	27	63379	36972	268480
山　西	16	15	38500	20470	123549
内蒙古	61	56	103464	65459	1026211
辽　宁	5	5	2165	1920	6800
吉　林	21	16	26601	14281	166960
黑龙江	18	18	41974	14892	88774
江　苏	14	13	93393	48565	641326
浙　江	39	35	108742	58899	741012
安　徽	33	32	75319	37660	344156
福　建	32	30	97544	53362	429657
江　西	13	10	42111	16708	222901
山　东	64	62	290797	161991	1578854
河　南	19	17	99805	65712	703806
湖　北	63	61	127055	68200	738923
湖　南	12	10	31948	20170	666603
广　东	17	17	63773	40827	866996
广　西	1	1	120	200	2000
海　南	6	6	3980	3380	36260
重　庆	3	3	5220	3480	19000
四　川	44	42	39660	27235	748582
贵　州	9	9	13720	9530	93277
云　南	30	30	70903	26288	240643
西　藏	26	23	4895	3334	293247
陕　西	26	24	50068	42231	335418
甘　肃	18	16	43863	28277	379080
青　海	4	4	1700	1260	16563
宁　夏	21	20	90990	16570	207746
新　疆	32	31	94851	57090	438453

注：本表数据不含北京、天津和上海地区。

7-5 续表 1

地　区	数字科技馆及科技馆官方网站个数（个）	日均页面浏览量（次）	科普资源总量（个）	流动科技馆（个）	全年流动科技馆巡展站点数（个）	全年流动科技馆巡展受众人次（人次）
合　计	36	98188	224657	574	5058	7850022
河　北	1	50000	20	28	46	526828
山　西	0	0	0	15	45	83592
内蒙古	2	12206	375	25	82	134122
辽　宁	0	0	0	6	45	13700
吉　林	0	0	0	6	9	37572
黑龙江	1	20	1	6	6	56830
江　苏	5	6125	3004	28	1039	1006712
浙　江	0	0	0	16	88	47474
安　徽	7	18182	140587	22	111	394396
福　建	1	310	106	24	67	256805
江　西	0	0	0	19	25	699701
山　东	1	33	1	38	154	126770
河　南	3	5000	1	27	147	845570
湖　北	3	1763	11236	14	51	190557
湖　南	3	95	45001	16	36	518010
广　东	0	0	0	18	134	250920
广　西	0	0	0	8	12	218017
海　南	0	0	0	4	6	131083
重　庆	0	0	0	3	5	21000
四　川	3	1025	800	17	48	573991
贵　州	0	9	97	18	2235	187753
云　南	1	1062	21358	21	55	295680
西　藏	3	186	1070	4	22	5526
陕　西	0	0	0	4	6	159700
甘　肃	0	0	0	36	87	748613
青　海	0	0	0	4	32	20300
宁　夏	0	0	0	7	24	79000
新　疆	2	2172	1001	140	441	219800

7-5 续表 2

地 区	科普（技）活动站（室、中心）（个）	全年参加活动（培训）人次（人次）	科普大篷车（辆）	科普大篷车下乡次数（次）	科普大篷车行驶里程（千米）	科普大篷车覆盖人次（人次）	科普大篷车展品数量（件）
合 计	48411	25248365	910	26033	5358266	14535077	42523
河 北	655	508445	14	278	39244	120746	336
山 西	436	564525	15	460	57552	66256	392
内蒙古	864	388734	76	1943	402839	807907	2035
辽 宁	2881	643197	4	113	16160	15000	119
吉 林	744	164134	30	839	213350	189294	486
黑龙江	809	316687	27	834	120739	292180	498
江 苏	4137	3183569	21	480	68999	320004	384
浙 江	3869	2278620	20	494	89100	316408	558
安 徽	1714	1186651	22	507	85045	907898	489
福 建	2880	593827	21	354	45980	195376	1636
江 西	1016	479038	25	973	120729	682208	504
山 东	7648	3313361	44	1119	272542	347526	1085
河 南	3307	1624889	51	2238	236574	908364	1118
湖 北	2026	2103043	29	526	131921	298915	595
湖 南	2479	856421	18	639	258962	937865	418
广 东	1939	1150083	9	120	15980	99113	183
广 西	1013	388710	17	387	98759	356946	475
海 南	202	63252	11	861	85371	107420	371
重 庆	711	65530	4	164	55055	61600	130
四 川	2550	1935573	58	1800	273706	681093	1527
贵 州	1217	629097	71	1284	274420	640450	4839
云 南	2449	979212	74	1384	340278	1942915	2635
西 藏	220	100974	26	461	312978	102671	715
陕 西	550	450722	57	1511	346202	413927	1352
甘 肃	413	305136	57	2558	475018	1240449	1748
青 海	46	100648	20	606	159321	517945	2930
宁 夏	134	176425	14	1126	181082	1060610	238
新 疆	1502	697862	75	1974	580360	903991	14727

7-5 续表 3

地　区	科普中国 e 站 （个）	科普画廊建筑面积 （平方米）	科普画廊展示面积 （平方米）
合　计	45813	1522131	8693
河　北	2117	31384	123
山　西	787	40230	202
内蒙古	3584	17860	367
辽　宁	1244	42079	113
吉　林	449	12698	31
黑龙江	92	34258	62
江　苏	7484	108973	633
浙　江	2693	125702	1989
安　徽	915	43562	620
福　建	2666	62474	465
江　西	289	31013	94
山　东	1777	333361	341
河　南	4225	136033	171
湖　北	687	156012	548
湖　南	505	53000	161
广　东	462	54822	493
广　西	760	28718	145
海　南	147	1803	122
重　庆	144	14130	61
四　川	1517	51772	86
贵　州	901	15025	1282
云　南	4377	24727	130
西　藏	22	1170	9
陕　西	541	19833	118
甘　肃	385	35255	69
青　海	116	2274	8
宁　夏	645	20417	27
新　疆	6282	23546	223

7-5 续表 4

地 区	举办科普宣讲活动					
	次 数 （次）	#专家科普报告会 （次）	#专题展览 （次）	#开展科技咨询 （次）	#全国科普日、 科普周活动 （次）	#青少年科普活动 （次）
合 计	3554439	8693	4456	25614	20525	13139
河 北	172701	123	139	421	514	376
山 西	51913	202	138	1416	827	306
内蒙古	22784	367	86	544	480	373
辽 宁	157172	113	235	347	331	231
吉 林	19671	31	37	145	454	88
黑龙江	50840	62	21	300	448	143
江 苏	205663	633	320	940	2500	1119
浙 江	378422	1989	183	1009	1520	1878
安 徽	147554	620	258	663	2568	633
福 建	193121	465	214	440	809	575
江 西	37241	94	164	309	350	287
山 东	763133	341	167	456	785	443
河 南	224201	171	187	460	841	364
湖 北	212670	548	408	454	1485	428
湖 南	69908	161	290	12184	588	360
广 东	124527	493	354	530	724	1394
广 西	74830	145	130	321	324	479
海 南	4866	122	45	76	91	172
重 庆	52180	61	18	43	84	105
四 川	293739	86	242	624	904	616
贵 州	48955	1282	65	321	334	290
云 南	87017	130	168	1024	478	292
西 藏	1667	9	9	96	75	122
陕 西	46979	118	127	631	408	293
甘 肃	40097	69	170	430	350	265
青 海	2667	8	33	96	135	86
宁 夏	20724	27	23	124	114	76
新 疆	49196	223	225	1210	2004	1345

7-5 续表 5

地 区	举办科普宣讲活动					
	科普活动受众（人次）	# 全国科普日、科普周活动受众（人次）	# 青少年科普活动受众（人次）	参加活动的科技人员、专家人次（人次）	参加科普宣讲活动的学会、协会、研究会（个）	科普宣讲活动覆盖村（社区）（个）
合 计	82083391	50863165	17858594	229615	13468	96714
河 北	1384918	801473	371584	4202	353	4766
山 西	1817328	1178636	578621	7196	194	3868
内蒙古	809017	346569	232091	2777	175	1964
辽 宁	440396	243879	80928	1501	235	2437
吉 林	1230299	926884	120575	1317	109	1397
黑龙江	577050	387353	150117	1951	219	1439
江 苏	5731270	3894066	1541529	9368	681	6408
浙 江	5089273	2453104	1100926	19116	1280	8183
安 徽	3162056	1274041	710841	7629	869	3729
福 建	3249289	1568199	607486	10450	863	4862
江 西	1182514	390682	259949	2571	512	2414
山 东	2082984	1148105	626119	7860	841	8138
河 南	3348474	1744972	1157745	6883	633	5037
湖 北	4905417	1144617	688120	4962	385	4138
湖 南	3653198	1908920	1270105	11792	818	6814
广 东	6926678	2498959	3715320	12928	754	3981
广 西	1346003	681297	488006	3995	526	2140
海 南	286712	128909	115326	650	33	511
重 庆	646000	135000	136000	1227	161	416
四 川	24653048	22995995	1075539	23460	1156	5941
贵 州	1937142	963368	793382	23028	421	2196
云 南	3266697	1731319	722111	23468	942	3614
西 藏	72220	53172	16255	262	9	1366
陕 西	1455670	745955	364902	31804	592	3214
甘 肃	1094970	547338	405472	4088	330	2003
青 海	294764	154389	82105	904	137	772
宁 夏	303270	158350	105270	789	86	594
新 疆	1136734	657614	342170	3437	154	4372

7-5 续表 6

地 区	举办实用技术培训（次）	实用技术培训人次（人次）	推广新技术、新品种（项）	举办青少年科技竞赛（项）	参加人次（人次）	获奖人次（人次）
合 计	42302	4788571	10687	3269	6567990	347073
河 北	1046	96875	410	125	76741	6040
山 西	838	93875	197	76	110437	9596
内蒙古	745	74305	365	116	71279	5695
辽 宁	432	45246	107	74	35326	3184
吉 林	521	71013	133	42	17583	2651
黑龙江	798	127635	233	64	29951	1092
江 苏	2277	233913	453	255	869998	50669
浙 江	3428	204595	340	226	707935	34103
安 徽	867	130208	515	137	104221	16332
福 建	445	63260	140	153	57954	6441
江 西	556	79483	111	52	21767	956
山 东	682	148090	244	213	337158	26656
河 南	1191	310172	248	155	480652	16317
湖 北	1303	146552	205	118	324043	8629
湖 南	2099	212668	497	234	314787	22476
广 东	489	78884	163	175	496190	34101
广 西	980	74502	237	133	385505	11711
海 南	761	50318	49	42	26159	2026
重 庆	168	52550	11	21	260772	2499
四 川	1974	254530	4404	218	829109	38349
贵 州	6491	236613	113	114	264355	8659
云 南	4243	410177	265	124	234456	11556
西 藏	303	11313	65	8	2316	131
陕 西	1780	318908	294	132	197081	8660
甘 肃	687	122353	450	127	210051	11955
青 海	194	19054	84	24	25131	1305
宁 夏	223	71620	37	28	21762	1939
新 疆	6781	1049859	317	83	55271	3345

7-5 续表 7

地 区	青少年参加国际及港澳台地区科技交流活动（次）	参加人次（人次）	举办青少年高校科学营（次）	参加人次（人次）	编印青少年科技教育资料（种）	总印数（册）
合　计	1382	5689	315	36937	2057	3901696
河　北	2	49	15	827	70	251600
山　西	0	0	8	61	55	152080
内蒙古	0	0	12	1154	27	133760
辽　宁	2	26	5	1296	6	13500
吉　林	34	34	3	37	7	23010
黑龙江	30	110	13	643	22	57410
江　苏	635	2778	28	8291	31	170360
浙　江	4	25	11	396	27	74250
安　徽	436	532	19	3761	52	262702
福　建	0	0	8	343	17	58800
江　西	0	0	6	359	34	128100
山　东	1	3	14	2197	39	125430
河　南	0	0	14	1527	75	603100
湖　北	2	3	40	3997	41	219200
湖　南	8	35	24	371	77	378511
广　东	115	1903	6	227	59	178350
广　西	1	1	4	267	1042	165708
海　南	1	1	7	39	46	169356
重　庆	0	0	1	7	1	1500
四　川	2	6	25	9074	67	283015
贵　州	0	0	3	38	23	97000
云　南	7	13	12	566	24	150020
西　藏	0	0	2	200	7	2181
陕　西	1	1	13	717	23	69573
甘　肃	100	1	12	100	28	76560
青　海	0	0	0	0	22	42900
宁　夏	0	0	4	118	3	11300
新　疆	1	168	6	324	132	2420

7-5 续表 8

地 区	举办青少年科技教育活动和培训（次）	参加人次（人次）	中学生英才计划培养学生数（人次）
合 计	8012	3475075	42090
河 北	169	69509	2253
山 西	198	71713	831
内蒙古	422	102443	2
辽 宁	447	57523	200
吉 林	46	30982	0
黑龙江	115	56050	4190
江 苏	436	239764	3490
浙 江	655	167736	133
安 徽	264	66111	178
福 建	887	83957	373
江 西	141	67558	380
山 东	386	306661	2019
河 南	226	254577	7606
湖 北	459	278748	0
湖 南	315	189079	12326
广 东	823	348098	1
广 西	292	144528	1300
海 南	115	43544	3
重 庆	70	27000	0
四 川	405	284880	128
贵 州	113	99219	0
云 南	275	79760	500
西 藏	25	13476	30
陕 西	233	95696	999
甘 肃	129	124897	4000
青 海	38	16285	0
宁 夏	140	34030	0
新 疆	188	121251	1148

7-5 续表 9

地 区	编著科技图书（种）	总印数（册）	主办科技报纸（种）	总印数（份）	制作科普挂图（种）	总印数（张）
合 计	2905	6909526	462	1340692	19791	3084401
河 北	88	269400	1	34000	2536	219660
山 西	118	288902	25	37736	168	86361
内蒙古	75	421755	3	2024	211	68574
辽 宁	32	97410	5	28000	943	77331
吉 林	28	92500	0	0	728	17027
黑龙江	26	61610	0	0	103	11206
江 苏	9	65000	3	507300	814	163997
浙 江	56	176750	4	141000	343	388009
安 徽	42	83282	2	5120	744	70485
福 建	46	118500	0	0	89	28570
江 西	1039	228900	0	0	45	35315
山 东	34	212401	3	65000	469	712930
河 南	136	1333471	3	309000	194	122321
湖 北	28	109300	2	1020	139	83061
湖 南	122	1071390	1	290	231	142108
广 东	15	80700	0	0	301	23153
广 西	32	139800	0	0	226	39971
海 南	63	112050	0	0	2348	8420
重 庆	1	1220	0	0	4	3500
四 川	78	460940	2	148000	6634	301212
贵 州	87	438980	0	0	87	178443
云 南	39	142781	1	50000	73	71133
西 藏	6	17960	2	600	17	13812
陕 西	55	327400	1	5000	47	57150
甘 肃	86	333410	2	6200	305	11378
青 海	515	65964	401	401	246	30473
宁 夏	13	94000	0	0	7	25000
新 疆	36	63750	1	1	1739	93801

7-5 续表 10

地　区	主办科普 App 或设置科普栏目的综合类 App （个）	科普 App 下载安装数 （次）	科普 App 更新数 （次）
合　计	185	1879083	9348064
河　北	4	8193	535
山　西	3	1170	644
内蒙古	16	50716	540134
辽　宁	3	3014	5684
吉　林	12	72921	251075
黑龙江	2	12708	13
江　苏	5	17724	220605
浙　江	9	589762	18041
安　徽	5	489564	3701237
福　建	0	0	0
江　西	5	3467	13475
山　东	3	6036	4956
河　南	7	38202	163261
湖　北	5	16888	293
湖　南	10	73889	2861658
广　东	4	10361	6849
广　西	1	5001	5
海　南	0	0	0
重　庆	1	1300	110
四　川	15	137778	46839
贵　州	10	152147	158328
云　南	16	31271	1087906
西　藏	0	0	0
陕　西	13	116770	16744
甘　肃	13	11847	110166
青　海	6	4010	1512
宁　夏	5	15409	131549
新　疆	12	8935	6445

7-5 续表 11

地 区	主办科普微信公众号（个）	关注数（个）	全年阅读量（次）	主办科普微博（个）	关注数（个）
合 计	874	5640371	39043961	162	563721
河 北	38	281800	508719	3	193
山 西	29	39338	236819	1	35
内 蒙 古	47	42254	560844	6	958
辽 宁	18	9299	71633	1	300
吉 林	7	56841	93429	0	0
黑 龙 江	15	58525	490590	0	0
江 苏	44	242645	4544324	7	5470
浙 江	59	694202	3388677	21	257960
安 徽	37	1063544	657042	14	34047
福 建	35	247166	1435603	4	1087
江 西	46	223095	1610341	4	1042
山 东	71	374490	10411333	6	3114
河 南	65	564743	2562586	13	20606
湖 北	45	718318	4518451	1	100
湖 南	22	224715	699843	3	2620
广 东	29	136285	744056	0	0
广 西	9	6788	82276	0	0
海 南	6	3490	64623	0	0
重 庆	7	489	9496	9	89
四 川	63	164034	1831544	19	54365
贵 州	16	19489	153757	10	2114
云 南	70	142646	1012877	30	166217
西 藏	3	481	10175	0	0
陕 西	42	264896	2478451	7	9382
甘 肃	25	20364	158086	3	4022
青 海	7	2195	390160	0	0
宁 夏	11	11509	242693	0	0
新 疆	8	26730	75533	0	0

7-6　2020 年各地区省级学会科学普及情况

地　区	实体科技馆				
	数　量（座）	#实行免费开放的科技馆（座）	建筑面积（平方米）	展厅面积（平方米）	全年参观人次（人次）
合　计	57	49	212445	127054	763234
北　京	0	0	0	0	0
天　津	2	1	12800	3490	101393
河　北	4	3	47650	21144	48709
山　西	1	0	0	0	0
内蒙古	1	1	1000	500	3000
辽　宁	4	4	4450	4440	5570
吉　林	2	2	19804	8993	161000
黑龙江	0	0	0	0	0
上　海	0	0	0	0	0
江　苏	0	0	0	0	0
浙　江	6	5	14606	13796	73130
安　徽	4	4	3075	1754	24000
福　建	3	3	3350	2600	3400
江　西	0	0	0	0	0
山　东	4	3	16620	13938	35663
河　南	0	0	0	0	0
湖　北	6	7	17242	10870	24451
湖　南	3	2	4836	5357	17701
广　东	0	0	0	0	0
广　西	1	1	80	60	103
海　南	0	0	0	0	0
重　庆	0	0	0	0	0
四　川	2	2	5568	4100	15113
贵　州	3	2	2800	2245	2954
云　南	1	0	7350	7350	40120
西　藏	0	0	0	0	0
陕　西	1	1	15000	5200	115000
甘　肃	0	0	0	0	0
青　海	3	3	19463	8017	32335
宁　夏	3	2	9051	6200	56132
新　疆	3	3	7700	7000	3460

7-6 续表 1

地 区	数字科技馆及科技馆官方网站个数（个）	日均页面浏览量（次）	科普资源总量（个）	流动科技馆（个）	全年流动科技馆巡展站点数（个）	全年流动科技馆巡展受众人次（人次）
合 计	37	37011234	715206	27	56	178087
北 京	3	1997	509135	2	6	700
天 津	0	0	0	0	0	0
河 北	3	2500	4000	1	3	300
山 西	0	0	0	0	0	0
内蒙古	3	400	360	0	0	0
辽 宁	1	30	2	0	0	0
吉 林	0	0	0	0	0	0
黑龙江	0	1501	36	0	5	150000
上 海	0	0	0	0	0	0
江 苏	0	0	0	0	0	0
浙 江	1	300	30	12	15	4902
安 徽	2	19	121	2	2	465
福 建	1	136	22	0	0	0
江 西	0	0	0	0	0	0
山 东	1	16706	200472	0	0	0
河 南	1	30	12	0	0	0
湖 北	1	200	500	0	1	200
湖 南	0	0	0	0	0	0
广 东	0	0	0	0	0	0
广 西	1	50	150	1	1	1000
海 南	1	124	0	1	2	1000
重 庆	0	0	0	0	0	0
四 川	6	4550	166	3	3	1500
贵 州	1	62	0	0	0	0
云 南	2	109	2	0	0	0
西 藏	1	20	100	0	0	0
陕 西	1	500	90	2	2	520
甘 肃	5	2000	7	0	0	0
青 海	0	0	0	0	0	0
宁 夏	0	0	0	1	3	1300
新 疆	2	36980000	1	2	13	16200

7-6 续表 2

地 区	科普（技）活动站（室、中心）（个）	全年参加活动（培训）人次（人次）	科普大篷车（辆）	科普大篷车下乡次数（次）	科普大篷车行驶里程（千米）	科普大篷车覆盖人次（人次）	科普大篷车展品数量（件）
合 计	950	1415998	18	173	49317	157596	189
北 京	4	3100	3	6	620	10200	5
天 津	1	86370	1	2	172	1512	0
河 北	233	233446	1	90	24600	120000	30
山 西	11	94422	0	0	0	0	0
内蒙古	6	2614	0	0	0	0	0
辽 宁	6	37814	0	0	0	0	0
吉 林	5	2455	0	0	0	0	0
黑龙江	0	3253	0	0	0	0	0
上 海	0	0	0	0	0	0	0
江 苏	101	56779	0	0	0	0	0
浙 江	49	16982	1	33	15000	7650	30
安 徽	47	20248	1	2	450	264	45
福 建	81	8345	0	0	0	0	0
江 西	2	1013	0	0	0	0	0
山 东	13	3695	0	0	0	0	0
河 南	4	13530	0	0	0	0	0
湖 北	39	24785	2	4	1500	2000	0
湖 南	2	75	0	0	0	0	0
广 东	0	0	0	0	0	0	0
广 西	4	450	0	0	0	0	0
海 南	10	20524	0	0	0	0	0
重 庆	0	0	0	0	0	0	0
四 川	211	710659	0	0	0	0	0
贵 州	13	6003	5	33	665	5370	9
云 南	15	22450	1	0	0	0	0
西 藏	14	1087	0	0	0	0	0
陕 西	18	2502	1	1	50	400	30
甘 肃	12	1908	0	0	0	0	0
青 海	4	1425	1	1	260	200	12
宁 夏	14	10393	0	0	0	0	0
新 疆	31	29671	1	1	6000	10000	28

7-6　续表 3

地　区	科普中国 e 站 （个）	科普画廊建筑面积 （平方米）	科普画廊展示面积 （平方米）
合　计	2031	34476	13337
北　京	0	102	875
天　津	0	0	349
河　北	1	906	272
山　西	0	0	144
内蒙古	1	700	114
辽　宁	0	0	152
吉　林	0	8413	159
黑龙江	0	0	93
上　海	0	0	405
江　苏	21	15820	716
浙　江	0	1074	667
安　徽	2	101	335
福　建	0	85	620
江　西	0	0	1586
山　东	0	0	775
河　南	2000	3570	468
湖　北	0	100	227
湖　南	0	0	693
广　东	0	0	1036
广　西	0	0	418
海　南	0	0	50
重　庆	0	0	219
四　川	2	730	502
贵　州	0	50	118
云　南	0	90	449
西　藏	0	610	40
陕　西	0	1000	442
甘　肃	0	1000	122
青　海	2	100	175
宁　夏	0	0	57
新　疆	2	25	1059

7-6　续表 4

地　区	举办科普宣讲活动					
	次　数 （次）	# 专家科普报告会 （次）	# 专题展览 （次）	# 开展科技咨询 （次）	# 全国科普日、 科普周活动 （次）	# 青少年科普活动 （次）
合　计	**34213**	**13337**	**2857**	**12685**	**14973**	**6739**
北　京	102	875	207	628	143	362
天　津	0	349	785	193	743	471
河　北	906	272	65	317	159	168
山　西	0	144	15	31	52	19
内蒙古	300	114	20	23	30	29
辽　宁	0	152	48	180	641	66
吉　林	9075	159	17	213	72	87
黑龙江	0	93	5	21	26	4
上　海	0	405	49	270	389	375
江　苏	7546	716	118	286	414	401
浙　江	986	667	94	232	420	282
安　徽	200	335	39	157	115	103
福　建	375	620	198	1002	338	464
江　西	0	1586	53	155	4229	886
山　东	0	775	36	439	411	130
河　南	2810	468	77	275	87	201
湖　北	280	227	63	93	130	99
湖　南	0	693	222	278	215	139
广　东	0	1036	132	2179	2303	701
广　西	0	418	28	164	29	95
海　南	5015	50	15	204	55	30
重　庆	0	219	55	745	1561	542
四　川	630	502	57	233	142	57
贵　州	50	118	24	41	73	49
云　南	45	449	45	236	179	114
西　藏	610	40	14	46	63	13
陕　西	200	442	178	691	425	306
甘　肃	5000	122	27	136	26	102
青　海	50	175	27	103	237	51
宁　夏	0	57	27	53	119	131
新　疆	33	1059	117	3061	1147	262

7-6 续表 5

地 区	举办科普宣讲活动					
	科普活动 受 众 （人次）	#全国科普日、 科普周活动 受 众 （人次）	#青少年科普活动 受 众 （人次）	参加活动的科技 人员、专家人次 （人次）	参加科普宣讲 活动的学会、 协会、研究会 （个）	科普宣讲活动 覆盖村（社区） （个）
合　计	283921239	69564432	39122453	240909	7796	39605
北　京	4140781	2117631	517424	30612	419	801
天　津	2884054	1588209	773041	8200	149	1378
河　北	3908508	3657089	136411	2654	150	3824
山　西	1452431	90819	36280	1604	77	1667
内蒙古	93429	49175	58050	1170	39	116
辽　宁	685796	528803	57212	4908	201	1621
吉　林	109408027	730259	47741	14150	72	298
黑龙江	10038897	25850	4004786	342	18	165
上　海	11040874	5915532	2987463	18790	207	600
江　苏	1485754	699247	382650	8321	382	657
浙　江	18351447	2279342	208206	8250	369	3264
安　徽	425243	269960	35122	3077	331	2035
福　建	2059607	847353	111691	3611	283	1665
江　西	8333088	4967905	3149235	8415	312	1333
山　东	8979778	3230322	904203	19247	428	3381
河　南	678592	404338	27925	29929	158	3186
湖　北	2951937	2606760	176569	3224	178	937
湖　南	60051091	31056158	20639078	13538	975	1277
广　东	8149766	2890502	1238891	8223	440	4309
广　西	584139	437497	103490	3884	115	155
海　南	139219	27352	38879	1495	70	183
重　庆	973278	515366	265073	7203	205	1156
四　川	14052982	1613616	2036885	10398	170	424
贵　州	122662	84542	20463	2873	101	231
云　南	757667	406765	248423	6965	395	1259
西　藏	23770	10650	8450	916	28	97
陕　西	1528007	134842	88322	3475	386	783
甘　肃	51282	28795	18960	841	74	213
青　海	140215	83350	45916	1977	107	344
宁　夏	83667	24726	39695	1149	28	118
新　疆	10345251	2241677	715919	11468	929	2128

7-6 续表 6

地　区	举办实用技术培训（次）	实用技术培训人次（人次）	推广新技术、新品种（项）	举办青少年科技竞赛（项）	参加人次（人次）	获奖人次（人次）
合　计	17209	2966306	5560	1147	1573197	224223
北　京	262	57322	335	28	31693	10701
天　津	147	18831	207	28	22795	8246
河　北	817	23027	1197	8	69450	1041
山　西	2824	284094	67	11	11973	4823
内蒙古	30	2131	15	8	3622	1497
辽　宁	767	19949	131	9	73674	7958
吉　林	122	40723	58	13	31668	9313
黑龙江	43	1802	10	5	9287	3936
上　海	295	902264	271	36	68334	8852
江　苏	353	159213	145	45	209852	46955
浙　江	475	44271	649	50	103343	23551
安　徽	287	21423	164	49	18623	6976
福　建	171	20620	65	17	24325	3833
江　西	132	8822	38	16	76835	2206
山　东	581	83973	335	89	166892	11517
河　南	511	66625	216	13	8781	2246
湖　北	182	21865	72	12	17444	5802
湖　南	492	48565	160	17	14647	6549
广　东	591	161565	143	30	47808	16741
广　西	188	22847	72	20	78366	13922
海　南	330	23533	229	507	3033	718
重　庆	218	58355	101	39	113126	9822
四　川	648	73727	146	17	103093	4455
贵　州	152	24386	83	12	34705	1048
云　南	457	27029	45	11	63006	4317
西　藏	290	27671	53	3	1450	166
陕　西	410	127553	44	26	64793	3060
甘　肃	232	9226	288	1	11000	360
青　海	80	11184	28	6	55320	874
宁　夏	102	7738	36	6	5100	549
新　疆	5020	565972	157	15	29159	2189

7-6 续表 7

地 区	青少年参加国际及港澳台地区科技交流活动（次）	参加人次（人次）	举办青少年高校科学营活动（次）	参加人次（人次）	编印青少年科技教育资料（种）	总印数（册）
合 计	749	11069	132	18550	605	1282841
北 京	701	830	2	358	4	5195
天 津	2	171	6	932	4	4000
河 北	0	0	6	278	312	10300
山 西	0	0	0	0	12	3200
内蒙古	0	0	0	0	1	200
辽 宁	0	0	1	650	11	13000
吉 林	0	0	0	0	5	20300
黑龙江	0	0	0	0	1	53000
上 海	0	0	10	827	17	11500
江 苏	3	1950	41	3601	41	106794
浙 江	7	215	11	1091	18	11497
安 徽	1	500	2	80	3	1980
福 建	0	0	2	115	20	581300
江 西	1	200	4	1650	13	32360
山 东	0	0	5	842	8	6550
河 南	2	11	5	2455	3	5265
湖 北	17	17	4	437	12	79000
湖 南	2	17	3	167	26	24410
广 东	5	362	4	612	22	163980
广 西	2	56	1	385	2	300
海 南	1	8	6	1500	0	0
重 庆	0	0	1	350	3	63000
四 川	3	72	2	265	6	6000
贵 州	1	7	1	60	11	7400
云 南	1	6653	6	915	11	36000
西 藏	0	0	0	0	1	200
陕 西	0	0	5	370	18	17600
甘 肃	0	0	0	0	0	0
青 海	0	0	1	220	12	10500
宁 夏	0	0	0	0	1	260
新 疆	0	0	3	390	7	7750

7-6　续表 8

地　区	举办青少年科技教育活动和培训（次）	参与人次（人次）	中学生英才计划培养学生数（人次）
合　计	2583	581097	3323
北　京	315	29687	33
天　津	119	43716	45
河　北	32	9827	0
山　西	8	1115	0
内蒙古	13	2426	5
辽　宁	572	155500	0
吉　林	13	10700	5
黑龙江	0	0	0
上　海	164	11096	82
江　苏	177	42248	295
浙　江	274	23352	906
安　徽	13	2290	0
福　建	95	20864	22
江　西	6	1870	43
山　东	24	16255	84
河　南	8	990	28
湖　北	12	868	0
湖　南	174	8337	0
广　东	62	8210	882
广　西	66	12705	0
海　南	44	8840	450
重　庆	54	15436	16
四　川	17	2913	212
贵　州	37	8085	0
云　南	36	4250	0
西　藏	3	240	0
陕　西	167	62706	180
甘　肃	8	10355	10
青　海	15	11163	0
宁　夏	5	900	0
新　疆	50	54153	25

7-6 续表 9

地 区	编著科技图书 （种）	总印数 （册）	主办科技报纸 （种）	总印数 （份）	制作科普挂图 （种）	总印数 （张）
合　计	1413	5275566	79	16414703	39184	2287393
北　京	40	80463	2	4600	19	34494
天　津	19	156961	1	2	20	54200
河　北	21	30809	9	306821	80	19429
山　西	12	52240	1	8000	61	21026
内蒙古	5	31500	1	60000	5	1212
辽　宁	36	76900	6	13800	74	30918
吉　林	27	140600	3	6000	65	56460
黑龙江	2	10100	0	0	1	70
上　海	26	907675	3	34000	41	90112
江　苏	48	274550	2	80300	195	44538
浙　江	46	144551	5	2976400	32	269015
安　徽	23	90151	3	21873	75	37877
福　建	23	110302	0	0	61	307292
江　西	21	172962	2	16200	58	10240
山　东	38	466254	2	110500	32	29344
河　南	30	50092	13	20400	29	14313
湖　北	73	1050507	1	6	20028	61163
湖　南	38	404248	2	12550000	172	641628
广　东	130	302153	4	9350	183	63269
广　西	15	43400	2	110000	50	24962
海　南	1	2000	0	0	102	1740
重　庆	20	44520	0	0	42	74513
四　川	53	133343	1	300	63	920
贵　州	36	68700	2	14100	5037	6187
云　南	16	209840	2	26000	31	43485
西　藏	12	13400	0	0	5	3050
陕　西	536	97200	3	20850	70	180261
甘　肃	16	6101	2	101	12322	14821
青　海	8	19800	2	7400	50	60228
宁　夏	17	8210	0	0	38	8982
新　疆	25	76034	5	17700	143	81644

7-6　续表 10

地　区	主办科普 App 或设置科普栏目的综合类 App（个）	科普 App 下载安装数（次）	科普 App 更新数（次）
合　计	**24**	**960528**	**4405**
北　京	2	870000	405
天　津	1	1	1
河　北	0	0	0
山　西	0	30	2
内蒙古	2	500	200
辽　宁	1	2801	1
吉　林	0	0	0
黑龙江	0	0	0
上　海	1	350	52
江　苏	4	291	161
浙　江	1	35	12
安　徽	0	1	0
福　建	0	0	0
江　西	0	0	0
山　东	2	6248	20
河　南	0	0	0
湖　北	0	0	0
湖　南	4	24081	3515
广　东	2	15356	3
广　西	1	2500	3
海　南	0	0	0
重　庆	0	0	0
四　川	2	8333	21
贵　州	0	0	0
云　南	1	30000	9
西　藏	0	0	0
陕　西	0	0	0
甘　肃	0	1	0
青　海	0	0	0
宁　夏	0	0	0
新　疆	0	0	0

7-6 续表 11

地 区	主办科普 微信公众号 （个）	关注数 （个）	全年阅读量 （次）	主办科普微博 （个）	关注数 （个）
合　计	**797**	**8631768**	**153149761**	**2156**	**22434940**
北　京	58	1495817	9980291	13	35852
天　津	19	563263	52821924	5	214015
河　北	16	36539	809246	4	100118
山　西	20	31385	158648	1	2000
内蒙古	11	25230	7392484	2	620
辽　宁	31	36852	696226	5	38994
吉　林	19	167141	817885	1	878
黑龙江	5	4481	18156	1	101
上　海	67	336221	5276590	6	268623
江　苏	65	256058	3885678	14	36750
浙　江	41	524835	12980624	28	4038096
安　徽	17	141972	13674550	5	47671
福　建	35	94838	916229	3	130468
江　西	7	8566	277386	1	3057
山　东	43	518539	2440627	4	38437
河　南	16	38668	280935	3	1474000
湖　北	17	12716	326062	1	328
湖　南	45	1558756	18937596	7	598133
广　东	81	494675	2701946	7	118829
广　西	14	61677	218123	3	1013
海　南	4	52801	48974	0	0
重　庆	32	123940	8089462	8	1429676
四　川	19	66252	1582066	10	139098
贵　州	13	73412	159988	0	0
云　南	12	836445	675022	5	385105
西　藏	0	0	0	0	0
陕　西	23	621639	1089407	6	104956
甘　肃	3	1074	6138	2	187
青　海	42	75093	301502	9	2699
宁　夏	8	12598	30708	0	0
新　疆	14	360285	6555288	2002	13225236

八、科技决策咨询

简要说明

本篇统计资料为：

1. 汇总数据，反映中国科协、地方科协、全国学会和省级学会科技决策咨询情况。

2. 地方科协和省级学会统计数据，分别反映各省级科协及其所属学会、市级科协、县级科协开展的科技决策咨询工作。

3. 相关统计指标包括举办决策咨询活动、科技评估、组织参与立法咨询、组织政协科协界委员协商或调研活动、提供决策咨询报告、反映科技工作者建议、答复人大政协代表（委员）提案、组织政策解读活动、发布政策解读文章等情况。

8-1 2020年各级科协科技决策咨询汇总表

指　标		合　计		科协小计		中国科协机关及直属单位	
		2019 年	2020 年	2019 年	2020 年	2019 年	2020 年
决策咨询活动							
开展科技评估	（次）	7197	8927	454	394	114	23
参加决策咨询活动专家数	（人次）	54139	61687	17961	17283	92	255
组织政协科协界委员协商或调研活动	（次）	1680	1667	1284	1167	0	0
组织政策解读活动	（次）	1832	1938	900	738	6	1
组织参与立法咨询	（次）	449	476	158	169	1	2
反映科技工作者建议							
反映科技工作者建议	（篇）	10633	10586	8625	7738	0	29
＃获上级领导批示科技工作者建议篇数	（篇）	2015	2119	1523	1458	0	1
＃获上级领导批示条数	（条）	564	933	358	472	0	1
答复人大政协代表（委员）提案							
答复人大政协代表（委员）提案数	（件）	862	1002	606	758	33	97
科技决策咨询报告、书籍、刊物及宣传							
提供决策咨询报告篇数	（篇）	4163	5099	1914	2203	51	63
＃获上级领导批示决策咨询报告篇数	（篇）	1366	1422	585	676	0	31
＃获上级领导批示条数	（条）	452	728	217	375	0	33
发表论文、文章等	（篇）	23790	27060	939	1081	43	150
＃发布政策解读文章	（篇）	932	946	121	141	0	2
出版科技决策咨询类图书	（种）	290	295	78	73	7	8
印刷量	（册）	1016161	703581	243472	237062	7000	7200

8-1 续表

指　标		省级科协		市级科协		县级科协	
		2019 年	2020 年	2019 年	2020 年	2019 年	2020 年
决策咨询活动							
开展科技评估	（次）	111	66	50	102	179	203
参加决策咨询活动专家数	（人次）	4390	3013	3748	3559	9731	10456
组织政协科协界委员协商或调研活动	（次）	30	45	683	490	571	632
组织政策解读活动	（次）	26	32	466	223	402	482
组织参与立法咨询	（次）	23	35	8	6	126	126
反映科技工作者建议							
反映科技工作者建议	（篇）	1413	1424	2392	1955	4820	4330
# 获上级领导批示科技工作者建议篇数	（篇）	100	133	263	292	1160	1032
# 获上级领导批示条数	（条）	104	179	106	117	148	175
答复人大政协代表（委员）提案							
答复人大政协代表（委员）提案数	（件）	71	89	198	232	304	340
科技决策咨询报告、书籍、刊物及宣传							
提供决策咨询报告篇数	（篇）	363	394	743	1037	757	709
# 获上级领导批示决策咨询报告篇数	（篇）	83	102	134	202	368	341
# 获上级领导批示条数	（条）	80	109	54	130	83	103
发表论文、文章等	（篇）	94	144	621	550	181	237
# 发布政策解读文章	（篇）	8	17	86	91	27	31
出版科技决策咨询类图书	（种）	9	8	25	8	37	49
印刷量	（册）	5801	5762	21471	12300	209200	211800

8-2 2020 年全国学会、省级学会科技决策咨询汇总表

指 标		学会小计		全国学会		省级学会	
		2019 年	2020 年	2019 年	2020 年	2019 年	2020 年
决策咨询活动							
开展科技评估	（次）	6743	8533	1921	2368	4822	6165
参加决策咨询活动专家数	（人次）	36178	44404	12296	12509	23882	31895
组织政协科协界委员协商或调研活动	（次）	396	500	53	79	343	421
组织政策解读活动	（次）	932	1200	142	190	790	1010
组织参与立法咨询	（次）	291	307	71	100	220	207
反映科技工作者建议							
反映科技工作者建议	（篇）	2008	2848	228	883	1780	1965
＃获上级领导批示科技工作者建议篇数	（篇）	492	661	26	105	466	556
＃获上级领导批示条数	（条）	206	461	11	92	195	369
答复人大政协代表（委员）提案							
答复人大政协代表（委员）提案数	（件）	256	244	143	161	113	83
科技决策咨询报告、书籍、刊物及宣传							
提供决策咨询报告篇数	（篇）	2249	2896	661	1013	1588	1883
＃获上级领导批示决策咨询报告篇数	（篇）	781	746	203	223	578	523
＃获上级领导批示条数	（条）	235	353	59	117	176	236
发表论文、文章等	（篇）	22851	25979	5570	6368	17281	19611
＃发布政策解读文章	（篇）	811	805	378	388	433	417
出版科技决策咨询类图书	（种）	212	222	47	43	165	179
印刷量	（册）	772689	466519	276784	308504	495905	158015

8-3 2020年各省级科协科技决策咨询情况

地　区	开展科技评估（次）	举办决策咨询活动			组织政协科协界委员协商或调研活动（次）
		次　数（次）	# 接受媒体采访或发表声明（次）	参加活动专家数（人次）	
合　计	66	205	30	3013	45
北　京	0	27	10	292	2
天　津	1	6	0	120	8
河　北	0	0	0	0	0
山　西	10	15	0	350	3
内蒙古	0	1	0	3	0
辽　宁	0	1	0	10	0
吉　林	1	10	0	90	0
黑龙江	0	24	0	200	3
上　海	0	10	0	150	2
江　苏	2	1	1	16	3
浙　江	0	2	0	26	4
安　徽	0	0	0	0	0
福　建	0	0	0	0	0
江　西	0	1	0	10	0
山　东	2	27	8	510	0
河　南	43	0	0	0	0
湖　北	0	8	1	145	0
湖　南	5	0	0	0	0
广　东	0	23	1	204	0
广　西	0	0	0	0	0
海　南	0	0	0	0	1
重　庆	1	41	5	815	8
四　川	0	0	0	0	0
贵　州	0	1	0	18	0
云　南	0	0	0	0	0
西　藏	0	0	0	0	0
陕　西	0	0	0	0	0
甘　肃	0	0	0	0	0
青　海	0	0	0	0	0
宁　夏	0	0	0	0	3
新　疆	0	6	4	45	3
新疆生产建设兵团	1	1	0	9	5

8-3　续表 1

地　区	组织政策 解读活动 （次）	组织参与 立法咨询 （次）	反映科技 工作者建议 （篇）	#获上级领导批示科技 工作者建议篇数 （篇）	#获上级领导 批示条数 （条）
合　计	32	35	1424	133	179
北　京	0	0	127	7	9
天　津	1	1	6	4	6
河　北	0	0	108	2	2
山　西	3	5	60	2	2
内蒙古	0	0	29	10	0
辽　宁	0	2	173	5	36
吉　林	0	0	70	0	0
黑龙江	0	3	0	0	0
上　海	0	1	15	6	13
江　苏	0	9	22	14	20
浙　江	0	0	12	5	5
安　徽	0	0	33	0	3
福　建	0	0	15	6	6
江　西	0	0	0	0	0
山　东	0	0	22	17	17
河　南	10	0	3	0	0
湖　北	0	0	1	1	0
湖　南	0	0	0	0	0
广　东	0	9	139	5	0
广　西	2	1	8	3	4
海　南	0	0	12	2	2
重　庆	3	1	50	34	49
四　川	0	0	0	0	0
贵　州	4	2	0	0	0
云　南	0	0	325	2	0
西　藏	0	0	1	0	0
陕　西	0	0	109	1	0
甘　肃	0	0	0	0	0
青　海	0	0	8	0	0
宁　夏	4	0	8	4	0
新　疆	0	1	63	3	5
新疆生产建设兵团	5	0	5	0	0

8-3 续表 2

地 区	答复人大政协代表（委员）提案数（件）	提供决策咨询报告篇数（篇）	# 获上级领导批示决策咨询报告篇数（篇）	# 获上级领导批示条数（条）
合　计	89	394	102	109
北　京	22	24	7	9
天　津	0	7	4	4
河　北	1	40	2	2
山　西	2	40	0	0
内蒙古	2	0	0	0
辽　宁	0	27	5	5
吉　林	0	4	4	1
黑龙江	2	0	0	0
上　海	10	12	0	0
江　苏	9	33	1	0
浙　江	2	0	0	0
安　徽	1	10	0	0
福　建	6	10	0	0
江　西	0	11	6	7
山　东	3	22	17	17
河　南	1	7	3	0
湖　北	0	41	7	7
湖　南	2	7	1	1
广　东	5	0	0	0
广　西	3	6	2	3
海　南	3	0	0	0
重　庆	8	50	34	49
四　川	1	0	0	0
贵　州	1	4	1	1
云　南	0	3	2	0
西　藏	0	3	0	0
陕　西	0	1	1	0
甘　肃	0	0	0	0
青　海	0	4	0	0
宁　夏	2	12	1	0
新　疆	3	11	1	1
新疆生产建设兵团	0	5	3	2

8-3 续表 3

地 区	发表论文、文章等 （篇）	# 发布政策解读文章 （篇）	出版科技决策咨询类图书 （种）	印刷量 （册）
合 计	144	17	8	5762
北 京	0	0	0	0
天 津	0	0	0	0
河 北	12	0	0	0
山 西	0	0	4	260
内蒙古	0	0	0	0
辽 宁	0	0	0	0
吉 林	0	0	1	2000
黑龙江	0	0	0	0
上 海	0	0	0	0
江 苏	15	11	0	0
浙 江	0	0	0	0
安 徽	0	0	0	0
福 建	0	0	0	0
江 西	0	0	0	0
山 东	54	3	0	0
河 南	2	0	0	0
湖 北	0	0	0	0
湖 南	0	0	0	0
广 东	0	0	0	0
广 西	1	0	1	2
海 南	0	0	0	0
重 庆	52	2	1	2700
四 川	0	0	0	0
贵 州	0	0	0	0
云 南	0	0	0	0
西 藏	1	0	0	0
陕 西	0	0	0	0
甘 肃	0	0	0	0
青 海	0	0	0	0
宁 夏	0	0	1	800
新 疆	6	0	0	0
新疆生产建设兵团	1	1	0	0

8-4 2020年各地区市级科协科技决策咨询情况

| 地　区 | 开展科技评估（次） | 举办决策咨询活动 | | 参加活动专家数（人次） | 组织政协科协界委员协商或调研活动（次） |
		次数（次）	# 接受媒体采访或发表声明（次）		
合　计	102	353	60	3559	490
北　京	0	12	0	31	3
天　津	0	0	0	0	1
河　北	0	0	0	0	0
山　西	0	0	0	0	1
内蒙古	12	6	0	41	6
辽　宁	3	10	3	108	2
吉　林	33	10	3	153	6
黑龙江	0	0	0	0	1
上　海	1	33	1	226	8
江　苏	3	22	2	117	10
浙　江	14	46	12	523	24
安　徽	0	2	0	142	10
福　建	0	8	6	87	8
江　西	0	6	1	28	2
山　东	6	16	3	208	5
河　南	1	12	1	221	2
湖　北	1	12	0	181	8
湖　南	8	25	10	207	17
广　东	0	3	0	73	7
广　西	0	3	1	116	10
海　南	0	0	0	0	0
重　庆	9	63	5	590	39
四　川	2	5	1	85	7
贵　州	2	37	8	84	10
云　南	0	2	0	28	2
西　藏	0	0	0	0	0
陕　西	1	9	1	123	2
甘　肃	4	2	0	52	0
青　海	0	0	0	0	0
宁　夏	0	1	0	32	6
新　疆	0	1	1	2	0

8-4 续表 1

地 区	组织政策解读活动（次）	组织参与立法咨询（次）	反映科技工作者建议（篇）	#获上级领导批示科技工作者建议篇数（篇）	#获上级领导批示条数（条）
合 计	223	6	1955	292	117
北 京	2	0	60	2	0
天 津	1	0	0	0	0
河 北	2	0	233	0	0
山 西	0	0	54	0	0
内蒙古	1	0	75	24	17
辽 宁	0	0	52	4	2
吉 林	5	0	0	0	0
黑龙江	1	0	20	2	0
上 海	69	0	41	4	2
江 苏	3	0	314	24	18
浙 江	3	0	85	18	15
安 徽	0	0	64	4	2
福 建	0	0	26	1	1
江 西	1	0	100	29	16
山 东	7	0	90	6	2
河 南	5	0	36	8	2
湖 北	2	0	175	47	6
湖 南	33	0	25	9	5
广 东	5	2	23	7	0
广 西	6	0	105	2	0
海 南	0	0	0	0	0
重 庆	10	2	175	38	20
四 川	5	0	44	12	0
贵 州	12	0	3	1	1
云 南	4	2	28	0	0
西 藏	0	0	0	0	0
陕 西	9	0	19	3	0
甘 肃	0	0	28	8	0
青 海	0	0	4	0	0
宁 夏	0	0	57	31	5
新 疆	1	0	14	7	0

8-4 续表 2

地 区	答复人大政协代表（委员）提案数（件）	提供决策咨询报告篇数（篇）	#获上级领导批示决策咨询报告篇数（篇）	#获上级领导批示条数（条）
合 计	232	1037	202	130
北 京	5	6	2	0
天 津	0	0	0	0
河 北	2	2	0	0
山 西	0	0	0	0
内蒙古	1	21	7	6
辽 宁	6	33	7	2
吉 林	3	27	5	3
黑龙江	1	0	0	0
上 海	27	35	4	2
江 苏	11	283	32	12
浙 江	19	45	9	3
安 徽	8	9	5	4
福 建	10	26	1	1
江 西	1	18	8	11
山 东	9	41	5	1
河 南	7	11	4	2
湖 北	9	84	12	1
湖 南	10	11	7	1
广 东	25	15	5	9
广 西	0	8	0	0
海 南	2	0	0	0
重 庆	16	206	71	57
四 川	19	5	3	0
贵 州	24	43	0	3
云 南	5	7	0	0
西 藏	1	0	0	0
陕 西	1	21	1	1
甘 肃	0	26	1	0
青 海	1	0	0	0
宁 夏	1	2	0	2
新 疆	5	9	9	0

8-4 续表 3

地 区	发表论文、文章等（篇）	# 发布政策解读文章（篇）	出版科技决策咨询类图书（种）	印刷量（册）
合 计	550	91	8	12300
北 京	0	0	0	0
天 津	0	0	0	0
河 北	0	0	0	0
山 西	0	0	0	0
内蒙古	56	0	1	100
辽 宁	0	0	0	0
吉 林	0	0	0	0
黑龙江	0	0	0	0
上 海	33	33	0	0
江 苏	0	0	0	0
浙 江	0	0	0	0
安 徽	1	0	0	0
福 建	0	0	0	0
江 西	0	0	3	1200
山 东	4	1	0	0
河 南	3	0	0	0
湖 北	3	0	4	11000
湖 南	4	1	0	0
广 东	136	1	0	0
广 西	0	0	0	0
海 南	0	0	0	0
重 庆	11	0	0	0
四 川	0	0	0	0
贵 州	60	45	0	0
云 南	3	0	0	0
西 藏	0	0	0	0
陕 西	0	0	0	0
甘 肃	0	0	0	0
青 海	0	0	0	0
宁 夏	0	0	0	0
新 疆	1	0	0	0

8-5 2020年各地区县级科协科技决策咨询情况

地 区	开展科技评估（次）	举办决策咨询活动		参加活动专家数（人次）	组织政协科协界委员协商或调研活动（次）
		次 数（次）	# 接受媒体采访或发表声明（次）		
合 计	203	668	99	10456	632
河 北	8	19	6	95	30
山 西	0	7	2	124	14
内蒙古	3	9	0	22	14
辽 宁	3	14	2	64	8
吉 林	2	9	7	19	5
黑龙江	3	9	3	29	8
江 苏	23	30	2	197	60
浙 江	24	128	40	1271	85
安 徽	8	19	4	157	29
福 建	7	23	2	95	19
江 西	7	29	1	103	21
山 东	16	77	6	784	68
河 南	16	60	1	359	31
湖 北	16	30	0	225	35
湖 南	15	25	5	285	46
广 东	2	12	3	71	9
广 西	1	1	0	21	9
海 南	1	2	1	53	0
重 庆	4	10	1	118	13
四 川	14	65	4	594	48
贵 州	5	14	1	92	19
云 南	4	8	1	788	22
西 藏	8	9	3	4533	5
陕 西	2	26	0	177	12
甘 肃	1	11	3	100	9
青 海	1	2	0	2	3
宁 夏	1	11	0	30	4
新 疆	8	9	1	48	6

注：本表数据不含北京、天津和上海地区。

8-5 续表 1

地 区	组织政策 解读活动 （次）	组织参与 立法咨询 （次）	反映科技 工作者建议 （篇）	#获上级领导批示科技 工作者建议篇数 （篇）	#获上级领导 批示条数 （条）
合　计	482	126	4330	1032	175
河　北	21	12	152	16	7
山　西	24	6	187	31	2
内蒙古	17	2	144	16	1
辽　宁	3	1	55	19	3
吉　林	15	1	10	2	0
黑龙江	2	0	96	29	2
江　苏	26	7	549	89	25
浙　江	44	4	314	73	44
安　徽	39	7	164	55	9
福　建	10	0	84	19	1
江　西	11	2	254	51	8
山　东	32	4	479	158	11
河　南	24	13	350	85	4
湖　北	20	4	210	42	3
湖　南	29	12	341	147	20
广　东	5	1	24	2	0
广　西	3	4	48	9	0
海　南	2	0	5	1	0
重　庆	2	0	47	8	3
四　川	57	9	297	72	7
贵　州	18	4	76	19	0
云　南	16	8	101	26	10
西　藏	11	8	2	2	0
陕　西	23	10	112	36	10
甘　肃	2	1	120	19	2
青　海	4	2	1	0	0
宁　夏	7	0	98	2	0
新　疆	15	4	10	4	3

8-5 续表 2

地　区	答复人大政协代表 （委员）提案数 （件）	提供决策咨询 报　告 篇　数 （篇）	#获上级领导批示决策咨询报告篇数 （篇）	#获上级领导批示条数 （条）
合　计	340	709	341	103
河　北	6	16	7	5
山　西	7	5	3	1
内蒙古	14	11	6	1
辽　宁	3	7	4	0
吉　林	1	1	1	0
黑龙江	6	4	3	1
江　苏	36	93	32	10
浙　江	24	121	50	28
安　徽	31	22	7	5
福　建	8	9	5	1
江　西	3	36	19	3
山　东	25	100	56	6
河　南	15	57	39	4
湖　北	28	23	10	3
湖　南	12	29	21	4
广　东	47	0	0	0
广　西	4	6	3	0
海　南	3	1	1	1
重　庆	0	12	5	4
四　川	23	72	36	16
贵　州	6	5	1	0
云　南	14	16	8	1
西　藏	0	4	0	0
陕　西	5	24	15	5
甘　肃	4	21	4	2
青　海	2	0	0	0
宁　夏	9	6	3	0
新　疆	4	8	2	2

8-5 续表 3

地 区	发表论文、文章等（篇）	# 发布政策解读文章（篇）	出版科技决策咨询类图书（种）	印刷量（册）
合 计	237	31	49	211800
河 北	8	0	9	113000
山 西	1	0	3	5000
内蒙古	4	0	1	4000
辽 宁	0	0	0	0
吉 林	0	0	1	2000
黑龙江	0	0	1	2500
江 苏	37	1	0	0
浙 江	12	0	1	6000
安 徽	52	10	8	35500
福 建	10	1	0	0
江 西	0	0	0	0
山 东	9	2	3	10500
河 南	17	8	0	0
湖 北	37	5	5	300
湖 南	30	4	1	6000
广 东	0	0	0	0
广 西	0	0	3	2500
海 南	0	0	0	0
重 庆	0	0	0	0
四 川	4	0	1	500
贵 州	2	0	3	12000
云 南	3	0	0	0
西 藏	1	0	0	0
陕 西	8	0	1	5000
甘 肃	1	0	0	0
青 海	1	0	0	0
宁 夏	0	0	8	7000
新 疆	0	0	0	0

8-6　2020年各地区省级学会科技决策咨询情况

地　区	开展科技评估（次）	举办决策咨询活动			组织政协科协界委员协商或调研活动（次）
		次　数（次）	#接受媒体采访或发表声明（次）	参加活动专家数（人次）	
合　计	6165	2833	497	31895	421
北　京	434	82	10	805	2
天　津	73	34	7	8610	5
河　北	29	34	12	181	4
山　西	190	201	1	142	3
内蒙古	4	9	2	117	1
辽　宁	444	114	12	611	26
吉　林	66	20	2	205	2
黑龙江	4	17	2	66	3
上　海	484	118	12	1030	82
江　苏	246	219	25	2982	26
浙　江	254	157	24	1727	24
安　徽	130	108	40	973	11
福　建	166	65	16	792	6
江　西	43	56	12	359	15
山　东	354	323	15	2211	22
河　南	203	56	17	744	12
湖　北	44	88	40	446	5
湖　南	176	93	27	2599	7
广　东	951	147	35	1494	15
广　西	476	41	8	138	2
海　南	29	8	3	36	6
重　庆	124	140	37	852	2
四　川	187	189	18	1616	78
贵　州	59	44	1	361	3
云　南	173	68	11	502	6
西　藏	20	27	1	27	1
陕　西	74	57	20	439	4
甘　肃	236	189	72	269	28
青　海	189	34	8	219	5
宁　夏	25	23	0	330	10
新　疆	278	72	7	1012	5

8-6 续表 1

地 区	组织政策 解读活动 （次）	组织参与 立法咨询 （次）	反映科技 工作者建议 （篇）	# 获上级领导批示科技 工作者建议篇数 （篇）	# 获上级领导 批示条数 （条）
合 计	1010	207	1965	556	369
北 京	82	10	278	31	20
天 津	19	0	31	23	2
河 北	10	7	16	5	8
山 西	4	2	8	3	2
内 蒙 古	10	0	11	4	1
辽 宁	27	5	37	8	4
吉 林	8	0	89	24	0
黑 龙 江	23	0	1	0	1
上 海	23	3	20	5	2
江 苏	108	20	351	223	175
浙 江	91	8	127	18	14
安 徽	27	5	64	16	3
福 建	27	6	53	4	3
江 西	10	2	19	6	5
山 东	21	12	67	13	5
河 南	23	8	9	1	1
湖 北	38	7	63	22	19
湖 南	58	2	46	11	2
广 东	74	10	90	30	15
广 西	19	3	32	4	0
海 南	3	1	24	7	3
重 庆	46	10	252	51	43
四 川	89	8	39	16	9
贵 州	4	4	11	2	0
云 南	21	9	49	15	1
西 藏	4	1	2	0	0
陕 西	10	8	18	1	0
甘 肃	67	41	26	5	3
青 海	14	6	7	2	0
宁 夏	9	2	14	0	5
新 疆	41	7	111	6	23

8-6 续表 2

地 区	答复人大政协代表（委员）提案数（件）	提供决策咨询报告篇数（篇）	# 获上级领导批示决策咨询报告篇数（篇）	# 获上级领导批示条数（条）
合 计	83	1883	523	236
北 京	4	85	11	5
天 津	12	18	6	5
河 北	0	31	16	9
山 西	2	3	1	0
内 蒙 古	0	6	1	2
辽 宁	1	48	10	5
吉 林	0	16	6	2
黑 龙 江	0	3	1	0
上 海	1	41	6	1
江 苏	6	93	35	22
浙 江	6	93	32	22
安 徽	2	53	18	3
福 建	1	22	2	2
江 西	1	12	6	2
山 东	3	122	26	11
河 南	5	14	5	4
湖 北	0	149	55	44
湖 南	9	71	29	8
广 东	4	176	106	30
广 西	1	24	3	3
海 南	1	8	5	2
重 庆	0	53	18	6
四 川	0	257	19	11
贵 州	0	19	3	0
云 南	5	180	7	7
西 藏	2	0	0	0
陕 西	2	65	8	0
甘 肃	8	28	3	7
青 海	2	106	59	1
宁 夏	2	17	6	1
新 疆	3	70	20	21

8-6 续表 3

地 区	发表论文、文章等 （篇）	# 发布政策解读文章 （篇）	出版科技决策咨询类图书 （种）	印刷量 （册）
合 计	19611	417	179	158015
北 京	357	2	4	3500
天 津	536	8	1	3000
河 北	1666	8	4	800
山 西	295	2	1	2150
内 蒙 古	34	1	1	500
辽 宁	212	10	3	2100
吉 林	200	13	1	50
黑 龙 江	567	0	3	18260
上 海	125	0	0	0
江 苏	309	71	6	8350
浙 江	300	32	8	22000
安 徽	2519	6	0	0
福 建	524	2	3	5500
江 西	997	0	2	8300
山 东	513	9	9	4002
河 南	1075	21	19	10060
湖 北	923	18	3	3101
湖 南	996	23	47	24860
广 东	1411	56	9	7180
广 西	618	8	0	0
海 南	141	3	0	0
重 庆	201	10	0	0
四 川	763	45	1	300
贵 州	234	6	4	1980
云 南	1104	18	7	10600
西 藏	269	1	1	400
陕 西	367	2	14	9480
甘 肃	1394	28	18	3240
青 海	294	0	1	800
宁 夏	147	3	4	1400
新 疆	520	11	5	6102

主要指标解释

中国科协基层组织 各级科协在科技工作者集中的企业、事业单位，高等院校，有条件的乡镇（街道）、村（社区）、农村等建立的科学技术协会（科学技术普及协会）等。主要包括企业科协、高校科协、乡镇（街道）科协、村（社区）科协、农技协等。

企业（园区）科协 截至 2020 年 12 月 31 日，各级科协批复由企业（园区）成立的科协基层组织，以及在民政部门登记、经各级科协正式审批接纳的在国家和各级地方政府批准成立的自主创新示范区、经济技术开发区和高新技术产业开发区等企业密集区域和众创空间等新经济组织内建立的科协组织。

企业（园区）科协个人会员 截至 2020 年 12 月 31 日，企业（园区）建立的科学技术协会（科学技术普及协会）发展的个人会员。

高校科协 截至 2020 年 12 月 31 日，各级科协批复由高等院校成立的科协基层组织。

高校科协个人会员 截至 2020 年 12 月 31 日，高等院校建立的科学技术协会（科学技术普及协会）发展的个人会员（取得本协会会员资格的人员）。

乡镇（街道）科协 截至 2020 年 12 月 31 日，在乡镇、街道设立的科学技术协会（科学技术普及协会）等。

乡镇（街道）科协个人会员 截至 2020 年 12 月 31 日，乡镇、街道建立的科学技术协会（科学技术普及协会）发展的个人会员（取得本协会会员资格的人员）。

农村（社区）科协 截至 2020 年 12 月 31 日，在村、社区一级设立的科学技术协会（科学技术普及协会）等。

农村（社区）科协个人会员 截至 2020 年 12 月 31 日，村、社区一级建立的科学技术协会（科学技术普及协会）发展的个人会员（取得本协会会员资格的人员）。

农技协 截至 2020 年 12 月 31 日，经各级科协正式审批接纳或登记备案的农村专业技术协会及各类农村专业技术研究会（农研会）等。

农技协个人会员 截至 2020 年 12 月 31 日，农技协发展的个人会员（取得本协会会员资格的人员），其中，农村一户计为一个农技协个人会员。

本级科协代表大会人数 截至 2020 年 12 月 31 日，本届本级科协代表大会的代表人数。

委员会委员人数 截至 2020 年 12 月 31 日，本届本级科协代表大会委员会委员的人数。

常务委员会委员人数 截至 2020 年 12 月 31 日，本届本级科协代表大会常务委员会委员的人数。

从业人员平均人数 2020 年度平均拥有的从业人员数。

本级科协部门经费总收入 2020 年度本级科协部门经费总收入，包括科协本级经费总收入和直属单位经费总收入。

本级科协部门经费总支出 2020 年度本级科协部门经费总支出，包括科协本级经费总收入和直属单位经费总支出。

上级补助收入 2020 年度上一级科协以项目资助或委托等形式拨付的经费。

事业收入 2020 年度本部门开展业务活动及其辅助活动取得的收入，包括科研经费、技术收入、学术活动收入、科普活动收入和试制产品收入等。

经营收入 2020 年度本部门在专业业务活动及辅助活动之外开展的非独立核算的生产经营活动取得的收入，包括产品销售收入、经营服务收入、工程承包收入、租赁收入和其他经营收入等。

其他收入 2020 年度本单位经费筹集总额中除上述收入外的所有收入。

学会分支结构 学会按机构管理要求设置的常设专业委员会、工作委员会、分会和专项基金管理委员会等。

学会团体（单位）会员　截至 2020 年 12 月 31 日，在学会注册登记，通过无条件提供经费、志愿服务、物品等方式积极支持本学会事业发展的个人会员或单位会员。

理事会理事　截至 2020 年 12 月 31 日，经会员代表大会选举产生的学会理事。

常务理事　截至 2020 年 12 月 31 日，经学会会员代表大会或理事会选举产生的常务理事。

学会个人会员　截至 2020 年 12 月 31 日，在学会注册登记，并取得会员资格的人员（包括外籍会员）。

高级（资深）会员　截至 2020 年 12 月 31 日，符合学会章程所规定的高级会员或资深会员标准的会员。如果章程中无此项规定，则按具备高级专业技术资格的会员数填报。

交纳年度会费会员　截至 2020 年 12 月 31 日，在学会登记注册，并取得本学会会员资格并按年长期缴纳会费的人员。

学会个人会员中党员人数　截至 2020 年 12 月 31 日，在学会登记注册，并取得本学会会员资格的中共党员。

从业人员平均人数　2020 年度平均拥有的从业人员数。

举办各类思想政治教育培训班及活动　2020 年度本单位主办或牵头组织的以传播党的政治理论观点、路线方针政策、科学学风道德为主要内容，增强科技工作者对党的政治认同、思想认同、理论认同和情感认同的各类培训及活动，包括科协党校主题教育培训、科学道德与学风建设宣讲培训及活动等，不包括日常业务培训及活动等。

科协党校主题教育培训班　2020 年度本单位组织或牵头组织的，以学习习近平新时代中国特色社会主义思想，学习党的政治理论观点、路线方针政策，学习党的光辉历史和优良传统为主要内容，通过课堂讲授、现场体验、研讨交流、情景教学、音像教学、座谈会等方式开展教学的各类主题培训班。

科学道德与学风建设宣讲活动　2020 年度本单位主办或牵头组织宣讲科学精神、科学道德、科学伦理和科学规范的会议、培训及活动。

向省部级（含）以上科技奖项、人才计划（工程）举荐获奖人才数　2020 年度本单位向省部级（含）以上科技奖项（人物奖）、人才计划（工程）举荐并获得奖励、支持的人才数。

向省部级（含）以上科技奖项推荐获奖项目数　2020 年度本单位向省部级（含）以上科技奖项（成果奖）举荐的项目数，以及获得奖励的项目数。

科技人才信息库　截至 2020 年 12 月 31 日，本单位或本单位牵头建设、运行维护、开发利用的，为充分发挥科协联系科技工作者的桥梁纽带作用，进一步推进科技决策的科学化和民主化水平，推动科技领域专家发挥在科技管理和决策中的咨询和参谋作用，建设的主要以自然科学领域各主要学科与行业的高层次科技人才专家为主体的信息库，包括科技人才库、科技工作者信息库、学会会员信息库等。

举荐院士候选人次　2020 年度本单位向中国科协推选的院士候选人次。

科技奖项名称　截至 2020 年 12 月 31 日，本单位设立的奖项名称，涵盖人物奖、成果奖、科技奖和科普类奖项等，不包括一般的表扬鼓励和专门针对本单位工作人员的表彰奖励。注意，由本单位设立的奖项，包括本年度暂未开展表彰活动但奖项实际存在的奖项，不包括本单位或单位人员在其他单位获得的奖项。

表彰奖励科技工作者　2020 年度本单位正式行文表彰（含命名）的，在科技工作中有特殊贡献的科技人员。不包括一般的表扬鼓励和专门针对本单位工作人员的表彰奖励。

通过媒体宣传科技工作者人次　2020 年度本单位从宣传党和政府对科技事业的重视和支持、展示我国科技事业的重大进展和成就、推出优秀科技工作者和团队典型、弘扬科学精神和科学思想及传播科学知识和科学方法五个重点宣传内容方面宣传的科技工作者。

科技志愿服务活动　2020 年度本单位或本单位牵头组织科技志愿者、科技志愿服务组织为服务科技工作者、服务创新驱动发展、服务全民科学素质提高、服务党和政府科学决策，在科技攻关、成果转化、人才培养、智库咨询、科学普及、脱贫攻坚等方面自愿、无偿向社会或他人提供的公益性科技类服务活动。

科技志愿服务组织　截至 2020 年 12 月 31 日，各级科协、学会和相关机构成立的科技志愿者协会、科技志愿者队伍、科技志愿服务团（队）等。

科技志愿者人数　截至 2020 年 12 月 31 日，本单位登记注册的科技志愿者人数，包括原科普志愿者。科技志愿者指不以物质报酬为目的，利用自己的时间、科技技能、科技成果、社会影响力等，自愿为社会或他人提供公益性科技类服务的科技工作者、科技爱好者和热心科技传播的人士等。

科普专职人员　截至 2020 年 12 月 31 日，本级科协系统中从事科普工作时间占其全部工作时间 60% 及以上且领取报酬的人员。包括科普管理工作者，从事专业科普研究和创作的人员，专职科普作家，各类科普场馆的相关工作人员，科普类图书、报刊科技（科普）专栏版的编辑，电台、电视台科普频道、栏目的编导，科普网站信息加工人员等。

科普兼职人员　截至 2020 年 12 月 31 日，在本级科协系统非职业范围内从事科普工作，仅在某些科普活动中从事宣传、辅导、演讲等工作的人员，以及工作时间不能满足科普专职人员要求的从事科普工作且领取报酬的人员。包括进行科普讲座等科普活动的科技人员、中小学兼职科技辅导员等。

开展维护科技工作者权益活动　2020 年度本单位组织开展或牵头组织开展的，主动代表科技工作者通过合法渠道、正常途径，合理伸展利益诉求，以加强服务科技工作者和维护科技工作者合法权益为目的，为科技工作者提供创业就业、心理疏导、法律援助、大病救助、困难群体慰问、婚恋交友、居家养老等服务的活动。

通过群众来信、信访热线等方式服务科技工作者　2020 年度本单位通过群众来信、信访热线等方式接到服务科技工作者诉求，并提供有效服务的次数及受益人数。

加入国际民间科技组织　截至 2020 年 12 月 31 日，本单位代表国家、地区或学科加入国际民间科技组织的数量，其中正式国际民间科技组织是经所在国正式注册，具有法人资质的国际组织。

任职专家　截至 2020 年 12 月 31 日，经本单位培养推荐且已在国际民间科技组织中任职的专家总数。

高级别任职专家　截至 2020 年 12 月 31 日，在核心领导层任职专家为高级别任职专家，包括主席、副主席、执委、秘书长、司库或相当职务的任职专家等。

一般级别任职专家　截至 2020 年 12 月 31 日，在核心领导层以外的专委会或其他常设机构任职的专家。

普通工作人员　截至 2020 年 12 月 31 日，经本单位培养推荐，且已在国际民间科技组织中任职的普通工作（非专家）人员总数。

参加国际科学计划　截至 2020 年 12 月 31 日，本单位及所联系的专家参与国际民间科技组织发起或主导的国际科学计划。

参加大陆境外科技活动人数　2020 年度本单位组织参加的大陆境外（含港澳台地区）会议、展览、经贸、访问考察、科研、培训等科技活动的总人数。

接待大陆境外专家学者　2020 年度本单位单独或牵头接待的来自大陆境外（含港澳台地区）参加学术交流活动、科技人文交流活动、专业技术培训、应用项目对接洽谈、科学教研等科技活动的专家学者。

海外人才离岸创新创业基地　截至 2020 年 12 月 31 日，本级科协已建立或认定的，为促进海内外创新创业服务机构和创新创业团队的交流合作，促进海外人才离岸创新创业工作，推动更多海外人才回国创业及更多海外创新成果在中国落地转化的创新创业基地。

海智计划工作基地　截至 2020 年 12 月 31 日，本级科协已建立或认定的，为加强与海外华人科技团体的联系，充分发挥海外人才和智力优势，切实发挥出海智平台以才引才、以才聚才的作用，发动全国学会和地方科协共同参与，为海外人才回国工作、为国服务搭建的海智计划工作平台。

开展推进创新创业活动　2020 年度本单位为推进创新创业而开展的各项工作、举办的各项活动。活动期间在中国各地举办政策宣传、展览展示、经验交流、信息发布、文化传播、互动对接、投资交易、成果转化等活动，促进各类创业创新要素聚集、交流、对接，在全社会营造良好的创业创新氛围。

举办竞赛、论坛、展览等　2020 年度本单位主办或承办的各种创新创业竞赛、论坛、对话会、座谈会、讨论会、展览、展示等营造创业创新氛围、展示"双创"成果、探讨"双创"理论与实践的活动。

开展咨询、教育、培训等 2020 年度本单位主办或承办的各种创新创业咨询、启蒙、培训、教育等宣传创新创业理念、培育创新创业人才、解答疑惑、助力发展的活动。

开展投融资、成果转化等 2020 年度本单位开展或参加的各种创新创业项目路演、发布、投融资、对接、洽谈、交易、转化、技术咨询、课题攻关等推进创新创业项目健康发展和转化的活动。

参与服务的科技工作者 2020 年度本单位在组织实施创新创业活动过程中，参与中国科协、地方科协和各级学会组织的决策咨询、评价评估、成果转化、技术推广、项目对接、技术服务、培训讲座等"双创"工作的科技工作者。

专家 在学术、技术等方面有专项技能和专业知识的副高级职称及以上人员。

专家服务工作站（中心） 截至 2020 年 12 月 31 日，本单位同有关单位，为高层次专家直接参与经济建设和社会服务而组建的专家科技服务机构。

专家进站（中心）人数 截至 2020 年 12 月 31 日，本单位以设站单位名义聘请进入专家工作站的专家人数。由颁发证书单位填报。

专家服务团队 截至 2020 年 12 月 31 日，本单位根据项目合作需要，按专业特点牵头组织的专家服务团队，打破单位界限，进行专家资源的整合，承担科学普及、科技攻关、决策咨询、工程论证、技术指导、科技扶贫等相关合作。

参加服务团队专家人数 截至 2020 年 12 月 31 日，参加本单位牵头组织专家服务团队的专家人数。

技术标准研制数量 截至 2020 年 12 月 31 日，经公认机构批准的、非强制执行的、供通用或重复使用的产品或相关工艺和生产方法的规则、指南或特性的文件等，其实质是对一个或几个生产技术设立的必须符合要求的条件及能达到此标准的实施技术。团体标准研制数量由团体按照团体确立的标准制定程序自主制定发布，由社会自愿采用的标准。

团体标准研制数量 截至 2020 年 12 月 31 日，由团体按照团体确立的标准制定程序自主制定发布，由社会自愿采用的标准。

国内学术会议 2020 年度在我国境内，由本单位主办或牵头主办的综合交叉性、专业性高端前沿等系列学术研讨会、交流会、报告会和论坛等。注意，同一会议分论坛场次不重复统计。

学术年会 学术年会是学术会议中一种制度性的会议形式，通常是定期（一年或多年）召开的一种大型综合性或主题型学术年会会议，与会代表涵盖全学科或全专业领域。

国内学术会议参加人数 2020 年度本单位主办的国内学术会议参加总人数。

国内学术会议交流论文、报告 2020 年度本单位主办的国内学术会议交流论文、报告等的篇数。

境内国际学术会议 2020 年度在我国境内，由本单位主办或牵头主办及受国际组织委托承办的以学术交流为目的研讨会、交流会、报告会和论坛等。与会代表来自 3 个或 3 个以上国家或地区（不含港澳台地区）。以提交学术论文、做学术报告、展示学术海报等形式参与交流。注意，同一会议分论坛场次不重复统计。

境内国际学术会议参加人数 2020 年度本单位主办的境内国际学术会议参加总人数。

境外专家学者 2020 年度本单位主办的境内国际学术会议参加人员中的境外专家人数。

境内国际学术会议交流论文、报告 2020 年度本单位主办的境内国际学术会议交流论文、报告等的篇数。

港澳台地区学术会议 2020 年度由本单位和港澳台地区有关组织联合主办的以学术交流为目的研讨会、交流会、报告会和论坛等。来自港澳台地区的与会代表人数占参会总数的 1/3 以上。以提交学术论文、做学术报告、展示学术海报等形式参与交流。注意，同一会议分论坛场次不重复统计。

港澳台地区学术会议参加人数 2020 年度本单位主办的港澳台地区学术会议参加总人数。

港澳台地区学术会议交流论文、报告 2020 年度本单位主办的港澳台地区学术会议交流论文、报告等的篇数。

主办科技期刊 截至 2020 年 12 月 31 日，由本单位主办，具有固定刊名、刊期、年卷或年月顺序编号、印刷成册、以报道科学技术为主要内容的连续出版物。包括学术期刊、综合期刊、技术期刊、科普期刊和检索期刊，不包括各类内部刊物。两个以上主办单位合办期刊须确定一个主办单位。

实行开放存取的期刊　截至 2020 年 12 月 31 日，由本单位主办的开放获取期刊，是在线出版物，采用数字化出版、网络传播、作者或机构付费（版权属于作者）、读者免费获得的出版模式。

科技期刊发行量　2020 年度本单位主办的本科技期刊的发行量。

实体科技馆数量　截至 2020 年 12 月 31 日，本单位拥有所有权或使用权，具备展览教育、培训教育、实验教育等功能，面向公众已建成且常年开馆的社会科技教育固定设施。

实行免费开放的科技馆　截至 2020 年 12 月 31 日，本级科协所属，符合科技馆建设标准，具有展教功能，免费向公众开放的科技馆。

实体科技馆建筑面积　截至 2020 年 12 月 31 日，本单位拥有所有权或使用权的科技馆的展览教育、公众服务、业务研究、管理保障等用房主体建筑面积总和。

实体科技馆展厅面积　截至 2020 年 12 月 31 日，本单位拥有所有权或使用权的科技馆内专门用于布置常设展览和短期展览的用房（场所）的使用面积。

科技馆参观人次　2020 年度接待参观科技馆的总人次。

数字科技馆数量　截至 2020 年 12 月 31 日，本单位以激发公众科学兴趣、提高公众科学素质为目标，面向全体公众，特别是青少年群体，搭建的基于互联网传播的公益性科普服务平台或网络科普园地。

流动科技馆　截至 2020 年 12 月 31 日，本单位获得中国科协配发或自行研发的用于科普活动的流动科技馆。由配发或自行研发单位填报。

流动科技馆巡展受众人数　2020 年度本单位单独或牵头组织的流动科技馆巡展所覆盖的总人数。

科普活动站（中心、室）数量　截至 2020 年 12 月 31 日，长期或定期从事向青少年科普，向公众进行科学技术传播，开展示范性、导向性科学普及活动，开展青少年科技教育，组织青少年科技竞赛等工作的社会公益性机构和场所的数量。

全年参加活动（培训）人数　2020 年度参加科普活动站（中心、室）举办活动的总人数。

科普大篷车数量　截至 2020 年 12 月 31 日，本单位获得中国科协配发和自行开发的用于科普活动的大篷车的数量。由使用大篷车的单位填报。省级科协负责审核各级数量。

科普大篷车下乡次数　2020 年度本单位科普大篷车当年下乡开展科普活动的次数。

科普大篷车覆盖人数　2020 年度本单位科普大篷车当年下乡开展科普活动所覆盖的总人数。

科普大篷车行驶里程　2020 年度本单位科普大篷车当年开展科普活动累计行驶的千米数。

科普大篷车展品数量　2020 年度本单位科普大篷车全部展品的数量。

科普画廊建筑面积（宣传栏、科技宣传橱窗）　截至 2020 年 12 月 31 日，由本单位单独或牵头联合有关单位共同在广场、社区、村寨、公园、路边等建设的，直接向公众宣传科学技术信息的具有展示功能的宣传栏、橱窗等固定科普设施。按实际建筑面积计算，单面的计算单面面积，双面的计算双面面积。单个建筑面积之和等于总面积。

科普画廊展示面积　截至 2020 年 12 月 31 日，在本单位单独或牵头联合有关单位共同建设的科普画廊（宣传栏、橱窗）中，展示科学技术信息图片、文字的实际面积。按实际展示面积计算，单面的计算单面面积，双面的计算双面面积。单个年展示面积之和等于年展示总面积。单个年展示面积 ＝ 每次展示面积 × 展示次数。

举办科普宣讲活动　2020 年度本单位单独或牵头组织的以报告会、广播、电视、报刊、网络或其他形式举办的科普讲座和报告，以陈列实物及展示图片等形式举办的各类科普展览，组织相关专业专家组成智力团体，以科学技术为依据，向社会和公众提供的智力服务。按实际举办次数统计。包括青少年科普活动次数。

科普活动受众人数　2020 年度本单位单独或牵头组织的科普宣讲活动所覆盖的总人数。

参加活动科技人员总数　2020 年度参与本单位单独或牵头组织的各类科普活动的全部科技人员，包括志愿者、被邀请的专家和科技专业人员等。

专家人数　2020 年度参与本单位单独或牵头组织的各类科普活动的全部科技人员中专家的数量。

参加活动的学会、协会、研究会　2020 年度参与本单位单独或牵头组织的各类科普活动的各类学会、协会、研究会的数量。

推广新技术、新品种 2020 年度本单位推广的用于农业生产方面的科学新技术及农作物新产品，包括种植、养殖、化肥农药的用法、各种生产资料的鉴别、高效农业生产模式等。

青少年 泛指 18 周岁以下的人。

举办青少年科技竞赛 2020 年度本单位独立举办或牵头组织举办的旨在推动青少年科技活动蓬勃开展，培养青少年创新精神和实践能力，提高青少年科技素质，鼓励优秀人才涌现，推进科技普及发展的各类科技竞赛活动。

参加人数 2020 年度本单位举办的青少年科技竞赛参加人数。

获奖人数 2020 年度本单位举办的青少年科技竞赛获奖人数。

青少年参加国际及港澳台科技交流活动 2020 年度本单位组织国内优秀青少年参加国际及港澳台地区青少年科技竞赛、交流活动及代表国家参加国际奥林匹克学科竞赛。

举办青少年高校科学营 2020 年度由中国科协、教育部共同主办的青少年高校科学营活动。

参加人数 2020 年度由中国科协、教育部共同主办的青少年高校科学营活动参加人数。

编印青少年科技教育资料 2020 年度本单位编印的以青少年科技教育为题材的论文集、画册、活动指导手册、宣传资料、汇编等。

举办青少年科技教育活动和培训次数 2020 年度本单位单独或牵头组织的向青少年、科技辅导员和各级管理工作者普及科学技术、提供展示和交流平台的主题性科普活动，以及相关的实用技术和技能培训活动。

中学生英才计划培养学生 2020 年度本单位根据中国科协和教育部联合开展、落实"支持有条件的高中与大学、科研院所合作开展创新人才培养研究和试验，建立创新人才培养基地"的要求，发现和培养一批有潜质的科技创新后备人才的数量。

编著科技图书种数 截至 2020 年 12 月 31 日，本单位组织编著的科技综合类、信息类、普及类、专业技术类等图书。只统计在新闻出版机构登记、有正式书号的科技图书。

科技图书总印数 2020 年度本单位编著科技图书的总出版册数。

主办科技报纸种数 截至 2020 年 12 月 31 日，本单位出版的自然科学和科学技术方面的报刊，主要任务是介绍先进科学技术、传播科技信息、交流科学方法、开发智力资源、培养科技人才、促进科研成果转化为生产力、普及科技知识、提高全民科学技术文化水平。

报纸总印数 2020 年度本单位主办的科技报纸的总印数。

制作科普挂图种数 截至 2020 年 12 月 31 日，本单位独立或牵头组织编创的，用于各项科普宣传活动的挂图。以主题进行统计，一个主题计为一种。

科普挂图总印数 2020 年度本单位制作的科普挂图的总印数。

制作科技广播、影视节目套数 截至 2020 年 12 月 31 日，本单位本年度独立或牵头组织制作的以宣传科学技术为主要内容的广播节目、电影和电视节目的套数。

制作科普动漫作品套数 截至 2020 年 12 月 31 日，本单位以"科普创意"为核心，以动画、漫画为表现形式，以网络为技术传播手段制作的动漫作品的套数。

制作科普动漫播放时长 2020 年度本单位制作动漫的总播放时间，按分钟计。

开设科教栏目的电视台 截至 2020 年 12 月 31 日，开设专门科教栏目，利用固定时段播放科普节目的电视台。由各级科协填报本级电视台数据。

开设科教栏目的广播电台 截至 2020 年 12 月 31 日，开设专门科教栏目，利用固定时段播放科普节目的广播电台。由各级科协填报本级广播电台数据。

主办科技传播网站 截至 2020 年 12 月 31 日，本单位主办的面向社会公众弘扬科学精神、传播科学知识、普及科学技术的网站。

科技传播网站浏览人次 2020 年度本单位主办的科技传播网站的浏览人次。

主办科普 App 截至 2020 年 12 月 31 日，本单位开发运营的科普类手机移动端应用个数。

科普 App 下载安装数 截至 2020 年 12 月 31 日，主办科普 App 的下载安装数。

主办科普微信公众号 截至 2020 年 12 月 31 日，本单位在微信公众平台上申请的，主要用于面向公众弘扬科学精神、传播科学知识、普及科学技术等的应用账号。

科普微信公众号关注数 截至 2020 年 12 月 31 日，本单位主办科普微信公众号的关注数。

科普微信公众号年度总阅读量 2020 年度本单位主办科普微信公众号发表文章的总阅读量。

主办科普微博 截至 2020 年 12 月 31 日，本单位在新浪微博上申请，主要用于面向公众弘扬科学精神、传播科学知识、普及科学技术等的应用账号个数。

科普微博关注数 截至 2020 年 12 月 31 日，主办科普微博的关注数。

研究人员数量 截至 2020 年 12 月 31 日，本单位具有较强研究能力，掌握着本学科领域内的国际、国内最新进展，取得过高水平的研究成果，主要负责参与并完成科研任务的人员，包括在职研究人员、兼职研究人员及连续工作一年及以上的非在编研究人员数。不包括单位管理人员及短期合作的研究人员。

本单位研究人员数量 截至 2020 年 12 月 31 日，在本单位主要从事研究工作、领取劳动报酬的在编人员和连续工作一年及以上的非在编研究人员数。

举办决策咨次数 2020 年度本单位举办的会议、论坛、调研等决策咨询活动的次数。

组织政协科协界委员协商或调研活动 2020 年度本单位组织的政协科协界委员协商或调研活动的次数。

组织参与立法咨询次数 2020 年度本单位或本部门组织专家或专业研究人员参与的立法咨询的次数。

开展科技工作者专项调查次数 2020 年度本单位或本部门组织开展的科技工作者专项调查次数。

组织政策解读活动 2020 年度本单位主办的政策解读活动的次数。

开展科技创新评估 2020 年度本单位牵头开展的对科技政策、计划、项目、成果、专有技术、产品机构、人才等科技活动有关的评估行为，遵循一定的原则、程序和标准，运用科学、公正和可行的方法进行的专业判断活动的次数。

提供决策咨询报告 2020 年度本单位向党和国家机关提交的科技工作者建议、科技界情况、调研动态评估报告等，有助于提升决策质量的咨询报告的数量。

获上级领导批示条数 2020 年度本单位向党和国家机关提交的科技工作者建议、科技界情况、调研动态评估报告等，有助于提升决策质量的咨询报告获得上级领导批示的数量，包括报同级单位党委领导批示的条数。

答复人大政协代表（委员）提案 2020 年度本单位负责并完成答复人大和政协的有关机构交办的议案的数量。

中国科学技术协会
统计年鉴 2021（下）

中国科学技术协会　编

中国科学技术出版社
·北　京·

图书在版编目（CIP）数据

中国科学技术协会统计年鉴 . 2021. 下 / 中国科学
技术协会编 . –– 北京：中国科学技术出版社，2022.12
　ISBN 978–7–5046–9155–2

　Ⅰ. ①中…　Ⅱ. ①中…　Ⅲ. ①中国科学技术协会—统
计资料— 2021 —年鉴　Ⅳ.① G322.25–54

中国版本图书馆 CIP 数据核字（2021）第 163864 号

编印说明

一、《中国科学技术协会统计年鉴 2021（下）》（以下简称《年鉴》）是一本反映各级科协所属学会、协会、研究会（以下简称学会）事业发展情况的资料性年度出版物。《年鉴》收录了 2020 年度中国科协所属全国学会、省级科协所属省级学会的组织建设、为科技工作者服务、国际及港澳台地区民间科技交流、学术交流、科学普及和科技决策咨询等方面的统计数据。

二、全书内容分为 7 部分：中国科协 2020 年度事业发展统计公报、组织建设、为科技工作者服务、国际及港澳台地区民间科技交流、学术交流、科学普及和科技决策咨询。《年鉴》后附有主要指标解释。

三、《年鉴》中有学会名称一行的数据为全国学会数据，下一阴影行的数据为各省级同名学会数据合计。

四、《年鉴》表中的符号"—"表示该项统计指标数据不详或无该项数据；"＃"表示其中的主要项。

五、《年鉴》资料来源于中国科学技术协会综合统计调查制度（批准机关：国家统计局；批准文号：国统制〔2019〕216 号；有效期至 2022 年12 月）。综合统计调查年报工作由中国科学技术协会战略发展部统一组织开展，所有数据均由基层单位通过网络平台逐级填报、审核和汇总。《年鉴》由中国科学技术出版社出版。

由于时间紧、数据量大，难免有疏漏之处，欢迎指正。

目　录

一、中国科协
2020 年度事业发展统计公报

一、中国科协 2020 年度事业发展统计公报 [①]

2021 年 4 月

2020 年，面对新冠肺炎疫情的严重冲击，中国科协坚持以习近平新时代中国特色社会主义思想为指导，深入贯彻党的十九大和十九届二中、三中、四中、五中全会精神，紧扣决胜全面建成小康社会、决战脱贫攻坚，聚焦保持和增强政治性、先进性、群众性，着力加强对科技工作者的思想政治引领，着力服务党和国家工作大局，着力深化科协系统改革，着力构建联系广泛、服务群众的科协工作体系，深化合作发展，拓展"四服务"空间，引领广大科技工作者为统筹疫情防控和经济社会发展做出扎实贡献。

一、组织建设

（一）科协组织建设

各级科协 3097 个，直属单位 2016 个。各级代表大会总人数 326889 人，其中委员会委员总人数 89307 人，常务委员会委员总人数 34954 人。

各级科协从业人员 37431 人，其中女性从业人员 16136 人。各级科协 2020 年收入 [②] 总额 1532280 万元（图1）。

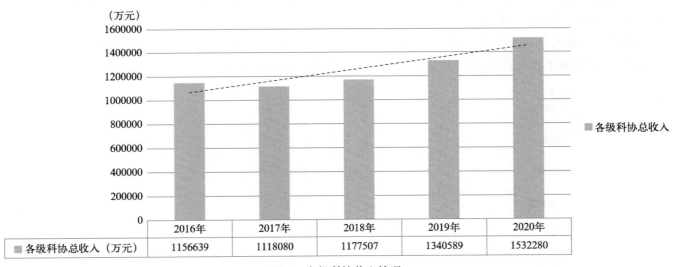

图 1 各级科协收入情况

[①] 本公报中各项统计数据均未包括香港特别行政区、澳门特别行政区和台湾省。部分数据因四舍五入，存在着与分项合计不等的情况。

　公报中各种范围所表述的含义如下：

　各级科协指中国科协机关及直属单位、省级科协、市级科协、县级科协。

　地方科协指省级科协、市级科协、县级科协。

　学会指各级科协所属学会、协会、研究会。

　两级学会指中国科协所属全国学会、省级科协所属省级学会。

　全国学会指中国科协所属学会、协会、研究会。

　省级学会指省级科协所属学会、协会、研究会。

　中国科协基层组织指各级科协在科技工作者集中的企业和事业单位、高等院校和有条件的乡镇（街道）、村（社区）、农村等建立的科学技术协会（科学技术普及协会）等。主要包括企业科协、高校科协、乡镇（街道）科协、村（社区）科协、农技协等。

[②] 各级科协 2020 年收入指 2020 年度各级科协部门经费总收入，包括科协经费总收入和直属单位经费总收入。考虑到统计调查数据的时效性，公报中的财务类数据均按调查单位确定的时点数据或预计数上报。

企业科协^① 21849 个，个人会员 252.2 万人。高校科协^② 1607 个，个人会员 83.8 万人。乡镇（街道）科协^③ 29380 个，个人会员 153.7 万人。村（社区）科协^④ 39206 个，个人会员 58.9 万人。农技协^⑤ 24658 个，个人会员 394.1 万人。（图 2）

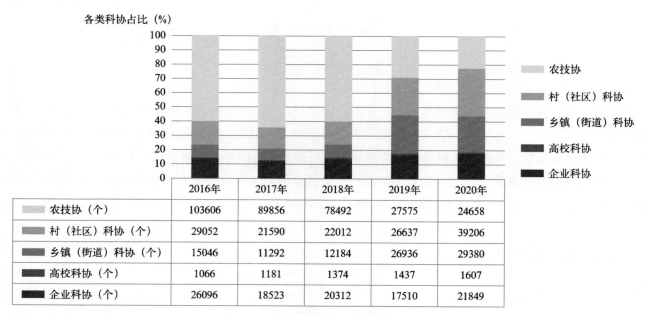

	2016年	2017年	2018年	2019年	2020年
农技协（个）	103606	89856	78492	27575	24658
村（社区）科协（个）	29052	21590	22012	26637	39206
乡镇（街道）科协（个）	15046	11292	12184	26936	29380
高校科协（个）	1066	1181	1374	1437	1607
企业科协（个）	26096	18523	20312	17510	21849

图 2 科协基层组织基本情况

（二）学会组织建设

各级科协所属学会 23123 个，其中中国科协所属全国学会 209 个，省级科协所属省级学会 3599 个。全国学会理事会理事^⑥ 3.0 万人，省级学会理事会理事 27.8 万人。

两级学会从业人员 63593 人，其中全国学会从业人员 4009 人，省级学会从业人员 59584 人。

两级学会 2020 年收入总额 73.3 亿元，其中全国学会 2020 年收入总额 388411 万元（图 3）。

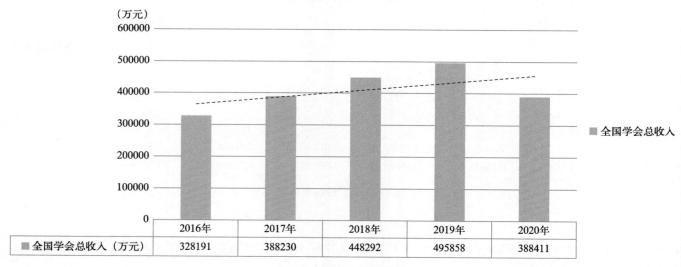

	2016年	2017年	2018年	2019年	2020年
全国学会总收入（万元）	328191	388230	448292	495858	388411

图 3 全国学会收入情况

---

① 企业科协指各级科协批复由企业（园区）成立的科协基层组织，以及在民政部门登记、经各级科协正式审批接纳的在国家和各级地方政府批准成立的自主创新示范区、经济技术开发区和高新技术产业开发区等企业密集区域和众创空间等新经济组织内建立的科协组织。
② 高校科协指各级科协批复由高等院校成立的科协基层组织。
③ 乡镇（街道）科协指乡镇、街道成立的科协基层组织。
④ 村（社区）科协指在村、社区设立的科协基层组织。
⑤ 农技协指经各级科协正式审批接纳或登记备案的农村专业技术协会及各类农村专业技术研究会（农研会）等。
⑥ 理事会理事指经学会会员代表大会选举产生的学会理事。

两级学会个人会员[1] 1324.3 万人，团体会员 32.1 万个。其中全国学会个人会员 557.9 万人，团体会员 6.4 万个。省级学会个人会员 766.4 万人，团体会员 25.8 万个。（图 4）

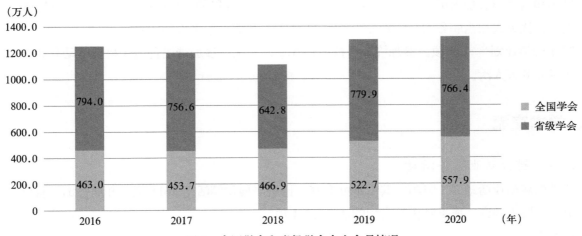

图 4　全国学会和省级学会个人会员情况

二、为科技工作者服务

（一）思想政治教育及能力提升

开展科学道德与学风建设宣讲活动[2] 8745 次，宣讲活动受众 442.8 万人次。

举办干部教育培训班 5037 次（期），共培训 47.8 万人次。

举办继续教育培训班 17583 次，共培训 2770.2 万人次。

（二）表彰举荐

各级科协和两级学会向省部级（含）以上科技奖项、人才计划（工程）举荐人才 10760 人次，向省部级（含）以上科技奖项推荐项目 4570 项。

设立科技奖项[3] 1636 项，其中全国学会设立 365 项。表彰奖励科技工作者 14.7 万人次，其中女性科技工作者 4.0 万人次，45 岁及以下科技工作者 8.4 万人次。

（三）媒体宣传

通过媒体宣传科技工作者 42.2 万人次，其中中央及省级媒体宣传科技工作者 3.8 万人次。宣传媒介呈多样化，通过电视宣传 9.0 万人次，通过纸质媒体宣传 9.2 万人次，通过网络与新媒体宣传 29.1 万人次。

（四）志愿服务

在基层直接为公众提供科技攻坚、成果转化、人才培养、科技咨询、科学普及等服务的专职科普工作者（科普工作时间占其全部工作时间 60% 以上的工作人员）7.5 万人，兼职科普工作者 104.2 万人，科技志愿者[4] 253.7 万人。

---

[1] 学会个人会员指在学会注册登记，并取得本学会会员资格的人员（包括外籍会员）。

[2] 科学道德与学风建设宣讲活动指各级科协和两级学会主办或牵头组织宣讲科学精神、科学道德、科学伦理和科学规范的会议、培训及活动等。

[3] 科技奖项指省级及以上科协组织和两级学会设立的科技奖项，涵盖人物奖、成果奖、科技奖和科普类奖项等，不包括一般的表扬鼓励和专门针对本单位工作人员的表彰奖励。

[4] 科技志愿者指各级科协及所属学会按照国家志愿服务的相关规定登记注册的不以物质报酬为目的，利用自己的时间、科技技能、科技成果、社会影响力等，自愿为社会或他人提供公益性科技类服务的科技工作者、科技爱好者和热心科技传播的人士等。

三、国际及港澳台地区民间科技交流

各级科协和两级学会加入国际民间科技组织[①] 889 个。在国际民间科技组织中任职专家 2248 人，其中担任主席、副主席、执委或相当职务的高级别任职专家 1173 人，其他一般级别任职专家 1060 人。

参加国际科学计划[②] 154 项。参加境外科技活动 6.2 万人次，参加港澳台地区科技活动 0.3 万人次。接待境外专家学者 0.8 万人次。

四、学术交流

（一）推进创新创业服务活动

开展推进创新创业活动 3.1 万项，其中举办竞赛、论坛、展览等活动 7615 项，开展咨询、教育、培训等活动 1.9 万项，开展投融资、成果转化等类型的活动 2291 项。

（二）专家服务

各级科协指导组建专家工作站[③] 7858 个，全年组织进站（中心）专家 87507 人次。组建专家服务团队[④] 5435 个，参加服务团队专家 136907 人次。（图 5）

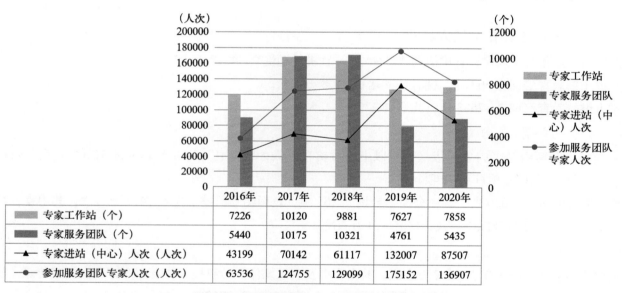

图 5　各级科协指导组建专家工作站、专家服务团队情况

（三）标准制定

两级学会研制技术标准[⑤] 481 个。两级学会研制团体标准[⑥] 1698 个。

（四）学术会议

各级科协和两级学会共举办学术会议 16442 次，参加人次 16758.9 万人次，交流论文 68.2 万篇。

---

① 国际民间科技组织指各级科协和两级学会代表国家、地区或学科加入的、在所在国正式注册、具有法人资质的国际民间科技组织。
② 国际科学计划指各级科协和两级学会及所联系的专家参与的，国际民间科技组织发起或主导的国际科学计划。
③ 专家工作站指各级科协组织和两级学会协同有关单位，为高层次专家直接参与经济建设和社会服务组建的科技服务机构。
④ 专家服务团队指各级科协和两级学会根据项目合作需要，按专业特点牵头组织的专家服务团队，主要承担科学普及、科技攻关、决策咨询、工程论证、技术指导、科技扶贫等相关合作项目。
⑤ 技术标准指两级学会经公认机构批准的、非强制执行的、供通用或重复使用的产品或相关工艺和生产方法的规则、指南或特性的文件等。
⑥ 团体标准指两级学会按照团体确立的标准制定程序自主制定发布，由社会自愿采用的标准。

举办国内学术会议^①15692 次，其中举办学术年会 6588 次。国内学术会议参加人次 16314.4 万人次，交流论文 62.9 万篇。

举办境内国际学术会议^②678 次。境内国际学术会议参加人次 441.6 万人次，交流论文 5.0 万篇。

举办港澳台地区学术会议^③72 次。港澳台地区学术会议参加人次 2.9 万人次，交流论文 0.3 万篇。（图 6）

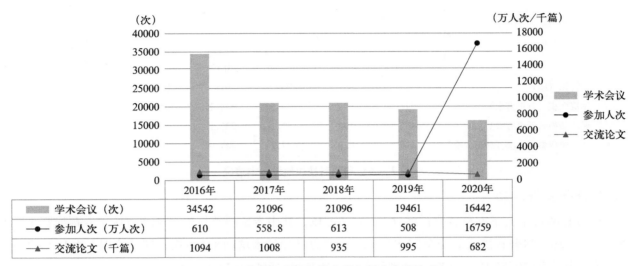

	2016年	2017年	2018年	2019年	2020年
学术会议（次）	34542	21096	21096	19461	16442
参加人次（万人次）	610	558.8	613	508	16759
交流论文（千篇）	1094	1008	935	995	682

图 6　各级科协和两级学会举办学术交流情况

（五）学术期刊

各级科协和两级学会主办科技期刊^④1819 种。编委会成员 10.9 万人，编辑部总人数 11387 人。科技期刊总印数 4270.6 万册，发表论文、文章 58.3 万篇。

五、科学普及

（一）科普基础设施建设

截至 2020 年年底，各级科协拥有所有权或使用权的科技馆^⑤1000 座。总建筑面积 526.5 万平方米，展厅面积 284.1 万平方米（图 7）。已实行免费开放的科技馆 933 座。科技馆全年接待参观人次 3664.1 万人次。流动科技馆 1202 个。科普活动站（中心、室）59486 个，全年参加活动（培训）人次 3497.0 万人次。科普画廊建筑面积（宣传栏、宣传橱窗）183.3 万平方米，全年展示面积^⑥425.1 万平方米。科普大篷车 1265 辆，全年下乡次数 3.5 万次。科普大篷车全年下乡行驶里程 720.2 万千米，受益人次 4588.8 万人次。

---

① 国内学术会议指在我国境内由各级科协和两级学会主办或牵头主办的，以学术交流为目的，由国内有关专家、学者及科技人员参加并提交学术论文的综合交叉性、专业性高端前沿等系列学术研讨会、交流会、报告会和论坛等。

② 境内国际学术会议指在我国境内由各级科协和两级学会主办或牵头主办，受国际组织委托承办的，以学术交流为目的，与会代表来自 3 个或 3 个以上国家或地区（不含港澳台地区）的研讨会、交流会、报告会和论坛等。

③ 港澳台地区学术会议指由各级科协和两级学会与港澳台地区有关组织联合主办的，以学术交流为目的，来自港澳台地区的与会代表人数占总参会人数 1/3 以上的研讨会、交流会、报告会和论坛等。

④ 科技期刊指由各级科协和两级学会主办或合办，具有固定刊名、刊期、年卷或年月顺序编号，以报道科学技术为主要内容的连续出版物，包括学术期刊、综合期刊、技术期刊、科普期刊和检索期刊等，不包括各类内部刊物。

⑤ 科技馆指各级科协拥有所有权或使用权的具备展览教育、培训教育、实验教育等功能，面向公众常年开放的社会科技教育固定设施。

⑥ 科普画廊展示面积指各级科协和两级学会单独或牵头联合有关单位共同建设的科普画廊（宣传栏、橱窗）中，展示科学技术信息图片、文字的实际面积。按实际展示面积计算，单面的计算单面面积，双面的计算双面面积。单个年展示面积 = 每次展示面积 × 展示次数。

（座/万平方米/10万人次）

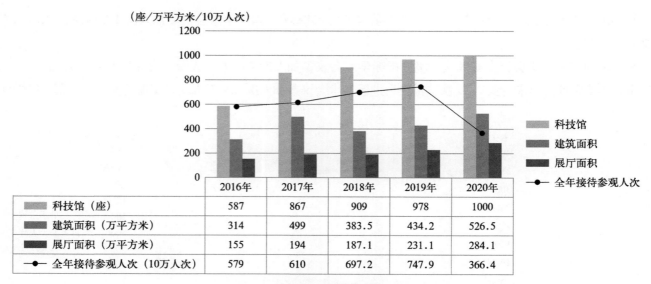

	2016年	2017年	2018年	2019年	2020年
科技馆（座）	587	867	909	978	1000
建筑面积（万平方米）	314	499	383.5	434.2	526.5
展厅面积（万平方米）	155	194	187.1	231.1	284.1
全年接待参观人次（10万人次）	579	610	697.2	747.9	366.4

图7　各级科协科技馆建设基本情况

（二）科普宣讲活动

各级科协和两级学会举办科普宣讲活动⑦26.7万场，其中专家科普报告会4.3万场，专题展览1.2万场，科技咨询7.9万场。科普宣讲活动受众24.9亿人次。举办实用技术培训8.1万次，接受培训人次1874.2万人次。推广新技术、新品种20757项（图8）。各类科普活动覆盖村（社区）24.6万个。

（万人次/10万人次）　　　　　　　　　　　　　　　　（项）

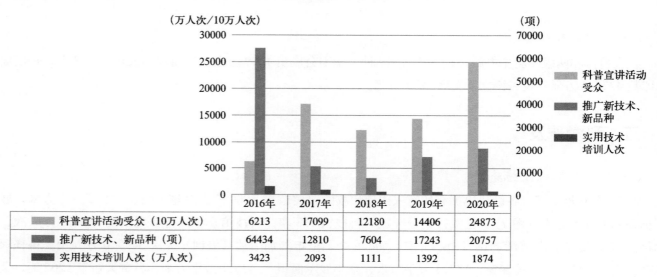

	2016年	2017年	2018年	2019年	2020年
科普宣讲活动受众（10万人次）	6213	17099	12180	14406	24873
推广新技术、新品种（项）	64434	12810	7604	17243	20757
实用技术培训人次（万人次）	3423	2093	1111	1392	1874

图8　各级科协和两级学会科普活动情况

（三）青少年科技教育

各级科协和两级学会举办青少年科普宣讲活动60288次。青少年科普宣讲活动受众4.2亿人次。举办青少年科技竞赛5785项，参加竞赛的青少年2625.6万人次，获奖人次130.9万人次。举办青少年科学营⑧957次，参加人次10.8万人次。编印青少年科技教育资料3187种，印数743.6万册。举办青少年科技教育活动和培训35270次，参加培训人次9900.0万人次。通过中学生英才计划⑨培养学生5.2万人。（图9）

---

⑦ 科普宣讲活动指各级科协和两级学会单独或牵头组织的，以报告会、广播、电视、报刊、网络或其他形式举办的科普讲座和报告，以陈列实物及展示图片等形式举办的各类科普展览，组织相关专业专家组成智力团体，以科学技术为依据，向社会和公众提供的智力服务。
⑧ 青少年科学营指由中国科协、教育部共同主办，旨在充分利用重点大学的科技教育资源，激发青少年对科学的兴趣，培养青少年的科学精神、创新意识和实践能力的青少年高校科学营活动。
⑨ 中学生英才计划指中国科协和教育部联合开展，为落实"支持有条件的高中与大学、科研院所合作开展创新人才培养研究和试验，建立创新人才培养基地"的要求，发现和培养一批具有科学创新潜质的中学生走进大学，在自然科学基础学科领域著名科学家的指导下参加科学研究项目、科技社团活动、学术研讨和科研实践等活动。

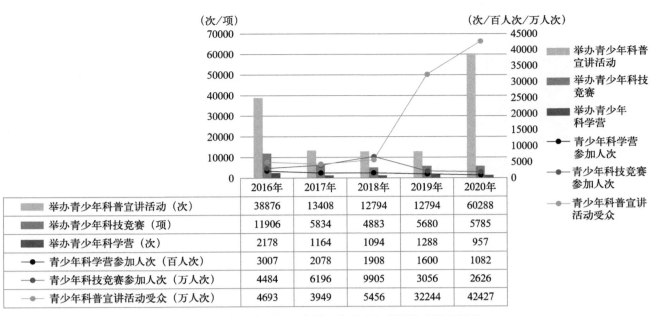

	2016年	2017年	2018年	2019年	2020年
举办青少年科普宣讲活动（次）	38876	13408	12794	12794	60288
举办青少年科技竞赛（项）	11906	5834	4883	5680	5785
举办青少年科学营（次）	2178	1164	1094	1288	957
青少年科学营参加人次（百人次）	3007	2078	1908	1600	1082
青少年科技竞赛参加人次（万人次）	4484	6196	9905	3056	2626
青少年科普宣讲活动受众（万人次）	4693	3949	5456	32244	42427

图 9　各级科协与两级学会举办的青少年科技教育活动情况

（四）科普传播

各级科协和两级学会编著科技图书 6525 种，印数 6224.7 万册。制作科普挂图 65899 种，印数 961.6 万张。制作科技广播影视节目总时长 4.8 万小时。制作科普动漫作品总时长 3.0 万小时。

主办科普传播类网站 1586 个，全年浏览量 233.9 亿人次。主办科普 App 257 个，下载安装 1671.4 万次。主办科普微信公众号 2521 个，关注数 5856.6 万个。主办科普微博 2574 个，粉丝数 4878.3 万个。

六、科技决策咨询

（一）科技决策咨询活动

各级科协和两级学会举办决策咨询活动 4922 次，参与专家 6.2 万人次。开展科技评估[①] 8927 项。组织参与立法咨询 476 次。组织政协科协界委员协商或调研活动 1667 次。

（二）科技决策咨询成果

提供决策咨询报告 5099 篇，其中获上级领导同志批示的报告 1422 篇。反映科技工作者建议 10586 条，其中获上级领导同志批示的建议 2119 条。答复人大政协代表（委员）提案 1002 件。组织政策解读活动 1938 次。发布政策解读文章 946 篇。

---

① 科技评估指各级科协和两级学会独立或牵头开展，遵循一定的原则、程序和标准，运用科学、公正和可行的方法，对科技活动有关的政策、计划、项目、成果、专有技术、产品机构、人才等进行专业判断的评估活动。

二、组织建设

2020 年各全国学会、省级同名学会组织建设情况

学会	理事会理事（人）	#常务理事（人）	#女性理事（人）	#45岁及以下的理事（人）
全国学会合计	**29997**	**9455**	**4621**	**4627**
省级同名学会合计	**277665**	**86861**	**56457**	**75324**
全国理科学会小计	**5469**	**1649**	**771**	**887**
省级理科学会小计	**45470**	**14932**	**9502**	**14380**
中国数学会	148	41	18	27
	1866	565	317	604
中国物理学会	100	32	10	10
	3379	1121	544	1158
中国力学学会	176	43	9	27
	1651	586	251	807
中国光学学会	146	37	24	22
	1371	374	209	400
中国声学学会	120	40	12	22
	432	136	49	135
中国化学会	177	43	14	13
	3015	1001	428	931
中国天文学会	50	16	3	6
	398	115	81	158
中国气象学会	122	35	14	3
	1582	540	285	426
中国空间科学学会	124	39	4	3
	—	—	—	—
中国地质学会	175	33	5	3
	2253	850	118	335
中国地理学会	149	44	16	10
	1969	647	455	606
中国地球物理学会	150	50	10	11
	683	247	41	246
中国矿物岩石地球化学学会	99	33	6	3
	171	49	12	18
中国古生物学会	71	23	10	10
	137	43	18	40
中国海洋湖沼学会	98	32	3	22
	264	65	29	102

续表 1

学 会	理事会理事（人）	#常务理事（人）	#女性理事（人）	#45岁及以下的理事（人）
中国海洋学会	169	40	20	60
	194	57	21	45
中国地震学会	120	28	16	24
	731	214	66	150
中国动物学会	136	43	19	19
	1787	581	355	635
中国植物学会	117	40	17	4
	1232	462	280	409
中国昆虫学会	150	50	26	28
	1254	418	229	470
中国微生物学会	161	44	33	10
	1466	467	465	407
中国生物化学与分子生物学会	140	46	34	19
	967	290	310	255
中国细胞生物学学会	128	43	25	32
	390	102	112	115
中国植物生理与植物分子生物学学会	135	33	28	33
	83	26	3	14
中国生物物理学会	117	39	14	10
	333	110	103	149
中国遗传学会	149	34	28	93
	1258	443	320	489
中国心理学会	109	33	22	3
	1566	536	728	528
中国生态学学会	150	50	12	12
	516	164	87	159
中国环境科学学会	—	—	—	—
	1967	747	316	449
中国自然资源学会	150	50	27	35
	487	205	71	129
中国感光学会	90	30	16	20
	—	—	—	—
中国优选法统筹法与经济数学研究会	150	50	15	44
	103	31	39	55
中国岩石力学与工程学会	169	60	6	33
	1116	281	110	568

续表 2

学　会	理事会理事（人）	#常务理事（人）	#女性理事（人）	#45岁及以下的理事（人）
中国野生动物保护协会	119	41	22	3
	320	108	46	87
中国系统工程学会	150	48	22	40
	687	227	90	291
中国实验动物学会	114	39	16	20
	544	171	142	233
中国青藏高原研究会	108	36	13	23
	—	—	—	—
中国环境诱变剂学会	139	41	58	13
	348	101	115	119
中国运筹学会	149	49	26	65
	702	239	183	326
中国菌物学会	131	36	27	23
	78	26	38	44
中国晶体学会	—	—	—	—
	—	—	—	—
中国神经科学学会	134	42	30	23
	841	233	196	279
中国认知科学学会	54	16	5	4
	32	10	9	0
中国微循环学会	117	38	35	2
	222	57	52	68
国际数字地球协会	—	—	—	—
	—	—	—	—
国际动物学会	9	9	1	0
	1787	581	355	635
全国工科学会小计	**12524**	**4015**	**1208**	**1872**
省级工科学会小计	**79690**	**25867**	**9528**	**23494**
中国机械工程学会	190	62	8	1
	2963	1104	249	595
中国汽车工程学会	139	52	21	39
	1031	316	77	333
中国农业机械学会	150	50	13	25
	1068	259	74	246

续表 3

学 会	理事会理事（人）	#常 务理 事（人）	#女 性理 事（人）	#45 岁及以下的理事（人）
中国农业工程学会	136	45	14	38
	857	287	103	247
中国电机工程学会	196	64	14	11
	2214	686	245	376
中国电工技术学会	184	56	15	28
	960	310	97	273
中国水力发电工程学会	160	60	4	3
	1002	356	68	205
中国水利学会	169	54	9	32
	1918	572	168	303
中国内燃机学会	140	46	4	14
	413	115	33	169
中国工程热物理学会	98	29	8	10
	248	88	19	79
中国空气动力学会	144	42	11	55
	—	—	—	—
中国制冷学会	135	45	15	16
	1420	437	183	461
中国真空学会	146	50	20	46
	450	151	48	201
中国自动化学会	179	60	16	39
	2148	724	294	772
中国仪器仪表学会	165	51	16	26
	1073	311	113	445
中国计量测试学会	190	67	25	6
	573	180	73	109
中国标准化协会	166	49	40	21
	600	179	122	167
中国图学学会	123	41	34	15
	1188	295	359	438
中国电子学会	192	64	20	14
	2062	729	245	693
中国计算机学会	152	33	19	34
	3111	974	452	1018
中国通信学会	142	44	17	15
	1964	621	188	640

续表 4

学 会	理事会理事（人）	#常 务理 事（人）	#女 性理 事（人）	#45 岁及以下的理事（人）
中国中文信息学会	134	42	29	40
	25	7	10	15
中国测绘学会	156	55	16	15
	2091	729	192	821
中国造船工程学会	126	41	10	3
	812	238	77	213
中国航海学会	131	46	7	39
	578	174	21	100
中国铁道学会	216	75	9	6
	1115	304	46	159
中国公路学会	228	69	8	4
	2701	878	132	594
中国航空学会	214	70	7	7
	495	159	47	113
中国宇航学会	184	46	3	12
	306	106	21	76
中国兵工学会	182	57	6	14
	504	129	101	158
中国金属学会	180	58	11	5
	1952	627	110	530
中国有色金属学会	230	69	14	21
	547	190	30	103
中国稀土学会	174	54	14	30
	75	52	6	13
中国腐蚀与防护学会	150	50	32	49
	555	152	78	254
中国化工学会	182	58	18	4
	2236	757	277	658
中国核学会	150	44	5	16
	1451	456	268	440
中国石油学会	108	36	7	0
	1162	315	62	218
中国煤炭学会	180	59	8	43
	1624	497	34	406
中国可再生能源学会	136	46	10	1
	225	60	44	86

续表 5

学　会	理事会理事（人）	#常务理事（人）	#女性理事（人）	#45岁及以下的理事（人）
中国能源研究会	141	59	3	9
	643	221	56	246
中国硅酸盐学会	118	38	13	16
	1257	352	170	377
中国建筑学会	165	51	12	2
	3153	989	383	832
中国土木工程学会	163	54	15	40
	173	57	16	25
中国生物工程学会	127	35	9	5
	643	200	128	212
中国纺织工程学会	177	59	40	29
	1010	370	193	248
中国造纸学会	98	32	12	7
	648	201	71	196
中国文物保护技术协会	93	27	17	18
	—	—	—	—
中国印刷技术协会	415	138	62	63
	438	124	60	84
中国材料研究学会	261	81	22	40
	166	5	9	0
中国食品科学技术学会	193	64	26	14
	1338	468	395	536
中国粮油学会	149	50	23	27
	78	21	5	19
中国职业安全健康协会	316	103	35	23
	358	152	19	107
中国烟草学会	116	37	13	7
	1398	467	135	311
中国仿真学会	144	48	21	29
	32	8	4	8
中国电影电视技术学会	128	50	13	9
	30	0	2	2
中国振动工程学会	150	49	5	30
	705	212	83	301
中国颗粒学会	144	41	17	27
	175	31	26	51

续表 6

学　会	理事会理事（人）	#常　务理　事（人）	#女　性理　事（人）	#45岁及以下的理事（人）
中国照明学会	147	50	21	17
	971	303	170	403
中国动力工程学会	120	39	9	22
	56	24	5	39
中国惯性技术学会	139	45	12	34
	52	0	3	12
中国风景园林学会	131	44	29	4
	986	387	168	172
中国电源学会	141	42	11	20
	238	62	31	94
中国复合材料学会	169	58	26	29
	545	178	58	171
中国消防协会	116	37	4	6
	1119	382	92	368
中国图象图形学学会	150	50	17	51
	78	30	17	21
中国人工智能学会	180	60	26	41
	1419	395	231	682
中国体视学学会	89	29	19	25
	27	5	12	15
中国工程机械学会	93	53	3	37
	—	—	—	—
中国海洋工程咨询协会	—	—	—	—
	—	—	—	—
中国遥感应用协会	168	56	19	46
	—	—	—	—
中国指挥与控制学会	147	41	8	40
	—	—	—	—
中国光学工程学会	389	132	7	183
	69	23	27	31
中国微米纳米技术学会	174	58	20	10
	—	—	—	—
中国密码学会	87	29	11	16
	—	—	—	—
中国大坝工程学会	194	37	12	16
	—	—	—	—
中国卫星导航定位协会	274	51	20	70
	—	—	—	—

续表 7

学 会	理事会理事（人）	#常务理事（人）	#女性理事（人）	#45岁及以下的理事（人）
中国生物材料学会	130	42	19	13
	81	10	9	15
国际粉体检测与控制联合会	31	7	0	0
	—	—	—	—
全国农科学会小计	**2158**	**717**	**276**	**311**
省级农科学会小计	**26929**	**8789**	**4546**	**7240**
中国农学会	142	43	15	9
	2006	694	307	468
中国林学会	168	58	19	12
	3240	1144	428	632
中国土壤学会	142	42	19	33
	710	213	143	202
中国水产学会	150	48	16	17
	1307	484	148	342
中国园艺学会	150	50	23	4
	1560	474	334	471
中国畜牧兽医学会	192	73	17	5
	2587	808	368	630
中国植物病理学会	117	39	17	3
	1866	565	317	604
中国植物保护学会	149	50	12	15
	731	245	156	231
中国作物学会	149	50	9	4
	2016	577	314	495
中国热带作物学会	111	36	12	31
	369	121	26	105
中国蚕学会	132	40	20	5
	303	83	71	75
中国水土保持学会	—	—	—	—
	1033	331	134	282
中国茶叶学会	113	36	20	47
	936	290	193	348
中国草学会	208	75	31	36
	1398	467	135	311
中国植物营养与肥料学会	150	50	22	14
	37	13	4	0

续表 8

学　会	理事会理事（人）	#常　务理　事（人）	#女　性理　事（人）	#45岁及以下的理事（人）
中国农业历史学会	85	27	24	76
	68	14	1	3
全国医科学会小计	**4435**	**1462**	**1285**	**484**
省级医科学会小计	**81020**	**22734**	**23297**	**17571**
中华医学会	236	53	30	0
	139	49	37	6
中华中医药学会	177	58	34	14
	—	—	—	—
中国中西医结合学会	190	65	34	13
	3101	1096	764	347
中国药学会	170	56	33	5
	7477	2321	2070	1522
中华护理学会	199	67	196	8
	—	—	—	—
中国生理学会	107	38	36	23
	1139	380	403	405
中国解剖学会	93	30	31	3
	851	299	246	227
中国生物医学工程学会	135	48	19	22
	1242	386	233	283
中国病理生理学会	125	40	50	23
	514	156	192	174
中国营养学会	153	52	61	10
	10719	544	893	593
中国药理学会	139	45	49	13
	1296	421	498	355
中国针灸学会	179	60	52	2
	3327	1039	1004	967
中国防痨协会	171	57	64	19
	1657	434	471	511
中国麻风防治协会	136	44	26	28
	396	120	90	71
中国心理卫生协会	139	47	44	2
	1409	427	586	348

续表 9

学 会	理事会理事（人）	#常务理事（人）	#女性理事（人）	#45岁及以下的理事（人）
中国抗癌协会	286	93	43	5
	2994	1003	620	342
中国体育科学学会	116	34	22	5
	1463	505	358	403
中国毒理学会	150	53	41	10
	681	257	266	234
中国康复医学会	281	85	86	192
	1875	611	589	472
中国免疫学会	129	40	43	13
	1779	664	656	600
中华预防医学会	0	0	0	0
	—	—	—	—
中国法医学会	179	52	18	0
	363	102	40	169
中华口腔医学会	202	62	43	1
	—	—	—	—
中国医学救援协会	144	55	16	11
	—	—	—	—
中国女医师协会	116	61	116	3
	62	21	62	18
中国研究型医院学会	222	82	16	1
	79	31	35	40
中国睡眠研究会	111	35	52	47
	291	98	100	91
中国卒中学会	150	50	30	11
	1412	436	425	294
全国交叉学科学会小计	**5411**	**1612**	**1081**	**1073**
省级其他学科学会小计	**44556**	**14539**	**9584**	**12639**
中国自然辩证法研究会	148	48	27	24
	1056	329	195	259
中国管理现代化研究会	174	60	18	15
	579	253	113	112
中国技术经济学会	207	46	30	38
	163	46	71	60
中国现场统计研究会	—	—	—	—
	350	130	108	181

续表 10

学 会	理事会理事 （人）	#常务理事 （人）	#女性理事 （人）	#45岁及以下的理事 （人）
中国未来研究会	92	30	20	15
	303	93	62	128
中国科学技术史学会	90	25	22	28
	146	27	31	64
中国科学技术情报学会	171	57	50	45
	756	275	207	253
中国图书馆学会	175	55	52	16
	1181	436	419	261
中国城市科学研究会	115	29	20	13
	461	170	120	153
中国科学学与科技政策研究会	203	64	46	36
	42	12	28	30
中国农村专业技术协会	200	60	32	36
	1615	555	275	407
中国工业设计协会	—	—	—	—
	164	82	36	19
中国工艺美术学会	149	48	21	8
	1097	362	197	376
中国科普作家协会	146	46	37	32
	1053	324	202	228
中国自然科学博物馆协会	136	49	30	19
	139	47	23	11
中国可持续发展研究会	76	16	9	2
	183	17	16	10
中国青少年科技辅导员协会	115	38	43	44
	500	120	139	153
中国科教电影电视协会	177	54	19	94
	128	77	51	27
中国科学技术期刊编辑学会	152	36	64	8
	891	297	336	336
中国流行色协会	110	36	55	42
	—	—	—	—
中国档案学会	150	41	37	34
	395	150	126	46
中国国土经济学会	91	20	16	22
	—	—	—	—
中国土地学会	160	60	27	9
	2386	794	282	783

续表 11

学 会	理事会 理 事 （人）	#常 务 理 事 （人）	#女 性 理 事 （人）	#45 岁 及以下 的理事 （人）
中国科技新闻学会	147	47	34	33
	122	57	35	57
中国老科学技术工作者协会	179	78	23	0
	930	397	128	5
中国科学探险协会	96	31	6	17
	—	—	—	—
中国城市规划学会	224	53	37	12
	302	85	70	55
中国产学研合作促进会	446	120	65	205
	56	23	7	35
中国知识产权研究会	352	70	99	84
	360	144	77	108
中国发明协会	216	66	21	17
	26	5	6	4
中国工程教育专业认证协会	96	24	11	7
	—	—	—	—
中国检验检疫学会	29	10	5	5
	75	28	37	33
中国女科技工作者协会	96	32	32	9
	349	107	349	48
中国创造学会	116	40	23	41
	145	40	48	24
中国经济科技开发国际交流协会	21	15	2	2
	—	—	—	—
中国高科技产业化研究会	138	48	16	27
	—	—	—	—
中国微量元素科学研究会	59	17	19	26
	154	49	52	44
中国国际经济技术合作促进会	—	—	—	—
	—	—	—	—
中国基本建设优化研究会	62	16	1	0
	—	—	—	—
中国科技馆发展基金会	8	0	3	1
	—	—	—	—
中国生物多样性保护与绿色发展基金会	14	0	1	1
	—	—	—	—
中国反邪教协会	75	27	8	6
	880	266	155	226

续表 12

学　会	学会个人会员（人）	#女性会员（人）	#高级（资深）会员（人）	#学生会员（人）	#外籍会员（人）	#港澳台会员（人）	#交纳会费会员（人）	#党员会员（人）
全国学会合计	5578979	1788865	377759	604205	4397	2523	1139932	1771117
省级同名学会合计	7664049	2571263	815590	326785	1102	1334	1725871	2334159
全国理科学会小计	1092272	262582	50234	132891	1081	554	236763	292606
省级理科学会小计	662837	234823	109161	96550	129	107	114400	241585
中国数学学会	58550	19730	0	1215	2	1	0	22014
	28775	8141	11743	534	0	0	4744	12863
中国物理学会	34430	6731	0	10220	22	27	7536	24123
	51527	9649	8190	3790	44	1	10121	14889
中国力学学会	36174	6582	1537	20486	0	49	2113	9233
	28094	5746	4165	12107	4	1	5479	7858
中国光学学会	7352	2452	4832	2164	10	6	1840	4
	10078	3011	1878	3330	2	4	1267	3349
中国声学学会	5913	2720	86	855	6	5	180	371
	4031	1119	359	805	0	4	189	1382
中国化学会	76271	31049	571	26908	45	152	36689	0
	36448	8804	5825	6053	238	71	5948	10169
中国天文学会	3482	873	0	0	9	12	0	0
	5565	1697	1308	987	3	0	1465	1378
中国气象学会	41831	16732	7	5	0	3	1650	25098
	34468	13012	5898	497	5	0	8129	18509
中国空间科学学会	3868	918	569	135	0	0	0	1302
	—	—	—	—	—	—	—	—
中国地质学会	23516	4197	0	324	0	0	22784	15274
	55196	10594	15558	211	0	1	19359	20763
中国地理学会	14559	5356	325	1506	6	28	4880	6443
	18165	6719	2292	2892	0	0	2754	6104
中国地球物理学会	22017	3376	17	2741	7	2	5108	0
	11254	2053	2555	1602	0	1	2372	4676
中国矿物岩石地球化学学会	7904	1341	6533	6	1	3	1573	5428
	1688	361	271	221	0	2	0	214
中国古生物学会	3050	1100	220	0	0	0	260	1200
	1147	260	464	341	13	0	11	536
中国海洋湖沼学会	10600	2950	237	1760	3	0	32	6954
	2203	612	474	897	2	0	840	499
中国海洋学会	101839	70000	169	10000	0	0	60000	98900
	2522	571	1024	0	0	0	0	473

续表 13

学 会	学会个人会员（人）	#女性会员（人）	#高级（资深）会员（人）	#学生会员（人）	#外籍会员（人）	#港澳台会员（人）	#交纳会费会员（人）	#党员会员（人）
中国地震学会	2720	680	1686	0	0	0	0	1822
	5606	1401	1020	10	0	0	245	3237
中国动物学会	14283	4007	0	1309	0	0	0	4405
	13528	4790	2222	3099	1	4	998	4305
中国植物学会	5762	2518	283	0	0	0	520	3239
	13164	4647	2346	1394	3	18	452	3515
中国昆虫学会	13612	4458	0	2436	0	0	0	8588
	11611	3957	2828	2434	0	29	2030	3785
中国微生物学会	18400	8200	0	0	0	0	16200	5470
	16631	7263	4846	2463	2	0	4024	7527
中国生物化学与分子生物学会	16472	8460	0	0	5	6	3731	3514
	9691	4704	1893	2427	19	11	2757	3005
中国细胞生物学学会	15800	7200	5688	4756	43	77	10270	2713
	4281	1874	842	1556	3	0	2816	1200
中国植物生理与植物分子生物学学会	6927	3239	481	2958	20	21	2198	1220
	410	181	70	97	0	0	0	9
中国生物物理学会	16567	7081	2422	5453	36	65	4593	4834
	1937	808	174	542	43	0	1198	780
中国遗传学会	12549	3338	446	7520	8	0	440	3877
	10636	3785	2370	2452	5	0	2355	3802
中国心理学会	17125	12308	0	12743	5	10	17125	7030
	21765	12602	1631	4372	1	0	8899	5202
中国生态学学会	11350	3312	5047	2608	4	1	2800	2265
	3986	1344	481	637	0	0	216	1789
中国环境科学学会	—	—	—	—	—	—	—	—
	42776	9957	5017	3353	0	1	2743	11528
中国自然资源学会	8450	1886	3032	1631	1	3	2993	5391
	3690	799	519	358	0	0	205	1839
中国感光学会	4546	1735	3054	700	0	0	1810	2490
	—	—	—	—	—	—	—	—
中国优选法统筹法与经济数学研究会	5602	353	2052	1817	0	0	228	1614
	2470	752	0	0	0	0	0	1623
中国岩石力学与工程学会	22907	2415	592	3082	5	4	13312	2983
	5083	754	2008	714	0	0	491	1750

续表 14

学　会	学个会 会人员 （人）	#女性会 员会 （人）	#高级 （资深） 会员会 （人）	#学生会 员会 （人）	#外籍会 会员 （人）	#港澳台会 会员 （人）	#交纳会 费员会 （人）	#党员会 员会 （人）
中国野生动物保护协会	410000	0	314	0	0	0	0	0
	15100	3143	48	8431	0	0	69	372
中国系统工程学会	2037	519	217	39	0	0	471	720
	4264	1198	1203	666	0	0	697	1495
中国实验动物学会	3120	1226	1091	35	4	0	512	2246
	2329	1141	335	249	0	0	388	996
中国青藏高原研究会	1644	166	619	639	50	0	0	403
	—	—	—	—	—	—	—	—
中国环境诱变剂学会	5578	2884	3142	774	0	1	5578	4582
	3441	1746	547	968	0	0	701	1283
中国运筹学会	2490	782	1418	152	0	21	1774	1285
	4058	1167	330	740	0	0	72	754
中国菌物学会	3980	1219	2139	82	7	7	144	1752
	359	75	80	57	0	0	0	36
中国晶体学会	—	—	—	—	—	—	—	—
	—	—	—	—	—	—	—	—
中国神经科学学会	14909	7321	23	4877	81	45	7389	2568
	7932	2688	2068	1911	1	0	2808	2433
中国认知科学学会	1560	542	512	714	2	2	0	312
	120	4	23	77	0	0	67	4
中国微循环学会	980	335	540	98	0	0	0	920
	1684	517	255	10	0	0	1480	587
国际数字地球协会	—	—	—	—	—	—	—	—
	—	—	—	—	—	—	—	—
国际动物学会	1546	291	333	143	699	3	30	19
	13528	4790	2222	3099	1	4	998	4305
全国工科学会小计	**2130878**	**400189**	**151061**	**332503**	**3046**	**1253**	**416356**	**583092**
省级工科学会小计	**1196302**	**248991**	**161396**	**119279**	**337**	**582**	**163387**	**457591**
中国机械工程学会	79825	10256	14577	23145	932	789	19562	9864
	46949	9161	6123	5761	0	6	5875	12978
中国汽车工程学会	61568	10748	81	43049	0	0	20774	2837
	10931	2240	1482	915	0	0	2129	3819
中国农业机械学会	13008	420	1403	93	1	0	0	5100
	10066	1974	3660	2418	0	0	948	3636
中国农业工程学会	12123	3862	1349	1531	0	0	2986	4534
	7910	1381	1122	1163	12	6	95	2515

续表 15

学　会	学会个人会员（人）	#女性会员（人）	#高级（资深）会员（人）	#学生会员（人）	#外籍会员（人）	#港澳台会员（人）	#交纳会费会员（人）	#党员会员（人）
中国电机工程学会	110497	14838	5687	7170	49	0	28228	36066
	93292	14894	4569	3167	0	301	18571	34697
中国电工技术学会	52713	256	2896	231	2	2	728	0
	7832	1180	1737	633	0	0	1680	3072
中国水力发电工程学会	39300	7650	22700	1240	0	0	0	8123
	28395	4077	6252	2395	0	0	985	8799
中国水利学会	89361	18778	534	0	0	0	332	568
	73917	18764	9880	0	0	0	13080	33882
中国内燃机学会	13103	1647	3259	31	0	0	0	8391
	6314	1045	1340	343	0	0	445	2686
中国工程热物理学会	2851	463	0	0	0	1	0	565
	1257	244	370	235	0	0	43	214
中国空气动力学会	2025	225	620	329	0	0	825	1952
	—	—	—	—	—	—	—	—
中国制冷学会	25870	5225	1317	8433	0	0	20756	7197
	30557	6084	2769	18093	1	2	5467	5549
中国真空学会	3501	483	709	0	6	6	198	1346
	3392	785	540	626	5	1	1237	1046
中国自动化学会	57808	15229	13047	13302	0	0	14442	36209
	27488	5131	4686	3393	237	71	1575	7423
中国仪器仪表学会	52816	3003	6034	12331	0	0	3287	2685
	13746	1917	744	4378	0	1	1729	4314
中国计量测试学会	803	135	0	0	0	0	190	0
	5431	1270	405	398	1	1	30	753
中国标准化协会	3231	518	30	708	1	0	90	1602
	2560	535	95	20	0	0	0	393
中国图学学会	118681	24310	831	29404	0	0	21627	2932
	7654	2822	2376	847	0	0	1538	3183
中国电子学会	136025	5732	15153	6073	0	0	2708	7728
	36508	7205	4514	9989	1	0	225	11087
中国计算机学会	79921	14574	3742	39314	4	69	79921	94
	18964	4786	3937	2531	1	0	7587	6601
中国通信学会	72749	21100	10122	3991	0	0	20274	33268
	47598	13946	6681	4533	1	0	2037	18279

续表 16

学 会	学会个人会员（人）	#女性会员（人）	#高级(资深)会员（人）	#学生会员（人）	#外籍会员（人）	#港澳台会员（人）	#交费会员（人）	#党员会员（人）
中国中文信息学会	5053	1459	134	2258	5	35	306	1450
	124	67	70	0	0	0	0	23
中国测绘学会	43406	0	0	0	0	0	0	0
	24042	5035	2197	932	0	0	3953	9330
中国造船工程学会	31790	4599	6644	656	55	16	3816	3798
	10626	2217	1787	929	0	48	106	4819
中国航海学会	4473	324	2073	16	0	0	224	3251
	12009	1326	1042	350	0	2	5363	6546
中国铁道学会	67789	5810	216	0	0	0	0	0
	32544	5632	2828	25	0	50	5301	16021
中国公路学会	72824	13052	5786	1295	10	8	4916	48113
	62237	12456	12696	1359	0	2	3012	26766
中国航空学会	117356	21033	892	37898	5	0	27153	23436
	28369	5132	622	1446	0	1	3270	12076
中国宇航学会	36446	13317	104	6012	0	0	0	22167
	16493	3943	342	612	0	0	1860	8676
中国兵工学会	31996	2689	762	0	6	0	25537	24861
	11936	3106	122	0	0	0	18	2969
中国金属学会	92213	42055	385	3692	3	0	385	58049
	98383	16594	14536	6788	0	0	5975	44424
中国有色金属学会	43000	4984	21	169	2	0	0	26000
	10523	1870	1580	467	0	0	674	4243
中国稀土学会	5548	1000	0	2000	0	0	1000	2000
	655	69	31	65	0	0	28	302
中国腐蚀与防护学会	4456	713	0	26	2	1	4456	2981
	2751	499	1034	380	2	0	167	893
中国化工学会	30218	9362	3637	10088	0	15	3788	6057
	33953	7816	3677	4457	16	8	3219	13331
中国核学会	12085	3015	2318	1326	14	4	0	5844
	13492	3236	2585	1713	1	0	1237	4690
中国石油学会	33750	8445	108	0	0	0	0	19500
	48344	12070	8914	407	0	0	2229	22230
中国煤炭学会	23500	2494	530	6550	0	0	0	13865
	17045	643	4317	5	0	0	1587	7271
中国可再生能源学会	3569	632	0	893	5	0	1018	965
	634	147	150	129	0	0	0	433

续表 17

学　会	学　会个人会员（人）	#女　性会员（人）	#高　级（资深）会员（人）	#学　生会员（人）	#外　籍会员（人）	#港澳台会员（人）	#交　纳会费会员（人）	#党　员会员（人）
中国能源研究会	3674	467	702	8	0	0	0	2650
	5125	920	1255	837	0	1	1825	1582
中国硅酸盐学会	21172	3177	0	937	0	0	0	11768
	12603	1880	728	1220	9	1	2581	2500
中国建筑学会	40708	11023	873	2473	0	26	26313	12910
	49908	7593	10836	2367	7	22	18152	17525
中国土木工程学会	44865	10228	0	397	150	136	11456	22369
	7032	414	1851	229	7	5	2232	4755
中国生物工程学会	3101	622	1519	199	0	0	1712	1110
	6603	2139	844	1865	4	0	0	1783
中国纺织工程学会	53000	2185	1950	1597	0	0	320	2278
	9510	3287	1803	960	2	0	2392	3932
中国造纸学会	12294	4610	0	0	0	0	0	5901
	3859	1089	513	803	0	1	728	1305
中国文物保护技术协会	1502	465	0	0	0	0	0	643
	—	—	—	—	—	—	—	—
中国印刷技术协会	705	143	61	0	0	0	318	247
	140	10	20	0	0	0	140	15
中国材料研究学会	6283	1660	745	2041	1	0	248	3800
	772	139	0	0	0	0	0	80
中国食品科学技术学会	1518	690	462	0	0	0	388	637
	5431	1872	643	1004	1	0	509	1984
中国粮油学会	23769	9992	0	3650	0	0	2856	4252
	1223	319	82	19	0	0	622	278
中国职业安全健康协会	8090	300	419	6	0	7	0	1267
	798	260	8	20	0	0	2	406
中国烟草学会	12267	1379	1056	0	0	0	0	9890
	37935	11616	1066	0	0	0	1439	22802
中国仿真学会	23512	6720	395	11898	15	2	0	9917
	1018	221	493	239	2	0	55	582
中国电影电视技术学会	3983	1121	210	1127	65	51	50	586
	626	105	220	8	0	0	1	0
中国振动工程学会	2270	298	610	571	0	4	697	1131
	4259	914	929	1166	0	0	115	1610
中国颗粒学会	3541	871	740	365	0	0	0	915
	1021	213	124	465	0	0	582	303

续表 18

学　会	学会个人会员（人）	#女性会员（人）	#高级（资深）会员（人）	#学生会员（人）	#外籍会员（人）	#港澳台会员（人）	#交纳会费会员（人）	#党员会员（人）
中国照明学会	4007	327	630	0	0	2	150	363
	5530	1459	789	131	0	1	377	1049
中国动力工程学会	1502	18	0	0	0	0	20	1381
	580	60	420	60	0	0	300	0
中国惯性技术学会	4436	767	224	506	0	0	1260	2322
	717	123	0	45	0	0	0	229
中国风景园林学会	11600	4830	276	2520	0	0	1495	2920
	6729	2367	1366	515	0	0	1349	2310
中国电源学会	11143	2334	1281	5105	5	26	4173	3774
	1153	260	167	496	0	0	137	234
中国复合材料学会	15063	3442	899	1528	12	2	3136	2665
	3173	513	799	1588	0	4	1052	885
中国消防协会	2789	930	0	77	0	0	323	1700
	5941	457	467	200	0	0	1771	516
中国图象图形学学会	7852	1831	287	2698	7	12	4947	3760
	626	207	0	52	0	0	110	231
中国人工智能学会	41752	16173	1648	19911	46	3	20272	11259
	9347	2235	1213	1676	2	0	1577	3348
中国体视学学会	2085	624	332	552	0	0	327	502
	150	70	80	0	0	0	0	82
中国工程机械学会	4215	210	0	120	0	0	0	308
	—	—	—	—	—	—	—	—
中国海洋工程咨询协会	—	—	—	—	—	—	—	—
	—	—	—	—	—	—	—	—
中国遥感应用协会	2595	713	0	326	0	0	512	1817
	—	—	—	—	—	—	—	—
中国指挥与控制学会	5710	1230	0	1430	0	0	850	5100
	—	—	—	—	—	—	—	—
中国光学工程学会	28329	9803	4680	5911	0	0	21385	15230
	269	113	0	0	0	0	0	79
中国微米纳米技术学会	2258	698	785	578	0	3	2258	1320
	—	—	—	—	—	—	—	—
中国密码学会	4015	878	197	1177	2	3	571	368
	—	—	—	—	—	—	—	—
中国大坝工程学会	20133	2490	2334	191	1588	0	77	313
	—	—	—	—	—	—	—	—
中国卫星导航定位协会	2187	420	0	0	0	0	0	525
	—	—	—	—	—	—	—	—

续表 19

学　会	学会个人会员（人）	#女性会员（人）	#高级(资深)会员（人）	#学生会员（人）	#外籍会员（人）	#港澳台会员（人）	#交纳费会员（人）	#党员会员（人）
中国生物材料学会	4216	1639	0	1138	0	29	688	1786
	117	75	69	12	0	0	0	55
国际粉体检测与控制联合会	1486	446	45	212	53	1	27	10
	—	—	—	—	—	—	—	—
全国农科学会小计	**211786**	**56622**	**21899**	**21771**	**79**	**189**	**29715**	**63692**
省级农科学会小计	**348750**	**87061**	**54823**	**14679**	**32**	**42**	**38642**	**144031**
中国农学会	34430	10903	9903	10234	0	0	10450	21698
	87793	14870	7770	646	0	16	9196	47879
中国林学会	3759	0	1015	739	0	0	0	508
	84510	25448	14100	1849	0	10	10004	37967
中国土壤学会	18500	5500	0	0	0	0	21	0
	6169	1711	1056	589	0	0	155	1262
中国水产学会	20665	5424	1619	3992	0	0	0	6834
	17477	4574	3201	572	1	0	1046	5246
中国园艺学会	9822	3301	121	102	0	0	9822	4998
	10314	2976	1425	924	0	0	3793	3470
中国畜牧兽医学会	59140	12999	2705	2536	3	182	5943	8486
	28647	8107	5719	1829	0	0	4532	9781
中国植物病理学会	6655	2793	128	129	69	0	104	2992
	28775	8141	11743	534	0	0	4744	12863
中国植物保护学会	22469	4693	274	350	0	0	72	9894
	7080	2692	1755	1202	1	0	600	3161
中国作物学会	7448	2577	1026	1232	0	0	1159	2603
	13080	2776	4065	466	0	5	2368	5155
中国热带作物学会	3477	853	167	15	0	0	0	0
	2570	488	272	333	0	0	0	1046
中国蚕学会	8989	3255	3250	0	0	0	0	1297
	1830	473	321	55	0	0	75	742
中国水土保持学会	—	—	—	—	—	—	—	—
	10368	2584	2518	543	0	0	1173	3414
中国茶叶学会	4508	1632	0	265	7	7	1987	2
	7210	2072	1337	467	13	3	411	1802
中国草学会	5335	747	1015	2020	0	0	7	1558
	37935	11616	1066	0	0	0	1439	22802
中国植物营养与肥料学会	5404	1763	315	157	0	0	150	2411
	306	58	201	105	0	0	37	21

续表 20

学　会	学会个人会员（人）	#女性会员（人）	#高级（资深）会员（人）	#学生会员（人）	#外籍会员（人）	#港澳台会员（人）	#交纳会费会员（人）	#党员会员（人）
中国农业历史学会	1185	182	361	0	0	0	0	411
	617	221	122	357	0	0	0	221
全国医科学会小计	**1842251**	**947284**	**127606**	**89182**	**160**	**467**	**404528**	**771498**
省级医科学会小计	**2825134**	**1726806**	**289855**	**60995**	**499**	**514**	**1307874**	**842957**
中华医学会	699000	279600	0	0	0	0	0	384450
	11800	6600	1350	0	0	0	0	0
中华中医药学会	25860	11056	855	140	1	1	4876	14476
	—	—	—	—	—	—	—	—
中国中西医结合学会	122600	46614	0	0	0	22	5711	96809
	134972	48120	23748	982	3	20	58376	32723
中国药学会	4966	1844	4281	249	41	127	1561	2160
	239951	104490	24142	5695	275	217	79296	73019
中华护理学会	184486	179505	12425	3168	0	8	157182	68211
	—	—	—	—	—	—	—	—
中国生理学会	6099	3819	564	1483	3	52	2047	2076
	9272	4137	2834	2253	2	0	2620	3369
中国解剖学会	2447	1149	96	0	0	4	2447	1363
	5249	1851	1110	315	0	0	1851	1984
中国生物医学工程学会	24616	9381	2377	5261	0	40	11681	8393
	18444	6193	1216	3001	2	0	2526	5902
中国病理生理学会	11675	6573	236	2462	0	0	11675	2048
	4220	1966	1286	678	2	0	1057	1146
中国营养学会	42785	29638	700	6098	7	42	38315	8541
	27734	15953	2944	4878	0	3	15574	6504
中国药理学会	11734	6807	122	5438	5	29	4594	2221
	12676	6249	1438	2045	3	0	4891	5008
中国针灸学会	40385	17776	0	935	6	25	33337	6878
	32528	16162	2387	2503	31	147	22948	10730
中国防痨协会	21570	10386	0	0	0	4	6	3717
	14911	6959	3176	0	0	0	1013	4910
中国麻风防治协会	10057	4564	1601	0	0	0	0	3
	4235	1312	295	0	0	0	0	936
中国心理卫生协会	34627	24188	0	0	0	0	0	3400
	15393	8351	2562	692	0	0	2914	1896

续表 21

学　会	学会个人会员（人）	#女性会员（人）	#高级（资深）会员（人）	#学生会员（人）	#外籍会员（人）	#港澳台会员（人）	#交会纳费员会员（人）	#党员会员（人）
中国抗癌协会	270315	143512	64594	38383	36	0	0	76582
	131758	52996	22869	16336	0	0	17211	41078
中国体育科学学会	5775	3113	14	1718	4	0	4480	3761
	7494	2333	1520	903	3	2	103	2332
中国毒理学会	17068	9528	1605	1800	47	16	1695	3518
	4431	1920	653	1311	2	0	1207	1755
中国康复医学会	39474	21965	16	15775	5	8	13498	19001
	27590	11941	5849	123	1	0	10284	10063
中国免疫学会	9216	4885	4378	455	3	4	9216	4347
	14654	6784	5265	1686	3	1	7874	4184
中华预防医学会	0	0	0	0	0	0	0	0
	—	—	—	—	—	—	—	—
中国法医学会	6881	850	0	0	0	0	0	5856
	3055	594	1308	30	0	0	1042	1964
中华口腔医学会	116203	52591	0	5764	0	50	88053	42179
中国医学救援协会	4395	1497	137	0	1	27	2	2462
中国女医师协会	49421	49421	0	0	0	0	0	0
	1388	1388	1388	0	0	0	1388	125
中国研究型医院学会	21099	5899	21099	0	0	0	0	6329
	2400	1500	1680	480	0	0	1680	1600
中国睡眠研究会	4379	2126	3	49	1	1	1649	1563
	2171	1078	633	22	0	0	175	402
中国卒中学会	55118	18997	12503	4	0	7	12503	1154
	13013	6618	2873	599	0	0	5804	4860
全国交叉学科学会小计	**301792**	**122188**	**26959**	**27858**	**31**	**60**	**52570**	**60229**
省级其他学科学会小计	**2631026**	**273582**	**200355**	**35282**	**105**	**89**	**101568**	**647995**
中国自然辩证法研究会	1930	252	27	41	1	0	83	513
	2580	875	363	864	0	0	119	1088
中国管理现代化研究会	32000	10000	1000	21000	0	2	10000	2500
	1056	263	222	58	0	0	140	384
中国技术经济学会	7422	1716	4955	56	0	0	1159	5230
	0	0	0	0	0	0	0	0
中国现场统计研究会	—	—	—	—	—	—	—	—
	1063	381	231	257	0	0	14	464

续表 22

学　会	学会人员（人）	#女性会员（人）	#高级（资深）会员（人）	#学生会员（人）	#外籍会员（人）	#港澳台会员（人）	#交纳会费会员（人）	#党员会员（人）
中国未来研究会	5204	679	30	194	0	5	2104	463
	1088	343	357	134	0	0	15	413
中国科学技术史学会	1182	457	0	192	0	0	0	262
	837	132	29	190	0	0	141	25
中国科学技术情报学会	25000	0	0	0	0	0	0	0
	3310	1380	1283	3	0	0	843	1648
中国图书馆学会	25547	17815	0	22	0	0	16853	13497
	22857	11277	1615	61	0	0	13458	8153
中国城市科学研究会	3919	920	1481	35	3	36	1745	1426
	2109	526	291	52	0	0	297	775
中国科学学与科技政策研究会	5543	2206	111	1309	6	1	0	2742
	70	33	29	0	0	0	70	3
中国农村专业技术协会	1012	50	0	0	0	0	1012	152
	1355355	37025	1373	693	0	0	3901	187094
中国工业设计协会	—	—	—	—	—	—	—	—
	1981	444	369	692	0	1	10	468
中国工艺美术学会	6580	2320	0	0	0	1	2233	1774
	8234	1296	316	325	8	3	1024	578
中国科普作家协会	4700	1064	0	100	0	0	400	1500
	7752	1950	1573	686	0	2	1440	1952
中国自然科学博物馆协会	391	200	0	0	0	0	391	0
	526	315	0	0	0	0	206	240
中国可持续发展研究会	202	56	83	3	0	0	1	114
	429	102	32	1	0	0	0	138
中国青少年科技辅导员协会	8957	3324	0	126	0	0	3100	2463
	3187	1468	198	11	0	0	209	1239
中国科教电影电视协会	1094	386	53	0	0	0	0	709
	721	237	82	179	0	0	509	296
中国科学技术期刊编辑学会	10041	5350	1011	0	0	0	4288	3319
	4843	2806	254	802	0	0	1797	1184
中国流行色协会	9971	6722	888	3109	12	4	278	114
	—	—	—	—	—	—	—	—
中国档案学会	8675	0	0	0	0	1	300	0
	7584	4973	1549	167	0	0	1742	2722
中国国土经济学会	3007	350	1650	720	0	0	0	300
	—	—	—	—	—	—	—	—
中国土地学会	8810	2488	154	0	0	0	0	5696
	13830	3783	1617	210	0	0	1	7064

续表 23

学　会	学个会人会员（人）	#女性员会（人）	#高级（资深）会员（人）	#学生员会（人）	#外籍员会（人）	#港澳台会员（人）	#交纳费会员（人）	#党员员会（人）
中国科技新闻学会	1143	545	365	7	0	0	80	231
	565	135	150	25	0	0	0	178
中国老科学技术工作者协会	79218	35977	13254	0	0	0	0	4518
	89393	25170	12012	0	0	0	36	61975
中国科学探险协会	1814	704	0	2	1	3	51	129
	—	—	—	—	—	—	—	—
中国城市规划学会	9630	2877	181	117	0	0	8021	6410
	6811	2101	600	67	0	0	83	3799
中国产学研合作促进会	1764	320	135	0	0	0	0	900
	300	26	12	102	0	0	0	221
中国知识产权研究会	376	100	24	0	0	0	24	295
	860	232	21	10	0	1	0	359
中国发明协会	4568	670	31	482	1	4	346	570
	370	48	15	8	0	0	0	50
中国工程教育专业认证协会	51	5	0	0	2	0	0	44
	—	—	—	—	—	—	—	—
中国检验检疫学会	125	39	0	0	0	0	0	88
	98	62	30	0	0	0	98	0
中国女科技工作者协会	22183	22183	0	0	0	0	0	0
	2222	2222	1461	0	0	0	158	1341
中国创造学会	2202	858	0	0	0	0	0	1465
	1250	432	24	23	0	0	0	283
中国经济科技开发国际交流协会	296	67	52	11	5	3	0	233
中国高科技产业化研究会	1629	158	1083	51	0	0	101	1042
中国微量元素科学研究会	2742	915	0	0	0	0	0	0
	1483	696	324	32	0	5	1153	376
中国国际经济技术合作促进会	—	—	—	—	—	—	—	—
中国基本建设优化研究会	2733	401	317	281	0	0	0	1430
	—	—	—	—	—	—	—	—
中国科技馆发展基金会	0	0	0	0	0	0	0	0
	—	—	—	—	—	—	—	—
中国生物多样性保护与绿色发展基金会	0	0	0	0	0	0	0	0
	—	—	—	—	—	—	—	—
中国反邪教协会	131	14	74	0	0	0	0	100
	9241	1059	3420	31	0	0	0	3563

续表 24

学 会	学　会从　业人　员（人）	#女　性从业人员（人）	#专　职人　员（人）	#社　会聘　用人　员（人）	学会总收入（元）
全国学会合计	4009	2201	3008	2098	3884118847
省级同名学会合计	59584	24518	13579	5479	3449550622
全国理科学会小计	381	269	303	193	273357759
省级理科学会小计	9682	3707	2877	645	244500164
中国数学学会	4	3	4	3	4248203
	59	21	10	10	14090674
中国物理学会	2	1	2	0	3513771
	728	274	398	32	11043252
中国力学学会	19	16	19	12	11040205
	477	117	421	7	4450048
中国光学学会	6	5	5	3	3551287
	176	64	13	10	3374517
中国声学学会	9	2	3	3	1687494
	32	17	2	2	2989136
中国化学会	30	25	30	27	24660950
	950	217	34	28	10643881
中国天文学会	2	2	2	0	913382
	40	20	8	4	1245127
中国气象学会	24	18	15	9	8191263
	1792	860	552	12	10829353
中国空间科学学会	8	7	8	2	3007102
	—	—	—	—	—
中国地质学会	28	14	28	13	15596728
	126	51	84	38	24504817
中国地理学会	13	9	12	5	4059565
	55	23	11	10	5100751
中国地球物理学会	7	5	7	7	15659775
	79	29	13	16	1317059
中国矿物岩石地球化学学会	7	6	6	1	1431704
	10	4	2	0	520
中国古生物学会	4	1	4	0	462676
	10	5	0	4	140606
中国海洋湖沼学会	13	11	13	0	380745
	17	8	4	13	1471858
中国海洋学会	10	7	3	7	3100800
	5	2	0	0	80046

续表 25

学　会	学　会 从　业 人　员 （人）	#女　性 从业人员 （人）	#专　职 人　员 （人）	#社　会 聘　用 人　员 （人）	学会总收入 （元）
中国地震学会	6	6	2	3	4435176
	53	27	19	1	2262534
中国动物学会	3	3	3	2	5507982
	372	97	13	16	6106606
中国植物学会	4	3	3	0	4786815
	902	57	8	2	2100780
中国昆虫学会	3	3	1	2	8606541
	931	79	5	3	1931070
中国微生物学会	3	3	2	1	2294997
	911	417	799	15	8773392
中国生物化学与分子生物学会	4	4	4	4	4319752
	50	27	16	21	1196469
中国细胞生物学学会	9	9	9	9	20502023
	370	175	8	3	4704843
中国植物生理与植物分子生物学学会	3	3	3	0	2938829
	3	2	0	0	48618
中国生物物理学会	12	11	12	7	7195449
	18	8	13	3	421736
中国遗传学会	2	2	2	0	1244675
	39	14	4	7	2601124
中国心理学会	5	3	5	3	7533824
	138	59	7	15	2564500
中国生态学学会	5	5	5	5	4773106
	162	61	3	3	1227193
中国环境科学学会	—	—	—	—	—
	201	105	132	85	46436414
中国自然资源学会	9	5	3	3	1345629
	394	143	20	13	4625884
中国感光学会	11	6	8	6	2287640
	—	—	—	—	—
中国优选法统筹法与经济数学研究会	6	5	5	6	3940245
	2	0	1	1	9000
中国岩石力学与工程学会	12	8	12	10	15212184
	41	17	5	3	3415146

续表 26

学会	学会从业人员（人）	#女性从业人员（人）	#专职人员（人）	#社会聘用人员（人）	学会总收入（元）
中国野生动物保护协会	32	14	32	17	33422143
	20	8	12	4	2667293
中国系统工程学会	8	4	2	0	5419865
	34	11	1	7	693893
中国实验动物学会	13	11	13	9	13890311
	36	18	8	10	1093549
中国青藏高原研究会	10	4	4	0	1510576
	—	—	—	—	—
中国环境诱变剂学会	9	6	0	0	262907
	15	10	3	2	415293
中国运筹学会	5	4	1	4	2947522
	173	36	2	65	399141
中国菌物学会	1	1	1	0	63714
	0	0	0	0	20000
中国晶体学会	—	—	—	—	—
	—	—	—	—	—
中国神经科学学会	7	7	7	7	9831292
	27	17	11	11	8910414
中国认知科学学会	7	3	1	1	68528
	2	1	0	0	0
中国微循环学会	2	2	0	0	5125859
	3	1	3	3	1545675
国际数字地球协会	—	—	—	—	—
	—	—	—	—	—
国际动物学会	4	2	2	2	2384525
	372	97	13	16	6106606
全国工科学会小计	**1998**	**1115**	**1651**	**991**	**1414440091**
省级工科学会小计	12816	4187	2671	1729	749061993
中国机械工程学会	45	32	45	12	50097925
	180	69	94	59	22051786
中国汽车工程学会	108	61	99	9	107466596
	77	38	29	29	7475050
中国农业机械学会	13	6	12	1	5934846
	77	26	34	27	3490869
中国农业工程学会	26	23	22	18	8921329
	422	114	352	13	465181

续表27

学　会	学　会从　业人　员（人）	#女　性从业人员（人）	#专　职人　员（人）	#社　会聘　用人　员（人）	学会总收入（元）
中国电机工程学会	50	38	43	29	55392509
	208	77	152	31	33644761
中国电工技术学会	42	25	42	36	20469529
	55	26	7	11	2171856
中国水力发电工程学会	17	7	11	6	14874487
	83	43	28	16	6935019
中国水利学会	30	16	15	15	19686450
	116	65	49	28	14720663
中国内燃机学会	19	8	11	3	11493312
	27	9	4	2	767046
中国工程热物理学会	5	4	1	1	1740195
	187	38	0	2	476386
中国空气动力学会	6	3	2	3	3111082
	—	—	—	—	—
中国制冷学会	27	15	27	7	14202914
	60	28	29	28	5937152
中国真空学会	4	4	3	2	2195850
	28	11	5	7	1383736
中国自动化学会	26	21	26	24	29734312
	873	185	24	21	4947368
中国仪器仪表学会	32	19	32	18	26943359
	34	16	8	8	1030673
中国计量测试学会	34	20	24	10	19729669
	63	33	50	19	11933236
中国标准化协会	43	21	43	43	23028044
	125	65	81	62	30070625
中国图学学会	13	10	13	13	12314833
	33	15	4	7	2651139
中国电子学会	138	60	138	56	146778662
	411	177	68	56	14485063
中国计算机学会	43	26	43	43	87469973
	184	72	36	56	13270351
中国通信学会	40	22	38	21	31184572
	124	61	76	57	21100146

续表 28

学 会	学会从业人员（人）	#女性从业人员（人）	#专职人员（人）	#社会聘用人员（人）	学会总收入（元）
中国中文信息学会	6	5	6	6	3219547
	0	0	0	0	2100
中国测绘学会	21	11	10	11	19287644
	85	37	40	23	9528344
中国造船工程学会	12	7	12	6	14931609
	395	21	15	8	8534028
中国航海学会	18	14	11	11	11801021
	81	26	41	25	13250738
中国铁道学会	20	6	20	0	16534208
	1149	253	17	13	1089455
中国公路学会	232	109	182	175	62249083
	249	106	163	80	62175786
中国航空学会	18	8	15	3	39741353
	51	22	22	6	4617378
中国宇航学会	35	24	30	5	17244305
	29	19	9	5	2484568
中国兵工学会	59	32	50	9	31628612
	25	10	13	4	4595464
中国金属学会	30	14	21	9	29295211
	160	61	65	38	13169768
中国有色金属学会	16	10	8	0	8513544
	48	23	16	11	1853303
中国稀土学会	13	5	13	0	4884446
	9	3	2	3	272387
中国腐蚀与防护学会	9	5	9	3	8617401
	112	44	10	9	1247139
中国化工学会	17	10	17	14	16749736
	116	52	62	30	16169368
中国核学会	27	18	27	23	24187284
	82	36	12	10	3408197
中国石油学会	18	6	18	0	13143331
	59	28	26	11	5586593
中国煤炭学会	22	9	13	0	13617605
	79	27	40	20	6484197
中国可再生能源学会	18	13	18	18	21463626
	16	7	5	12	235299

续表 29

学 会	学会从业人员（人）	#女性从业人员（人）	#专职人员（人）	#社会聘用人员（人）	学会总收入（元）
中国能源研究会	14	7	2	12	18291315
	281	78	26	7	9230811
中国硅酸盐学会	16	9	16	0	15637443
	67	31	20	20	25507223
中国建筑学会	34	20	34	17	22303767
	191	76	81	55	31003365
中国土木工程学会	22	15	20	0	4989243
	9	6	8	3	2446431
中国生物工程学会	5	4	3	2	3295715
	20	14	6	2	961982
中国纺织工程学会	35	23	35	25	16180793
	52	21	23	21	7671459
中国造纸学会	8	4	7	0	1800995
	33	11	16	8	809109
中国文物保护技术协会	1	1	0	1	316742
	—	—	—	—	—
中国印刷技术协会	92	46	53	53	16266334
	25	7	13	10	1029659
中国材料研究学会	14	8	10	10	6519527
	4	1	0	0	1685636
中国食品科学技术学会	20	10	20	13	32916125
	25	12	8	4	2090436
中国粮油学会	18	15	17	1	12467840
	10	1	1	9	193851
中国职业安全健康协会	58	26	50	45	30391171
	33	13	24	4	14756652
中国烟草学会	12	8	0	0	12449
	533	213	101	6	18971717
中国仿真学会	5	4	5	5	1996184
	2	1	1	2	37700
中国电影电视技术学会	8	5	5	3	4462574
	3	1	3	3	264151
中国振动工程学会	31	6	6	0	3504898
	33	13	6	6	460586
中国颗粒学会	6	5	6	2	4929371
	81	36	4	3	582503

续表 30

学 会	学 会 从 业 人 员 （人）	#女 性 从业人员 （人）	#专 职 人 员 （人）	#社 会 聘 用 人 员 （人）	学会总收入 （元）
中国照明学会	8	4	8	8	7757591
	368	70	24	16	4633638
中国动力工程学会	6	5	2	0	658353
	2	2	1	1	10
中国惯性技术学会	9	2	1	0	2593186
	12	6	0	0	148292
中国风景园林学会	20	12	18	0	4250911
	62	34	20	19	5983535
中国电源学会	13	11	13	13	4613284
	10	4	1	3	69303
中国复合材料学会	21	15	20	17	19036574
	20	9	4	3	800137
中国消防协会	37	17	37	22	15448905
	208	97	167	141	41694385
中国图象图形学学会	6	6	5	6	4705022
	3	1	0	0	481855
中国人工智能学会	13	12	12	13	34648736
	147	35	22	27	13390212
中国体视学学会	4	2	4	3	629789
	0	0	0	0	228
中国工程机械学会	4	3	2	1	115000
	—	—	—	—	—
中国海洋工程咨询协会	—	—	—	—	—
	—	—	—	—	—
中国遥感应用协会	18	9	5	1	1921655
	—	—	—	—	—
中国指挥与控制学会	13	7	11	8	8523045
	—	—	—	—	—
中国光学工程学会	16	10	16	16	26208175
	5	2	0	0	500130
中国微米纳米技术学会	5	5	5	5	5508730
	—	—	—	—	—
中国密码学会	7	3	2	3	5685556
	—	—	—	—	—
中国大坝工程学会	15	7	15	6	10115075
	—	—	—	—	—
中国卫星导航定位协会	12	7	5	5	12408193
	—	—	—	—	—

续表 31

学 会	学 会 从 业 人 员 （人）	#女 性 从业人员 （人）	#专 职 人 员 （人）	#社 会 聘 用 人 员 （人）	学会总收入 （元）
中国生物材料学会	15	12	10	8	3421396
	2	1	2	2	185000
国际粉体检测与控制联合会	5	3	1	4	28417
	—	—	—	—	—
全国农科学会小计	**517**	**146**	**199**	**343**	**97391605**
省级农科学会小计	**9158**	**3773**	**3882**	**424**	**115036384**
中国农学会	75	32	72	3	15389527
	130	81	65	47	25867436
中国林学会	38	19	33	5	25595728
	2914	1903	2751	39	20842564
中国土壤学会	0	0	0	0	1713541
	38	14	7	4	1924807
中国水产学会	17	8	14	3	13683025
	328	122	25	19	12184088
中国园艺学会	6	6	6	1	2455081
	89	31	7	6	1738033
中国畜牧兽医学会	47	25	6	31	12818540
	103	42	32	19	9588711
中国植物病理学会	5	5	4	1	1492837
	59	21	10	10	14090674
中国植物保护学会	15	13	15	8	1478470
	31	9	4	3	455158
中国作物学会	19	17	18	11	11635822
	985	347	10	21	6146729
中国热带作物学会	260	0	0	260	2406683
	29	16	3	4	480425
中国蚕学会	6	3	2	0	736913
	395	96	3	4	204884
中国水土保持学会	—	—	—	—	—
	173	28	16	19	6567803
中国茶叶学会	17	8	17	10	5066451
	64	38	22	17	5172315
中国草学会	5	4	5	5	2281538
	533	213	101	6	18971717
中国植物营养与肥料学会	6	5	6	5	326352
	3	1	0	0	0

续表 32

学 会	学 会 从 业 人 员 （人）	#女 性 从业人员 （人）	#专 职 人 员 （人）	#社 会 聘 用 人 员 （人）	学会总收入 （元）
中国农业历史学会	1	1	1	0	311098
	0	0	0	0	0
全国医科学会小计	603	360	492	311	1345634357
省级医科学会小计	16881	8808	2476	1294	1847939187
中华医学会	135	74	135	15	448069212
	16	7	14	0	6914751
中华中医药学会	53	33	53	28	44463284
	—	—	—	—	—
中国中西医结合学会	10	7	4	6	16723149
	935	516	60	34	64959490
中国药学会	25	15	25	6	79279990
	340	176	160	125	200417910
中华护理学会	29	22	29	21	102948749
	—	—	—	—	—
中国生理学会	4	3	4	4	2808920
	523	296	9	84	1958995
中国解剖学会	3	2	3	2	2430801
	482	212	3	8	1077515
中国生物医学工程学会	11	11	7	4	17791169
	58	32	15	8	16195618
中国病理生理学会	4	4	4	4	7083140
	97	56	3	78	932825
中国营养学会	26	21	26	26	36144473
	101	67	26	39	9023337
中国药理学会	8	3	7	6	14259596
	77	47	15	21	16743554
中国针灸学会	16	8	11	6	4562782
	72	37	20	11	11664264
中国防痨协会	13	9	13	13	8141487
	99	58	31	1	2224875
中国麻风防治协会	4	2	3	1	2339217
	39	18	1	0	675036
中国心理卫生协会	6	5	5	2	7569802
	57	41	11	15	6851772

续表 33

学　会	学　会 从　业 人　员 （人）	#女　性 从业人员 （人）	#专　职 人　员 （人）	#社　会 聘　用 人　员 （人）	学会总收入 （元）
中国抗癌协会	28	22	28	17	109459277
	2616	1128	41	14	235478144
中国体育科学学会	12	5	10	4	4004831
	581	237	18	23	4904579
中国毒理学会	11	7	6	4	4757890
	30	14	3	8	1236663
中国康复医学会	24	10	24	21	48913252
	141	51	17	24	19287389
中国免疫学会	6	4	5	6	13036125
	399	235	350	11	9329716
中华预防医学会	0	0	0	0	158475563
	—	—	—	—	—
中国法医学会	8	3	5	3	34443
	223	76	10	4	20832
中华口腔医学会	42	29	26	19	46727434
	—	—	—	—	—
中国医学救援协会	7	4	7	5	2438027
	—	—	—	—	—
中国女医师协会	11	10	3	0	0
	1388	1388	2	2	187
中国研究型医院学会	57	18	14	47	62657807
	50	25	3	23	6237440
中国睡眠研究会	8	6	2	8	4544826
	11	2	1	2	1228450
中国卒中学会	42	23	33	33	95969111
	1254	888	31	16	27932884
全国交叉学科学会小计	**510**	**311**	**363**	**260**	**753295036**
省级其他学科学会小计	**11047**	**4043**	**1673**	**1387**	**493012894**
中国自然辩证法研究会	14	5	7	3	2275261
	35	9	3	3	732269
中国管理现代化研究会	3	2	2	3	1255700
	45	17	12	28	3437153
中国技术经济学会	15	10	12	3	10984082
	8	4	0	0	130
中国现场统计研究会	—	—	—	—	—
	1	1	0	0	20485

续表 34

学 会	学 会从 业人 员（人）	#女 性从业人员（人）	#专 职人 员（人）	#社 会聘 用人 员（人）	学会总收入（元）
中国未来研究会	3	2	3	0	1973832
	18	5	2	3	119938
中国科学技术史学会	2	2	0	0	2370450
	172	43	5	6	250106
中国科学技术情报学会	7	6	7	3	1730921
	60	36	14	15	5918431
中国图书馆学会	16	9	16	0	6437398
	2340	37	19	3	2499374
中国城市科学研究会	95	57	69	26	38310820
	159	30	8	13	1013985
中国科学学与科技政策研究会	18	9	7	6	3220503
	0	0	0	0	0
中国农村专业技术协会	8	0	0	0	8299
	61	29	17	16	9539897
中国工业设计协会	—	—	—	—	—
	14	8	3	4	976610
中国工艺美术学会	9	6	9	5	2592559
	53	29	28	10	986307
中国科普作家协会	13	11	5	3	3725345
	57	30	13	16	4731612
中国自然科学博物馆协会	6	4	2	0	1760789
	18	13	0	4	134806
中国可持续发展研究会	7	5	6	6	2656063
	18	10	5	6	288254
中国青少年科技辅导员协会	3	3	3	3	2442773
	289	152	3	2	1015171
中国科教电影电视协会	10	7	10	6	2192900
	5	2	5	5	697852
中国科学技术期刊编辑学会	6	6	6	4	2863880
	35	22	4	11	3821038
中国流行色协会	22	15	22	16	5755418
	—	—	—	—	—
中国档案学会	7	3	6	3	2432864
	17	11	9	3	2518098
中国国土经济学会	21	14	1	20	9084526
	—	—	—	—	—
中国土地学会	9	6	0	9	4317949
	148	75	81	44	19202351

续表 35

学 会	学 会 从 业 人 员 （人）	#女 性 从业人员 （人）	#专 职 人 员 （人）	#社 会 聘 用 人 员 （人）	学会总收入 （元）
中国科技新闻学会	7	6	5	6	5355118
	152	55	6	0	387800
中国老科学技术工作者协会	13	8	7	2	6275326
	234	14	14	37	6471572
中国科学探险协会	5	2	1	1	205788
	—	—	—	—	—
中国城市规划学会	14	9	12	2	8847611
	15	12	5	5	3146272
中国产学研合作促进会	13	7	13	13	5611110
	7	3	3	4	2069943
中国知识产权研究会	27	17	27	24	12867546
	27	13	13	2	852301
中国发明协会	26	12	23	18	7701940
	7	4	2	2	2147365
中国工程教育专业认证协会	12	8	0	1	1243335
	—	—	—	—	—
中国检验检疫学会	11	7	11	10	2404580
	5	4	0	0	0
中国女科技工作者协会	2	2	2	2	2260460
	7	6	2	0	90460
中国创造学会	5	5	0	0	342849
	18	12	2	6	761223
中国经济科技开发国际交流协会	5	1	3	1	503940300
	—	—	—	—	—
中国高科技产业化研究会	9	4	3	9	6567659
	—	—	—	—	—
中国微量元素科学研究会	4	1	4	4	0
	51	18	8	9	438405
中国国际经济技术合作促进会	—	—	—	—	—
	—	—	—	—	—
中国基本建设优化研究会	14	8	14	14	767124
	—	—	—	—	—
中国科技馆发展基金会	10	7	8	2	34707769
	—	—	—	—	—
中国生物多样性保护与绿色发展基金会	30	20	30	30	45804187
	—	—	—	—	—
中国反邪教协会	9	5	7	2	0
	193	59	25	15	9057529

三、为科技工作者服务

2020年各全国学会、省级同名学会为科技工作者服务情况

学　会	举办科学道德与学风建设宣讲活动（次）	科学道德与学风建设宣讲活动受众（人次）	举办干部教育培训班（期）	干部教育培训班参训人次（人次）
全国学会合计	580	498464	175	10276
省级同名学会合计	4147	2313698	1195	63800
全国理科学会小计	29	127372	11	703
省级理科学会小计	450	49194	109	5194
中国数学学会	0	0	0	0
	11	2627	2	12
中国物理学会	0	0	0	0
	24	1624	3	84
中国力学学会	2	100	0	0
	14	1047	3	40
中国光学学会	1	110	3	230
	13	2527	3	140
中国声学学会	1	50	0	0
	19	162	1	20
中国化学会	0	0	0	0
	68	3836	5	212
中国天文学会	0	0	0	0
	12	940	0	0
中国气象学会	0	0	1	18
	43	4152	7	309
中国空间科学学会	3	37	0	0
	—	—	—	—
中国地质学会	0	0	0	0
	5	622	4	112
中国地理学会	0	0	0	0
	11	2402	2	120
中国地球物理学会	0	0	0	0
	5	401	1	20
中国矿物岩石地球化学学会	0	0	0	0
	2	174	5	126
中国古生物学会	4	185	0	0
	2	200	0	0
中国海洋湖沼学会	0	0	0	0
	3	77	1	1

续表 1

学 会	举办科学道德与学风建设宣讲活动（次）	科学道德与学风建设宣讲活动受众（人次）	举办干部教育培训班（期）	干部教育培训班参训人次（人次）
中国海洋学会	0	0	0	0
	0	0	0	0
中国地震学会	0	0	0	0
	1	410	4	182
中国动物学会	0	0	0	0
	20	1939	8	134
中国植物学会	0	0	0	0
	5	656	2	28
中国昆虫学会	0	0	0	0
	8	268	1	1
中国微生物学会	0	0	0	0
	24	786	8	326
中国生物化学与分子生物学会	0	0	0	0
	9	658	2	59
中国细胞生物学学会	2	5041	0	0
	46	6174	1	23
中国植物生理与植物分子生物学学会	1	950	0	0
	0	0	0	0
中国生物物理学会	0	0	0	0
	5	141	0	0
中国遗传学会	2	382	0	0
	24	1712	4	39
中国心理学会	0	0	0	0
	14	606	12	2397
中国生态学学会	0	0	1	60
	12	360	0	0
中国环境科学学会	0	0	0	0
	40	8867	23	895
中国自然资源学会	0	0	2	300
	17	659	3	18
中国感光学会	0	0	0	0
	—	—	—	—
中国优选法统筹法与经济数学研究会	1	206	0	0
	0	0	0	0
中国岩石力学与工程学会	3	120000	2	20
	8	204	2	40

续表 2

学 会	举办科学道德与学风建设宣讲活动（次）	科学道德与学风建设宣讲活动受众（人次）	举办干部教育培训班（期）	干部教育培训班参训人次（人次）
中国野生动物保护协会	0	0	0	0
	0	0	0	0
中国系统工程学会	0	0	0	0
	4	274	1	5
中国实验动物学会	0	0	0	0
	0	0	2	2
中国青藏高原研究会	0	0	0	0
	—	—	—	—
中国环境诱变剂学会	1	50	0	0
	8	306	0	0
中国运筹学会	4	120	1	30
	1	50	0	0
中国菌物学会	2	89	1	45
	0	0	0	0
中国晶体学会	0	0	0	0
	—	—	—	—
中国神经科学学会	0	0	0	0
	3	500	3	31
中国认知科学学会	1	30	0	0
	0	0	0	0
中国微循环学会	0	0	0	0
	1	380	1	42
国际数字地球协会	0	0	0	0
	—	—	—	—
国际动物学会	1	22	0	0
	20	1939	8	134
全国工科学会小计	**379**	**328843**	**122**	**5524**
省级工科学会小计	**565**	**45840**	**374**	**16066**
中国机械工程学会	2	168	0	0
	16	3429	5	154
中国汽车工程学会	4	170	3	7
	7	820	1	29
中国农业机械学会	1	150	0	0
	8	340	4	190

续表 3

学　会	举办科学道德与学风建设宣讲活动（次）	科学道德与学风建设宣讲活动受众（人次）	举办干部教育培训班（期）	干部教育培训班参训人次（人次）
中国农业工程学会	1	226	0	0
	7	780	7	507
中国电机工程学会	0	0	0	0
	21	518	9	72
中国电工技术学会	2	86	0	0
	3	95	0	0
中国水力发电工程学会	0	0	0	0
	5	423	1	100
中国水利学会	26	1232	11	882
	6	1411	17	648
中国内燃机学会	6	154	0	0
	3	173	0	0
中国工程热物理学会	2	371	1	25
	0	0	0	0
中国空气动力学会	0	0	0	0
	—	—	—	—
中国制冷学会	0	0	0	0
	6	191	3	75
中国真空学会	0	0	0	0
	2	122	0	0
中国自动化学会	10	3054	9	72
	53	2268	4	202
中国仪器仪表学会	12	1178	7	488
	11	1030	2	16
中国计量测试学会	0	0	0	0
	13	228	1	40
中国标准化协会	1	41	3	32
	4	85	23	2335
中国图学学会	0	0	0	0
	7	260	1	20
中国电子学会	9	425	13	351
	24	399	17	322
中国计算机学会	0	0	0	0
	20	1876	13	771
中国通信学会	0	0	1	5
	7	787	3	21

续表 4

学　会	举办科学道德与学风建设宣讲活动（次）	科学道德与学风建设宣讲活动受众（人次）	举办干部教育培训班（期）	干部教育培训班参训人次（人次）
中国中文信息学会	0	0	0	0
	0	0	0	0
中国测绘学会	0	0	0	0
	13	4385	6	564
中国造船工程学会	0	0	0	0
	4	260	1	38
中国航海学会	15	3287	5	412
	12	507	3	114
中国铁道学会	0	0	0	0
	22	730	9	995
中国公路学会	2	507	5	572
	4	210	8	1355
中国航空学会	10	280000	7	245
	1	30	2	12
中国宇航学会	1	3300	2	50
	0	0	0	0
中国兵工学会	13	2834	1	30
	3	1100	31	58
中国金属学会	4	1250	0	0
	11	1542	12	255
中国有色金属学会	0	0	0	0
	1	800	2	50
中国稀土学会	0	0	0	0
	3	182	0	0
中国腐蚀与防护学会	0	0	0	0
	6	362	3	23
中国化工学会	39	1633	10	325
	13	5145	11	565
中国核学会	0	0	0	0
	2	125	3	60
中国石油学会	0	0	0	0
	5	531	6	133
中国煤炭学会	8	2251	0	0
	6	417	2	40
中国可再生能源学会	0	0	0	0
	2	30	0	0

续表 5

学 会	举办科学道德与学风建设宣讲活动（次）	科学道德与学风建设宣讲活动受众（人次）	举办干部教育培训班（期）	干部教育培训班参训人次（人次）
中国能源研究会	2	180	1	35
	8	797	3	252
中国硅酸盐学会	1	20	1	9
	26	918	1	30
中国建筑学会	0	0	1	180
	11	545	10	148
中国土木工程学会	0	0	0	0
	3	3	2	70
中国生物工程学会	0	0	0	0
	2	100	0	0
中国纺织工程学会	1	10000	0	0
	9	541	13	577
中国造纸学会	0	0	0	0
	3	225	0	0
中国文物保护技术协会	0	0	0	0
	—	—	—	—
中国印刷技术协会	1	200	0	0
	0	0	0	0
中国材料研究学会	168	9915	15	622
	0	0	0	0
中国食品科学技术学会	0	0	0	0
	1	150	1	36
中国粮油学会	0	0	0	0
	2	22	0	0
中国职业安全健康协会	0	0	8	625
	1	20	0	0
中国烟草学会	0	0	0	0
	6	360	10	669
中国仿真学会	0	0	0	0
	0	0	0	0
中国电影电视技术学会	0	0	0	0
	0	0	0	0
中国振动工程学会	0	0	0	0
	7	191	4	40
中国颗粒学会	0	0	0	0
	1	40	0	0

续表 6

学 会	举办科学道德与学风建设宣讲活动（次）	科学道德与学风建设宣讲活动受众（人次）	举办干部教育培训班（期）	干部教育培训班参训人次（人次）
中国照明学会	0	0	1	8
	5	411	3	154
中国动力工程学会	0	0	0	0
	0	0	0	0
中国惯性技术学会	2	112	0	0
	0	0	0	0
中国风景园林学会	0	0	0	0
	6	186	1	106
中国电源学会	0	0	0	0
	1	30	2	130
中国复合材料学会	0	0	0	0
	7	235	1	5
中国消防协会	0	0	0	0
	4	74	0	0
中国图象图形学学会	0	0	0	0
	1	2	0	0
中国人工智能学会	14	5745	15	500
	6	266	5	105
中国体视学学会	1	30	0	0
	0	0	1	25
中国工程机械学会	1	30	0	0
	—	—	—	—
中国海洋工程咨询协会	0	0	0	0
	—	—	—	—
中国遥感应用协会	0	0	0	0
	—	—	—	—
中国指挥与控制学会	0	0	1	40
	—	—	—	—
中国光学工程学会	1	54	0	0
	13	140	4	12
中国微米纳米技术学会	0	0	0	0
	—	—	—	—
中国密码学会	0	0	0	0
	—	—	—	—
中国大坝工程学会	12	80	1	9
	—	—	—	—
中国卫星导航定位协会	1	10	0	0
	—	—	—	—

续表 7

学 会	举办科学道德与学风建设宣讲活动（次）	科学道德与学风建设宣讲活动受众（人次）	举办干部教育培训班（期）	干部教育培训班参训人次（人次）
中国生物材料学会	6	150	0	0
	0	0	0	0
国际粉体检测与控制联合会	0	0	0	0
	—	—	—	—
全国农科学会小计	**36**	**3715**	**13**	**1185**
省级农科学会小计	**2249**	**277972**	**144**	**10061**
中国农学会	3	452	2	580
	28	1617	13	381
中国林学会	5	200	1	23
	2024	260780	11	1186
中国土壤学会	1	162	0	0
	18	1631	21	303
中国水产学会	3	1459	8	546
	6	512	2	85
中国园艺学会	6	405	2	36
	20	1924	4	46
中国畜牧兽医学会	4	220	0	0
	11	2129	5	30
中国植物病理学会	0	0	0	0
	11	2627	2	12
中国植物保护学会	0	0	0	0
	1	90	1	7
中国作物学会	14	609	0	0
	57	4583	46	4836
中国热带作物学会	0	0	0	0
	1	130	0	0
中国蚕学会	0	0	0	0
	0	0	0	0
中国水土保持学会	0	0	0	0
	3	360	2	180
中国茶叶学会	0	0	0	0
	3	205	1	10
中国草学会	0	208	0	0
	6	360	10	669
中国植物营养与肥料学会	0	0	0	0
	1	70	0	0

续表 8

学　会	举办科学道德与学风建设宣讲活动（次）	科学道德与学风建设宣讲活动受众（人次）	举办干部教育培训班（期）	干部教育培训班参训人次（人次）
中国农业历史学会	0	0	0	0
	0	0	0	0
全国医科学会小计	**36**	**18869**	**8**	**541**
省级医科学会小计	**451**	**1267151**	**288**	**18011**
中华医学会	0	0	2	260
	4	60	10	15
中华中医药学会	0	0	1	50
	—	—	—	—
中国中西医结合学会	0	0	0	0
	31	2700	2	161
中国药学会	4	7352	1	100
	46	4651	33	7163
中华护理学会	2	3102	0	0
	—	—	—	—
中国生理学会	1	200	0	0
	6	278	0	0
中国解剖学会	2	50	0	0
	14	1709	4	97
中国生物医学工程学会	2	234	0	0
	5	570	0	0
中国病理生理学会	3	300	1	20
	3	125	0	0
中国营养学会	1	60	1	40
	4	460	7	103
中国药理学会	1	1000	0	0
	9	1340	1	26
中国针灸学会	0	0	0	0
	20	3197	6	115
中国防痨协会	2	300	1	20
	7	348	2	118
中国麻风防治协会	2	43	1	51
	0	177	1	32
中国心理卫生协会	0	0	0	0
	4	7653	0	0

续表 9

学　会	举办科学道德与学风建设宣讲活动（次）	科学道德与学风建设宣讲活动受众（人次）	举办干部教育培训班（期）	干部教育培训班参训人次（人次）
中国抗癌协会	1	200	0	0
	26	1200989	6	175
中国体育科学学会	5	84	0	0
	9	375	12	2011
中国毒理学会	5	2486	0	0
	3	349	0	0
中国康复医学会	0	0	0	0
	13	353	6	44
中国免疫学会	0	0	0	0
	9	558	2	55
中华预防医学会	0	0	0	0
	—	—	—	—
中国法医学会	0	0	0	0
	2	35	0	0
中华口腔医学会	2	3450	0	0
	—	—	—	—
中国医学救援协会	0	0	0	0
	—	—	—	—
中国女医师协会	0	0	0	0
	0	0	0	0
中国研究型医院学会	0	0	0	0
	3	100	6	80
中国睡眠研究会	3	8	0	0
	2	200	0	0
中国卒中学会	0	0	0	0
	9	643	7	240
全国交叉学科学会小计	100	19665	21	2323
省级其他学科学会小计	432	673541	280	14468
中国自然辩证法研究会	0	0	0	0
	7	281	0	0
中国管理现代化研究会	0	0	0	0
	2	17	3	2
中国技术经济学会	0	0	0	0
	7	50	0	0
中国现场统计研究会	0	0	0	0
	2	216	0	0

续表 10

学　会	举办科学道德与学风建设宣讲活动（次）	科学道德与学风建设宣讲活动受众（人次）	举办干部教育培训班（期）	干部教育培训班参训人次（人次）
中国未来研究会	0	0	0	0
	3	200	1	20
中国科学技术史学会	0	0	0	0
	0	0	0	0
中国科学技术情报学会	0	0	0	0
	16	680	17	438
中国图书馆学会	0	0	0	0
	1	2379	4	156
中国城市科学研究会	5	85	0	0
	2	83	3	66
中国科学学与科技政策研究会	0	0	0	0
	0	0	0	0
中国农村专业技术协会	0	0	0	0
	4	340	7	231
中国工业设计协会	0	0	0	0
	8	350	0	0
中国工艺美术学会	0	0	0	0
	12	13	0	0
中国科普作家协会	0	0	0	0
	9	20470	0	0
中国自然科学博物馆协会	0	0	0	0
	0	0	0	0
中国可持续发展研究会	0	0	0	0
	6	162	3	35
中国青少年科技辅导员协会	0	0	2	260
	0	0	1	3
中国科教电影电视协会	0	0	0	0
	18	1860	12	5
中国科学技术期刊编辑学会	4	328	0	0
	4	373	0	0
中国流行色协会	43	10500	0	0
	—	—	—	—
中国档案学会	0	0	0	0
	0	0	0	0
中国国土经济学会	0	0	1	80
	—	—	—	—
中国土地学会	0	0	0	0
	6	660	0	0

续表 11

学 会	举办科学道德与学风建设宣讲活动（次）	科学道德与学风建设宣讲活动受众（人次）	举办干部教育培训班（期）	干部教育培训班参训人次（人次）
中国科技新闻学会	0	0	0	0
	2	1000	0	0
中国老科学技术工作者协会	0	0	3	120
	0	0	0	0
中国科学探险协会	0	0	0	0
	—	—	—	—
中国城市规划学会	7	7170	5	1660
	0	0	0	0
中国产学研合作促进会	0	0	4	83
	9	52	1	7
中国知识产权研究会	12	120	5	45
	2	190	5	117
中国发明协会	19	419	1	75
	0	0	0	0
中国工程教育专业认证协会	0	0	0	0
	—			
中国检验检疫学会	0	0	0	0
	0	0	0	0
中国女科技工作者协会	3	1025	0	0
	4	142	0	0
中国创造学会	0	0	0	0
	0	0	0	0
中国经济科技开发国际交流协会	0	0	0	0
	—	—	—	—
中国高科技产业化研究会	0	0	0	0
	—	—	—	—
中国微量元素科学研究会	0	0	0	0
	6	492	8	43
中国国际经济技术合作促进会	—	—	—	—
	—	—	—	—
中国基本建设优化研究会	0	0	0	0
	—	—	—	—
中国科技馆发展基金会	0	0	0	0
	—	—	—	—
中国生物多样性保护与绿色发展基金会	7	18	0	0
	—	—	—	—
中国反邪教协会	0	0	0	0
	0	0	3	190

续表 12

学 会	举办继续教育培训班				向省部级（含）以上科技奖项、人才计划（工程）举荐的人才数（人次）	向省部级（含）以上科技奖项推荐获奖的项目数（项）
	期 次（期）	#举办技术创新方法培训班（期）	继续教育培训班参训人次（人次）	#技术创新方法培训班参训人次（人次）		
全国学会合计	1745	654	2335283	576479	1518	589
省级同名学会合计	11431	3581	24951231	2483792	6563	2743
全国理科学会小计	122	35	43531	4310	250	69
省级理科学会小计	447	230	85440	45138	1047	343
中国数学会	0	0	0	0	16	5
	6	3	910	22	19	6
中国物理学会	8	0	482	0	5	1
	13	11	738	602	37	15
中国力学学会	2	0	738	0	8	0
	10	2	2140	240	38	1
中国光学学会	0	0	0	0	5	3
	32	10	3600	1040	27	12
中国声学学会	14	0	253	253	3	1
	7	6	315	285	4	0
中国化学会	0	0	0	0	14	5
	16	12	758	528	92	28
中国天文学会	0	0	0	0	7	0
	6	4	60	56	9	2
中国气象学会	1	1	120	120	11	0
	11	2	1342	408	96	31
中国空间科学学会	0	0	0	0	4	0
	—	—	—	—	—	—
中国地质学会	0	0	0	0	0	0
	28	19	9421	7050	328	113
中国地理学会	1	1	400	400	5	0
	9	0	590	0	15	6
中国地球物理学会	2	0	1380	0	2	0
	4	3	265	214	14	6
中国矿物岩石地球化学学会	3	3	280	280	0	0
	4	1	38	22	6	0
中国古生物学会	0	0	0	0	4	1
	0	0	0	0	6	4
中国海洋湖沼学会	5	3	325	162	1	0
	2	2	195	195	6	5

续表 13

学 会	举办继续教育培训班				向省部级（含）以上科技奖项、人才计划（工程）举荐的人才数（人次）	向省部级（含）以上科技奖项推荐获奖的项目数（项）
	期 次（期）	#举办技术创新方法培训班（期）	继续教育培训班参训人次（人次）	#技术创新方法培训班参训人次（人次）		
中国海洋学会	1	1	60	20	3	16
	1	1	68	68	14	5
中国地震学会	0	0	0	0	7	0
	3	2	128	103	12	3
中国动物学会	5	5	325	325	3	1
	28	13	3228	1594	27	8
中国植物学会	0	0	0	0	2	0
	23	18	1082	810	23	6
中国昆虫学会	1	1	100	100	2	0
	9	3	552	20	7	0
中国微生物学会	5	0	280	0	1	0
	57	49	20808	17918	46	5
中国生物化学与分子生物学会	0	0	0	0	14	5
	2	1	176	100	13	5
中国细胞生物学学会	2	2	839	839	24	1
	6	4	781	655	17	9
中国植物生理与植物分子生物学学会	1	0	60	0	6	7
	0	0	0	0	5	0
中国生物物理学会	0	0	0	0	1	0
	0	0	0	0	2	0
中国遗传学会	0	0	0	0	2	2
	29	20	2839	1726	16	7
中国心理学会	0	0	0	0	0	5
	56	27	10936	7308	4	5
中国生态学学会	12	8	1197	917	12	3
	3	2	253	130	10	0
中国环境科学学会	0	0	0	0	0	0
	66	15	22404	1239	157	42
中国自然资源学会	2	1	140	4	0	0
	0	0	0	0	8	25
中国感光学会	0	0	0	0	7	0
	—	—	—	—	—	—
中国优选法统筹法与经济数学研究会	0	0	0	0	3	0
	0	0	0	0	0	0
中国岩石力学与工程学会	5	3	600	400	38	2
	7	6	248	131	17	14

续表 14

学　会	举办继续教育培训班				向省部级（含）以上科技奖项、人才计划（工程）举荐的人才数（人次）	向省部级（含）以上科技奖项推荐获奖的项目数（项）
	期　次（期）	#举办技术创新方法培训班（期）	继续教育培训班参训人次（人次）	#技术创新方法培训班参训人次（人次）		
中国野生动物保护协会	0	0	0	0	0	0
	0	0	0	0	0	0
中国系统工程学会	0	0	0	0	12	6
	0	0	0	0	2	4
中国实验动物学会	28	0	31283	0	0	0
	11	4	2241	763	0	0
中国青藏高原研究会	0	0	0	0	3	3
	—	—	—	—	—	—
中国环境诱变剂学会	1	1	70	70	0	0
	1	1	100	100	2	0
中国运筹学会	1	1	60	40	3	2
	2	2	380	380	4	1
中国菌物学会	3	3	350	350	2	0
	0	0	0	0	0	0
中国晶体学会	0	0	0	0	0	0
	—	—	—	—	—	—
中国神经科学学会	17	0	4043	0	4	1
	32	5	30783	3163	3	1
中国认知科学学会	0	0	0	0	11	2
	0	0	0	0	0	0
中国微循环学会	1	0	116	0	5	2
	10	2	1720	601	0	0
国际数字地球协会	0	0	0	0	0	0
	—	—	—	—	—	—
国际动物学会	1	1	30	30	0	0
	28	13	3228	1594	27	8
全国工科学会小计	**736**	**293**	**273255**	**90454**	**791**	**419**
省级工科学会小计	**2116**	**1203**	**285471**	**100076**	**2453**	**1248**
中国机械工程学会	23	0	1365	0	6	2
	187	38	33570	5976	92	113
中国汽车工程学会	11	0	350	0	0	0
	24	11	2723	833	30	15
中国农业机械学会	1	1	60	60	2	0
	10	6	690	400	13	10

续表 15

学　会	举办继续教育培训班				向省部级（含）以上科技奖项、人才计划（工程）举荐的人才数（人次）	向省部级（含）以上科技奖项推荐获奖的项目数（项）
	期　次（期）	#举办技术创新方法培训班（期）	继续教育培训班参训人次（人次）	#技术创新方法培训班参训人次（人次）		
中国农业工程学会	0	0	0	0	0	0
	1	1	110	110	8	2
中国电机工程学会	2	2	60	60	18	3
	15	10	1012	730	175	65
中国电工技术学会	24	14	2002	1120	6	7
	6	0	286	56	12	6
中国水力发电工程学会	76	4	26673	2370	0	0
	6	1	1199	823	29	4
中国水利学会	5	5	420	390	38	7
	32	2	10830	435	62	36
中国内燃机学会	6	4	6000	6000	11	12
	3	2	126	26	27	3
中国工程热物理学会	0	0	0	0	1	0
	2	2	150	150	2	1
中国空气动力学会	0	0	0	0	0	0
	—	—	—	—	—	—
中国制冷学会	1	0	29	0	2	0
	46	4	1424	133	11	5
中国真空学会	2	2	60	60	0	0
	6	3	210	60	50	10
中国自动化学会	14	10	20250	200	41	18
	8	6	428	248	58	17
中国仪器仪表学会	62	22	4957	2121	37	25
	5	4	119	60	11	7
中国计量测试学会	0	0	0	0	2	0
	39	22	2939	1063	4	1
中国标准化协会	33	16	2500	1300	0	0
	59	25	4849	1976	1	0
中国图学学会	0	0	0	0	6	3
	30	10	4390	3754	10	3
中国电子学会	122	86	17301	13560	95	12
	39	21	1685	1030	86	34
中国计算机学会	10	0	4063	0	0	0
	36	19	5202	4162	41	11
中国通信学会	1	1	89	89	24	0
	23	10	9589	7633	71	35

续表 16

学 会	举办继续教育培训班				向省部级（含）以上科技奖项、人才计划（工程）举荐的人才数（人次）	向省部级（含）以上科技奖项推荐获奖的项目数（项）
	期 次（期）	#举办技术创新方法培训班（期）	继续教育培训班参训人次（人次）	#技术创新方法培训班参训人次（人次）		
中国中文信息学会	1	0	8308	0	0	0
	0	0	0	0	0	0
中国测绘学会	4	0	1153	0	5	3
	61	56	22365	11411	40	80
中国造船工程学会	4	2	85	25	13	2
	16	0	1292	0	10	3
中国航海学会	3	3	223	223	13	103
	15	1	1001	562	10	1
中国铁道学会	0	0	0	0	21	1
	5	2	1159	222	41	33
中国公路学会	9	2	2500	800	2	1
	50	34	7424	3977	108	79
中国航空学会	21	2	34600	360	25	0
	42	41	1628	1580	58	39
中国宇航学会	0	0	0	0	17	5
	0	0	0	0	17	0
中国兵工学会	32	16	1177	163	14	0
	1	0	8831	0	19	13
中国金属学会	8	0	772	0	20	0
	114	41	9000	2142	61	74
中国有色金属学会	40	0	2820	0	9	0
	34	20	2495	1030	2	7
中国稀土学会	0	0	0	0	0	0
	1	1	86	86	1	0
中国腐蚀与防护学会	8	0	213	0	1	3
	3	3	298	148	3	3
中国化工学会	29	17	2274	971	101	52
	41	9	3777	886	95	14
中国核学会	2	2	150	150	2	0
	7	2	334	20	25	43
中国石油学会	7	6	387	357	1	5
	88	66	5858	3368	137	18
中国煤炭学会	4	4	456	456	18	5
	5	3	655	410	25	18
中国可再生能源学会	0	0	0	0	0	0
	0	0	0	0	3	0

续表 17

学 会	举办继续教育培训班				向省部级（含）以上科技奖项、人才计划（工程）举荐的人才数（人次）	向省部级（含）以上科技奖项推荐获奖的项目数（项）
	期 次（期）	#举办技术创新方法培训班（期）	继续教育培训班参训人次（人次）	#技术创新方法培训班参训人次（人次）		
中国能源研究会	2	2	173	173	3	0
	2	2	200	200	7	1
中国硅酸盐学会	8	4	1184	1043	35	9
	5	1	591	75	32	8
中国建筑学会	9	2	36475	1178	2	0
	45	31	9186	5081	75	63
中国土木工程学会	0	0	0	0	0	0
	0	0	0	0	9	3
中国生物工程学会	0	0	0	0	0	0
	0	0	0	0	5	2
中国纺织工程学会	3	0	140	0	6	0
	33	22	1557	1008	29	14
中国造纸学会	0	0	0	0	0	0
	12	11	1148	1026	11	7
中国文物保护技术协会	0	0	0	0	0	0
	—	—	—	—	—	—
中国印刷技术协会	1	0	315	0	6	1
	0	0	0	0	5	1
中国材料研究学会	1	1	40	40	58	30
	1	1	55	55	9	6
中国食品科学技术学会	4	4	570	570	7	0
	1	0	100	0	18	10
中国粮油学会	0	0	0	0	14	0
	1	1	55	55	0	0
中国职业安全健康协会	4	0	178	0	1	1
	1	1	300	300	1	3
中国烟草学会	0	0	0	0	2	0
	416	415	535	435	27	14
中国仿真学会	0	0	0	0	0	0
	0	0	0	0	0	0
中国电影电视技术学会	2	0	1080	0	0	0
	1	1	50	50	0	0
中国振动工程学会	7	7	3540	3540	0	0
	0	0	0	0	6	1
中国颗粒学会	1	0	80	0	2	0
	3	3	344	344	6	4

续表 18

学 会	举办继续教育培训班				向省部级（含）以上科技奖项、人才计划（工程）举荐的人才数（人次）	向省部级（含）以上科技奖项推荐获奖的项目数（项）
	期 次（期）	#举办技术创新方法培训班（期）	继续教育培训班参训人次（人次）	#技术创新方法培训班参训人次（人次）		
中国照明学会	30	1	1959	179	0	0
	4	2	596	80	8	11
中国动力工程学会	0	0	0	0	0	0
	0	0	0	0	0	0
中国惯性技术学会	14	9	8000	1	18	1
	2	2	41	41	1	1
中国风景园林学会	1	1	32	32	0	0
	7	0	1580	0	1	16
中国电源学会	5	5	333	333	21	0
	3	2	310	100	5	2
中国复合材料学会	0	0	0	0	0	0
	0	0	0	0	3	1
中国消防协会	0	0	0	0	0	0
	1	0	130	0	4	2
中国图象图形学学会	17	0	4099	0	2	0
	0	0	0	0	1	1
中国人工智能学会	37	15	21520	1190	18	9
	7	7	917	817	20	14
中国体视学学会	1	0	60	0	0	0
	0	0	0	0	0	2
中国工程机械学会	4	4	410	410	0	0
	—	—	—	—	—	—
中国海洋工程咨询协会	0	0	0	0	0	0
	—	—	—	—	—	—
中国遥感应用协会	0	0	0	0	5	3
	—	—	—	—	—	—
中国指挥与控制学会	2	0	40	0	0	0
	—	—	—	—	—	—
中国光学工程学会	0	0	0	0	0	0
	12	12	200	120	0	0
中国微米纳米技术学会	1	1	630	630	2	0
	—	—	—	—	—	—
中国密码学会	1	0	800	0	4	0
	—	—	—	—	—	—
中国大坝工程学会	9	9	300	300	11	5
	—	—	—	—	—	—
中国卫星导航定位协会	0	0	0	0	5	90
	—	—	—	—	—	—

续表 19

学　会	举办继续教育培训班				向省部级（含）以上科技奖项、人才计划（工程）举荐的人才数（人次）	向省部级（含）以上科技奖项推荐获奖的项目数（项）
	期次（期）	#举办技术创新方法培训班（期）	继续教育培训班参训人次（人次）	#技术创新方法培训班参训人次（人次）		
中国生物材料学会	7	7	50000	50000	18	1
	0	0	0	0	0	0
国际粉体检测与控制联合会	0	0	0	0	0	0
	—	—	—	—	—	—
全国农科学会小计	**173**	**139**	**320447**	**317275**	**165**	**36**
省级农科学会小计	**615**	**406**	**165909**	**142672**	**602**	**313**
中国农学会	21	14	3124	2645	79	0
	25	13	2814	866	85	49
中国林学会	19	15	525	275	5	3
	40	13	69031	1472	209	153
中国土壤学会	1	0	400	0	13	0
	31	18	2579	1655	18	15
中国水产学会	0	0	0	0	8	1
	23	11	2243	1179	26	23
中国园艺学会	20	12	1107	660	14	8
	19	17	1140	730	37	15
中国畜牧兽医学会	49	49	300000	300000	9	3
	54	16	3801	688	27	23
中国植物病理学会	0	0	0	0	0	0
	6	3	910	22	19	6
中国植物保护学会	0	0	0	0	6	0
	20	10	762	300	4	0
中国作物学会	50	49	13925	13695	28	21
	67	27	11688	5339	44	34
中国热带作物学会	0	0	0	0	0	0
	0	0	0	0	11	3
中国蚕学会	0	0	0	0	0	0
	5	3	36	20	0	1
中国水土保持学会	0	0	0	0	0	0
	8	1	1336	200	9	11
中国茶叶学会	10	0	1028	0	0	0
	10	6	992	167	16	2
中国草学会	3	0	338	0	2	0
	416	415	535	435	27	14
中国植物营养与肥料学会	0	0	0	0	0	0
	42	42	45352	45352	1	0

续表 20

学　会	举办继续教育培训班				向省部级（含）以上科技奖项、人才计划（工程）举荐的人才数（人次）	向省部级（含）以上科技奖项推荐获奖的项目数（项）
	期次（期）	#举办技术创新方法培训班（期）	继续教育培训班参训人次（人次）	#技术创新方法培训班参训人次（人次）		
中国农业历史学会	0	0	0	0	1	0
	0	0	0	0	0	0
全国医科学会小计	511	117	900025	146176	125	38
省级医科学会小计	7583	1399	24063039	2017813	1355	543
中华医学会	6	1	25452	259	16	1
	12	3	120	20	2	1
中华中医药学会	18	1	3600	900	13	5
	—	—	—	—	—	—
中国中西医结合学会	18	0	28540	0	6	7
	446	83	83312	12162	42	26
中国药学会	59	12	681513	122503	6	0
	824	161	757155	28400	330	149
中华护理学会	35	4	10215	1497	0	0
	—	—	—	—	—	—
中国生理学会	3	0	2000	0	5	2
	7	5	1067	950	16	1
中国解剖学会	5	1	580	120	2	0
	7	4	902	400	7	2
中国生物医学工程学会	3	0	101	0	1	0
	30	10	16334	10870	6	5
中国病理生理学会	16	8	4138	1790	9	5
	5	5	950	950	4	0
中国营养学会	8	0	2327	0	1	0
	28	12	4772	2080	44	6
中国药理学会	2	1	1450	450	0	0
	40	17	7048	2880	43	10
中国针灸学会	6	0	395	0	2	1
	92	42	15432	5344	18	9
中国防痨协会	3	1	400	200	1	0
	52	17	6570	2239	7	2
中国麻风防治协会	1	0	722	0	0	0
	7	3	777	250	0	0
中国心理卫生协会	0	0	0	0	0	0
	120	5	21574	1094	1	1

续表 21

学 会	举办继续教育培训班				向省部级（含）以上科技奖项、人才计划（工程）举荐的人才数（人次）	向省部级（含）以上科技奖项推荐获奖的项目数（项）
	期 次（期）	# 举办技术创新方法培训班（期）	继续教育培训班参训人次（人次）	# 技术创新方法培训班参训人次（人次）		
中国抗癌协会	27	0	21009	0	11	0
	587	100	220070	32591	56	23
中国体育科学学会	31	7	46212	2942	24	15
	30	14	2227	1444	10	3
中国毒理学会	5	0	833	0	5	1
	10	8	1160	863	3	2
中国康复医学会	55	36	14896	9235	0	0
	119	52	27421	16303	23	10
中国免疫学会	1	0	300	0	0	0
	45	23	15260	11663	25	3
中华预防医学会	53	0	22776	0	1	0
	—				—	
中国法医学会	0	0	0	0	7	0
	14	4	1350	670	5	4
中华口腔医学会	115	18	29403	4780	0	0
	—				—	
中国医学救援协会	3	0	150	0	0	0
	—				—	
中国女医师协会	2	0	1500	0	0	0
	0	0	0	0	0	0
中国研究型医院学会	27	27	1500	1500	13	0
	50	25	800	800	10	5
中国睡眠研究会	9	0	13	0	0	0
	6	2	1650	500	0	0
中国卒中学会	0	0	0	0	2	1
	119	79	11726	7060	5	3
全国交叉学科学会小计	**203**	**70**	**798025**	**18264**	**187**	**27**
省级其他学科学会小计	**670**	**343**	**351372**	**178093**	**1106**	**296**
中国自然辩证法研究会	0	0	0	0	0	0
	0	0	0	0	12	6
中国管理现代化研究会	0	0	0	0	0	0
	3	2	17	3	0	0
中国技术经济学会	0	0	0	0	0	8
	0	0	0	0	0	0
中国现场统计研究会	0	0	0	0	0	0
	4	2	138	106	18	15

续表 22

学 会	举办继续教育培训班				向省部级（含）以上科技奖项、人才计划（工程）举荐的人才数（人次）	向省部级（含）以上科技奖项推荐获奖的项目数（项）
	期 次（期）	#举办技术创新方法培训班（期）	继续教育培训班参训人次（人次）	#技术创新方法培训班参训人次（人次）		
中国未来研究会	4	0	272	0	0	0
	0	0	0	0	2	2
中国科学技术史学会	0	0	0	0	2	0
	2	2	20	20	0	0
中国科学技术情报学会	3	0	213	0	1	0
	18	16	6975	5036	30	10
中国图书馆学会	9	0	16241	0	0	0
	31	5	7432	2048	3	0
中国城市科学研究会	0	0	0	0	0	2
	4	4	216	184	3	0
中国科学学与科技政策研究会	2	2	1043	1043	0	0
	0	0	0	0	0	0
中国农村专业技术协会	0	0	0	0	0	0
	159	155	60210	57710	16	8
中国工业设计协会	0	0	0	0	0	0
	1	0	58	0	3	0
中国工艺美术学会	0	0	0	0	0	0
	6	5	392	192	513	10
中国科普作家协会	10	0	500	0	4	5
	1	0	42	0	12	6
中国自然科学博物馆协会	1	1	67	67	0	0
	1	0	500	0	3	1
中国可持续发展研究会	0	0	0	0	0	0
	2	1	10	10	2	0
中国青少年科技辅导员协会	90	0	17011	0	0	0
	11	4	1931	501	8	8
中国科教电影电视协会	0	0	0	0	0	0
	3	2	4923	2400	15	9
中国科学技术期刊编辑学会	1	0	308	0	0	0
	7	2	1688	450	4	3
中国流行色协会	53	53	1050	1050	4	3
	—	—	—	—	—	—
中国档案学会	0	0	0	0	0	0
	7	0	3972	0	0	3
中国国土经济学会	2	0	730000	0	0	0
	—	—	—	—	—	—
中国土地学会	0	0	0	0	0	0
	16	8	5444	1817	141	20

续表 23

学　会	举办继续教育培训班				向省部级（含）以上科技奖项、人才计划（工程）举荐的人才数（人次）	向省部级（含）以上科技奖项推荐获奖的项目数（项）
	期　次（期）	#举办技术创新方法培训班（期）	继续教育培训班参训人次（人次）	#技术创新方法培训班参训人次（人次）		
中国科技新闻学会	3	0	226	0	0	0
	0	0	0	0	0	0
中国老科学技术工作者协会	0	0	0	0	0	0
	23	23	220	220	0	0
中国科学探险协会	0	0	0	0	0	0
	—	—	—	—	—	—
中国城市规划学会	4	4	589	589	6	1
	1	0	350	0	4	0
中国产学研合作促进会	6	6	10000	10000	148	0
	1	1	105	105	4	0
中国知识产权研究会	10	1	2000	400	0	2
	28	4	15562	372	1	0
中国发明协会	1	1	75	75	8	4
	0	0	0	0	0	0
中国工程教育专业认证协会	3	1	13430	40	0	0
	—	—	—	—	—	—
中国检验检疫学会	0	0	0	0	0	0
	0	0	0	0	0	0
中国女科技工作者协会	0	0	0	0	0	0
	0	0	0	0	12	2
中国创造学会	0	0	0	0	6	0
	0	0	0	0	0	0
中国经济科技开发国际交流协会	0	0	0	0	0	0
	—	—	—	—	—	—
中国高科技产业化研究会	0	0	0	0	2	1
	—	—	—	—	—	—
中国微量元素科学研究会	0	0	0	0	0	0
	2	2	92	67	3	1
中国国际经济技术合作促进会	—	—	—	—	—	—
	—	—	—	—	—	—
中国基本建设优化研究会	1	1	5000	5000	0	0
	—	—	—	—	—	—
中国科技馆发展基金会	0	0	0	0	6	1
	—	—	—	—	—	—
中国生物多样性保护与绿色发展基金会	0	0	0	0	0	0
	—	—	—	—	—	—
中国反邪教协会	0	0	0	0	0	0
	0	0	0	0	0	0

续表 24

学　会	设　立 科　技 奖　项（个）	#人物类 奖项数（个）	#成果类 奖项数（个）	表　彰 奖　励 科　技 工作者（人次）	#表彰奖励女性 科技工作者（人次）	#表彰奖励45岁及 以下科技工作者（人次）
全国学会合计	365	201	149	43448	7787	21374
省级同名学会合计	1192	528	602	72538	20939	43258
全国理科学会小计	87	69	15	1569	343	1135
省级理科学会小计	229	113	105	5079	1711	4037
中国数学会	0	0	0	0	0	0
	3	2	1	47	23	41
中国物理学会	7	7	0	9	1	4
	18	9	8	458	66	399
中国力学学会	10	6	4	120	22	117
	9	4	5	113	31	89
中国光学学会	3	2	1	62	10	57
	5	3	2	80	36	59
中国声学学会	2	2	0	2	0	0
	3	3	0	3	2	3
中国化学会	1	1	0	12	1	12
	12	4	8	207	90	154
中国天文学会	3	3	0	2	1	0
	4	2	2	28	1	16
中国气象学会	4	2	2	0	0	0
	44	21	20	503	228	332
中国空间科学学会	1	1	0	0	0	0
	—	—	—	—	—	—
中国地质学会	6	4	1	120	9	118
	46	25	16	597	49	409
中国地理学会	7	5	0	32	16	15
	5	2	2	72	34	65
中国地球物理学会	2	1	1	106	11	64
	6	3	3	326	30	308
中国矿物岩石地球化学学会	1	1	0	20	4	20
	1	0	1	4	1	3
中国古生物学会	0	0	0	0	0	0
	1	0	0	0	0	0
中国海洋湖沼学会	2	2	0	6	2	4
	2	0	2	74	27	48

续表 25

学　会	设立科技奖项（个）	#人物类奖项数（个）	#成果类奖项数（个）	表彰奖励科技工作者（人次）	#表彰奖励女性科技工作者（人次）	#表彰奖励45岁及以下科技工作者（人次）
中国海洋学会	1	0	1	434	144	289
	1	0	1	37	10	32
中国地震学会	1	1	0	0	0	0
	1	0	1	55	10	50
中国动物学会	3	3	0	37	12	32
	7	3	4	320	92	206
中国植物学会	3	2	1	38	14	12
	0	0	0	0	0	0
中国昆虫学会	1	1	0	0	0	0
	2	1	1	10	3	4
中国微生物学会	0	0	0	0	0	0
	4	2	2	56	27	52
中国生物化学与分子生物学会	0	0	0	0	0	0
	3	0	3	15	6	15
中国细胞生物学学会	1	1	0	7	0	5
	20	16	4	60	29	28
中国植物生理与植物分子生物学学会	5	5	0	12	4	8
	1	0	1	21	12	21
中国生物物理学会	2	1	1	6	4	5
	0	0	0	0	0	0
中国遗传学会	0	0	0	0	0	0
	5	1	4	89	42	59
中国心理学会	1	1	0	1	1	0
	3	2	1	44	26	34
中国生态学学会	3	2	1	10	2	10
	1	1	0	1	1	1
中国环境科学学会	0	0	0	0	0	0
	14	6	8	1167	520	897
中国自然资源学会	0	0	0	0	0	0
	0	0	0	0	0	0
中国感光学会	3	3	0	0	0	0
	—	—	—	—	—	—
中国优选法统筹法与经济数学研究会	2	2	0	44	13	27
	0	0	0	0	0	0
中国岩石力学与工程学会	1	1	0	368	20	262
	3	2	1	154	11	106

续表 26

学　会	设立科技奖项（个）	#人物类奖项数（个）	#成果类奖项数（个）	表彰奖励科技工作者（人次）	#表彰奖励女性科技工作者（人次）	#表彰奖励45岁及以下科技工作者（人次）
中国野生动物保护协会	0	0	0	0	0	0
	0	0	0	0	0	0
中国系统工程学会	6	6	0	12	2	10
	2	1	1	1	0	1
中国实验动物学会	1	1	0	99	49	59
	0	0	0	0	0	0
中国青藏高原研究会	0	0	0	0	0	0
	—	—	—	—	—	—
中国环境诱变剂学会	0	0	0	0	0	0
	0	0	0	0	0	0
中国运筹学会	4	2	2	10	1	5
	0	0	0	0	0	0
中国菌物学会	0	0	0	0	0	0
	0	0	0	0	0	0
中国晶体学会	0	0	0	0	0	0
	—	—	—	—	—	—
中国神经科学学会	0	0	0	0	0	0
	1	1	0	6	5	6
中国认知科学学会	0	0	0	0	0	0
	0	0	0	0	0	0
中国微循环学会	0	0	0	0	0	0
	0	0	0	0	0	0
国际数字地球协会	0	0	0	0	0	0
	—	—	—	—	—	—
国际动物学会	0	0	0	0	0	0
	7	3	4	320	92	206
全国工科学会小计	190	86	94	32570	5068	15389
省级工科学会小计	522	218	286	43806	9514	25552
中国机械工程学会	2	0	2	658	235	393
	25	13	7	344	55	205
中国汽车工程学会	2	2	0	7	0	3
	5	2	3	378	99	279
中国农业机械学会	2	1	1	10	1	10
	4	0	4	344	59	221

续表 27

学 会	设立科技奖项（个）	#人物类奖项数（个）	#成果类奖项数（个）	表彰奖励科技工作者（人次）	#表彰奖励女性科技工作者（人次）	#表彰奖励45岁及以下科技工作者（人次）
中国农业工程学会	0	0	0	0	0	0
	0	0	0	0	0	0
中国电机工程学会	4	2	2	111	17	69
	25	12	12	2333	284	1719
中国电工技术学会	3	1	1	259	29	169
	0	0	0	0	0	0
中国水力发电工程学会	3	2	1	13	0	10
	9	4	5	248	41	90
中国水利学会	3	1	2	683	123	309
	26	3	22	4252	1029	2414
中国内燃机学会	3	1	2	40	3	33
	1	0	1	1	0	1
中国工程热物理学会	3	2	1	52	4	50
	3	2	1	40	8	33
中国空气动力学会	0	0	0	0	0	0
	—	—	—	—	—	—
中国制冷学会	0	0	0	0	0	0
	4	3	1	55	14	31
中国真空学会	0	0	0	0	0	0
	5	3	2	77	7	62
中国自动化学会	23	5	14	436	53	330
	8	0	8	95	19	61
中国仪器仪表学会	7	3	3	113	39	63
	5	2	3	52	11	21
中国计量测试学会	1	0	1	188	38	137
	2	0	2	253	59	90
中国标准化协会	0	0	0	0	0	0
	1	1	0	20	11	12
中国图学学会	4	2	2	0	0	0
	0	0	0	0	0	0
中国电子学会	3	2	1	1822	202	817
	12	5	7	2348	614	1672
中国计算机学会	12	12	0	30	4	16
	16	5	11	407	106	313
中国通信学会	1	0	1	272	217	55
	16	6	10	1545	425	1120

续表 28

学　会	设　立科　技奖　项（个）	#人物类奖项数（个）	#成果类奖项数（个）	表　彰奖　励科　技工作者（人次）	#表彰奖励女性科技工作者（人次）	#表彰奖励45岁及以下科技工作者（人次）
中国中文信息学会	3	2	1	40	7	38
	1	0	1	18	10	18
中国测绘学会	5	1	4	4942	3	35
	25	9	15	1624	502	1160
中国造船工程学会	1	0	1	583	129	415
	3	1	2	69	10	61
中国航海学会	8	2	4	348	77	121
	8	2	5	125	16	62
中国铁道学会	1	0	1	4896	473	3593
	2	2	0	4	0	4
中国公路学会	3	2	1	1620	157	888
	46	22	22	6388	1672	2782
中国航空学会	3	2	1	67	1	10
	8	3	5	328	98	237
中国宇航学会	1	1	0	0	0	0
	3	1	1	149	32	111
中国兵工学会	1	1	0	22	1	18
	1	1	0	30	2	0
中国金属学会	3	1	2	1123	308	609
	11	5	6	1739	269	1088
中国有色金属学会	1	0	1	0	0	0
	1	0	1	75	30	42
中国稀土学会	2	1	1	25	2	12
	0	0	0	0	0	0
中国腐蚀与防护学会	1	0	1	68	5	26
	2	1	0	1	0	0
中国化工学会	3	2	1	367	68	242
	18	13	5	463	104	94
中国核学会	3	2	1	0	0	0
	2	1	1	47	5	20
中国石油学会	0	0	0	0	0	0
	11	7	4	482	95	407
中国煤炭学会	4	3	1	3918	473	2186
	6	2	4	167	34	126
中国可再生能源学会	1	0	1	32	1	26
	1	1	0	3	1	3

续表 29

学　会	设立科技奖项（个）	#人物类奖项数（个）	#成果类奖项数（个）	表彰奖励科技工作者（人次）	#表彰奖励女性科技工作者（人次）	#表彰奖励45岁及以下科技工作者（人次）
中国能源研究会	2	1	1	43	2	43
	8	5	2	107	11	76
中国硅酸盐学会	2	2	0	53	28	53
	14	3	11	193	51	91
中国建筑学会	3	1	2	0	0	0
	31	13	17	5895	899	3516
中国土木工程学会	1	0	1	392	22	169
	3	1	2	377	97	157
中国生物工程学会	0	0	0	0	0	0
	2	1	1	3	1	2
中国纺织工程学会	3	1	2	110	41	62
	9	4	5	492	196	460
中国造纸学会	0	0	0	0	0	0
	0	0	0	0	0	0
中国文物保护技术协会	0	0	0	0	0	0
	—	—	—	—	—	—
中国印刷技术协会	1	1	0	0	0	0
	0	0	0	0	0	0
中国材料研究学会	3	2	1	142	23	96
	0	0	0	0	0	0
中国食品科学技术学会	3	1	2	391	256	148
	9	2	7	311	136	103
中国粮油学会	1	0	1	226	2	10
	3	3	0	204	41	74
中国职业安全健康协会	2	0	1	1166	290	255
	0	0	0	0	0	0
中国烟草学会	1	1	0	0	0	0
	19	7	12	836	173	535
中国仿真学会	1	0	1	127	43	95
	0	0	0	0	0	0
中国电影电视技术学会	7	3	4	4383	1306	2045
	0	0	0	0	0	0
中国振动工程学会	2	1	1	21	3	14
	6	3	3	13	2	10
中国颗粒学会	1	1	0	11	2	11
	3	1	2	11	1	11

续表 30

学 会	设立科技奖项（个）	#人物类奖项数（个）	#成果类奖项数（个）	表彰奖励科技工作者（人次）	#表彰奖励女性科技工作者（人次）	#表彰奖励45岁及以下科技工作者（人次）
中国照明学会	0	0	0	0	0	0
	6	4	2	203	55	88
中国动力工程学会	0	0	0	0	0	0
	0	0	0	0	0	0
中国惯性技术学会	1	0	1	78	17	55
	0	0	0	0	0	0
中国风景园林学会	1	1	0	28	6	7
	7	3	4	536	7	105
中国电源学会	5	2	3	82	8	63
	0	0	0	0	0	0
中国复合材料学会	3	1	2	10	1	10
	3	1	1	45	15	28
中国消防协会	2	0	2	357	41	247
	0	0	0	0	0	0
中国图象图形学学会	0	0	0	0	0	0
	0	0	0	0	0	0
中国人工智能学会	4	3	1	434	35	325
	7	3	4	90	14	80
中国体视学学会	1	0	1	0	0	0
	2	0	2	2	0	0
中国工程机械学会	0	0	0	0	0	0
	—	—	—	—	—	—
中国海洋工程咨询协会	0	0	0	0	0	0
	—	—	—	—	—	—
中国遥感应用协会	2	0	2	0	0	0
	—	—	—	—	—	—
中国指挥与控制学会	6	4	2	31	0	3
	—	—	—	—	—	—
中国光学工程学会	2	1	1	37	0	17
	0	0	0	0	0	0
中国微米纳米技术学会	1	0	0	0	0	0
	—	—	—	—	—	—
中国密码学会	1	1	0	6	0	6
	—	—	—	—	—	—
中国大坝工程学会	4	1	3	724	122	415
	—	—	—	—	—	—
中国卫星导航定位协会	3	1	2	973	150	557
	—	—	—	—	—	—

续表 31

学 会	设立科技奖项（个）	#人物类奖项数（个）	#成果类奖项数（个）	表彰奖励科技工作者（人次）	#表彰奖励女性科技工作者（人次）	#表彰奖励45岁及以下科技工作者（人次）
中国生物材料学会	1	0	1	0	0	0
	0	0	0	0	0	0
国际粉体检测与控制联合会	0	0	0	0	0	0
	—	—	—	—	—	—
全国农科学会小计	**21**	**12**	**8**	**2050**	**505**	**674**
省级农科学会小计	**102**	**42**	**56**	**7063**	**2296**	**4212**
中国农学会	2	1	1	0	0	0
	8	4	4	588	200	404
中国林学会	4	2	2	1270	200	436
	25	8	16	5665	1760	3197
中国土壤学会	3	2	1	42	25	22
	5	4	1	62	23	35
中国水产学会	1	0	1	392	146	103
	5	2	3	39	10	33
中国园艺学会	1	0	1	0	0	0
	3	0	4	117	7	22
中国畜牧兽医学会	1	1	0	7	1	4
	8	3	5	158	43	91
中国植物病理学会	0	0	0	0	0	0
	3	2	1	47	23	41
中国植物保护学会	1	0	1	296	108	81
	0	0	0	0	0	0
中国作物学会	3	2	0	8	4	6
	11	7	3	81	34	51
中国热带作物学会	1	1	0	4	2	4
	4	2	2	29	13	24
中国蚕学会	0	0	0	0	0	0
	3	1	1	4	0	0
中国水土保持学会	0	0	0	0	0	0
	8	2	6	45	14	14
中国茶叶学会	2	2	0	20	13	7
	8	5	3	156	42	102
中国草学会	0	0	0	0	0	0
	19	7	12	836	173	535
中国植物营养与肥料学会	2	1	1	11	6	11
	0	0	0	0	0	0

续表 32

学　会	设 立 科 技 奖 项（个）	# 人物类 奖项数（个）	# 成果类 奖项数（个）	表 彰 奖 励 科 技 工作者（人次）	# 表彰奖励女性 科技工作者（人次）	# 表彰奖励 45 岁及 以下科技工作者（人次）
中国农业历史学会	0	0	0	0	0	0
	0	0	0	0	0	0
全国医科学会小计	32	16	16	2826	1162	1625
省级医科学会小计	201	91	92	10651	5415	5984
中华医学会	6	2	4	776	254	394
	0	0	0	0	0	0
中华中医药学会	2	1	1	802	297	388
	—	—	—	—	—	—
中国中西医结合学会	1	0	1	0	0	0
	5	2	2	228	78	60
中国药学会	3	2	1	123	52	33
	37	26	11	2137	1017	1396
中华护理学会	2	1	1	217	193	124
	—	—	—	—	—	—
中国生理学会	0	0	0	0	0	0
	8	5	3	41	19	34
中国解剖学会	0	0	0	0	0	0
	0	0	0	0	0	0
中国生物医学工程学会	0	0	0	0	0	0
	3	1	1	203	71	123
中国病理生理学会	0	0	0	0	0	0
	1	0	1	13	7	13
中国营养学会	1	0	1	0	0	0
	6	5	1	166	104	83
中国药理学会	0	0	0	0	0	0
	5	1	4	283	142	238
中国针灸学会	1	0	1	0	0	0
	3	0	3	64	40	42
中国防痨协会	0	0	0	0	0	0
	1	0	0	0	0	0
中国麻风防治协会	0	0	0	0	0	0
	0	0	0	0	0	0
中国心理卫生协会	0	0	0	0	0	0
	2	1	0	100	40	60

续表 33

学 会	设立科技奖项（个）	#人物类奖项数（个）	#成果类奖项数（个）	表彰奖励科技工作者（人次）	#表彰奖励女性科技工作者（人次）	#表彰奖励45岁及以下科技工作者（人次）
中国抗癌协会	1	0	1	118	36	61
	6	0	5	118	37	79
中国体育科学学会	3	1	2	7	0	1
	1	0	1	92	21	86
中国毒理学会	4	4	0	7	1	5
	0	0	0	0	0	0
中国康复医学会	1	0	1	316	112	208
	5	2	3	118	57	60
中国免疫学会	1	1	0	0	0	0
	2	2	0	8	3	0
中华预防医学会	0	0	0	0	0	0
	—	—	—	—	—	—
中国法医学会	0	0	0	0	0	0
	0	0	0	0	0	0
中华口腔医学会	1	0	1	443	211	404
	—	—	—	—	—	—
中国医学救援协会	0	0	0	0	0	0
	—	—	—	—	—	—
中国女医师协会	0	0	0	0	0	0
	0	0	0	0	0	0
中国研究型医院学会	0	0	0	0	0	0
	0	0	0	0	0	0
中国睡眠研究会	0	0	0	0	0	0
	1	0	0	0	0	0
中国卒中学会	5	4	1	17	6	7
	2	0	0	0	0	0
全国交叉学科学会小计	35	18	16	4433	709	2551
省级其他学科学会小计	138	64	63	5939	2003	3473
中国自然辩证法研究会	0	0	0	0	0	0
	1	0	1	6	1	2
中国管理现代化研究会	1	0	1	0	0	0
	0	0	0	0	0	0
中国技术经济学会	5	2	3	33	7	17
	0	0	0	0	0	0
中国现场统计研究会	0	0	0	0	0	0
	0	0	0	0	0	0

续表 34

学 会	设立科技奖项（个）	#人物类奖项数（个）	#成果类奖项数（个）	表彰奖励科技工作者（人次）	#表彰奖励女性科技工作者（人次）	#表彰奖励45岁及以下科技工作者（人次）
中国未来研究会	0	0	0	0	0	0
	1	1	0	1	0	0
中国科学技术史学会	0	0	0	0	0	0
	0	0	0	0	0	0
中国科学技术情报学会	4	2	1	0	0	0
	10	4	6	234	119	111
中国图书馆学会	0	0	0	0	0	0
	5	3	1	70	38	32
中国城市科学研究会	1	1	0	0	0	0
	0	0	0	0	0	0
中国科学学与科技政策研究会	0	0	0	0	0	0
	0	0	0	0	0	0
中国农村专业技术协会	1	1	0	10	0	2
	5	4	1	7	1	5
中国工业设计协会	0	0	0	0	0	0
	0	0	0	0	0	0
中国工艺美术学会	0	0	0	0	0	0
	4	1	3	36	6	4
中国科普作家协会	1	0	1	73	23	42
	3	1	1	84	22	33
中国自然科学博物馆协会	0	0	0	0	0	0
	0	0	0	0	0	0
中国可持续发展研究会	0	0	0	0	0	0
	0	0	0	0	0	0
中国青少年科技辅导员协会	0	0	0	0	0	0
	1	1	0	0	0	0
中国科教电影电视协会	0	0	0	0	0	0
	0	0	0	0	0	0
中国科学技术期刊编辑学会	3	3	0	0	0	0
	11	5	6	449	298	220
中国流行色协会	2	0	2	77	55	44
	—	—	—	—	—	—
中国档案学会	0	0	0	0	0	0
	3	0	3	29	20	19
中国国土经济学会	0	0	0	0	0	0
	—	—	—	—	—	—
中国土地学会	0	0	0	0	0	0
	9	0	9	627	131	297

续表 35

学 会	设立科技奖项（个）	# 人物类奖项数（个）	# 成果类奖项数（个）	表彰奖励科技工作者（人次）	# 表彰奖励女性科技工作者（人次）	# 表彰奖励45岁及以下科技工作者（人次）
中国科技新闻学会	0	0	0	0	0	0
	0	0	0	0	0	0
中国老科学技术工作者协会	1	1	0	186	11	0
	4	4	0	50	6	0
中国科学探险协会	0	0	0	0	0	0
	—	—	—	—	—	—
中国城市规划学会	8	5	3	8	3	7
	1	0	1	214	7	63
中国产学研合作促进会	2	1	1	3328	550	2110
	1	0	1	20	2	18
中国知识产权研究会	0	0	0	0	0	0
	0	0	0	0	0	0
中国发明协会	1	0	1	650	50	300
	3	1	2	95	19	66
中国工程教育专业认证协会	0	0	0	0	0	0
	—	—	—	—	—	—
中国检验检疫学会	0	0	0	0	0	0
	0	0	0	0	0	0
中国女科技工作者协会	1	1	0	6	6	0
	0	0	0	0	0	0
中国创造学会	1	0	1	17	3	11
	0	0	0	0	0	0
中国经济科技开发国际交流协会	0	0	0	0	0	0
	—	—	—	—	—	—
中国高科技产业化研究会	0	0	0	0	0	0
	—	—	—	—	—	—
中国微量元素科学研究会	0	0	0	0	0	0
	0	0	0	0	0	0
中国国际经济技术合作促进会	—	—	—	—	—	—
	—	—	—	—	—	—
中国基本建设优化研究会	0	0	0	0	0	0
	—	—	—	—	—	—
中国科技馆发展基金会	3	1	2	45	1	18
	—	—	—	—	—	—
中国生物多样性保护与绿色发展基金会	0	0	0	0	0	0
	—	—	—	—	—	—
中国反邪教协会	0	0	0	0	0	0
	0	0	0	0	0	0

续表 36

学 会	通过媒体宣传科技工作者（人次）	# 中央及省级媒体宣传科技工作者（人次）	# 广播电视宣传科技工作者（人次）	# 纸质媒体宣传科技工作者（人次）	# 网络新媒体宣传科技工作者（人次）
全国学会合计	38619	11567	3606	8946	28476
省级同名学会合计	53048	15850	5200	9010	36989
全国理科学会小计	705	138	110	123	587
省级理科学会小计	2839	755	281	431	1767
中国数学会	0	0	0	0	0
	10	0	0	2	7
中国物理学会	0	0	0	0	0
	107	42	14	42	78
中国力学学会	1	1	0	0	1
	21	8	2	7	16
中国光学学会	9	1	1	0	8
	275	30	39	48	159
中国声学学会	1	1	1	0	0
	1	0	0	1	0
中国化学会	12	0	0	0	12
	230	88	57	48	115
中国天文学会	0	0	0	0	0
	40	24	14	11	29
中国气象学会	42	8	7	16	19
	380	61	72	60	240
中国空间科学学会	115	45	20	15	80
	—	—	—	—	—
中国地质学会	130	0	0	30	130
	267	96	7	94	141
中国地理学会	30	0	0	0	30
	23	9	3	2	20
中国地球物理学会	0	0	0	0	0
	35	5	1	24	32
中国矿物岩石地球化学学会	25	0	0	0	25
	2	2	2	1	2
中国古生物学会	65	65	50	50	50
	1	0	0	1	1
中国海洋湖沼学会	21	0	0	0	21
	13	3	1	0	8

续表 37

学　会	通过媒体宣传科技工作者（人次）	# 中央及省级媒体宣传科技工作者（人次）	# 广播电视宣传科技工作者（人次）	# 纸质媒体宣传科技工作者（人次）	# 网络新媒体宣传科技工作者（人次）
中国海洋学会	4	3	0	2	3
	1	1	0	1	1
中国地震学会	5	0	0	0	5
	36	8	3	15	21
中国动物学会	0	0	0	0	0
	80	32	23	21	46
中国植物学会	4	0	0	0	4
	36	16	11	9	17
中国昆虫学会	0	0	0	0	0
	35	14	3	7	21
中国微生物学会	0	0	0	0	0
	91	36	19	8	67
中国生物化学与分子生物学会	0	0	0	0	0
	13	5	1	2	8
中国细胞生物学学会	67	10	9	1	55
	31	26	16	2	17
中国植物生理与植物分子生物学学会	0	0	0	0	0
	0	0	0	0	0
中国生物物理学会	15	0	0	0	15
	1	0	0	0	1
中国遗传学会	0	0	0	0	0
	39	11	5	10	27
中国心理学会	79	0	0	0	79
	160	26	11	81	146
中国生态学学会	18	0	0	0	18
	18	0	9	7	0
中国环境科学学会	0	0	0	0	0
	415	61	0	8	401
中国自然资源学会	0	0	0	0	0
	4	4	0	1	3
中国感光学会	1	0	0	0	1
	—	—	—	—	—
中国优选法统筹法与经济数学研究会	1	1	1	1	1
	0	0	0	0	0
中国岩石力学与工程学会	16	1	1	8	6
	191	151	0	0	152

续表 38

学 会	通过媒体宣传科技工作者（人次）	# 中央及省级媒体宣传科技工作者（人次）	# 广播电视宣传科技工作者（人次）	# 纸质媒体宣传科技工作者（人次）	# 网络新媒体宣传科技工作者（人次）
中国野生动物保护协会	0	0	0	0	0
	0	0	0	0	0
中国系统工程学会	2	2	0	0	2
	0	0	0	0	0
中国实验动物学会	3	0	0	0	3
	17	2	2	0	17
中国青藏高原研究会	24	0	20	0	4
	—	—	—	—	—
中国环境诱变剂学会	1	0	0	0	1
	4	0	1	1	2
中国运筹学会	0	0	0	0	0
	11	1	0	0	11
中国菌物学会	12	0	0	0	12
	0	0	0	0	0
中国晶体学会	0	0	0	0	0
	—	—	—	—	—
中国神经科学学会	1	0	0	0	1
	48	4	3	2	39
中国认知科学学会	0	0	0	0	0
	0	0	0	0	0
中国微循环学会	0	0	0	0	0
	25	6	5	5	5
国际数字地球协会	0	0	0	0	0
	—	—	—	—	—
国际动物学会	1	0	0	0	1
	80	32	23	21	46
全国工科学会小计	7443	2064	378	2041	5156
省级工科学会小计	10197	1762	799	3519	6534
中国机械工程学会	92	3	6	14	87
	131	32	3	40	103
中国汽车工程学会	0	0	0	0	0
	16	6	1	5	8
中国农业机械学会	13	2	2	0	11
	252	47	17	40	193

续表 39

学　会	通过媒体宣传科技工作者（人次）	# 中央及省级媒体宣传科技工作者（人次）	# 广播电视宣传科技工作者（人次）	# 纸质媒体宣传科技工作者（人次）	# 网络新媒体宣传科技工作者（人次）
中国农业工程学会	6	0	0	0	6
	22	8	3	3	15
中国电机工程学会	129	0	0	111	129
	1804	228	438	505	879
中国电工技术学会	45	2	1	14	28
	19	0	0	0	19
中国水力发电工程学会	9	3	6	7	9
	28	0	0	0	28
中国水利学会	171	18	18	4	150
	134	2	0	0	134
中国内燃机学会	35	0	0	0	35
	61	25	0	0	61
中国工程热物理学会	0	0	0	0	0
	1	0	0	0	0
中国空气动力学会	0	0	0	0	0
	—	—	—	—	—
中国制冷学会	3	0	0	3	0
	7	1	1	2	3
中国真空学会	0	0	0	0	0
	51	0	0	43	51
中国自动化学会	166	74	33	65	87
	168	67	36	47	67
中国仪器仪表学会	84	7	5	1	74
	31	21	1	10	31
中国计量测试学会	0	0	0	0	0
	27	10	1	1	26
中国标准化协会	0	0	0	0	0
	55	15	5	0	55
中国图学学会	0	0	0	0	0
	6	1	0	1	4
中国电子学会	271	149	12	131	138
	329	4	39	91	194
中国计算机学会	0	0	0	0	0
	136	17	39	2	96
中国通信学会	68	0	0	0	68
	134	13	2	65	83

续表 40

学　会	通过媒体宣传科技工作者（人次）	#中央及省级媒体宣传科技工作者（人次）	#广播电视宣传科技工作者（人次）	#纸质媒体宣传科技工作者（人次）	#网络新媒体宣传科技工作者（人次）
中国中文信息学会	5	4	0	0	5
	0	0	0	0	0
中国测绘学会	166	166	0	50	116
	85	19	5	16	70
中国造船工程学会	17	17	4	2	11
	33	8	1	11	17
中国航海学会	555	172	170	229	241
	23	14	1	16	19
中国铁道学会	166	60	0	76	90
	70	23	8	18	35
中国公路学会	347	26	0	70	205
	197	8	5	87	119
中国航空学会	160	160	5	22	160
	41	16	1	1	30
中国宇航学会	17	0	0	0	17
	4	2	2	0	2
中国兵工学会	30	0	0	1	29
	21	6	4	9	9
中国金属学会	120	120	0	103	17
	422	18	6	68	365
中国有色金属学会	23	23	0	23	0
	311	12	2	5	304
中国稀土学会	9	0	0	0	9
	0	0	0	0	0
中国腐蚀与防护学会	147	0	0	61	86
	12	3	2	1	11
中国化工学会	150	85	12	31	107
	99	18	22	37	64
中国核学会	50	50	0	0	50
	30	9	9	11	23
中国石油学会	121	51	6	25	90
	48	39	5	8	42
中国煤炭学会	533	41	9	50	533
	25	2	0	17	8
中国可再生能源学会	21	0	0	1	21
	4	0	1	2	4

续表 41

学 会	通过媒体宣传科技工作者（人次）	# 中央及省级媒体宣传科技工作者（人次）	# 广播电视宣传科技工作者（人次）	# 纸质媒体宣传科技工作者（人次）	# 网络新媒体宣传科技工作者（人次）
中国能源研究会	43	0	0	43	43
	17	4	2	5	9
中国硅酸盐学会	151	1	0	45	105
	76	7	6	7	57
中国建筑学会	34	4	4	4	34
	1733	186	2	983	1013
中国土木工程学会	0	0	0	0	0
	500	220	0	300	350
中国生物工程学会	0	0	0	0	0
	33	1	10	10	12
中国纺织工程学会	335	335	0	165	335
	516	24	1	452	75
中国造纸学会	25	0	0	25	25
	31	7	1	10	13
中国文物保护技术协会	12	0	0	0	12
	—	—	—	—	—
中国印刷技术协会	189	2	0	56	189
	5	0	0	0	5
中国材料研究学会	69	8	4	6	54
	0	0	0	0	0
中国食品科学技术学会	391	391	0	391	391
	306	203	102	102	105
中国粮油学会	54	9	0	0	53
	30	0	0	0	30
中国职业安全健康协会	297	0	0	136	161
	1	0	1	1	1
中国烟草学会	30	10	0	10	10
	698	44	0	230	601
中国仿真学会	0	0	0	0	0
	1	1	1	0	0
中国电影电视技术学会	0	0	0	0	0
	0	0	0	0	0
中国振动工程学会	4	2	0	0	4
	5	0	0	0	5
中国颗粒学会	11	0	0	0	11
	5	2	0	0	4

续表 42

学　会	通过媒体宣传科技工作者（人次）	# 中央及省级媒体宣传科技工作者（人次）	# 广播电视宣传科技工作者（人次）	# 纸质媒体宣传科技工作者（人次）	# 网络新媒体宣传科技工作者（人次）
中国照明学会	0	0	0	0	0
	156	85	11	36	44
中国动力工程学会	7	0	0	0	7
	0	0	0	0	0
中国惯性技术学会	1	0	0	0	1
	0	0	0	0	0
中国风景园林学会	0	0	0	0	0
	33	1	2	2	30
中国电源学会	9	0	0	0	9
	0	0	0	0	0
中国复合材料学会	0	0	0	0	0
	18	0	0	0	18
中国消防协会	0	0	0	0	0
	14	6	0	1	8
中国图象图形学学会	52	0	0	0	52
	0	0	0	0	0
中国人工智能学会	862	47	27	19	817
	71	36	8	13	54
中国体视学学会	1	0	0	0	1
	0	0	0	0	0
中国工程机械学会	0	0	0	0	0
	—	—	—	—	—
中国海洋工程咨询协会	0	0	0	0	0
	—	—	—	—	—
中国遥感应用协会	2	0	0	0	2
	—	—	—	—	—
中国指挥与控制学会	6	2	0	0	6
	—	—	—	—	—
中国光学工程学会	138	0	37	10	83
	25	0	0	0	12
中国微米纳米技术学会	10	0	0	0	10
	—	—	—	—	—
中国密码学会	32	0	3	5	24
	—	—	—	—	—
中国大坝工程学会	60	10	6	12	32
	—	—	—	—	—
中国卫星导航定位协会	850	0	5	10	50
	—	—	—	—	—

续表 43

学　会	通过媒体宣传科技工作者（人次）	# 中央及省级媒体宣传科技工作者（人次）	# 广播电视宣传科技工作者（人次）	# 纸质媒体宣传科技工作者（人次）	# 网络新媒体宣传科技工作者（人次）
中国生物材料学会	39	10	3	10	26
	0	0	0	0	0
国际粉体检测与控制联合会	0	0	0	0	0
	—	—	—	—	—
全国农科学会小计	**6761**	**3559**	**124**	**2102**	**4420**
省级农科学会小计	**5628**	**761**	**387**	**471**	**3865**
中国农学会	5500	2683	60	1987	3325
	173	47	30	28	140
中国林学会	63	0	8	9	63
	149	53	5	37	89
中国土壤学会	0	0	0	0	0
	97	50	17	31	42
中国水产学会	786	786	0	0	786
	109	23	8	9	94
中国园艺学会	144	55	39	33	78
	172	58	47	66	95
中国畜牧兽医学会	68	5	1	56	10
	3896	72	34	13	2870
中国植物病理学会	0	0	0	0	0
	10	0	0	2	7
中国植物保护学会	0	0	0	0	0
	58	31	9	25	30
中国作物学会	116	23	13	14	79
	123	47	24	26	69
中国热带作物学会	7	7	1	0	6
	2	0	0	1	1
中国蚕学会	0	0	0	0	0
	10	1	1	1	7
中国水土保持学会	0	0	0	0	0
	23	1	2	2	19
中国茶叶学会	65	0	2	3	61
	64	23	8	15	48
中国草学会	12	0	0	0	12
	698	44	0	230	601
中国植物营养与肥料学会	0	0	0	0	0
	9	9	9	0	0

续表 44

学　　会	通过媒体宣传科技工作者（人次）	#中央及省级媒体宣传科技工作者（人次）	#广播电视宣传科技工作者（人次）	#纸质媒体宣传科技工作者（人次）	#网络新媒体宣传科技工作者（人次）
中国农业历史学会	0	0	0	0	0
	0	0	0	0	0
全国医科学会小计	**18210**	**3132**	**2939**	**2122**	**14468**
省级医科学会小计	**18180**	**8355**	**2380**	**2291**	**14395**
中华医学会	52	52	0	26	26
	0	0	0	0	0
中华中医药学会	14114	2317	1944	1703	10467
	—	—	—	—	—
中国中西医结合学会	0	0	0	0	0
	506	222	181	78	209
中国药学会	296	296	0	0	296
	2853	1611	363	551	1842
中华护理学会	221	221	221	221	221
	—	—	—	—	—
中国生理学会	14	0	0	6	8
	44	10	5	8	39
中国解剖学会	2	0	0	0	0
	32	1	3	2	31
中国生物医学工程学会	0	0	0	0	0
	73	3	5	12	48
中国病理生理学会	24	3	10	12	16
	7	5	5	7	4
中国营养学会	114	26	26	26	114
	1286	153	232	156	907
中国药理学会	31	0	0	0	31
	110	8	4	3	105
中国针灸学会	44	4	6	5	29
	66	19	16	6	50
中国防痨协会	711	100	711	100	711
	194	56	43	26	148
中国麻风防治协会	0	0	0	0	0
	2	1	0	0	2
中国心理卫生协会	0	0	0	0	0
	55	22	13	9	35

续表 45

学 会	通过媒体宣传科技工作者（人次）	# 中央及省级媒体宣传科技工作者（人次）	# 广播电视宣传科技工作者（人次）	# 纸质媒体宣传科技工作者（人次）	# 网络新媒体宣传科技工作者（人次）
中国抗癌协会	8	0	0	0	8
	404	166	116	69	252
中国体育科学学会	17	0	3	3	11
	95	44	14	31	79
中国毒理学会	15	0	0	0	15
	7	2	1	2	5
中国康复医学会	852	0	0	5	852
	1191	63	87	16	1113
中国免疫学会	1	1	0	0	0
	82	49	21	31	50
中华预防医学会	0	0	0	0	0
	—	—	—	—	—
中国法医学会	0	0	0	0	0
	2	0	1	0	1
中华口腔医学会	1573	55	18	15	1543
	—	—	—	—	—
中国医学救援协会	0	0	0	0	0
	—	—	—	—	—
中国女医师协会	3	0	0	0	2
	0	0	0	0	0
中国研究型医院学会	118	57	0	0	118
	20	3	10	5	20
中国睡眠研究会	0	0	0	0	0
	19	1	7	3	9
中国卒中学会	0	0	0	0	0
	719	96	86	54	575
全国交叉学科学会小计	5500	2674	55	2558	3845
省级其他学科学会小计	16204	4217	1353	2298	10428
中国自然辩证法研究会	0	0	0	0	0
	0	0	0	0	0
中国管理现代化研究会	0	0	0	0	0
	0	0	0	0	0
中国技术经济学会	10	0	0	0	10
	6	0	0	0	0
中国现场统计研究会	0	0	0	0	0
	0	0	0	0	0

续表 46

学 会	通过媒体宣传科技工作者（人次）	#中央及省级媒体宣传科技工作者（人次）	#广播电视宣传科技工作者（人次）	#纸质媒体宣传科技工作者（人次）	#网络新媒体宣传科技工作者（人次）
中国未来研究会	0	0	0	0	0
	16	0	2	1	9
中国科学技术史学会	1	1	0	0	1
	1	0	0	0	1
中国科学技术情报学会	3	0	0	0	3
	57	2	0	0	57
中国图书馆学会	0	0	0	0	0
	39	1	0	8	36
中国城市科学研究会	450	50	30	200	220
	301	0	0	0	301
中国科学学与科技政策研究会	0	0	0	0	0
	0	0	0	0	0
中国农村专业技术协会	140	2	0	10	100
	120	78	9	10	88
中国工业设计协会	0	0	0	0	0
	5	0	0	0	5
中国工艺美术学会	0	0	0	0	0
	105	57	5	39	62
中国科普作家协会	500	0	0	2	200
	171	81	26	63	81
中国自然科学博物馆协会	0	0	0	0	0
	0	0	0	0	0
中国可持续发展研究会	0	0	0	0	0
	25	0	0	0	25
中国青少年科技辅导员协会	58	0	0	0	58
	7	3	1	3	5
中国科教电影电视协会	7	0	0	0	7
	386	20	180	130	200
中国科学技术期刊编辑学会	0	0	0	0	0
	152	1	81	25	40
中国流行色协会	1180	0	0	700	480
	—	—	—	—	—
中国档案学会	0	0	0	0	0
	0	0	0	0	0
中国国土经济学会	45	9	1	9	45
	—	—	—	—	—
中国土地学会	10	0	0	0	10
	1032	11	0	8	24

续表 47

学 会	通过媒体宣传科技工作者（人次）	#中央及省级媒体宣传科技工作者（人次）	#广播电视宣传科技工作者（人次）	#纸质媒体宣传科技工作者（人次）	#网络新媒体宣传科技工作者（人次）
中国科技新闻学会	13	13	0	0	13
	80	26	10	79	21
中国老科学技术工作者协会	186	0	0	186	186
	250	43	4	93	104
中国科学探险协会	0	0	0	0	0
	—	—	—	—	—
中国城市规划学会	2560	2560	15	1260	2380
	1	0	0	0	1
中国产学研合作促进会	226	3	3	180	43
	1	1	1	1	1
中国知识产权研究会	38	0	0	0	38
	18	0	3	3	11
中国发明协会	34	34	6	11	17
	35	35	0	10	35
中国工程教育专业认证协会	0	0	0	0	0
	—	—	—	—	—
中国检验检疫学会	1	1	0	0	1
	0	0	0	0	0
中国女科技工作者协会	21	0	0	0	21
	54	54	5	5	54
中国创造学会	6	1	0	0	1
	0	0	0	0	0
中国经济科技开发国际交流协会	0	0	0	0	0
	—	—	—	—	—
中国高科技产业化研究会	0	0	0	0	0
中国微量元素科学研究会	0	0	0	0	0
	185	42	18	9	42
中国国际经济技术合作促进会	—	—	—	—	—
	—	—	—	—	—
中国基本建设优化研究会	0	0	0	0	0
	—	—	—	—	—
中国科技馆发展基金会	11	0	0	0	11
	—	—	—	—	—
中国生物多样性保护与绿色发展基金会	0	0	0	0	0
	—	—	—	—	—
中国反邪教协会	0	0	0	0	0
	95	0	92	1	2

续表 48

学 会	举办科技志愿服务活动（次）	参与科技志愿服务活动人次（人次）	科技志愿服务组织（个）	科技志愿者（人）	专职科普人员（人）	兼职科普人员（人）
全国学会合计	3031	401064	2508	85765	859	48813
省级同名学会合计	17860	3137775	3239	218823	7453	120201
全国理科学会小计	1044	59562	211	9365	145	2702
省级理科学会小计	1861	130772	392	13352	670	9602
中国数学学会	0	0	0	0	0	0
	4	27	2	16	0	65
中国物理学会	0	0	0	0	0	39
	53	975	12	277	6	302
中国力学学会	0	0	0	0	3	5
	17	1152	2	46	4	163
中国光学学会	10	160	3	180	3	270
	277	53920	16	411	1	274
中国声学学会	11	1550	3	137	1	36
	11	298	4	82	5	33
中国化学学会	0	0	0	0	1	0
	32	1553	6	580	17	441
中国天文学会	0	0	0	0	0	0
	50	1572	9	463	107	242
中国气象学会	8	5022	0	447	7	143
	266	12384	64	3388	133	2982
中国空间科学学会	0	0	0	0	0	0
	—	—	—	—	—	—
中国地质学会	0	0	0	100	0	202
	85	14663	51	907	61	605
中国地理学会	13	65	0	0	2	7
	29	905	8	686	4	189
中国地球物理学会	0	0	0	0	0	0
	11	295	3	74	3	81
中国矿物岩石地球化学学会	18	120	1	15	0	16
	33	82	21	168	2	70
中国古生物学会	0	0	0	30	40	100
	11	141	2	40	1	40
中国海洋湖沼学会	5	200	8	226	4	222
	3	30	6	25	2	50

续表 49

学 会	举办科技志愿服务活动（次）	参与科技志愿服务活动人次（人次）	科技志愿服务组织（个）	科技志愿者（人）	专职科普人员（人）	兼职科普人员（人）
中国海洋学会	0	0	0	300	7	300
	0	0	0	0	0	64
中国地震学会	0	0	0	0	1	67
	62	306	9	308	31	238
中国动物学会	5	114	0	0	2	146
	48	26029	7	169	11	170
中国植物学会	91	91	1	44	0	31
	185	932	5	173	9	197
中国昆虫学会	5	20	1	12	0	6
	142	3443	14	170	6	177
中国微生物学会	0	0	0	0	0	0
	77	452	14	420	8	701
中国生物化学与分子生物学会	0	0	0	0	0	0
	10	394	2	11	14	28
中国细胞生物学学会	326	743	16	25	1	38
	43	254	0	342	11	339
中国植物生理与植物分子生物学学会	10	53	0	105	3	30
	0	0	1	20	1	10
中国生物物理学会	20	93	13	205	2	0
	3	54	1	28	0	27
中国遗传学会	0	0	1	0	0	22
	67	467	10	120	37	148
中国心理学会	500	800	2	500	50	450
	139	6086	52	972	97	695
中国生态学学会	0	0	0	0	0	0
	18	350	2	73	1	220
中国环境科学学会	0	0	0	0	0	0
	155	15031	38	2593	61	689
中国自然资源学会	0	0	0	0	0	5
	3	33	2	117	18	67
中国感光学会	3	15	1	18	0	15
	—	—	—	—	—	—
中国优选法统筹法与经济数学研究会	0	0	0	0	1	2
	0	0	0	0	0	0
中国岩石力学与工程学会	2	120	0	0	0	0
	15	532	5	49	5	131

续表 50

学　会	举办科技志愿服务活动（次）	参与科技志愿服务活动人次（人次）	科技志愿服务组织（个）	科技志愿者（人）	专职科普人员（人）	兼职科普人员（人）
中国野生动物保护协会	2	50000	160	4800	6	2
	0	0	1	51	0	0
中国系统工程学会	0	0	0	0	0	0
	5	70	0	0	0	1
中国实验动物学会	0	0	0	0	3	15
	0	0	0	18	0	7
中国青藏高原研究会	0	0	0	10	8	30
	—	—	—	—	—	—
中国环境诱变剂学会	0	0	0	0	0	340
	13	192	5	226	0	172
中国运筹学会	8	60	1	10	0	10
	3	26	1	21	1	25
中国菌物学会	0	0	0	0	0	12
	0	0	0	0	0	0
中国晶体学会	0	0	0	0	0	0
	—	—	—	—	—	—
中国神经科学学会	0	0	0	200	0	0
	17	58	3	134	26	206
中国认知科学学会	4	200	0	20	0	10
	0	0	0	0	0	0
中国微循环学会	3	136	0	1980	0	130
	2	30	1	40	1	19
国际数字地球协会	0	0	0	0	0	0
	—	—	—	—	—	—
国际动物学会	0	0	0	1	0	1
	48	26029	7	169	11	170
全国工科学会小计	**626**	**163570**	**173**	**8487**	**281**	**4579**
省级工科学会小计	**1459**	**128178**	**814**	**19732**	**952**	**9826**
中国机械工程学会	29	367	5	92	4	27
	47	2255	13	667	14	231
中国汽车工程学会	0	0	0	0	8	0
	8	360	5	289	8	126
中国农业机械学会	0	0	0	0	0	11
	29	455	2	1200	25	150

续表 51

学 会	举办科技志愿服务活动（次）	参与科技志愿服务活动人次（人次）	科技志愿服务组织（个）	科技志愿者（人）	专职科普人员（人）	兼职科普人员（人）
中国农业工程学会	15	27600	14	14	0	5
	7	167	3	38	0	20
中国电机工程学会	11	753	1	671	5	662
	69	2481	22	4117	47	364
中国电工技术学会	15	582	5	221	10	256
	14	954	14	403	42	311
中国水力发电工程学会	3	50	1	30	3	6
	9	124	5	141	2	70
中国水利学会	43	1781	16	244	10	256
	23	15487	10	965	10	3002
中国内燃机学会	1	40	1	40	0	40
	11	21	1	85	1	32
中国工程热物理学会	0	0	0	0	0	2
	0	0	0	0	0	5
中国空气动力学会	0	0	0	0	0	0
	—	—	—	—	—	—
中国制冷学会	0	0	0	0	2	21
	39	6011	174	832	21	304
中国真空学会	0	0	0	0	0	0
	0	0	1	75	4	46
中国自动化学会	48	1626	5	524	5	173
	18	1394	3	498	7	405
中国仪器仪表学会	27	684	8	177	2	142
	20	190	4	153	2	119
中国计量测试学会	0	0	1	10	2	0
	20	448	5	147	20	93
中国标准化协会	3	165	0	0	0	5
	12	287	219	35	5	27
中国图学学会	0	0	0	4	1	12
	26	87	2	70	0	213
中国电子学会	28	1043	2	368	9	191
	44	753	11	637	71	290
中国计算机学会	0	0	0	0	0	0
	27	2375	12	465	21	206
中国通信学会	0	0	0	78	0	0
	14	2313	58	462	17	207

续表 52

学 会	举办科技志愿服务活动（次）	参与科技志愿服务活动人次（人次）	科技志愿服务组织（个）	科技志愿者（人）	专职科普人员（人）	兼职科普人员（人）
中国中文信息学会	0	0	0	10	0	0
	2	60	1	50	0	0
中国测绘学会	0	0	0	0	3	0
	12	1320	3	458	23	222
中国造船工程学会	4	76	2	39	9	13
	3	29	2	53	8	59
中国航海学会	13	586	3	145	18	76
	34	420	10	160	30	157
中国铁道学会	0	0	0	0	0	0
	23	992	5	310	17	162
中国公路学会	4	816	2	104	3	65
	36	2127	30	1337	15	202
中国航空学会	130	110000	5	300	3	2
	25	814	4	95	11	84
中国宇航学会	1	110	1	800	6	50
	1	20	1	65	2	37
中国兵工学会	4	210	4	56	10	43
	3	104	2	138	13	85
中国金属学会	0	0	0	0	0	0
	82	325	5	201	9	143
中国有色金属学会	0	0	0	0	3	0
	50	82	1	25	5	50
中国稀土学会	0	0	0	0	2	0
	0	0	0	0	0	22
中国腐蚀与防护学会	3	66	1	50	1	0
	7	505	2	74	10	81
中国化工学会	73	5958	10	414	20	118
	44	624	20	257	6	147
中国核学会	0	0	0	0	0	0
	29	3116	15	395	50	197
中国石油学会	3	3	3	101	9	101
	23	2477	7	610	9	407
中国煤炭学会	3	1066	1	50	6	15
	2	98	2	78	5	114
中国可再生能源学会	0	0	0	0	4	17
	1	40	0	10	0	60

续表 53

学 会	举办科技志愿服务活动（次）	参与科技志愿服务活动人次（人次）	科技志愿服务组织（个）	科技志愿者（人）	专职科普人员（人）	兼职科普人员（人）
中国能源研究会	3	2080	35	400	2	9
	14	68	1	108	7	38
中国硅酸盐学会	10	191	2	81	0	98
	21	427	5	269	3	122
中国建筑学会	0	0	0	90	3	5
	13	97	2	192	2	67
中国土木工程学会	0	0	0	0	0	0
	12	350	0	0	0	10
中国生物工程学会	0	0	0	0	0	0
	4	21	0	24	0	55
中国纺织工程学会	8	633	1	97	5	44
	16	128	1	62	4	105
中国造纸学会	0	0	0	2	0	2
	15	90	3	74	6	582
中国文物保护技术协会	0	0	0	0	0	0
	—	—	—	—	—	—
中国印刷技术协会	0	0	1	20	2	30
	0	0	0	0	0	0
中国材料研究学会	55	754	3	165	9	118
	0	0	0	0	0	5
中国食品科学技术学会	1	50	0	0	3	15
	68	953	8	375	6	253
中国粮油学会	0	0	1	50	0	4
	3	60	4	50	1	49
中国职业安全健康协会	0	0	6	920	7	12
	0	0	0	1	2	7
中国烟草学会	0	0	0	0	0	2
	57	4816	22	501	50	261
中国仿真学会	0	0	0	0	0	0
	0	0	0	0	0	0
中国电影电视技术学会	0	0	0	0	1	4
	0	0	0	0	0	0
中国振动工程学会	0	0	0	0	0	12
	9	74	1	9	0	10
中国颗粒学会	0	0	0	0	0	0
	4	202	1	57	2	46

续表 54

学　会	举办科技志愿服务活动（次）	参与科技志愿服务活动人次（人次）	科技志愿服务组织（个）	科技志愿者（人）	专职科普人员（人）	兼职科普人员（人）
中国照明学会	0	0	1	20	2	18
	7	235	2	102	1	100
中国动力工程学会	3	60	1	18	0	2
	0	0	0	0	0	0
中国惯性技术学会	1	2	0	50	0	20
	1	11	0	15	0	16
中国风景园林学会	2	40	1	6	0	1
	8	410	1	53	0	13
中国电源学会	0	0	0	0	1	0
	2	50	1	55	0	18
中国复合材料学会	0	0	0	0	0	0
	8	81	2	41	2	105
中国消防协会	0	0	1	15	0	0
	88	40030	1	108	132	72
中国图象图形学学会	11	70	1	30	1	35
	0	0	0	23	0	6
中国人工智能学会	46	1739	17	1512	66	1378
	21	932	17	316	66	223
中国体视学学会	5	12	0	20	0	14
	4	20	1	50	0	50
中国工程机械学会	2	30	0	0	0	0
	—	—	—	—	—	—
中国海洋工程咨询协会	0	0	0	0	0	0
	—	—	—	—	—	—
中国遥感应用协会	0	0	0	0	10	300
	—	—	—	—	—	—
中国指挥与控制学会	2	200	3	300	0	0
	—	—	—	—	—	—
中国光学工程学会	0	0	0	0	4	54
	10	60	1	70	0	70
中国微米纳米技术学会	2	1280	1	20	1	21
	—	—	—	—	—	—
中国密码学会	0	0	0	20	0	3
	—	—	—	—	—	—
中国大坝工程学会	2	65	1	7	3	12
	—	—	—	—	—	—
中国卫星导航定位协会	2	32	4	32	2	5
	—	—	—	—	—	—

续表 55

学　会	举办科技志愿服务活动（次）	参与科技志愿服务活动人次（人次）	科技志愿服务组织（个）	科技志愿者（人）	专职科普人员（人）	兼职科普人员（人）
中国生物材料学会	9	2600	1	60	1	42
	1	10	0	0	0	0
国际粉体检测与控制联合会	1	150	1	10	0	10
	—	—	—	—	—	—
全国农科学会小计	**376**	**10024**	**49**	**4243**	**50**	**1638**
省级农科学会小计	**1415**	**85706**	**413**	**8034**	**310**	**8714**
中国农学会	55	1800	1	2864	5	132
	118	2622	12	1148	80	900
中国林学会	128	170	1	124	4	103
	192	2820	182	616	18	378
中国土壤学会	0	0	0	0	0	0
	55	513	27	246	4	412
中国水产学会	21	230	22	461	4	457
	31	657	8	264	6	254
中国园艺学会	74	3129	12	130	34	182
	47	1012	10	737	2	767
中国畜牧兽医学会	1	800	1	33	1	36
	52	453	8	561	0	619
中国植物病理学会	0	0	0	0	0	0
	4	27	2	16	0	65
中国植物保护学会	4	242	2	59	0	11
	15	271	5	94	2	118
中国作物学会	40	3396	3	309	0	562
	222	241	14	302	3	291
中国热带作物学会	33	155	1	155	0	155
	1	11	1	25	0	5
中国蚕学会	0	0	0	0	0	0
	2	32	0	32	0	0
中国水土保持学会	0	0	0	0	0	0
	7	267	5	178	0	169
中国茶叶学会	20	102	6	108	2	0
	32	744	12	250	25	304
中国草学会	0	0	0	0	0	0
	57	4816	22	501	50	261
中国植物营养与肥料学会	0	0	0	0	0	0
	0	0	1	50	50	0

续表 56

学 会	举办科技志愿服务活动（次）	参与科技志愿服务活动人次（人次）	科技志愿服务组织（个）	科技志愿者（人）	专职科普人员（人）	兼职科普人员（人）
中国农业历史学会	0	0	0	0	0	0
	0	0	0	0	0	0
全国医科学会小计	762	58694	2056	61972	173	35900
省级医科学会小计	8539	2523421	1285	85306	1357	77956
中华医学会	0	0	0	0	3	1
	0	0	0	0	0	0
中华中医药学会	5	50	28	800	4	2
	—	—	—	—	—	—
中国中西医结合学会	603	4080	0	0	0	0
	175	3110	60	2012	1	1230
中国药学会	7	4007	376	16000	15	3
	814	2019503	333	11557	145	11074
中华护理学会	0	0	0	0	1	14
	—	—	—	—	—	—
中国生理学会	5	100	1	107	1	38
	27	152	3	102	5	38
中国解剖学会	6	37000	1	20	10	30
	40	223	12	197	11	311
中国生物医学工程学会	0	0	0	0	0	0
	1	5	1	55	0	11
中国病理生理学会	10	88	4	58	0	26
	3	60	1	0	0	4
中国营养学会	4	200	1	170	2	130
	767	12000	54	1603	80	3310
中国药理学会	3	10353	5	153	1	152
	33	480	1	228	2	217
中国针灸学会	1	40	1	30	1	10
	184	12440	41	1522	54	1624
中国防痨协会	8	504	1	117	117	0
	60	6437	5	5688	20	94
中国麻风防治协会	0	0	0	0	0	0
	5	67	1	45	7	43
中国心理卫生协会	0	0	0	0	0	0
	7	1004	1	25	91	146

续表 57

学 会	举办科技志愿服务活动（次）	参与科技志愿服务活动人次（人次）	科技志愿服务组织（个）	科技志愿者（人）	专职科普人员（人）	兼职科普人员（人）
中国抗癌协会	1	35	0	0	1	6
	76	6422	52	1357	11	1330
中国体育科学学会	37	60	0	100	0	123
	112	5972	56	366	18	157
中国毒理学会	5	50	1	15	5	45
	24	468	6	959	2	51
中国康复医学会	52	960	1	733	9	724
	86	20601	44	2224	5	129
中国免疫学会	0	0	0	0	0	0
	64	2096	38	512	2	515
中华预防医学会	0	0	0	0	0	0
	—	—	—	—	—	—
中国法医学会	0	0	0	0	0	0
	0	0	0	14	0	14
中华口腔医学会	7	120	0	445	1	1
	—	—	—	—	—	—
中国医学救援协会	3	500	0	120	0	30
	—	—	—	—	—	—
中国女医师协会	0	0	0	0	0	0
	0	0	0	0	0	0
中国研究型医院学会	0	0	0	0	0	60
	30	200	2	80	20	80
中国睡眠研究会	4	8	2	2	2	4
	1	300	0	12	12	13
中国卒中学会	1	539	1634	43102	0	34501
	79	4789	6	1068	32	1616
全国交叉学科学会小计	**223**	**109214**	**19**	**1698**	**210**	**3994**
省级其他学科学会小计	**4586**	**269698**	**335**	**92399**	**4164**	**14103**
中国自然辩证法研究会	0	0	0	0	0	0
	4	10	0	20	0	18
中国管理现代化研究会	0	0	0	0	0	0
	0	0	0	18	0	0
中国技术经济学会	0	0	0	0	0	0
	0	0	0	0	0	0
中国现场统计研究会	0	0	0	0	0	0
	8	43	0	35	0	30

续表 58

学　会	举办科技志愿服务活动（次）	参与科技志愿服务活动人次（人次）	科技志愿服务组织（个）	科技志愿者（人）	专职科普人员（人）	兼职科普人员（人）
中国未来研究会	0	0	0	0	0	0
	2	115	1	35	2	55
中国科学技术史学会	0	0	0	0	0	2
	0	0	0	0	0	0
中国科学技术情报学会	0	0	1	30	0	2
	43	677	2	37	0	122
中国图书馆学会	0	0	0	0	3	404
	12	224	2	104	3	40
中国城市科学研究会	3	500	3	200	60	600
	2	30	1	16	1	15
中国科学学与科技政策研究会	0	0	0	0	0	310
	0	0	0	0	0	0
中国农村专业技术协会	26	5500	1	500	7	200
	176	9732	25	1424	56	919
中国工业设计协会	0	0	0	0	0	0
	0	0	0	0	0	0
中国工艺美术学会	0	0	0	0	0	0
	12	130	5	167	3	127
中国科普作家协会	0	0	0	0	0	0
	35	2347	7	338	10	96
中国自然科学博物馆协会	0	0	0	0	0	0
	18	37	1	17	0	10
中国可持续发展研究会	0	0	0	0	0	0
	6	46	1	6	1	12
中国青少年科技辅导员协会	1	8	0	0	0	0
	6	163	3	78	1	77
中国科教电影电视协会	152	100000	0	10	0	5
	0	0	0	0	3200	200
中国科学技术期刊编辑学会	0	0	0	0	0	13
	2	20	3	93	3	168
中国流行色协会	14	30	2	20	9	240
	—	—	—	—	—	—
中国档案学会	0	0	0	0	0	0
	9	20	1	35	3	30
中国国土经济学会	1	10	1	12	1	5
	—	—	—	—	—	—
中国土地学会	0	0	0	0	0	0
	18	563	15	454	8	299

续表 59

学 会	举办科技志愿服务活动（次）	参与科技志愿服务活动人次（人次）	科技志愿服务组织（个）	科技志愿者（人）	专职科普人员（人）	兼职科普人员（人）
中国科技新闻学会	0	0	0	0	0	0
	3	550	3	80	19	0
中国老科学技术工作者协会	0	0	0	0	0	0
	355	23396	3	43580	7	214
中国科学探险协会	0	0	0	0	0	0
	—	—	—	—	—	—
中国城市规划学会	7	1452	0	377	2	1190
	0	0	1	37	2	37
中国产学研合作促进会	0	0	1	15	120	570
	6	20	1	20	3	17
中国知识产权研究会	0	0	0	0	0	2
	26	981	7	82	0	71
中国发明协会	0	0	0	0	0	0
	1	7	1	7	5	2
中国工程教育专业认证协会	0	0	0	0	0	0
	—	—	—	—	—	—
中国检验检疫学会	0	0	0	0	6	3
	0	0	0	0	0	0
中国女科技工作者协会	3	1025	9	140	0	0
	7	2019	2	339	0	339
中国创造学会	0	0	0	0	0	3
	0	0	0	0	0	2
中国经济科技开发国际交流协会	0	0	0	0	0	0
中国高科技产业化研究会	0	0	0	0	0	15
中国微量元素科学研究会	0	0	0	0	0	0
	35	829	6	132	4	140
中国国际经济技术合作促进会	—	—	—	—	—	—
	—	—	—	—	—	—
中国基本建设优化研究会	0	0	0	0	0	0
	—	—	—	—	—	—
中国科技馆发展基金会	12	449	1	394	0	394
	—	—	—	—	—	—
中国生物多样性保护与绿色发展基金会	3	40	0	0	2	35
	—	—	—	—	—	—
中国反邪教协会	1	200	0	0	0	1
	83	642	2	110	5	155

四、国际及港澳台地区民间科技交流

2020 年各全国学会、省级同名学会国际及港澳台地区民间科技交流情况

学会	加入国际民间科技组织（个）	任职专家（位）	#高级别任职专家（位）	#一级任职专家（位）	一般职别专家（位）	组织参加国际学术计划（项）	参加国际科技活动人次（人次）	#参加港澳台地区科技活动人次（人次）	接待大陆境外专家学者（人次）	#接待港澳地区专家学者（人次）
全国学会合计	612	1333	559	775	65	60	53490	443	2734	1199
省级同名学会合计	246	908	608	285	103	66	5329	1034	3325	570
全国理科学会小计	99	238	98	140	19	3	95	5	233	27
省级理科学会小计	63	79	40	39	8	29	649	67	467	101
中国数学会	2	2	2	0	0	0	0	0	7	7
	1	6	0	6	0	0	21	10	15	8
中国物理学会	6	20	4	16	0	0	15	0	0	0
	1	1	0	1	0	0	12	1	14	1
中国力学学会	5	22	4	18	0	0	0	0	0	0
	1	1	1	0	0	0	2	2	4	3
中国光学学会	2	2	1	1	0	0	0	0	0	0
	5	14	14	0	0	0	65	22	15	10
中国声学学会	10	10	3	7	2	0	50	0	0	0
	1	0	0	0	0	0	2	0	5	1
中国化学会	7	27	3	24	0	0	0	0	0	0
	8	10	4	6	0	0	16	2	53	43
中国天文学会	1	3	0	3	10	0	0	0	0	0
	0	0	0	0	0	0	0	0	0	0
中国气象学会	2	1	0	1	0	0	24	3	5	1
	1	0	0	0	0	0	3	1	0	0
中国空间科学学会	1	4	1	3	0	1	0	0	0	0
	—	—	—	—	—	—	—	—	—	—
中国地质学会	3	13	3	10	0	0	0	0	0	0
	1	1	0	1	4	0	6	0	0	0
中国地理学会	3	9	2	7	0	1	0	0	0	0
	2	2	2	0	0	0	19	10	10	6
中国地球物理学会	0	0	0	0	0	0	0	0	0	0
	0	0	0	0	0	0	7	0	0	0
中国矿物岩石地球化学学会	2	2	2	0	0	0	0	0	0	0
	8	8	4	4	0	1	4	0	0	0
中国古生物学会	3	6	5	1	0	0	0	0	0	0
	0	0	0	0	0	0	0	0	0	0
中国海洋湖沼学会	0	0	0	0	0	0	0	0	11	0
	0	0	0	0	0	0	300	0	145	0

续表 1

学会	加入国际民间科技组织（个）	任职专家（位）	#高级任职专家（位）	#一级任职专家（位）	普通工作人员（人）	组织参加国际科技计划（项）	参加境外科技活动（人次）	#参加港澳台地区科技活动（人次）	接待境外专家学者（人次）	#接待港澳台地区专家学者（人次）
中国海洋学会	0	0	0	0	0	0	0	0	0	0
	11	14	4	10	0	0	0	0	0	0
中国地震学会	0	0	0	0	0	0	0	0	32	0
	0	0	0	0	0	0	1	0	0	0
中国动物学会	5	14	6	8	0	0	0	0	0	0
	3	7	1	6	0	0	8	0	4	1
中国植物学会	1	0	0	0	1	0	0	0	0	0
	1	2	2	0	0	0	0	0	1	0
中国昆虫学会	2	5	0	5	0	0	0	0	0	0
	1	1	1	0	0	0	5	0	8	1
中国微生物学会	1	1	1	0	0	0	0	0	0	0
	2	4	3	1	1	1	0	0	15	0
中国生物化学与分子生物学会	6	10	6	4	0	0	0	0	0	0
	0	0	0	0	0	0	2	0	0	0
中国细胞生物学学会	4	10	6	4	0	0	0	0	20	3
	3	0	0	0	3	0	45	12	6	5
中国植物生理与植物分子生物学学会	1	1	1	0	0	0	0	0	0	0
	0	0	0	0	0	0	0	0	0	0
中国生物物理学会	2	3	3	0	0	0	0	0	45	1
	0	0	0	0	0	0	0	0	0	0
中国遗传学会	0	0	0	0	0	0	0	0	0	0
	11	14	4	10	0	22	192	30	164	20
中国心理学会	4	4	3	1	0	0	0	0	0	0
	0	0	0	0	0	0	1	0	10	7
中国生态学学会	2	3	3	0	0	0	0	0	57	15
	0	0	0	0	0	0	0	0	0	0
中国环境科学学会	0	0	0	0	0	0	0	0	0	0
	0	0	0	0	0	0	2	2	1	0
中国自然资源学会	0	0	0	0	0	0	0	0	0	0
	0	0	0	0	0	0	2	2	0	0
中国感光学会	2	6	4	2	0	0	0	0	0	0
	—	—	—	—	—	—	—	—	—	—
中国优选法统筹法与经济数学研究会	4	19	9	10	1	0	0	0	0	0
	0	0	0	0	0	0	0	0	0	0
中国岩石力学与工程学会	4	15	5	10	5	1	0	0	0	0
	1	0	0	0	0	0	8	0	12	2

续表 2

学会	加入国际民间科技组织（个）	任职专家（位）	#高级别任职专家（位）	一般职别专家（位）	普通工作人员（人）	组织参加国际学术计划（项）	参加境外科技活动（人次）	#参加港澳台地区科技活动（人次）	接待境外专家学者（人次）	#接待港澳台地区专家学者（人次）
中国野生动物保护协会	0	0	0	0	0	0	0	0	0	0
	0	0	0	0	0	0	1	1	0	0
中国系统工程学会	1	8	8	0	0	0	0	0	0	0
	0	0	0	0	0	0	0	0	1	0
中国实验动物学会	2	1	1	0	0	0	0	0	0	0
	1	1	0	1	0	0	1	0	0	0
中国青藏高原研究会	0	0	0	0	0	0	0	0	0	0
	—	—	—	—	—	—	—	—	—	—
中国环境诱变剂学会	2	6	6	0	0	0	0	0	0	0
	0	0	0	0	0	0	0	0	0	0
中国运筹学会	2	4	0	4	0	0	0	0	0	0
	0	0	0	0	0	0	2	0	2	2
中国菌物学会	2	4	3	1	0	0	0	0	0	0
	0	0	0	0	0	0	0	0	0	0
中国晶体学会	0	0	0	0	0	0	0	0	0	0
	—	—	—	—	—	—	—	—	—	—
中国神经科学学会	2	0	0	0	0	0	0	0	55	0
	0	0	0	0	0	0	12	0	4	2
中国认知科学学会	0	0	0	0	0	0	6	2	0	0
	0	0	0	0	0	0	0	0	0	0
中国微循环学会	2	2	2	0	0	0	0	0	0	0
	0	0	0	0	0	0	0	0	0	0
国际数字地球协会	0	0	0	0	0	0	0	0	0	0
	—	—	—	—	—	—	—	—	—	—
国际动物学会	1	1	1	0	0	0	0	0	1	0
	3	7	1	6	0	0	8	0	4	1
全国工科学会小计	303	741	253	489	27	27	1800	339	2027	968
省级工科学会小计	80	156	58	98	80	9	1329	594	636	160
中国机械工程学会	9	31	9	22	0	0	0	0	0	0
	1	2	1	1	0	0	34	0	31	10
中国汽车工程学会	1	5	3	2	0	0	0	0	0	0
	1	0	0	0	0	0	4	0	8	4
中国农业机械学会	2	6	4	2	0	0	0	0	0	0
	0	0	0	0	0	0	0	0	0	0
中国农业工程学会	1	9	4	5	0	0	0	0	0	0
	2	0	0	0	0	2	13	0	6	0

续表 3

学会	加入国际民间科技组织（个）	任职专家（位）	#高级任职专家（位）	#一级任职专家（位）	一般职别专家（位）	组织参加国际科技计划（项）	参加大陆出境科技活动（人次）	#参加港澳台地区科技活动（人次）	接待大陆入境专家学者（人次）	#接待港澳台地区专家学者（人次）
中国电机工程学会	4	27	4	23	0	0	228	0	0	0
	18	66	10	56	16	0	353	31	55	5
中国电工技术学会	15	42	9	33	0	0	0	0	0	0
	0	0	0	0	0	0	0	0	1	0
中国水力发电工程学会	3	3	3	0	0	0	0	0	0	0
	1	0	0	0	0	1	0	0	0	0
中国水利学会	17	21	11	10	5	0	29	9	140	47
	3	0	0	0	1	1	0	0	0	0
中国内燃机学会	1	23	3	20	3	2	0	0	5	0
	0	0	0	0	0	0	50	0	6	0
中国工程热物理学会	3	4	4	0	2	0	80	0	12	3
	0	0	0	0	0	0	3	0	4	0
中国空气动力学会	0	0	0	0	0	0	0	0	0	0
	—	—	—	—	—	—	—	—	—	—
中国制冷学会	1	26	5	21	0	0	0	0	0	0
	1	1	0	1	0	0	1	1	2	0
中国真空学会	1	10	2	8	0	0	0	0	0	0
	1	1	0	1	0	0	0	0	0	0
中国自动化学会	11	66	21	45	0	0	91	27	113	24
	8	10	4	6	0	0	16	2	22	12
中国仪器仪表学会	5	6	3	3	0	0	137	16	26	4
	1	1	1	0	0	0	1	0	1	0
中国计量测试学会	1	1	1	0	0	0	0	0	0	0
	0	0	0	0	0	0	3	3	0	0
中国标准化协会	1	1	1	0	0	0	0	0	0	0
	0	0	0	0	0	0	0	0	3	0
中国图学学会	1	1	1	0	0	0	0	0	103	3
	2	18	7	11	0	0	0	0	0	0
中国电子学会	3	3	0	3	3	0	55	18	10	2
	3	2	2	0	0	1	5	2	18	10
中国计算机学会	0	0	0	0	0	0	0	0	0	0
	6	15	11	4	40	1	416	397	27	20
中国通信学会	2	33	0	33	0	0	0	0	0	0
	1	0	0	0	0	0	1	1	6	0

续表 4

学　会	加入国际间民间科技组织（个）	任职专家（位）	#高级任职专家（位）	#一级任职专家（位）	一般任职专家（位）	普通工作人员（人）	通信员（人）	组织参加国际科技计划（项）	参加大陆以外境外科技活动（人次）	#参加港澳台地区科技活动（人次）	接待大陆以外境外专家学者（人次）	#接待港澳台地区专家学者（人次）
中国中文信息学会	1	0	0	0	0	0	0	0	0	0	0	0
	0	0	0	0	0	0	0	0	0	0	0	0
中国测绘学会	4	9	3	6	0	0	0	0	0	0	0	0
	0	0	0	0	0	0	0	0	4	4	0	0
中国造船工程学会	7	7	3	4	0	0	0	0	18	0	0	0
	0	0	0	0	0	0	0	0	0	0	0	0
中国航海学会	5	7	3	4	0	0	0	0	3	0	1	0
	0	0	0	0	0	0	0	0	0	0	0	0
中国铁道学会	3	2	1	1	0	0	0	0	0	0	0	0
	0	0	0	0	0	0	0	0	0	0	0	0
中国公路学会	3	5	3	2	0	0	0	5	4	0	0	0
	1	1	0	1	0	0	0	0	15	0	8	5
中国航空学会	2	14	2	12	0	0	0	0	0	0	0	0
	0	0	0	0	0	0	0	0	0	0	1	1
中国宇航学会	3	45	6	39	0	5	0	0	0	0	0	0
	0	0	0	0	0	0	0	0	0	0	0	0
中国兵工学会	1	1	1	0	0	0	0	0	0	0	0	0
	0	0	0	0	0	0	0	0	0	0	0	0
中国金属学会	3	3	2	1	0	0	0	0	52	0	0	0
	0	0	0	0	0	0	0	0	2	0	2	1
中国有色金属学会	2	2	2	0	0	0	0	0	0	0	0	0
	0	0	0	0	0	0	0	0	0	0	0	0
中国稀土学会	1	1	1	0	0	0	0	0	0	0	0	0
	0	0	0	0	0	0	0	0	15	0	0	0
中国腐蚀与防护学会	6	7	3	4	0	0	0	1	0	0	0	0
	1	1	1	0	0	0	0	0	6	0	5	0
中国化工学会	10	14	11	3	0	4	0	2	66	10	76	11
	1	1	1	0	0	0	0	1	10	6	10	2
中国核学会	4	6	4	2	0	0	0	0	0	0	2	0
	1	0	0	0	0	0	0	0	20	0	51	0
中国石油学会	0	0	0	0	0	0	0	0	0	0	0	0
	0	0	0	0	0	0	0	0	101	0	1	0
中国煤炭学会	1	5	5	0	0	4	0	0	0	0	0	0
	0	0	0	0	0	0	0	0	0	0	0	0
中国可再生能源学会	16	26	13	13	0	0	0	12	0	0	0	0
	0	0	0	0	0	0	0	0	0	0	0	0

续表 5

学会	加入国际民间科技组织（个）	任职专家（位）	#高级别任职专家（位）	一般职别专家（位）	普工人（人）	组织参加国际科技计划（项）	加大陆境外科技活动人次（人次）	#参加港澳台地区科技活动人次（人次）	接待大陆境外专家学者（人次）	#接待港澳台地区专家学者（人次）
中国能源研究会	1	0	0	0	0	0	0	0	0	0
	1	0	0	0	0	0	13	1	31	2
中国硅酸盐学会	9	14	2	12	0	1	15	0	11	4
	11	11	7	4	0	0	0	0	6	0
中国建筑学会	4	22	1	21	0	0	24	0	0	0
	2	3	3	0	10	0	1	0	115	0
中国土木工程学会	7	3	3	0	0	0	0	0	0	0
	0	0	0	0	0	0	0	0	31	0
中国生物工程学会	0	0	0	0	0	0	0	0	0	0
	0	0	0	0	0	0	0	0	0	0
中国纺织工程学会	1	2	1	1	0	1	0	0	29	18
	1	3	1	2	0	0	0	0	0	0
中国造纸学会	0	0	0	0	0	0	0	0	0	0
	0	0	0	0	0	0	0	1	0	1
中国文物保护技术协会	1	6	6	0	0	0	0	0	0	0
	—	—	—	—	—	—	—	—	—	—
中国印刷技术协会	4	21	5	16	1	0	1	0	0	0
	0	0	0	0	0	0	0	0	0	0
中国材料研究学会	9	23	10	13	0	0	93	38	120	56
	0	0	0	0	0	0	0	0	0	0
中国食品科学技术学会	1	1	1	0	0	0	0	0	0	0
	0	0	0	0	0	0	0	0	0	0
中国粮油学会	2	3	2	1	0	0	0	0	0	0
	0	0	0	0	0	0	0	0	0	0
中国职业安全健康协会	0	0	0	0	0	0	0	0	1	0
	0	0	0	0	0	0	0	0	0	0
中国烟草学会	2	3	3	0	0	1	69	0	0	0
	0	0	0	0	0	0	3	0	0	0
中国仿真学会	0	0	0	0	0	0	0	0	0	0
	0	0	0	0	0	0	1	0	0	0
中国电影电视技术学会	1	1	1	0	0	0	0	0	0	0
	0	0	0	0	0	0	0	0	0	0
中国振动工程学会	0	0	0	0	0	0	0	0	0	0
	1	1	0	1	0	0	3	0	0	0
中国颗粒学会	0	0	0	0	0	0	0	0	0	0
	0	0	0	0	0	0	12	3	3	0

续表 6

学会	加入国际民间科技组织（个）	任职专家（位）	#高级别任职专家（位）	#一级任职专家（位）	一般职别专家（位）	组织参加国际科技计划（项）	参加大境外科技活动（人次）	#参加港澳台地区科技活动（人次）	接待大境外专家（人次）	#接待港澳台地区专家（人次）
中国照明学会	1	8	2	6	0	0	0	0	0	0
	1	1	0	1	0	0	2	1	0	0
中国动力工程学会	0	0	0	0	0	0	0	0	0	0
	0	0	0	0	0	0	0	0	0	0
中国惯性技术学会	0	0	0	0	0	0	0	0	0	0
	0	0	0	0	0	0	0	0	0	0
中国风景园林学会	1	1	0	1	0	0	0	0	0	0
	1	1	1	0	0	0	0	0	0	0
中国电源学会	1	2	2	0	0	0	0	0	0	0
	0	0	0	0	0	0	11	3	2	1
中国复合材料学会	0	0	0	0	0	0	0	0	0	0
	0	0	0	0	0	0	0	0	18	0
中国消防协会	1	1	1	0	0	0	0	0	0	0
	0	0	0	0	0	0	0	0	0	0
中国图象图形学学会	0	0	0	0	0	0	0	0	0	0
	0	0	0	0	0	0	0	0	0	0
中国人工智能学会	97	125	56	70	0	1	455	221	29	8
	2	7	1	6	0	0	34	3	4	1
中国体视学学会	1	1	1	0	0	0	0	0	0	0
	0	0	0	0	0	0	0	0	0	0
中国工程机械学会	0	0	0	0	0	0	0	0	0	0
	—	—	—	—	—	—	—	—	—	—
中国海洋工程咨询协会	0	0	0	0	0	0	0	0	0	0
	—	—	—	—	—	—	—	—	—	—
中国遥感应用协会	0	0	0	0	0	0	0	0	7	7
	—	—	—	—	—	—	—	—	—	—
中国指挥与控制学会	0	0	0	0	0	0	0	0	0	0
	—	—	—	—	—	—	—	—	—	—
中国光学工程学会	0	0	0	0	0	0	0	0	0	0
	0	0	0	0	0	0	6	3	4	3
中国微米纳米技术学会	0	0	0	0	0	0	0	0	145	138
	—	—	—	—	—	—	—	—	—	—
中国密码学会	1	4	2	2	0	0	0	0	0	0
	—	—	—	—	—	—	—	—	—	—
中国大坝工程学会	1	24	1	23	0	0	80	0	0	0
	—	—	—	—	—	—	—	—	—	—
中国卫星导航定位协会	0	0	0	0	0	0	0	0	0	0
	—	—	—	—	—	—	—	—	—	—

续表 7

学会	加入国际民间科技组织（个）	任职专家（位）	#高级别任职专家（位）	#一般任职专家（位）	普通工作人员（人）	组织参加国际科技计划（项）	参加大陆境外科技活动（人次）	#参加港澳台地区科技活动（人次）	接待大陆境外专家学者（人次）	#接待港澳台地区专家学者（人次）
中国生物材料学会	3	4	2	2	0	1	300	0	1162	642
	0	0	0	0	0	0	0	0	0	0
国际粉体检测与控制联合会	0	0	0	0	0	0	0	0	35	1
	—	—	—	—	—	—	—	—	—	—
全国农科学会小计	46	59	26	33	5	6	87	3	140	21
省级农科学会小计	19	14	6	8	14	8	752	161	278	138
中国农学会	8	9	3	6	0	1	0	0	50	21
	1	0	0	0	0	1	16	10	43	33
中国林学会	4	4	2	2	0	0	0	0	0	0
	5	1	1	0	0	0	10	10	38	30
中国土壤学会	2	5	2	3	0	0	0	0	0	0
	0	0	0	0	0	0	1	0	0	0
中国水产学会	3	3	1	2	0	0	0	0	3	0
	0	0	0	0	0	0	0	0	0	0
中国园艺学会	12	14	7	7	5	1	42	3	46	0
	0	0	0	0	0	0	10	0	30	0
中国畜牧兽医学会	1	0	0	0	0	0	1	0	0	0
	2	6	1	5	12	1	25	1	47	1
中国植物病理学会	2	8	1	7	0	0	2	0	0	0
	1	6	0	6	0	0	21	10	15	8
中国植物保护学会	1	2	1	1	0	0	0	0	0	0
	0	0	0	0	0	0	17	0	6	0
中国作物学会	9	9	8	1	0	4	12	0	5	0
	0	0	0	0	0	0	508	0	13	0
中国热带作物学会	0	0	0	0	0	0	0	0	0	0
	0	0	0	0	0	0	0	0	0	0
中国蚕学会	1	2	1	1	0	0	0	0	0	0
	0	0	0	0	0	0	0	0	0	0
中国水土保持学会	0	0	0	0	0	0	0	0	0	0
	0	0	0	0	0	0	7	0	0	0
中国茶叶学会	0	0	0	0	0	0	0	0	32	0
	0	0	0	0	0	0	1	0	1	0
中国草学会	3	3	0	3	0	0	30	0	4	0
	0	0	0	0	0	0	3	0	0	0
中国植物营养与肥料学会	0	0	0	0	0	0	0	0	0	0
	0	0	0	0	0	0	0	0	0	0

续表 8

学会	加入国际民间科技组织（个）	任职专家（位）	#高级别任职专家（位）	#一级任职专家（位）	普通工作人员（人）	组织参加国际科技计划（项）	参加境外科技活动（人次）	#参加港澳台地区科技活动（人次）	接待境外专家学者（人次）	#接待港澳台地区专家学者（人次）
中国农业历史学会	0	0	0	0	0	0	0	0	0	0
	0	0	0	0	0	0	0	0	0	0
全国医科学会小计	113	201	134	67	8	22	51423	46	221	116
省级医科学会小计	66	114	64	35	0	15	1909	130	1753	100
中华医学会	42	44	24	20	0	18	1349	44	47	14
	0	0	0	0	0	0	0	0	0	0
中华中医药学会	4	20	19	1	0	0	0	0	30	30
	—	—	—	—	—	—	—	—	—	—
中国中西医结合学会	0	0	0	0	0	0	0	0	0	0
	1	1	1	0	0	0	20	13	1	1
中国药学会	7	10	5	5	0	0	0	0	2	2
	4	5	3	1	0	2	41	26	45	7
中华护理学会	6	8	7	1	0	0	0	0	0	0
	—	—	—	—	—	—	—	—	—	—
中国生理学会	3	4	4	0	0	0	0	0	0	0
	0	0	0	0	0	0	4	3	3	1
中国解剖学会	4	7	2	5	0	0	3	0	11	11
	2	3	1	0	0	0	12	0	2	1
中国生物医学工程学会	2	6	2	4	0	0	0	0	0	0
	14	8	4	4	0	0	2	0	25	10
中国病理生理学会	7	15	11	4	0	0	0	0	25	11
	0	0	0	0	0	0	0	0	0	0
中国营养学会	2	1	1	0	0	0	2			
	1	1	1	0	0	0	37	11	15	6
中国药理学会	2	10	3	7	1	0	0	0	0	0
	3	15	1	1	0	1	28	5	37	2
中国针灸学会	1	8	8	0	7	1	0	0	0	0
	3	8	2	6	0	1	22	4	0	0
中国防痨协会	2	2	2	0	0	0	0	0	0	0
	0	0	0	0	0	0	0	0	0	0
中国麻风防治协会	1	2	2	0	0	0	0	0	0	0
	0	0	0	0	0	0	0	0	0	0
中国心理卫生协会	0	0	0	0	0	0	0	0	0	0
	0	0	0	0	0	0	0	0	0	0

续表 9

学 会	加入国际民间科技组织（个）	任职专家（位）	#高级别任职专家（位）	#一级任职专家（位）	一般职别专家（位）	普工人（人）	通作员（人）	组织参加国际科技计划（项）	参加大陆境外科技活动人次（人次）	#参加港澳台地区科技活动人次（人次）	接待大陆境外专家学者（人次）	#接待港澳台地区专家学者（人次）
中国抗癌协会	3	7	7	0	0	0	0	1	50000	0	0	0
	10	10	8	2	0	0	0	1	33	2	6	0
中国体育科学学会	5	10	8	2	0	0	0	0	2	2	9	4
	0	0	0	0	0	0	0	0	3	0	0	0
中国毒理学会	2	9	4	5	0	0	0	0	0	0	0	0
	1	1	1	0	0	0	0	0	2	0	2	0
中国康复医学会	6	12	12	0	0	0	0	0	0	0	0	0
	0	0	0	0	0	0	0	0	0	0	0	0
中国免疫学会	2	5	3	2	0	0	0	0	0	0	0	0
	2	2	0	3	0	0	0	0	46	14	14	3
中华预防医学会	2	2	2	0	0	0	0	0	0	0	0	0
	—	—	—	—	—	—	—	—	—	—	—	—
中国法医学会	0	0	0	0	0	0	0	0	0	0	0	0
	1	1	1	0	0	0	0	0	1	1	0	0
中华口腔医学会	7	14	4	10	0	0	0	0	37	0	42	2
	—	—	—	—	—	—	—	—	—	—	—	—
中国医学救援协会	0	0	0	0	0	0	0	0	0	0	20	15
	—	—	—	—	—	—	—	—	—	—	—	—
中国女医师协会	0	0	0	0	0	0	0	0	0	0	0	0
	0	0	0	0	0	0	0	0	0	0	0	0
中国研究型医院学会	0	0	0	0	0	0	0	0	0	0	0	0
	0	0	0	0	0	0	0	0	0	0	2	0
中国睡眠研究会	2	4	4	0	0	0	0	0	32	0	35	27
	0	0	0	0	0	0	0	0	0	0	0	0
中国卒中学会	1	1	1	0	1	0	0	0	0	0	0	0
	1	1	1	0	0	0	0	0	3	0	8	3
全国交叉学科学会小计	**51**	**94**	**48**	**46**	**6**	**0**	**0**	**2**	**85**	**50**	**113**	**67**
省级其他学科学会小计	**18**	**545**	**440**	**105**	**1**	**0**	**0**	**5**	**690**	**82**	**191**	**71**
中国自然辩证法研究会	1	1	0	1	0	0	0	0	0	0	0	0
	1	0	0	0	0	0	0	0	2	0	0	0
中国管理现代化研究会	0	0	0	0	0	0	0	0	0	0	0	0
	0	0	0	0	0	0	0	0	0	0	0	0
中国技术经济学会	0	0	0	0	0	0	0	0	0	0	16	1
	0	0	0	0	0	0	0	0	0	0	0	0
中国现场统计研究会	0	0	0	0	0	0	0	0	0	0	0	0
	0	0	0	0	0	0	0	0	18	7	25	6

续表 10

学会	加入国际民间科技组织（个）	任职专家（位）	#高级别任职专家（位）	#一级别任职专家（位）	一般别任职专家（位）	普通工作人（人）	通讯作员	组织参加国际科技计划（项）	参加大陆以外科技活动（人次）	#参加港澳台地区科技活动（人次）	接待大陆以外专家学者（人次）	#接待港澳台地区专家学者（人次）
中国未来研究会	1	1	1	0	0	0	0	0	0	0	0	0
	0	0	0	0	0	0	0	0	0	0	0	0
中国科学技术史学会	1	1	1	0	0	0	0	0	0	0	0	0
	0	0	0	0	0	0	0	0	2	0	0	0
中国科学技术情报学会	0	0	0	0	0	0	0	0	0	0	0	0
	1	0	0	0	0	0	0	0	0	0	3	0
中国图书馆学会	1	40	1	0	39	0	0	1	0	0	0	0
	1	2	2	0	0	0	0	0	0	0	6	6
中国城市科学研究会	2	2	2	0	0	0	0	0	50	50	10	5
	0	0	0	0	0	0	0	0	0	0	0	0
中国科学学与科技政策研究会	3	7	5	2	0	0	0	0	0	0	9	3
	0	0	0	0	0	0	0	0	0	0	0	0
中国农村专业技术协会	0	0	0	0	0	0	0	0	0	0	0	0
	1	1	1	0	0	0	0	0	155	140	35	30
中国工业设计协会	0	0	0	0	0	0	0	0	0	0	0	0
	0	0	0	0	0	0	0	0	0	0	0	0
中国工艺美术学会	0	0	0	0	0	0	0	0	0	0	26	12
	0	0	0	0	0	0	0	1	0	0	0	0
中国科普作家协会	0	0	0	0	0	0	0	0	0	0	0	0
	0	0	0	0	0	0	0	0	0	0	0	0
中国自然科学博物馆协会	0	0	0	0	0	0	0	0	0	0	0	0
	1	0	0	0	0	0	0	0	0	0	0	0
中国可持续发展研究会	0	0	0	0	0	0	0	0	0	0	0	0
	0	0	0	0	0	0	0	0	0	0	0	0
中国青少年科技辅导员协会	0	0	0	0	0	0	0	0	0	0	0	0
	0	0	0	0	0	0	0	0	0	0	0	0
中国科教电影电视协会	0	0	0	0	0	0	0	0	0	0	6	0
	0	0	0	0	0	0	0	0	0	0	0	0
中国科学技术期刊编辑学会	1	1	0	0	1	0	0	0	0	0	0	0
	0	0	0	0	0	0	0	0	0	0	0	0
中国流行色协会	1	1	0	0	1	0	0	1	0	0	0	0
	—	—	—	—	—	—	—	—	—	—	—	—
中国档案学会	2	1	0	0	1	0	0	0	0	0	0	0
	0	0	0	0	0	0	0	0	0	0	0	0
中国国土经济学会	0	0	0	0	0	0	0	0	0	0	0	0
	—	—	—	—	—	—	—	—	—	—	—	—
中国土地学会	2	0	0	0	0	0	0	0	0	0	0	0
	0	0	0	0	0	0	0	0	0	0	0	0

续表 11

学会	加入国际民间科技组织（个）	任职专家（位）	#高级别任职专家（位）	#一级任职专家（位）	一般任职专家（位）	普通会员（人）	通讯会员（人）	组织参加国际科技计划（项）	参加境外科技活动（人次）	#参加港澳台地区科技活动（人次）	接待境外专家学者（人次）	#接待港澳台地区专家学者（人次）
中国科技新闻学会	1	0	0	0	0	0	0	0	0	0	0	0
	0	0	0	0	0	0	0	0	0	0	0	0
中国老科学技术工作者协会	0	0	0	0	0	0	0	0	0	0	0	0
	0	0	0	0	0	0	0	0	0	0	0	0
中国科学探险协会	0	0	0	0	0	0	0	0	0	0	0	0
	—	—	—	—	—	—	—	—	—	—	—	—
中国城市规划学会	1	2	1	1	0	0	0	0	0	0	0	0
	0	0	0	0	0	0	0	0	0	0	0	0
中国产学研合作促进会	0	0	0	0	0	0	0	0	0	0	46	46
	0	0	0	0	0	0	0	0	0	0	0	0
中国知识产权研究会	0	0	0	0	0	0	0	0	4	0	0	0
	0	0	0	0	0	0	0	0	0	0	0	0
中国发明协会	1	2	2	0	0	0	0	0	2	0	0	0
	1	0	0	0	0	0	0	1	0	0	0	0
中国工程教育专业认证协会	1	0	0	0	0	0	0	0	29	0	0	0
	—	—	—	—	—	—	—	—	—	—	—	—
中国检验检疫学会	0	0	0	0	0	0	0	0	0	0	0	0
	0	0	0	0	0	0	0	0	0	0	0	0
中国女科技工作者协会	26	32	32	0	0	0	0	0	0	0	0	0
	0	0	0	0	0	0	0	0	0	50	6	0
中国创造学会	0	0	0	0	0	0	0	0	0	0	0	0
	0	0	0	0	0	0	0	0	0	0	0	0
中国经济科技开发国际交流协会	0	0	0	0	0	0	0	0	0	0	0	0
	—	—	—	—	—	—	—	—	—	—	—	—
中国高科技产业化研究会	0	0	0	0	0	0	0	0	0	0	0	0
	—	—	—	—	—	—	—	—	—	—	—	—
中国微量元素科学研究会	0	0	0	0	0	0	0	0	0	0	0	0
	0	0	0	0	0	0	0	0	0	0	3	3
中国国际经济技术合作促进会	—	—	—	—	—	—	—	—	—	—	—	—
	—	—	—	—	—	—	—	—	—	—	—	—
中国基本建设优化研究会	0	0	0	0	0	0	0	0	0	0	0	0
	—	—	—	—	—	—	—	—	—	—	—	—
中国科技馆发展基金会	0	0	0	0	0	0	0	0	0	0	0	0
	—	—	—	—	—	—	—	—	—	—	—	—
中国生物多样性保护与绿色发展基金会	6	3	3	0	0	6	0	0	0	0	0	0
	—	—	—	—	—	—	—	—	—	—	—	—
中国反邪教协会	0	0	0	0	0	0	0	0	0	0	0	0
	0	0	0	0	0	0	0	0	0	0	0	0

五、学术交流

2020 年各全国学会、省级同名学会学术交流情况

学 会	开展推进创新创业活动				参与服务活动的科技工作者（人次）	专家服务工作站（中心）数（个）	专家进站（中心）人次（人次）
	活动数（项）	#举办竞赛、论坛、展览等（场次）	#开展咨询、教育、培训等（场次）	#开展投融资成果转化等（项）			
全国学会合计	2229	570	1376	254	389500	292	3686
省级同名学会合计	16828	3510	11346	838	605862	770	29251
全国理科学会小计	105	28	51	26	23943	13	209
省级理科学会小计	1257	473	672	63	40020	102	2963
中国数学会	0	0	0	0	0	0	0
	34	24	10	0	523	0	0
中国物理学会	0	0	0	0	0	0	0
	122	29	91	1	719	5	34
中国力学学会	2	1	1	0	400	1	98
	32	16	8	6	556	4	26
中国光学学会	14	10	4	0	320	0	0
	56	27	25	3	15205	11	122
中国声学学会	19	4	15	0	253	0	0
	6	3	3	0	12	0	0
中国化学会	19	4	7	8	12382	0	0
	91	36	11	43	1519	2	167
中国天文学会	0	0	0	0	0	0	0
	82	19	61	0	699	3	149
中国气象学会	3	0	2	1	2	0	0
	72	50	22	0	3259	3	42
中国空间科学学会	0	0	0	0	0	0	0
	—	—	—	—	—	—	—
中国地质学会	0	0	0	0	0	0	0
	57	18	37	1	10531	5	60
中国地理学会	3	2	1	0	80	0	0
	53	33	19	0	121	0	0
中国地球物理学会	0	0	0	0	0	7	87
	85	5	78	1	354	3	7
中国矿物岩石地球化学学会	0	0	0	0	0	0	0
	2	0	2	0	8	0	0
中国古生物学会	0	0	0	0	0	0	0
	6	4	2	0	29	0	0
中国海洋湖沼学会	0	0	0	0	0	0	0
	9	5	4	0	5	0	0

续表 1

| 学 会 | 开展推进创新创业活动 | | | | 参与服务活动的科技工作者（人次） | 专家服务工作站（中心）数（个） | 专家进站（中心）人次（人次） |
	活动数（项）	#举办竞赛、论坛、展览等（场次）	#开展咨询、教育、培训等（场次）	#开展投融资成果转化等（项）			
中国海洋学会	24	0	12	12	10000	0	0
	1	0	1	0	2	0	0
中国地震学会	0	0	0	0	0	0	0
	6	2	3	1	37	0	0
中国动物学会	0	0	0	0	0	0	0
	62	14	47	0	272	1	8
中国植物学会	1	0	1	0	6	0	0
	16	6	7	2	123	1	1
中国昆虫学会	0	0	0	0	0	1	7
	69	13	45	0	453	11	84
中国微生物学会	0	0	0	0	0	0	0
	67	13	41	9	833	6	39
中国生物化学与分子生物学会	0	0	0	0	0	0	0
	26	7	16	2	3125	1	15
中国细胞生物学学会	3	2	1	0	10	0	0
	50	9	38	3	2260	1	3
中国植物生理与植物分子生物学学会	0	0	0	0	0	0	0
	3	0	3	0	3	0	0
中国生物物理学会	0	0	0	0	0	0	0
	2	0	2	0	9	0	0
中国遗传学会	2	1	1	0	12	0	0
	44	34	9	1	355	8	93
中国心理学会	0	0	0	0	0	0	0
	63	20	43	0	642	1	2000
中国生态学学会	0	0	0	0	0	1	4
	9	4	3	1	204	0	0
中国环境科学学会	0	0	0	0	0	0	0
	98	23	56	17	2614	31	198
中国自然资源学会	0	0	0	0	0	0	0
	4	1	3	0	110	0	1
中国感光学会	12	2	6	4	450	1	1
	—	—	—	—	—	—	—
中国优选法统筹法与经济数学研究会	1	1	0	0	11	0	0
	0	0	0	0	0	0	0
中国岩石力学与工程学会	1	1	0	0	12	1	8
	19	8	8	3	1563	1	62

续表 2

学 会	开展推进创新创业活动				参与服务活动的科技工作者（人次）	专家服务工作站（中心）数（个）	专家进站（中心）人次（人次）
	活动数（项）	# 举办竞赛、论坛、展览等（场次）	# 开展咨询、教育、培训等（场次）	# 开展投融资成果转化等（项）			
中国野生动物保护协会	0	0	0	0	0	0	0
	0	0	0	0	0	0	0
中国系统工程学会	0	0	0	0	0	0	0
	2	2	0	0	28	3	8
中国实验动物学会	0	0	0	0	0	0	0
	16	2	14	0	14	0	0
中国青藏高原研究会	0	0	0	0	0	0	0
	—	—	—	—	—	—	—
中国环境诱变剂学会	0	0	0	0	0	0	0
	5	3	2	0	67	0	0
中国运筹学会	0	0	0	0	0	0	0
	5	2	3	0	1407	1	1
中国菌物学会	0	0	0	0	0	1	4
	0	0	0	0	0	0	0
中国晶体学会	0	0	0	0	0	0	0
	—	—	—	—	—	—	—
中国神经科学学会	0	0	0	0	0	0	0
	15	6	9	0	206	0	0
中国认知科学学会	1	0	0	1	5	0	0
	0	0	0	0	0	0	0
中国微循环学会	0	0	0	0	0	0	0
	2	0	2	0	212	0	0
国际数字地球协会	0	0	0	0	0	0	0
	—	—	—	—	—	—	—
国际动物学会	0	0	0	0	0	0	0
	62	14	47	0	272	1	8
全国工科学会小计	971	410	397	148	159190	116	1928
省级工科学会小计	4101	1240	2304	359	219878	304	9720
中国机械工程学会	15	8	2	5	12763	11	76
	379	81	252	31	7614	13	107
中国汽车工程学会	0	0	0	0	0	0	0
	28	22	6	0	3725	8	162
中国农业机械学会	3	1	1	1	20	2	28
	35	14	15	4	991	3	184
中国农业工程学会	5	5	0	0	27650	0	0
	18	7	8	3	52	2	19

续表 3

学 会	开展推进创新创业活动					专 家服 务工作站（中心）数（个）	专家进站（中心）人 次（人次）
	活动数（项）	#举办竞赛、论坛、展览等（场次）	#开展咨询、教育、培训等（场次）	#开展投融资成果转化等（项）	参与服务活动的科技工作者（人次）		
中国电机工程学会	9	5	3	1	962	4	54
	88	30	33	1	14107	5	51
中国电工技术学会	15	6	9	0	190	2	22
	15	6	7	3	139	5	15
中国水力发电工程学会	0	0	0	0	0	0	0
	10	4	6	0	1674	1	1
中国水利学会	27	11	13	2	961	0	0
	150	55	77	12	8632	1	8
中国内燃机学会	4	1	2	1	55	1	21
	11	10	1	0	185	0	0
中国工程热物理学会	3	1	1	1	7	0	0
	3	1	2	0	6	0	0
中国空气动力学会	0	0	0	0	0	0	0
	—	—	—	—	—	—	—
中国制冷学会	0	0	0	0	0	0	0
	64	33	18	0	782	5	60
中国真空学会	0	0	0	0	0	0	0
	11	6	5	0	275	0	0
中国自动化学会	86	35	35	16	25220	3	130
	74	24	7	42	373	2	167
中国仪器仪表学会	147	56	78	10	12136	1	1
	50	10	31	9	502	3	17
中国计量测试学会	0	0	0	0	0	2	70
	41	4	37	0	1846	2	41
中国标准化协会	7	2	5	0	40	0	0
	108	7	101	0	282	4	1287
中国图学学会	4	2	2	0	0	0	0
	30	14	16	0	255	2	18
中国电子学会	63	31	23	6	1753	0	0
	184	106	57	21	6560	10	266
中国计算机学会	0	0	0	0	0	0	0
	114	59	41	5	11412	11	469
中国通信学会	21	4	6	11	29984	0	0
	40	16	21	3	2111	4	14

续表 4

学 会	开展推进创新创业活动				参与服务活动的科技工作者（人次）	专家服务工作站（中心）数（个）	专家进站（中心）人次（人次）
	活动数（项）	#举办竞赛、论坛、展览等（场次）	#开展咨询、教育、培训等（场次）	#开展投融资成果转化等（项）			
中国中文信息学会	18	12	6	0	12000	0	0
	4	1	3	0	11	0	0
中国测绘学会	6	6	0	0	0	0	0
	70	24	27	13	13954	4	113
中国造船工程学会	28	15	1	12	72	0	0
	59	25	24	7	52471	3	113
中国航海学会	25	7	16	1	472	0	0
	45	10	34	1	1397	11	177
中国铁道学会	39	29	10	0	14622	0	0
	65	25	33	0	766	0	0
中国公路学会	14	3	7	4	3800	1	30
	104	24	49	30	7076	15	4075
中国航空学会	13	13	0	0	800	0	0
	51	17	32	2	1020	2	10
中国宇航学会	9	5	2	1	50	0	0
	0	0	0	0	0	0	0
中国兵工学会	4	0	4	0	180	16	86
	14	8	4	2	75	1	0
中国金属学会	1	1	0	0	12	3	35
	112	35	51	24	4095	15	86
中国有色金属学会	0	0	0	0	0	0	0
	39	9	6	23	275	7	26
中国稀土学会	0	0	0	0	0	0	0
	0	0	0	0	0	0	0
中国腐蚀与防护学会	22	1	8	13	20	0	0
	17	7	7	3	411	1	6
中国化工学会	66	32	18	13	796	14	255
	71	30	33	8	2376	16	241
中国核学会	8	0	8	0	50	0	0
	14	9	4	1	415	4	144
中国石油学会	0	0	0	0	0	1	5
	26	10	13	3	3926	1	32
中国煤炭学会	6	1	4	1	456	3	41
	20	1	10	0	672	1	17
中国可再生能源学会	0	0	0	0	0	4	26
	2	1	0	1	21	1	3

续表 5

学 会	开展推进创新创业活动				参与服务活动的科技工作者（人次）	专家服务工作站（中心）数（个）	专家进站（中心）人次（人次）
	活动数（项）	#举办竞赛、论坛、展览等（场次）	#开展咨询、教育、培训等（场次）	#开展投融资成果转化等（项）			
中国能源研究会	3	0	3	0	150	3	110
	12	5	5	1	102	3	26
中国硅酸盐学会	36	11	21	4	611	4	380
	37	16	15	6	294	4	28
中国建筑学会	0	0	0	0	0	0	0
	781	80	681	1	12023	22	231
中国土木工程学会	0	0	0	0	0	0	0
	0	0	0	0	0	0	0
中国生物工程学会	0	0	0	0	0	4	26
	5	3	1	0	220	1	5
中国纺织工程学会	41	5	33	3	211	8	102
	52	12	30	6	1535	16	242
中国造纸学会	8	2	0	4	5	1	25
	17	4	10	3	451	0	0
中国文物保护技术协会	0	0	0	0	0	0	0
	—	—	—	—	—	—	—
中国印刷技术协会	8	3	2	3	20	4	21
	8	4	3	1	280	0	0
中国材料研究学会	32	13	16	3	297	3	84
	5	1	4	0	24	1	36
中国食品科学技术学会	3	3	0	0	290	0	0
	27	13	13	0	498	6	31
中国粮油学会	3	3	0	0	600	0	0
	9	5	3	1	95	0	0
中国职业安全健康协会	2	1	1	0	500	1	115
	133	2	81	0	350	0	0
中国烟草学会	0	0	0	0	0	0	0
	37	14	11	3	2246	3	85
中国仿真学会	0	0	0	0	0	0	0
	0	0	0	0	0	0	0
中国电影电视技术学会	0	0	0	0	0	0	0
	2	1	1	0	0	0	0
中国振动工程学会	0	0	0	0	0	0	0
	37	11	16	10	106	18	104
中国颗粒学会	0	0	0	0	0	0	0
	7	3	3	1	207	2	11

续表 6

学　会	开展推进创新创业活动				参与服务活动的科技工作者（人次）	专家服务工作站（中心）数（个）	专家进站（中心）人次（人次）
	活动数（项）	#举办竞赛、论坛、展览等（场次）	#开展咨询、教育、培训等（场次）	#开展投融资成果转化等（项）			
中国照明学会	0	0	0	0	0	0	0
	18	9	8	1	396	2	10
中国动力工程学会	0	0	0	0	0	0	0
	0	0	0	0	0	0	0
中国惯性技术学会	0	0	0	0	0	0	0
	2	0	2	0	36	0	0
中国风景园林学会	5	4	1	0	5	0	0
	20	9	10	0	922	0	0
中国电源学会	0	0	0	0	0	0	0
	14	4	9	1	508	0	0
中国复合材料学会	0	0	0	0	0	13	74
	1	0	1	0	30	1	15
中国消防协会	0	0	0	0	0	0	0
	46	8	38	0	4197	1	3
中国图象图形学学会	6	6	0	0	55	0	0
	2	1	1	0	36	0	0
中国人工智能学会	63	35	21	7	1415	3	6
	93	45	38	6	12632	0	0
中国体视学学会	0	0	0	0	0	0	0
	0	0	0	0	0	0	0
中国工程机械学会	2	0	2	0	60	1	6
	—	—	—	—	—	—	—
中国海洋工程咨询协会	0	0	0	0	0	0	0
	—	—	—	—	—	—	—
中国遥感应用协会	30	6	4	20	1000	0	0
	—	—	—	—	—	—	—
中国指挥与控制学会	0	0	0	0	0	1	3
	—	—	—	—	—	—	—
中国光学工程学会	11	4	3	4	1500	1	60
	7	5	1	0	160	1	10
中国微米纳米技术学会	6	4	2	0	3700	1	36
	—	—	—	—	—	—	—
中国密码学会	2	1	1	0	60	0	0
	—	—	—	—	—	—	—
中国大坝工程学会	27	6	20	1	970	0	0
	—	—	—	—	—	—	—
中国卫星导航定位协会	13	9	3	0	1970	0	0
	—	—	—	—	—	—	—

续表 7

学 会	开展推进创新创业活动				参与服务活动的科技工作者（人次）	专 家服 务工作站（中心）数（个）	专家进站（中心）人 次（人次）
	活动数（项）	#举办竞赛、论坛、展览等（场次）	#开展咨询、教育、培训等（场次）	#开展投融资成果转化等（项）			
中国生物材料学会	0	0	0	0	0	0	0
	0	0	0	0	0	0	0
国际粉体检测与控制联合会	2	1	0	0	700	0	0
	—	—	—	—	—	—	—
全国农科学会小计	684	42	614	18	6685	60	509
省级农科学会小计	3881	236	3524	80	18711	111	1293
中国农学会	130	1	129	0	3512	4	37
	534	11	510	8	2300	8	44
中国林学会	26	9	15	2	212	0	0
	2066	32	2026	6	2439	4	24
中国土壤学会	0	0	0	0	0	0	0
	37	11	25	0	981	5	36
中国水产学会	0	0	0	0	0	22	68
	126	14	111	1	2278	8	87
中国园艺学会	490	19	457	4	1861	6	44
	328	28	293	4	842	8	127
中国畜牧兽医学会	9	5	4	0	154	2	14
	35	8	25	2	462	21	137
中国植物病理学会	0	0	0	0	0	0	0
	34	24	10	0	523	0	0
中国植物保护学会	0	0	0	0	0	0	0
	22	3	18	1	290	2	31
中国作物学会	27	6	9	12	392	7	140
	151	12	103	34	2846	10	67
中国热带作物学会	1	1	0	0	529	4	110
	0	0	0	0	0	2	11
中国蚕学会	1	1	0	0	25	0	0
	2	0	2	0	0	4	14
中国水土保持学会	0	0	0	0	0	0	0
	13	6	7	0	665	1	157
中国茶叶学会	0	0	0	0	0	15	96
	97	29	68	0	1136	11	107
中国草学会	0	0	0	0	0	0	0
	37	14	11	3	2246	3	85
中国植物营养与肥料学会	0	0	0	0	0	0	0
	42	1	41	0	30	0	0

续表 8

学 会	开展推进创新创业活动				参与服务活动的科技工作者（人次）	专家服务工作站（中心）数（个）	专家进站（中心）人次（人次）
	活动数（项）	#举办竞赛、论坛、展览等（场次）	#开展咨询、教育、培训等（场次）	#开展投融资成果转化等（项）			
中国农业历史学会	0	0	0	0	0	0	0
	0	0	0	0	0	0	0
全国医科学会小计	174	42	123	8	193225	44	572
省级医科学会小计	4357	780	2858	88	201573	136	2013
中华医学会	0	0	0	0	0	0	0
	0	0	0	0	0	0	0
中华中医药学会	29	0	29	0	3751	33	451
	—	—	—	—	—	—	—
中国中西医结合学会	0	0	0	0	0	0	0
	66	17	49	0	795	1	13
中国药学会	28	0	28	0	177503	2	6
	263	98	160	5	16178	18	774
中华护理学会	0	0	0	0	0	0	0
	—	—	—	—	—	—	—
中国生理学会	0	0	0	0	0	0	0
	23	6	15	1	176	0	0
中国解剖学会	0	0	0	0	0	0	0
	18	8	9	1	140	0	0
中国生物医学工程学会	8	3	5	0	58	3	61
	8	5	1	2	636	1	5
中国病理生理学会	10	3	3	4	68	0	0
	1	1	0	0	6	0	0
中国营养学会	9	1	5	3	518	3	32
	328	17	310	1	2923	16	59
中国药理学会	6	0	6	0	8910	0	0
	33	13	14	6	1534	2	7
中国针灸学会	0	0	0	0	0	3	22
	42	9	31	1	1670	3	16
中国防痨协会	23	21	1	1	185	0	0
	1	0	1	0	67	0	0
中国麻风防治协会	0	0	0	0	0	0	0
	5	1	4	0	432	10	20
中国心理卫生协会	0	0	0	0	0	0	0
	83	1	82	0	46	0	0

续表 9

学 会	开展推进创新创业活动					专家服务工作站（中心）数（个）	专家进站（中心）人次（人次）
	活动数（项）	#举办竞赛、论坛、展览等（场次）	#开展咨询、教育、培训等（场次）	#开展投融资成果转化等（项）	参与服务活动的科技工作者（人次）		
中国抗癌协会	0	0	0	0	0	0	0
	70	12	58	0	1295	1	1
中国体育科学学会	10	5	4	0	1280	0	0
	28	15	11	0	506	0	0
中国毒理学会	0	0	0	0	0	0	0
	16	6	10	0	1384	0	0
中国康复医学会	0	0	0	0	0	0	0
	25	2	23	0	871	0	1
中国免疫学会	0	0	0	0	0	0	0
	123	22	95	0	6033	0	40
中华预防医学会	0	0	0	0	0	0	0
	—	—	—	—	—	—	—
中国法医学会	0	0	0	0	0	0	0
	9	5	4	0	521	0	0
中华口腔医学会	3	1	2	0	0	0	0
	—	—	—	—	—	—	—
中国医学救援协会	4	1	3	0	500	0	0
	—	—	—	—	—	—	—
中国女医师协会	32	0	32	0	450	0	0
	0	0	0	0	0	0	0
中国研究型医院学会	0	0	0	0	0	0	0
	13	5	5	3	800	0	0
中国睡眠研究会	12	7	5	0	2	0	0
	4	2	2	0	40	1	0
中国卒中学会	0	0	0	0	0	0	0
	226	33	188	5	2047	1	30
全国交叉学科学会小计	**295**	**48**	**191**	**54**	**6457**	**59**	**468**
省级其他学科学会小计	**3232**	**781**	**1988**	**248**	**125680**	**117**	**13262**
中国自然辩证法研究会	0	0	0	0	0	0	0
	7	2	5	0	49	0	0
中国管理现代化研究会	5	3	1	1	1424	0	0
	4	0	4	0	40	0	0
中国技术经济学会	33	1	32	0	78	0	0
	1	1	0	0	50	0	0
中国现场统计研究会	0	0	0	0	0	0	0
	11	7	1	2	26	0	0

续表 10

学 会	开展推进创新创业活动				参与服务活动的科技工作者（人次）	专 家服 务工作站（中心）数（个）	专家进站（中心）人 次（人次）
	活动数（项）	#举办竞赛、论坛、展览等（场次）	#开展咨询、教育、培训等（场次）	#开展投融资成果转化等（项）			
中国未来研究会	0	0	0	0	0	0	0
	6	0	6	0	0	0	0
中国科学技术史学会	0	0	0	0	0	0	0
	0	0	0	0	0	1	2
中国科学技术情报学会	16	3	13	0	20	0	0
	80	2	75	3	678	0	0
中国图书馆学会	0	0	0	0	0	0	0
	19	10	8	0	1458	0	0
中国城市科学研究会	4	3	1	0	70	0	0
	8	2	6	0	75	1	1
中国科学学与科技政策研究会	15	8	5	2	0	1	42
	0	0	0	0	0	0	0
中国农村专业技术协会	60	3	7	50	1000	26	245
	166	6	88	2	514	0	0
中国工业设计协会	0	0	0	0	0	0	0
	10	6	4	0	45	1	0
中国工艺美术学会	1	1	0	0	9	0	0
	85	49	27	0	410	0	0
中国科普作家协会	15	3	10	0	1000	0	0
	21	14	6	0	384	0	0
中国自然科学博物馆协会	0	0	0	0	0	0	0
	6	2	3	0	700	0	0
中国可持续发展研究会	0	0	0	0	0	0	0
	16	3	5	2	345	0	0
中国青少年科技辅导员协会	0	0	0	0	0	0	0
	96	23	73	0	2805	0	0
中国科教电影电视协会	0	0	0	0	0	0	0
	0	0	0	0	0	0	0
中国科学技术期刊编辑学会	0	0	0	0	0	0	0
	8	4	3	1	147	1	6
中国流行色协会	0	0	0	0	0	5	47
	—	—	—	—	—	—	—
中国档案学会	0	0	0	0	0	0	0
	1	0	1	0	200	0	0
中国国土经济学会	2	0	2	0	10	3	13
	—	—	—	—	—	—	—
中国土地学会	0	0	0	0	0	0	0
	29	13	16	0	2464	0	0

续表 11

学 会	开展推进创新创业活动				参与服务活动的科技工作者（人次）	专家服务工作站（中心）数（个）	专家进站（中心）人次（人次）
	活动数（项）	# 举办竞赛、论坛、展览等（场次）	# 开展咨询、教育、培训等（场次）	# 开展投融资成果转化等（项）			
中国科技新闻学会	0	0	0	0	0	1	30
	1	0	0	1	300	0	0
中国老科学技术工作者协会	0	0	0	0	0	0	0
	285	161	113	11	216	11	92
中国科学探险协会	0	0	0	0	0	0	0
	—	—	—	—	—	—	—
中国城市规划学会	16	6	10	0	1331	2	29
	2	1	1	0	450	1	150
中国产学研合作促进会	0	0	0	0	0	0	0
	2	1	0	0	100	0	0
中国知识产权研究会	99	0	99	0	19	0	0
	13	6	6	1	166	1	6
中国发明协会	4	2	1	1	6	10	10
	14	3	9	2	10	0	0
中国工程教育专业认证协会	0	0	0	0	0	0	0
	—	—	—	—	—	—	—
中国检验检疫学会	6	2	4	0	340	3	20
	0	0	0	0	0	0	0
中国女科技工作者协会	5	5	0	0	40	0	0
	15	4	8	3	3019	0	0
中国创造学会	9	3	6	0	450	0	0
	12	0	12	0	317	2	80
中国经济科技开发国际交流协会	3	3	0	0	360	0	0
	—	—	—	—	—	—	—
中国高科技产业化研究会	0	0	0	0	0	8	32
	—	—	—	—	—	—	—
中国微量元素科学研究会	0	0	0	0	0	0	0
	45	16	22	7	466	1	123
中国国际经济技术合作促进会	—	—	—	—	—	—	—
	—	—	—	—	—	—	—
中国基本建设优化研究会	2	2	0	0	300	0	0
	—	—	—	—	—	—	—
中国科技馆发展基金会	0	0	0	0	0	0	0
	—	—	—	—	—	—	—
中国生物多样性保护与绿色发展基金会	0	0	0	0	0	0	0
	—	—	—	—	—	—	—
中国反邪教协会	0	0	0	0	0	0	0
	11	0	11	0	25	0	0

续表 12

学　会	专家服务团队（个）	参加服务团队专家人次（人次）	技术标准研制数（个）	团体标准研制数（个）	国内学术会议			
					次数（次）	#学术年会（次）	参加人次（人次）	交流论文、报告数（篇）
全国学会合计	**612**	**25843**	**97**	**965**	**3304**	**1420**	**27006936**	**367081**
省级同名学会合计	**1708**	**55595**	**384**	**733**	**10259**	**4467**	**134356556**	**233258**
全国理科学会小计	**37**	**686**	**2**	**30**	**524**	**212**	**1664560**	**39409**
省级理科学会小计	**324**	**6329**	**40**	**33**	**785**	**373**	**437912**	**27739**
中国数学会	0	0	0	0	2	1	2200	400
	0	0	0	0	23	7	2843	249
中国物理学会	0	0	0	0	23	8	4325	1399
	15	328	0	0	66	26	63582	1563
中国力学学会	3	113	0	0	34	25	114213	2712
	4	76	1	0	42	30	9655	3640
中国光学学会	0	0	0	0	29	6	50284	1878
	11	409	1	0	39	20	583386	1176
中国声学学会	0	0	0	0	6	0	1245	453
	1	5	0	0	12	10	1270	400
中国化学会	2	124	0	0	6	0	4203	1525
	17	451	2	3	56	18	20654	1872
中国天文学会	0	0	0	0	4	1	1411	404
	6	320	0	0	17	6	1186	375
中国气象学会	1	10	1	0	22	8	3084	1386
	13	280	1	0	46	21	5741	4653
中国空间科学学会	3	46	0	0	10	2	1647	660
	—	—	—	—	—	—	—	—
中国地质学会	1	10	0	0	10	9	3601	1684
	24	489	3	0	41	12	12056	970
中国地理学会	3	62	0	0	35	18	394110	2100
	5	28	1	0	24	15	26225	2029
中国地球物理学会	8	41	0	0	19	1	9240	3582
	1	3	0	0	16	11	1919	386
中国矿物岩石地球化学学会	0	0	0	0	8	0	2318	847
	0	0	0	0	3	3	280	53
中国古生物学会	0	0	0	0	3	3	468	333
	0	0	0	0	2	3	276	160
中国海洋湖沼学会	6	134	0	0	9	0	1348	164
	1	6	0	0	6	3	447	54

续表 13

学　会	专家服务团队（个）	参加服务团队专家人次（人次）	技术标准研制数（个）	团体标准研制量（个）	国内学术会议			
					次　数（次）	#学术年会（次）	参加人次（人次）	交流论文、报告数（篇）
中国海洋学会	0	0	0	0	1	0	150	38
	0	0	0	0	3	0	901	30
中国地震学会	3	34	0	0	11	2	6080	3540
	1	40	0	0	16	2	4036	206
中国动物学会	0	0	0	0	12	11	159536	724
	7	154	0	0	23	13	5902	749
中国植物学会	0	0	0	0	4	2	2555	967
	16	198	0	1	28	10	4803	571
中国昆虫学会	0	0	0	0	4	1	850	413
	14	269	0	0	11	5	5027	342
中国微生物学会	0	0	0	0	6	6	2680	640
	12	99	12	12	40	13	6629	727
中国生物化学与分子生物学会	0	0	0	0	5	5	40861	759
	2	89	0	0	18	9	4198	265
中国细胞生物学学会	0	0	0	2	15	4	8188	1470
	71	782	0	0	56	43	52019	691
中国植物生理与植物分子生物学学会	0	0	0	0	4	0	2260	648
	1	1	0	0	2	0	240	54
中国生物物理学会	4	50	1	0	17	9	112270	514
	0	0	0	0	4	1	1010	135
中国遗传学会	0	0	0	0	7	5	27510	389
	13	436	12	2	20	9	4561	916
中国心理学会	0	0	0	0	21	7	22470	1061
	4	870	1	0	14	11	7420	499
中国生态学学会	0	0	0	0	37	19	10659	3227
	0	0	0	0	12	4	6829	115
中国环境科学学会	0	0	0	0	0	0	0	0
	25	658	3	18	45	13	12079	728
中国自然资源学会	0	0	0	0	27	5	45916	691
	3	26	0	0	7	1	490	133
中国感光学会	1	47	0	0	8	1	61080	314
	—	—	—	—	—	—	—	—
中国优选法统筹法与经济数学研究会	0	0	0	0	24	12	75084	919
	0	0	0	0	0	0	0	0
中国岩石力学与工程学会	0	0	0	4	8	1	430380	940
	8	174	6	1	17	12	9304	658

续表 14

学 会	专家服务团队（个）	参加服务团队专家人次（人次）	技术标准研制数（个）	团体标准研制量（个）	国内学术会议			
					次数（次）	#学术年会（次）	参加人次（人次）	交流论文、报告数（篇）
中国野生动物保护协会	2	15	0	1	1	0	160	16
	0	0	0	0	0	0	0	0
中国系统工程学会	0	0	0	0	14	8	3660	1028
	2	24	0	0	7	6	42488	314
中国实验动物学会	0	0	0	23	11	0	1414	74
	2	102	0	0	12	3	1321	119
中国青藏高原研究会	0	0	0	0	1	0	400	10
	—	—	—	—	—	—	—	—
中国环境诱变剂学会	0	0	0	0	9	6	1628	235
	2	56	0	0	14	12	1143	302
中国运筹学会	0	0	0	0	11	7	17348	476
	0	0	0	0	12	7	1973	192
中国菌物学会	0	0	0	0	6	0	1768	76
	0	0	0	0	0	0	0	0
中国晶体学会	0	0	0	0	0	0	0	0
	—	—	—	—	—	—	—	—
中国神经科学学会	0	0	0	0	25	8	6422	284
	0	0	0	0	18	8	44473	394
中国认知科学学会	0	0	0	0	2	0	680	35
	0	0	0	0	0	0	0	0
中国微循环学会	0	0	0	0	12	11	28798	365
	0	0	0	0	14	14	4723	180
国际数字地球协会	0	0	0	0	0	0	0	0
	—	—	—	—	—	—	—	—
国际动物学会	0	0	0	0	1	0	56	29
	7	154	0	0	23	13	5902	749
全国工科学会小计	172	8300	78	697	1614	617	19009375	79992
省级工科学会小计	465	15719	270	442	2115	771	1744462	40204
中国机械工程学会	12	346	0	16	92	35	37355	4761
	38	417	0	9	99	43	18859	1717
中国汽车工程学会	0	0	0	77	0	0	0	0
	8	511	0	1	28	16	19069	1308
中国农业机械学会	2	77	0	53	23	11	3999	516
	8	493	18	17	16	5	2092	262
中国农业工程学会	0	0	0	0	15	6	34139	535
	8	137	1	0	14	4	1375	127

续表 15

学　会	专家服务团队（个）	参加服务团队专家人次（人次）	技术标准研制数（个）	团体标准研制量（个）	国内学术会议			
					次数（次）	#学术年会（次）	参加人次（人次）	交流论文、报告数（篇）
中国电机工程学会	3	371	0	38	93	40	207450	1893
	25	510	19	22	147	34	14706	2542
中国电工技术学会	7	115	11	18	78	23	99501	3180
	1	13	0	0	11	6	1621	158
中国水力发电工程学会	1	16	0	0	20	19	3740	430
	3	34	2	0	23	12	3202	1113
中国水利学会	7	306	8	16	43	24	15353	1753
	5	175	0	0	49	13	8125	544
中国内燃机学会	3	85	0	19	12	9	249032	256
	0	0	0	0	10	5	1004	165
中国工程热物理学会	2	10	0	0	5	5	6550	2370
	1	10	0	0	4	3	422	222
中国空气动力学会	0	0	0	0	5	5	758	290
	—							
中国制冷学会	1	29	0	16	5	2	1490	366
	12	174	2	5	28	16	8591	348
中国真空学会	0	0	0	0	0	0	0	0
	1	4	0	0	8	6	909	205
中国自动化学会	9	806	3	0	59	22	397379	6079
	12	348	2	1	30	15	9818	1191
中国仪器仪表学会	7	380	17	5	39	18	13015	1604
	6	73	0	0	12	6	2308	184
中国计量测试学会	2	70	0	1	11	0	960	274
	2	59	0	1	17	15	758	115
中国标准化协会	0	0	0	65	6	1	605	210
	11	851	126	174	65	4	1968	162
中国图学学会	4	97	0	5	13	9	14485	234
	1	138	0	0	12	9	5064	103
中国电子学会	2	37	0	35	58	23	60085	3797
	10	242	0	4	48	13	7245	762
中国计算机学会	0	0	0	0	32	32	24941	2180
	19	259	0	0	89	35	28127	918
中国通信学会	4	255	0	5	6	6	2830	402
	20	711	0	1	45	20	34399	1204

续表 16

学　会	专家服务团队(个)	参加服务团队专家人次(人次)	技术标准研制数(个)	团体标准研制数(个)	国内学术会议			
					次数(次)	#学术年会(次)	参加人次(人次)	交流论文、报告数(篇)
中国中文信息学会	0	0	0	0	12	1	120413	546
	0	0	0	0	1	1	121	9
中国测绘学会	0	0	0	0	5	5	2889	345
	14	195	1	0	52	19	55587	580
中国造船工程学会	1	136	0	12	35	8	5094	481
	5	483	0	0	21	7	51956	331
中国航海学会	2	687	1	0	34	14	6580	649
	7	131	0	0	27	13	4283	589
中国铁道学会	0	0	0	0	35	8	13683	1055
	0	0	0	0	5	2	720	175
中国公路学会	5	608	0	11	32	9	23246	1274
	13	1584	3	2	81	15	14025	1155
中国航空学会	1	33	0	13	26	12	3591	2545
	17	428	0	3	19	6	2267	498
中国宇航学会	1	28	0	36	68	25	55847	3023
	0	0	0	0	28	7	2408	1182
中国兵工学会	1	28	0	5	21	11	3159	864
	1	16	0	0	6	4	1032	58
中国金属学会	2	119	0	14	58	27	12417	2643
	11	136	2	6	77	49	10038	2864
中国有色金属学会	1	208	0	0	23	0	11524	3179
	5	30	2	4	18	9	2085	188
中国稀土学会	0	0	0	3	3	1	1150	461
	0	0	0	0	2	2	305	53
中国腐蚀与防护学会	4	52	0	5	10	8	2038	867
	2	20	0	0	9	4	1387	336
中国化工学会	11	432	0	25	59	25	35039	3928
	11	502	0	3	68	16	9583	1418
中国核学会	0	0	0	36	3	1	420	175
	8	178	0	0	25	19	4339	1477
中国石油学会	1	20	0	0	39	9	17057	2748
	2	130	6	1	35	17	11620	1327
中国煤炭学会	1	15	0	2	28	15	243518	724
	1	23	0	0	16	15	1940	887
中国可再生能源学会	1	55	0	5	17	3	17138	1399
	2	56	0	0	1	1	140	50

续表 17

学 会	专家服务团队（个）	参加服务团队专家人次（人次）	技术标准研制数（个）	团体标准研制量（个）	国内学术会议			
					次 数（次）	#学术年会（次）	参 加 人 次（人次）	交流论文、报告数（篇）
中国能源研究会	2	152	0	9	8	1	40915	31
	4	83	5	0	25	3	3929	444
中国硅酸盐学会	3	44	5	11	32	21	9778	2816
	6	106	3	5	28	12	193085	595
中国建筑学会	2	110	0	15	15	7	16886	894
	29	2122	17	28	185	45	294195	1686
中国土木工程学会	6	101	0	13	37	4	10599	2216
	0	0	2	3	12	3	1430	38
中国生物工程学会	0	0	0	0	13	0	727264	898
	1	7	0	0	10	4	1540	284
中国纺织工程学会	19	217	0	10	14	4	3161	495
	19	263	0	9	26	11	3029	493
中国造纸学会	1	185	0	0	6	3	1050	140
	1	8	0	1	6	6	412	110
中国文物保护技术协会	0	0	0	0	3	1	360	282
	—	—	—	—	—	—	—	—
中国印刷技术协会	2	60	25	2	3	0	900	41
	0	0	0	0	0	0	0	0
中国材料研究学会	6	524	4	3	32	12	5178	1401
	0	0	0	0	3	0	350	4
中国食品科学技术学会	1	50	1	10	4	1	2510	556
	11	684	0	13	12	5	2036	282
中国粮油学会	0	0	0	31	9	7	2042	391
	3	25	0	0	2	2	225	51
中国职业安全健康协会	0	0	0	2	1	1	400	101
	0	0	0	0	0	0	0	0
中国烟草学会	1	22	0	0	0	0	0	0
	3	74	5	3	18	10	1776	1385
中国仿真学会	0	0	0	0	9	5	3502	399
	0	0	1	0	0	0	0	0
中国电影电视技术学会	0	0	0	3	4	3	2450	40
	0	0	0	0	2	0	180	12
中国振动工程学会	0	0	0	0	8	4	3050	928
	3	44	0	0	8	6	900	53
中国颗粒学会	0	0	0	1	2	1	1580	796
	—	—	—	—	—	—	—	—

续表 18

学 会	专家服务团队（个）	参加服务团队专家人次（人次）	技术标准研制数（个）	团体标准研制量（个）	国内学术会议			
					次数（次）	#学术年会（次）	参加人次（人次）	交流论文、报告数（篇）
中国照明学会	0	0	0	9	10	1	3150	140
	7	104	5	2	18	7	4039	224
中国动力工程学会	0	0	0	0	4	2	965	215
	0	0	0	0	0	0	0	0
中国惯性技术学会	1	28	0	0	4	1	440	50
	0	0	0	0	1	1	112	23
中国风景园林学会	1	10	1	1	15	14	5200	203
	3	165	0	0	23	4	111885	141
中国电源学会	0	0	0	11	7	0	9588	80
	0	0	0	0	1	1	419	10
中国复合材料学会	7	768	0	6	26	3	3054	703
	0	0	1	1	10	4	1116	200
中国消防协会	0	0	0	0	0	0	0	0
	2	50	3	11	4	1	569	79
中国图象图形学学会	1	35	0	0	13	1	253582	866
	0	0	0	0	0	0	0	0
中国人工智能学会	6	134	0	0	111	23	16055372	2527
	6	195	0	0	28	16	18885	424
中国体视学学会	0	0	0	0	6	2	23800	75
	0	0	0	0	1	1	100	8
中国工程机械学会	0	0	0	1	7	7	1318	102
	—	—	—	—	—	—	—	—
中国海洋工程咨询协会	0	0	0	0	0	0	0	0
	—	—	—	—	—	—	—	—
中国遥感应用协会	2	100	2	0	11	0	5170	120
	—	—	—	—	—	—	—	—
中国指挥与控制学会	2	63	0	6	22	3	41301	760
	—	—	—	—	—	—	—	—
中国光学工程学会	5	47	0	0	14	1	4800	2075
	1	10	0	0	2	0	160	25
中国微米纳米技术学会	1	22	0	0	3	1	2470	674
	—	—	—	—	—	—	—	—
中国密码学会	0	0	0	0	5	5	4477	164
	—	—	—	—	—	—	—	—
中国大坝工程学会	1	121	0	1	2	0	770	277
	—	—	—	—	—	—	—	—
中国卫星导航定位协会	0	0	0	2	2	1	1200	144
	—	—	—	—	—	—	—	—

续表 19

学 会	专家服务团队（个）	参加服务团队专家人次（人次）	技术标准研制数（个）	团体标准研制量（个）	国内学术会议			
					次数（次）	#学术年会（次）	参加人次（人次）	交流论文、报告数（篇）
中国生物材料学会	4	86	0	14	24	5	11475	322
	0	0	0	0	2	1	185	17
国际粉体检测与控制联合会	0	0	0	0	5	0	1148	34
	—	—	—	—	—	—	—	—
全国农科学会小计	**71**	**4388**	**9**	**25**	**145**	**64**	**377390**	**12460**
省级农科学会小计	**269**	**6863**	**26**	**97**	**360**	**163**	**271946**	**8109**
中国农学会	13	2203	0	0	28	11	8148	2445
	13	1014	0	25	55	19	10091	798
中国林学会	3	70	0	5	14	8	12475	1597
	8	259	0	5	48	11	177535	496
中国土壤学会	0	0	0	0	3	2	1750	491
	5	54	1	0	16	7	2710	291
中国水产学会	1	350	0	6	10	2	3002	2758
	31	568	24	2	28	7	3077	417
中国园艺学会	26	1031	7	0	20	12	5047	894
	9	922	1	0	17	15	3156	779
中国畜牧兽医学会	3	81	1	0	27	13	68597	2142
	47	627	0	9	32	20	12746	1949
中国植物病理学会	0	0	0	0	3	0	2310	150
	0	0	0	0	23	7	2843	249
中国植物保护学会	0	0	0	0	13	0	1233	205
	65	382	0	0	13	5	2554	144
中国作物学会	17	481	1	0	19	10	272634	1341
	27	428	8	0	37	13	4234	1640
中国热带作物学会	6	86	0	0	5	4	1344	340
	13	190	3	0	3	3	411	110
中国蚕学会	1	15	0	0	0	0	0	0
	3	62	0	0	6	2	233	23
中国水土保持学会	0	0	0	0	0	0	0	0
	2	185	4	1	14	7	1423	116
中国茶叶学会	1	71	0	14	1	1	600	27
	21	253	0	11	8	4	1518	214
中国草学会	0	0	0	0	0	0	0	0
	3	74	5	3	18	10	1776	1385
中国植物营养与肥料学会	0	0	0	0	1	0	130	9
	1	5	0	0	1	0	100	10

续表 20

学 会	专家服务团队（个）	参加服务团队专家人次（人次）	技术标准研制数（个）	团体标准制量（个）	国内学术会议			
					次 数（次）	#学术年会（次）	参 加 人 次（人次）	交流论文、报告数（篇）
中国农业历史学会	0	0	0	0	1	1	120	61
	0	0	0	0	0	0	0	0
全国医科学会小计	168	3306	5	118	796	451	5401906	229725
省级医科学会小计	398	11840	26	48	6400	2958	130819027	147215
中华医学会	0	0	0	0	112	62	848400	148153
	0	0	0	0	36	36	12438	0
中华中医药学会	87	2037	0	24	87	78	1531336	5958
	—	—	—	—	—	—	—	—
中国中西医结合学会	0	0	0	0	68	53	208045	8181
	9	606	1	0	656	366	303246	12078
中国药学会	17	263	2	5	43	30	545138	2576
	29	3152	8	4	1076	413	2870197	13133
中华护理学会	0	0	0	10	36	36	71350	29639
	—	—	—	—	—	—	—	—
中国生理学会	0	0	0	0	4	3	3599	473
	2	92	0	0	27	20	4507	769
中国解剖学会	0	0	0	0	3	0	4280	38
	1	9	0	0	18	13	9053	402
中国生物医学工程学会	0	0	0	8	18	12	46840	785
	3	21	0	0	88	31	33490	1670
中国病理生理学会	0	0	2	0	12	9	19395	1158
	1	70	0	0	13	13	2735	297
中国营养学会	3	112	0	4	20	8	161511	350
	14	305	1	2	33	21	16086	651
中国药理学会	2	41	0	0	22	4	260966	980
	2	65	3	1	55	24	8641333	1670
中国针灸学会	0	0	0	12	7	5	2200	47
	3	96	0	0	44	32	32657	852
中国防痨协会	1	66	0	19	10	9	1084	70
	3	89	0	3	33	11	368476	448
中国麻风防治协会	7	211	0	0	1	1	748	105
	1	10	0	0	1	1	32	15
中国心理卫生协会	0	0	0	0	1	1	200	36
	0	0	0	0	14	7	4005	162

续表 21

学会	专家服务团队（个）	参加服务团队专家人次（人次）	技术标准研制数（个）	团体标准研制数（个）	国内学术会议			
					次数（次）	#学术年会（次）	参加人次（人次）	交流论文、报告数（篇）
中国抗癌协会	0	0	0	0	23	12	43700	17673
	6	114	0	2	444	188	1617890	23720
中国体育科学学会	1	40	1	1	15	6	7720	1805
	1	7	0	0	6	1	1500	603
中国毒理学会	3	72	0	0	14	9	39000	980
	3	60	0	0	22	8	133728	407
中国康复医学会	0	0	0	1	45	31	20412	2208
	1	1	0	12	111	42	124926	1218
中国免疫学会	0	0	0	0	4	0	1184	72
	1	30	0	0	91	30	75080	1409
中华预防医学会	0	0	0	20	60	24	307126	1211
	—	—	—	—	—	—	—	—
中国法医学会	0	0	0	0	0	0	0	0
	0	0	0	0	7	1	770	17
中华口腔医学会	47	464	0	14	36	33	23128	4184
	—	—	—	—	—	—	—	—
中国医学救援协会	0	0	0	0	1	0	800	5
	—	—	—	—	—	—	—	—
中国女医师协会	0	0	0	0	0	0	0	0
	0	0	0	0	0	0	0	0
中国研究型医院学会	0	0	0	0	131	11	210638	1471
	0	0	0	0	17	6	4700	385
中国睡眠研究会	0	0	0	0	3	3	770	603
	1	0	0	0	4	2	800	50
中国卒中学会	0	0	0	0	20	11	1042336	964
	3	104	1	0	56	30	9119	726
全国交叉学科学会小计	164	9163	3	95	225	76	553705	5495
省级其他学科学会小计	252	14844	22	113	599	202	1083209	9991
中国自然辩证法研究会	0	0	0	0	13	1	1837	497
	3	23	0	0	9	9	695	253
中国管理现代化研究会	0	0	0	0	13	5	10710	900
	0	0	0	0	4	1	186	11
中国技术经济学会	0	0	0	29	14	11	2646	316
	0	0	0	0	0	0	0	0
中国现场统计研究会	0	0	0	0	0	0	0	0
	0	0	0	0	5	2	346	85

续表 22

学　会	专家服务团队（个）	参加服务团队专家人次（人次）	技术标准研制数（个）	团体标准研制量（个）	国内学术会议			
					次数（次）	#学术年会（次）	参加人次（人次）	交流论文、报告数（篇）
中国未来研究会	1	24	0	0	8	1	1220	49
	2	9	0	0	6	4	389	59
中国科学技术史学会	0	0	0	0	0	0	0	0
	0	0	0	0	3	1	238	36
中国科学技术情报学会	0	0	0	0	5	2	1350	273
	1	0	0	0	13	6	13611	330
中国图书馆学会	1	7	0	0	13	2	38543	106
	4	61	0	0	22	5	4425	429
中国城市科学研究会	1	20	0	7	7	5	2010	382
	0	0	0	0	7	4	870	42
中国科学学与科技政策研究会	4	24	0	1	14	8	7340	745
	0	0	0	0	0	0	0	0
中国农村专业技术协会	119	474	0	0	4	0	800	19
	28	1420	0	3	12	2	1759	120
中国工业设计协会	0	0	0	0	0	0	0	0
	0	0	0	0	1	1	200	4
中国工艺美术学会	0	0	0	0	3	1	400	38
	3	47	0	0	10	5	4196	77
中国科普作家协会	1	6547	0	0	2	1	500	155
	2	22	0	0	11	5	1335	179
中国自然科学博物馆协会	0	0	0	0	1	1	500	99
	1	5	0	0	0	0	0	0
中国可持续发展研究会	0	0	0	0	2	0	90	0
	0	0	0	0	0	0	0	0
中国青少年科技辅导员协会	4	145	0	2	1	0	200	4
	1	38	0	0	0	0	0	0
中国科教电影电视协会	1	10	0	0	2	1	60	20
	0	0	0	0	0	0	0	0
中国科学技术期刊编辑学会	0	0	0	0	2	2	392	73
	1	10	1	0	11	1	2030	170
中国流行色协会	1	50	0	0	3	0	600	12
	—	—	—	—	—	—	—	—
中国档案学会	0	0	0	0	0	0	0	0
	0	0	0	0	5	3	304	143
中国国土经济学会	0	0	0	1	6	0	76830	48
	—	—	—	—	—	—	—	—
中国土地学会	0	0	0	0	4	0	180	95
	7	285	0	0	28	6	174596	588

续表 23

学 会	专家服务团队（个）	参加服务团队专家人次（人次）	技术标准研制数（个）	团体标准研制量（个）	国内学术会议			
					次数（次）	#学术年会（次）	参加人次（人次）	交流论文、报告数（篇）
中国科技新闻学会	1	20	0	0	13	2	1120	107
	0	0	0	0	1	1	100	75
中国老科学技术工作者协会	0	0	0	0	0	0	0	0
	19	830	0	0	4	0	216	45
中国科学探险协会	0	0	0	0	0	0	0	0
	—	—	—	—	—	—	—	—
中国城市规划学会	12	473	3	3	66	23	380718	1265
	1	150	0	0	1	0	5000	12
中国产学研合作促进会	1	10	0	30	2	1	168	16
	6	60	0	0	5	1	510	100
中国知识产权研究会	4	9	0	0	1	1	400	62
	0	0	0	0	11	10	2003	25
中国发明协会	1	30	0	0	1	0	350	28
	1	15	0	0	0	0	0	0
中国工程教育专业认证协会	1	1220	0	0	0	0	0	0
	—	—	—	—	—	—	—	—
中国检验检疫学会	2	48	0	15	1	1	80	1
	0	0	0	0	0	0	0	0
中国女科技工作者协会	0	0	0	0	2	0	189	28
	1	6	0	0	1	1	50	3
中国创造学会	0	0	0	0	1	1	126	40
	2	17	0	1	0	0	0	0
中国经济科技开发国际交流协会	0	0	0	0	1	1	65	5
	—	—	—	—	—	—	—	—
中国高科技产业化研究会	8	32	0	0	10	0	1426	69
	—	—	—	—	—	—	—	—
中国微量元素科学研究会	0	0	0	0	0	0	0	0
	1	4	0	0	1	1	500	20
中国国际经济技术合作促进会	—	—	—	—	—	—	—	—
	—	—	—	—	—	—	—	—
中国基本建设优化研究会	1	20	0	0	7	2	405	35
中国科技馆发展基金会	0	0	0	0	0	0	0	0
中国生物多样性保护与绿色发展基金会	0	0	0	7	3	3	22450	8
中国反邪教协会	0	0	0	0	0	0	0	0
	2	5	0	0	6	2	738	225

续表 24

学 会	境内国际学术会议				港澳台地区学术会议		
	次 数（次）	参 加人 次（人次）	#境外专家学 者（人次）	交流论文、报告数（篇）	次 数（次）	参 加人 次（人次）	交流论文、报告数（篇）
全国学会合计	**280**	**2638804**	**11665**	**26976**	**13**	**14661**	**694**
省级同名学会合计	**294**	**1712286**	**5432**	**20223**	**41**	**9584**	**1874**
全国理科学会小计	**63**	**635622**	**4402**	**4238**	**2**	**205**	**129**
省级理科学会小计	**45**	**115529**	**1048**	**5172**	**3**	**460**	**124**
中国数学会	1	50	4	20	0	0	0
	0	0	0	0	0	0	0
中国物理学会	5	1220	440	331	0	0	0
	4	7320	38	82	0	0	0
中国力学学会	5	11250	130	180	1	55	4
	2	4400	152	422	1	100	7
中国光学学会	6	13564	548	1430	0	0	0
	5	79000	267	327	0	0	0
中国声学学会	0	0	0	0	0	0	0
	0	0	0	0	0	0	0
中国化学会	0	0	0	0	0	0	0
	4	600	102	228	0	0	0
中国天文学会	0	0	0	0	0	0	0
	0	0	0	0	0	0	0
中国气象学会	0	0	0	0	0	0	0
	0	0	0	0	0	0	0
中国空间科学学会	0	0	0	0	0	0	0
	—	—	—	—	—	—	—
中国地质学会	1	150	12	28	0	0	0
	1	300	0	2	1	80	2
中国地理学会	0	0	0	0	0	0	0
	3	1050	42	289	0	0	0
中国地球物理学会	1	400	2	451	0	0	0
	0	0	0	0	0	0	0
中国矿物岩石地球化学学会	0	0	0	0	0	0	0
	0	0	0	0	0	0	0
中国古生物学会	0	0	0	0	0	0	0
	0	0	0	0	0	0	0
中国海洋湖沼学会	0	0	0	0	0	0	0
	0	0	0	0	0	0	0

续表 25

学 会	境内国际学术会议				港澳台地区学术会议		
	次 数（次）	参 加人 次（人次）	# 境外专家学 者（人次）	交流论文、报告数（篇）	次 数（次）	参 加人 次（人次）	交流论文、报告数（篇）
中国海洋学会	1	100	8	12	0	0	0
	0	0	0	0	0	0	0
中国地震学会	1	180	32	30	0	0	0
	1	150	20	32	0	0	0
中国动物学会	0	0	0	0	0	0	0
	1	280	1	115	1	280	115
中国植物学会	1	1000	2	22	0	0	0
	0	0	0	0	0	0	0
中国昆虫学会	1	300	85	6	0	0	0
	1	300	82	38	0	0	0
中国微生物学会	0	0	0	0	0	0	0
	5	1082	31	264	0	0	0
中国生物化学与分子生物学会	0	0	0	0	0	0	0
	0	0	0	0	0	0	0
中国细胞生物学学会	5	19000	2707	50	0	0	0
	2	360	68	45	0	0	0
中国植物生理与植物分子生物学学会	2	1150	46	245	0	0	0
	0	0	0	0	0	0	0
中国生物物理学会	5	5850	30	430	0	0	0
	1	150	20	40	0	0	0
中国遗传学会	1	100	6	21	0	0	0
	2	410	20	164	0	0	0
中国心理学会	2	521200	17	100	0	0	0
	2	500	13	118	0	0	0
中国生态学学会	3	257	42	31	1	150	125
	0	0	0	0	0	0	0
中国环境科学学会	0	0	0	0	0	0	0
	1	120	8	10	0	0	0
中国自然资源学会	0	0	0	0	0	0	0
	0	0	0	0	0	0	0
中国感光学会	0	0	0	0	0	0	0
	—	—	—	—	—	—	—
中国优选法统筹法与经济数学研究会	6	1150	167	225	0	0	0
	0	0	0	0	0	0	0
中国岩石力学与工程学会	0	0	0	0	0	0	0
	3	1394	91	487	0	0	0

续表 26

学 会	境内国际学术会议				港澳台地区学术会议		
	次 数 （次）	参 加 人 次 （人次）	#境外专家 学 者 （人次）	交流论文、 报告数 （篇）	次 数 （次）	参 加 人 次 （人次）	交流论文、 报告数 （篇）
中国野生动物保护协会	0	0	0	0	0	0	0
	0	0	0	0	0	0	0
中国系统工程学会	0	0	0	0	0	0	0
	1	120	30	128	0	0	0
中国实验动物学会	1	17	12	1	0	0	0
	0	0	0	0	0	0	0
中国青藏高原研究会	1	80	30	5	0	0	0
	—	—	—	—	—	—	—
中国环境诱变剂学会	1	500	11	19	0	0	0
	0	0	0	0	0	0	0
中国运筹学会	2	610	14	171	0	0	0
	0	0	0	0	0	0	0
中国菌物学会	0	0	0	0	0	0	0
	0	0	0	0	0	0	0
中国晶体学会	0	0	0	0	0	0	0
	—	—	—	—	—	—	—
中国神经科学学会	10	57290	55	419	0	0	0
	3	57100	17	87	0	0	0
中国认知科学学会	0	0	0	0	0	0	0
	0	0	0	0	0	0	0
中国微循环学会	0	0	0	0	0	0	0
	0	0	0	0	0	0	0
国际数字地球协会	0	0	0	0	0	0	0
	—	—	—	—	—	—	—
国际动物学会	1	204	2	11	0	0	0
	1	280	1	115	1	280	115
全国工科学会小计	**158**	**953994**	**5091**	**17499**	**7**	**1817**	**499**
省级工科学会小计	**105**	**90307**	**1941**	**6029**	**19**	**2510**	**373**
中国机械工程学会	10	54388	122	443	0	0	0
	6	2480	116	329	2	330	40
中国汽车工程学会	1	3000	7	1393	0	0	0
	2	25200	3	73	0	0	0
中国农业机械学会	0	0	0	0	0	0	0
	0	0	0	0	0	0	0
中国农业工程学会	3	1052	166	88	0	0	0
	4	4780	321	212	0	0	0

续表 27

学 会	境内国际学术会议				港澳台地区学术会议		
	次数（次）	参加人次（人次）	#境外专家学者（人次）	交流论文、报告数（篇）	次数（次）	参加人次（人次）	交流论文、报告数（篇）
中国电机工程学会	9	13628	123	2213	1	320	149
	10	5242	556	749	2	260	71
中国电工技术学会	4	1345	24	778	0	0	0
	0	0	0	0	0	0	0
中国水力发电工程学会	0	0	0	0	0	0	0
	0	0	0	0	0	0	0
中国水利学会	2	3300	82	27	1	500	80
	0	0	0	0	0	0	0
中国内燃机学会	4	1978	13	332	0	0	0
	0	0	0	0	0	0	0
中国工程热物理学会	0	0	0	0	0	0	0
	1	120	6	8	0	0	0
中国空气动力学会	0	0	0	0	0	0	0
	—	—	—	—	—	—	—
中国制冷学会	0	0	0	0	0	0	0
	3	20150	36	34	0	0	0
中国真空学会	0	0	0	0	0	0	0
	0	0	0	0	0	0	0
中国自动化学会	6	1234	264	746	0	0	0
	2	300	21	108	0	0	0
中国仪器仪表学会	5	2642	32	184	0	0	0
	1	600	2	100	0	0	0
中国计量测试学会	0	0	0	0	0	0	0
	0	0	0	0	0	0	0
中国标准化协会	0	0	0	0	0	0	0
	1	250	4	27	0	0	0
中国图学学会	4	786	53	158	0	0	0
	1	153	9	26	0	0	0
中国电子学会	10	3460	124	1844	0	0	0
	6	925	69	549	0	0	0
中国计算机学会	1	524	7	113	0	0	0
	6	4480	33	900	2	400	100
中国通信学会	4	52920	22	509	0	0	0
	1	180	26	12	1	15	1

续表 28

学 会	境内国际学术会议				港澳台地区学术会议		
	次 数（次）	参 加人 次（人次）	#境外专家学 者（人次）	交流论文、报告数（篇）	次 数（次）	参 加人 次（人次）	交流论文、报告数（篇）
中国中文信息学会	1	300	5	36	0	0	0
	0	0	0	0	0	0	0
中国测绘学会	0	0	0	0	0	0	0
	1	370	30	30	2	200	27
中国造船工程学会	0	0	0	0	0	0	0
	0	0	0	0	0	0	0
中国航海学会	3	1000	32	45	0	0	0
	0	0	0	0	0	0	0
中国铁道学会	2	450	17	34	0	0	0
	0	0	0	0	0	0	0
中国公路学会	3	2060	37	249	0	0	0
	3	1676	7	85	2	330	38
中国航空学会	7	4321	513	925	0	0	0
	6	1240	7	119	0	0	0
中国宇航学会	4	200435	185	141	0	0	0
	0	0	0	0	0	0	0
中国兵工学会	11	2168	302	1185	0	0	0
	0	0	0	0	0	0	0
中国金属学会	0	0	0	0	0	0	0
	0	0	0	0	0	0	0
中国有色金属学会	0	0	0	0	0	0	0
	0	0	0	0	0	0	0
中国稀土学会	1	500	2	34	0	0	0
	0	0	0	0	0	0	0
中国腐蚀与防护学会	0	0	0	0	0	0	0
	0	0	0	0	0	0	0
中国化工学会	4	1650	377	62	0	0	0
	4	880	168	72	0	0	0
中国核学会	0	0	0	0	0	0	0
	0	0	0	0	0	0	0
中国石油学会	1	450	4	432	0	0	0
	7	2580	42	1246	0	0	0
中国煤炭学会	1	35	10	3	0	0	0
	1	300	2	29	0	0	0
中国可再生能源学会	3	24500	33	225	0	0	0
	0	0	0	0	0	0	0

续表 29

学　会	境内国际学术会议				港澳台地区学术会议		
	次　数（次）	参　加人　次（人次）	#境外专家学　者（人次）	交流论文、报告数（篇）	次　数（次）	参　加人　次（人次）	交流论文、报告数（篇）
中国能源研究会	0	0	0	0	0	0	0
	4	525	81	88	0	0	0
中国硅酸盐学会	2	820	5	200	0	0	0
	2	530	34	122	1	520	60
中国建筑学会	0	0	0	0	0	0	0
	4	1785	26	100	1	50	1
中国土木工程学会	1	450	3	98	0	0	0
	2	1700	10	105	0	0	0
中国生物工程学会	2	22300	7	56	0	0	0
	2	28	8	14	0	0	0
中国纺织工程学会	3	20330	25	324	0	0	0
	1	100	10	15	0	0	0
中国造纸学会	0	0	0	0	0	0	0
	0	0	0	0	0	0	0
中国文物保护技术协会	0	0	0	0	0	0	0
	—	—	—	—	—	—	—
中国印刷技术协会	1	20	4	8	0	0	0
	0	0	0	0	0	0	0
中国材料研究学会	10	2746	493	444	1	157	44
	0	0	0	0	0	0	0
中国食品科学技术学会	1	400	18	169	0	0	0
	0	0	0	0	0	0	0
中国粮油学会	0	0	0	0	0	0	0
	0	0	0	0	0	0	0
中国职业安全健康协会	0	0	0	0	0	0	0
	0	0	0	0	0	0	0
中国烟草学会	0	0	0	0	0	0	0
	0	0	0	0	0	0	0
中国仿真学会	0	0	0	0	0	0	0
	0	0	0	0	0	0	0
中国电影电视技术学会	1	200	5	11	0	0	0
	0	0	0	0	0	0	0
中国振动工程学会	0	0	0	0	0	0	0
	0	0	0	0	0	0	0
中国颗粒学会	0	0	0	0	0	0	0
	2	255	20	12	0	0	0

续表 30

学　会	境内国际学术会议				港澳台地区学术会议		
	次　数（次）	参　加人　次（人次）	#境外专家学　者（人次）	交流论文、报告数（篇）	次　数（次）	参　加人　次（人次）	交流论文、报告数（篇）
中国照明学会	0	0	0	0	1	100	8
	1	4	3	1	1	30	6
中国动力工程学会	3	340	89	198	0	0	0
	0	0	0	0	0	0	0
中国惯性技术学会	3	2651	21	94	0	0	0
	0	0	0	0	0	0	0
中国风景园林学会	1	300	2	4	0	0	0
	1	500	7	13	0	0	0
中国电源学会	0	0	0	0	0	0	0
	0	0	0	0	0	0	0
中国复合材料学会	2	2800	9	117	0	0	0
	1	203	45	28	0	0	0
中国消防协会	0	0	0	0	0	0	0
	0	0	0	0	0	0	0
中国图象图形学学会	0	0	0	0	0	0	0
	1	68	2	43	0	0	0
中国人工智能学会	10	509048	1293	1467	1	60	15
	0	0	0	0	0	0	0
中国体视学学会	2	410	18	28	0	0	0
	1	400	17	180	0	0	0
中国工程机械学会	0	0	0	0	0	0	0
	—	—	—	—	—	—	—
中国海洋工程咨询协会	0	0	0	0	0	0	0
	—	—	—	—	—	—	—
中国遥感应用协会	0	0	0	0	0	0	0
	—	—	—	—	—	—	—
中国指挥与控制学会	1	370	100	90	0	0	0
	—	—	—	—	—	—	—
中国光学工程学会	5	2250	54	1841	0	0	0
	0	0	0	0	0	0	0
中国微米纳米技术学会	0	0	0	0	1	480	160
	—	—	—	—	—	—	—
中国密码学会	0	0	0	0	0	0	0
	—	—	—	—	—	—	—
中国大坝工程学会	1	773	339	100	0	0	0
	—	—	—	—	—	—	—
中国卫星导航定位协会	1	170	15	21	0	0	0
	—	—	—	—	—	—	—

续表 31

学 会	境内国际学术会议				港澳台地区学术会议		
	次 数（次）	参 加人 次（人次）	#境外专家学 者（人次）	交流论文、报告数（篇）	次 数（次）	参 加人 次（人次）	交流论文、报告数（篇）
中国生物材料学会	2	9040	12	10	1	200	43
	0	0	0	0	0	0	0
国际粉体检测与控制联合会	2	450	23	20	0	0	0
	—	—	—	—	—	—	—
全国农科学会小计	**7**	**51576**	**235**	**228**	**0**	**0**	**0**
省级农科学会小计	**31**	**57545**	**230**	**678**	**1**	**120**	**9**
中国农学会	0	0	0	0	0	0	0
	4	1510	41	41	0	0	0
中国林学会	0	0	0	0	0	0	0
	1	500	7	13	0	0	0
中国土壤学会	0	0	0	0	0	0	0
	0	0	0	0	0	0	0
中国水产学会	2	853	163	38	0	0	0
	1	200	1	20	0	0	0
中国园艺学会	1	247	4	73	0	0	0
	0	0	0	0	0	0	0
中国畜牧兽医学会	0	0	0	0	0	0	0
	4	16963	29	120	0	0	0
中国植物病理学会	0	0	0	0	0	0	0
	0	0	0	0	0	0	0
中国植物保护学会	3	276	64	81	0	0	0
	3	476	3	93	0	0	0
中国作物学会	1	50200	4	36	0	0	0
	1	814	12	58	0	0	0
中国热带作物学会	0	0	0	0	0	0	0
	0	0	0	0	0	0	0
中国蚕学会	0	0	0	0	0	0	0
	0	0	0	0	0	0	0
中国水土保持学会	0	0	0	0	0	0	0
	0	0	0	0	0	0	0
中国茶叶学会	0	0	0	0	0	0	0
	0	0	0	0	0	0	0
中国草学会	0	0	0	0	0	0	0
	0	0	0	0	0	0	0
中国植物营养与肥料学会	0	0	0	0	0	0	0
	2	51	28	10	0	0	0

续表 32

学 会	境内国际学术会议				港澳台地区学术会议		
	次 数（次）	参 加人 次（人次）	#境外专家学 者（人次）	交流论文、报告数（篇）	次 数（次）	参 加人 次（人次）	交流论文、报告数（篇）
中国农业历史学会	0	0	0	0	0	0	0
	0	0	0	0	0	0	0
全国医科学会小计	37	981377	1759	3785	3	12489	60
省级医科学会小计	76	899802	950	6644	11	5184	910
中华医学会	3	15063	1381	920	0	0	0
	0	0	0	0	0	0	0
中华中医药学会	5	186752	115	243	0	0	0
	—	—	—	—	—	—	—
中国中西医结合学会	1	25657	15	492	0	0	0
	3	15300	105	302	0	0	0
中国药学会	1	6294	5	6	1	10289	17
	11	7456	45	106	1	200	30
中华护理学会	0	0	0	0	0	0	0
	—	—	—	—	—	—	—
中国生理学会	3	5000	6	22	0	0	0
	1	30	1	5	0	0	0
中国解剖学会	0	0	0	0	1	1900	28
	2	1050	52	20	0	0	0
中国生物医学工程学会	0	0	0	0	0	0	0
	3	1100	18	125	0	0	0
中国病理生理学会	1	1500	12	80	0	0	0
	0	0	0	0	0	0	0
中国营养学会	0	0	0	0	0	0	0
	2	330	13	14	0	0	0
中国药理学会	4	18450	64	195	0	0	0
	4	11260	39	292	0	0	0
中国针灸学会	2	1950	10	379	1	300	15
	1	500	4	49	0	0	0
中国防痨协会	1	300	7	12	0	0	0
	2	107	3	9	0	0	0
中国麻风防治协会	0	0	0	0	0	0	0
	0	0	0	0	0	0	0
中国心理卫生协会	0	0	0	0	0	0	0
	1	300	1	2	0	0	0

续表 33

学 会	境内国际学术会议				港澳台地区学术会议		
	次 数（次）	参 加人 次（人次）	#境外专家学 者（人次）	交流论文、报告数（篇）	次 数（次）	参 加人 次（人次）	交流论文、报告数（篇）
中国抗癌协会	2	50000	10	23	0	0	0
	10	123838	58	789	0	0	0
中国体育科学学会	5	975	25	461	0	0	0
	2	800	23	122	0	0	0
中国毒理学会	1	400	11	19	0	0	0
	2	1600	22	67	0	0	0
中国康复医学会	2	459	44	268	0	0	0
	0	0	0	0	0	0	0
中国免疫学会	0	0	0	0	0	0	0
	0	0	0	0	0	0	0
中华预防医学会	5	913	43	55	0	0	0
	—	—	—	—	—	—	—
中国法医学会	0	0	0	0	0	0	0
	0	0	0	0	0	0	0
中华口腔医学会	0	0	0	0	0	0	0
	—	—	—	—	—	—	—
中国医学救援协会	0	0	0	0	0	0	0
	—	—	—	—	—	—	—
中国女医师协会	0	0	0	0	0	0	0
	0	0	0	0	0	0	0
中国研究型医院学会	0	0	0	0	0	0	0
	0	0	0	0	0	0	0
中国睡眠研究会	0	0	0	0	0	0	0
	0	0	0	0	0	0	0
中国卒中学会	1	667664	11	610	0	0	0
	1	650	3	80	0	0	0
全国交叉学科学会小计	**15**	**16235**	**178**	**1226**	**1**	**150**	**6**
省级其他学科学会小计	**37**	**549103**	**1263**	**1700**	**7**	**1310**	**458**
中国自然辩证法研究会	0	0	0	0	0	0	0
	0	0	0	0	0	0	0
中国管理现代化研究会	1	200	2	10	0	0	0
	0	0	0	0	0	0	0
中国技术经济学会	0	0	0	0	0	0	0
	0	0	0	0	0	0	0
中国现场统计研究会	0	0	0	0	0	0	0
	1	20	1	9	0	0	0

续表 34

学 会	境内国际学术会议				港澳台地区学术会议		
	次 数（次）	参 加人 次（人次）	#境外专家学 者（人次）	交流论文、报告数（篇）	次 数（次）	参 加人 次（人次）	交流论文、报告数（篇）
中国未来研究会	0	0	0	0	0	0	0
	1	125	3	52	0	0	0
中国科学技术史学会	0	0	0	0	0	0	0
	0	0	0	0	0	0	0
中国科学技术情报学会	1	380	20	83	0	0	0
	1	251	3	39	0	0	0
中国图书馆学会	0	0	0	0	0	0	0
	2	330	14	115	0	0	0
中国城市科学研究会	3	2400	10	1023	0	0	0
	1	200	5	10	1	260	24
中国科学学与科技政策研究会	4	1765	26	51	0	0	0
	0	0	0	0	0	0	0
中国农村专业技术协会	0	0	0	0	0	0	0
	1	35000	10	20	1	120	9
中国工业设计协会	0	0	0	0	0	0	0
	1	200	0	15	0	0	0
中国工艺美术学会	0	0	0	0	0	0	0
	0	0	0	0	0	0	0
中国科普作家协会	0	0	0	0	0	0	0
	0	0	0	0	1	300	150
中国自然科学博物馆协会	0	0	0	0	0	0	0
	0	0	0	0	0	0	0
中国可持续发展研究会	0	0	0	0	0	0	0
	0	0	0	0	0	0	0
中国青少年科技辅导员协会	0	0	0	0	0	0	0
	0	0	0	0	0	0	0
中国科教电影电视协会	1	110	6	8	0	0	0
	0	0	0	0	0	0	0
中国科学技术期刊编辑学会	0	0	0	0	0	0	0
	3	2500	37	180	0	0	0
中国流行色协会	1	600	3	10	0	0	0
	—	—	—	—	—	—	—
中国档案学会	0	0	0	0	0	0	0
	0	0	0	0	0	0	0
中国国土经济学会	0	0	0	0	0	0	0
	—	—	—	—	—	—	—
中国土地学会	0	0	0	0	0	0	0
	0	0	0	0	0	0	0

续表 35

学 会	境内国际学术会议				港澳台地区学术会议		
	次 数（次）	参 加人 次（人次）	#境外专家学 者（人次）	交流论文、报告数（篇）	次 数（次）	参 加人 次（人次）	交流论文、报告数（篇）
中国科技新闻学会	0	0	0	0	0	0	0
	0	0	0	0	0	0	0
中国老科学技术工作者协会	0	0	0	0	0	0	0
	0	0	0	0	0	0	0
中国科学探险协会	0	0	0	0	0	0	0
	—	—	—	—	—	—	—
中国城市规划学会	2	10600	102	25	0	0	0
	1	500	2	4	0	0	0
中国产学研合作促进会	0	0	0	0	0	0	0
	2	520	90	202	0	0	0
中国知识产权研究会	0	0	0	0	0	0	0
	0	0	0	0	0	0	0
中国发明协会	0	0	0	0	0	0	0
	0	0	0	0	0	0	0
中国工程教育专业认证协会	0	0	0	0	0	0	0
	—	—	—	—	—	—	—
中国检验检疫学会	1	100	4	13	0	0	0
	0	0	0	0	0	0	0
中国女科技工作者协会	1	80	5	3	0	0	0
	0	0	0	0	0	0	0
中国创造学会	0	0	0	0	0	0	0
	0	0	0	0	0	0	0
中国经济科技开发国际交流协会	0	0	0	0	0	0	0
	—	—	—	—	—	—	—
中国高科技产业化研究会	0	0	0	0	1	150	6
	—	—	—	—	—	—	—
中国微量元素科学研究会	0	0	0	0	0	0	0
	0	0	0	0	0	0	0
中国国际经济技术合作促进会	—	—	—	—	—	—	—
	—	—	—	—	—	—	—
中国基本建设优化研究会	0	0	0	0	0	0	0
	—	—	—	—	—	—	—
中国科技馆发展基金会	0	0	0	0	0	0	0
	—	—	—	—	—	—	—
中国生物多样性保护与绿色发展基金会	0	0	0	0	0	0	0
	—	—	—	—	—	—	—
中国反邪教协会	0	0	0	0	0	0	0
	0	0	0	0	0	0	0

续表 36

学　会	主办科技期刊（种）	编委会成员人数（人）	#两院院士人数（人）	#国际编委人数（人）	编辑部总人数（人）	#高级技术职称人数（人）	#硕士、博士及以上学位人数（人）	科技期刊印刷量（册）	科技期刊发表文章数（篇）
全国学会合计	986	81608	4484	7920	6131	2815	3641	24069233	249048
省级同名学会合计	704	25466	658	806	4614	2285	1831	9501378	296339
全国理科学会小计	216	14120	1156	2392	987	510	709	6960067	39603
省级理科学会小计	102	3678	150	331	532	287	261	539053	15522
中国数学会	9	309	35	26	36	15	21	146786	2035
	5	96	2	0	27	23	25	35000	4619
中国物理学会	11	545	105	102	65	51	46	181593	3326
	10	302	17	7	91	52	28	63900	1389
中国力学学会	18	973	63	184	87	41	58	58431	2230
	3	99	1	48	24	7	12	4784	465
中国光学学会	12	763	98	173	90	45	66	511640	2986
	3	89	7	46	37	25	31	910	248
中国声学学会	1	67	0	0	9	7	4	4800	276
	2	72	0	0	10	8	3	6500	129
中国化学会	17	1661	188	196	79	39	63	84847	4033
	3	105	6	0	28	4	12	28188	795
中国天文学会	4	120	6	10	17	12	14	184200	578
	0	0	0	0	0	0	0	0	0
中国气象学会	4	304	26	58	20	12	12	40090	423
	18	624	37	14	60	41	25	62000	1315
中国空间科学学会	1	69	7	7	3	3	2	3502	117
	—	—	—	—	—	—	—	—	—
中国地质学会	3	190	27	18	8	3	8	14400	521
	9	384	18	0	70	38	27	26400	764
中国地理学会	20	1179	64	152	109	43	72	4860656	2809
	1	0	0	0	0	0	0	0	0
中国地球物理学会	4	255	32	43	20	11	9	18600	788
	0	0	0	0	0	0	0	0	0
中国矿物岩石地球化学学会	7	358	41	13	31	13	18	26940	712
	3	129	13	1	9	7	5	2600	232
中国古生物学会	1	43	2	7	3	2	3	5000	56
	0	0	0	0	0	0	0	0	0
中国海洋湖沼学会	5	311	16	34	18	9	16	22595	814
	1	45	3	0	5	1	1	534	127

续表 37

学 会	主办科技期刊（种）	编委会成员人数（人）	#两院院士人数（人）	#国际编委人数（人）	编辑部总人数（人）	#高级技术职称人数（人）	#硕士、博士及以上学位人数（人）	科技期刊印刷量（册）	科技期刊发表文章数（篇）
中国海洋学会	10	587	66	28	55	31	45	40900	1022
	2	124	15	1	8	4	7	1400	109
中国地震学会	3	231	19	28	8	2	4	2945	178
	5	209	2	0	25	15	12	6400	201
中国动物学会	9	427	19	106	19	12	11	99740	707
	3	216	0	3	8	4	6	19700	267
中国植物学会	9	748	55	136	25	12	20	139025	1149
	6	374	17	34	21	13	14	20690	798
中国昆虫学会	7	406	9	79	19	11	19	16128	689
	4	178	0	8	11	4	8	9200	318
中国微生物学会	7	588	38	63	22	15	16	30722	1527
	4	126	0	0	6	5	1	14212	268
中国生物化学与分子生物学会	2	206	11	11	10	8	6	12130	536
	0	0	0	0	0	0	0	0	0
中国细胞生物学学会	5	379	31	168	19	12	19	7380	635
	2	248	6	156	26	2	6	26400	1263
中国植物生理与植物分子生物学学会	2	194	8	80	14	3	11	3670	391
	0	0	0	0	0	0	0	0	0
中国生物物理学会	3	202	22	81	11	5	8	8464	227
	0	0	0	0	0	0	0	0	0
中国遗传学会	4	361	30	51	12	8	11	12098	350
	0	0	0	0	0	0	0	0	0
中国心理学会	2	120	0	7	10	5	8	60995	324
	2	59	0	0	20	11	20	4008	166
中国生态学学会	8	730	38	211	40	22	35	23432	2284
	0	0	0	0	0	0	0	0	0
中国环境科学学会	0	0	0	0	0	0	0	0	0
	4	107	0	0	23	5	10	31000	469
中国自然资源学会	2	138	14	3	11	3	7	24000	353
	1	58	0	0	5	2	0	3000	52
中国感光学会	2	53	1	0	9	6	5	10000	301
	—	—	—	—	—	—	—	—	—
中国优选法统筹法与经济数学研究会	1	39	1	5	7	6	4	26400	257
	0	0	0	0	0	0	0	0	0
中国岩石力学与工程学会	3	289	25	46	22	10	17	9000	806
	5	112	4	10	29	21	17	12560	537

续表 38

学 会	主办科技期刊（种）	编委会成员人数（人）	#两院院士人数（人）	#国际编委人数（人）	编辑部总人数（人）	#高级技术职称人数（人）	#硕士、博士及以上学位人数（人）	科技期刊印刷量（册）	科技期刊发表文章数（篇）
中国野生动物保护协会	3	76	6	0	13	5	8	179346	1182
	0	0	0	0	0	0	0	0	0
中国系统工程学会	5	360	16	80	34	16	20	42420	602
	0	0	0	0	0	0	0	0	0
中国实验动物学会	3	324	18	48	8	1	6	2300	416
	2	171	0	3	8	4	6	15500	183
中国青藏高原研究会	0	0	0	0	0	0	0	0	0
	—	—	—	—	—	—	—	—	—
中国环境诱变剂学会	1	108	1	7	3	0	2	6000	91
	0	0	0	0	0	0	0	0	0
中国运筹学会	3	131	3	22	10	6	7	18800	422
	0	0	0	0	0	0	0	0	0
中国菌物学会	3	100	2	18	4	2	1	16000	3233
	0	0	0	0	0	0	0	0	0
中国晶体学会	0	0	0	0	0	0	0	0	0
	—	—	—	—	—	—	—	—	—
中国神经科学学会	1	113	10	47	3	2	3	1092	162
	1	126	0	0	3	1	2	24000	189
中国认知科学学会	0	0	0	0	0	0	0	0	0
	0	0	0	0	0	0	0	0	0
中国微循环学会	0	0	0	0	0	0	0	0	0
	1	94	0	0	5	3	0	11000	80
国际数字地球协会	0	0	0	0	0	0	0	0	0
	—	—	—	—	—	—	—	—	—
国际动物学会	1	63	3	44	4	1	4	3000	55
	3	216	0	3	8	4	6	19700	267
全国工科学会小计	**305**	**20350**	**1962**	**2466**	**2042**	**1076**	**1192**	**9003686**	**75203**
省级工科学会小计	**285**	**7710**	**233**	**164**	**1966**	**1103**	**677**	**3008769**	**63125**
中国机械工程学会	33	2350	223	177	234	118	106	1913290	10980
	12	305	8	0	84	44	24	104437	4449
中国汽车工程学会	3	120	12	54	20	3	11	340513	342
	6	80	0	0	34	12	16	42300	1980
中国农业机械学会	1	117	7	10	6	5	5	7200	566
	5	61	0	0	13	6	3	13900	1404
中国农业工程学会	3	614	12	268	43	10	24	58500	2286
	2	6	0	0	4	1	0	300000	200

续表 39

学会	主办科技期刊（种）	编委会成员人数（人）	#两院院士人数（人）	#国际编委人数（人）	编辑部总人数（人）	#高级技术职称人数（人）	#硕士、博士及以上学位人数（人）	科技期刊印刷量（册）	科技期刊发表文章数（篇）
中国电机工程学会	14	879	66	75	110	46	61	1259536	3368
	13	406	23	0	83	57	22	209000	2162
中国电工技术学会	3	165	20	20	16	7	6	62400	881
	2	12	0	0	12	4	10	380	220
中国水力发电工程学会	1	30	6	13	13	11	12	4800	131
	8	225	1	0	44	26	12	74560	1461
中国水利学会	17	1252	104	81	177	138	133	426417	7195
	16	428	1	0	101	66	34	122850	1273
中国内燃机学会	3	135	4	0	18	11	12	33600	238
	1	30	0	0	6	4	3	15000	103
中国工程热物理学会	1	82	23	0	3	2	3	9000	449
	2	25	0	0	8	4	3	2500	384
中国空气动力学会	3	199	6	31	11	6	8	9272	222
	—	—	—	—	—	—	—	—	—
中国制冷学会	2	79	5	2	9	4	6	92400	206
	6	151	0	0	40	29	21	88500	326
中国真空学会	1	40	3	0	4	1	0	21000	217
	0	0	0	0	0	0	0	0	0
中国自动化学会	15	760	50	100	87	44	62	106254	2020
	3	105	6	0	28	4	12	28188	795
中国仪器仪表学会	12	548	54	89	108	55	66	56660	2825
	2	53	3	0	12	6	3	58000	512
中国计量测试学会	1	40	6	0	3	2	2	500	290
	1	24	0	0	24	24	0	17400	122
中国标准化协会	5	255	10	1	17	1	6	353100	923
	3	37	0	0	25	2	11	100950	500
中国图学学会	3	160	2	23	8	2	2	7700	287
	0	0	0	0	0	0	0	0	0
中国电子学会	13	635	92	133	84	42	57	280980	8208
	6	169	4	3	34	12	11	103250	3206
中国计算机学会	5	424	47	51	17	7	9	31545	873
	8	156	17	9	47	20	22	72250	14345
中国通信学会	3	259	19	35	15	5	12	27060	729
	15	171	2	0	103	72	37	152700	2949

续表 40

学 会	主办科技期刊（种）	编委会成员人数（人）	#两院院士人数（人）	#国际编委人数（人）	编辑部总人数（人）	#高级技术职称人数（人）	#硕士、博士及以上学位人数（人）	科技期刊印刷量（册）	科技期刊发表文章数（篇）
中国中文信息学会	1	67	7	8	3	1	2	15000	149
	0	0	0	0	0	0	0	0	0
中国测绘学会	3	170	30	30	16	13	15	18400	328
	9	239	15	0	81	53	24	66608	1398
中国造船工程学会	13	953	48	61	89	39	35	193284	2961
	3	42	0	0	41	30	6	21480	211
中国航海学会	2	49	0	0	6	0	2	7700	274
	8	175	2	0	50	12	9	68700	694
中国铁道学会	2	100	13	2	11	3	7	168800	342
	11	134	0	0	47	36	8	40700	875
中国公路学会	2	172	18	16	20	10	14	20800	516
	14	331	2	0	132	90	52	146050	1771
中国航空学会	7	493	72	72	40	16	28	953150	1560
	2	44	4	0	12	5	5	691	162
中国宇航学会	3	171	31	26	16	8	9	21600	394
	1	21	0	0	2	0	2	1200	63
中国兵工学会	13	735	75	82	81	48	41	650652	1770
	2	200	11	1	4	2	0	13000	450
中国金属学会	7	546	48	87	24	15	20	56410	1510
	16	591	18	3	66	54	30	75130	1418
中国有色金属学会	7	602	156	150	36	22	27	37600	1452
	5	261	10	0	10	16	6	17000	290
中国稀土学会	3	207	44	36	11	9	5	1450	372
	1	0	0	0	3	3	0	950	190
中国腐蚀与防护学会	3	221	15	9	23	6	7	159000	447
	2	72	4	2	7	2	5	3470	188
中国化工学会	19	1298	102	90	154	122	98	324496	4382
	11	275	14	0	40	24	13	110600	2532
中国核学会	2	107	6	1	16	9	8	10800	237
	3	129	2	1	23	10	8	12742	102
中国石油学会	8	659	93	59	57	40	37	121500	1126
	4	236	13	94	40	24	11	23600	701
中国煤炭学会	2	114	25	28	13	4	12	3900	608
	7	258	9	0	39	16	12	108259	2272
中国可再生能源学会	2	220	8	0	24	2	2	24000	751
	1	34	0	0	5	3	3	12000	240

续表 41

学 会	主办科技期刊（种）	编委会成员人数（人）	#两院院士人数（人）	#国际编委人数（人）	编辑部总人数（人）	#高级技术职称人数（人）	#硕士、博士及以上学位人数（人）	科技期刊印刷量（册）	科技期刊发表文章数（篇）
中国能源研究会	1	198	13	32	6	3	3	70000	429
	5	135	2	1	25	14	18	32100	650
中国硅酸盐学会	5	212	5	30	24	15	18	12360	989
	1	10	0	0	5	1	0	12000	1152
中国建筑学会	3	153	24	8	35	7	22	172939	808
	14	515	30	2	129	78	35	179650	2738
中国土木工程学会	1	71	16	4	5	1	0	33000	147
	0	0	0	0	0	0	0	0	0
中国生物工程学会	2	190	31	7	5	2	4	4900	214
	1	0	0	0	0	0	0	9000	146
中国纺织工程学会	2	103	8	14	9	4	5	17640	587
	4	86	1	4	42	18	12	75000	577
中国造纸学会	5	367	0	54	20	13	12	58000	1113
	2	35	0	0	5	3	3	9200	98
中国文物保护技术协会	0	0	0	0	0	0	0	0	0
	—	—	—	—	—	—	—	—	—
中国印刷技术协会	2	50	0	0	6	2	0	44000	120
	1	0	0	0	4	3	1	300	0
中国材料研究学会	8	456	95	83	49	28	37	21106	719
	0	0	0	0	0	0	0	0	0
中国食品科学技术学会	2	61	5	1	14	5	10	50000	1445
	2	255	1	2	38	32	33	10300	317
中国粮油学会	2	111	1	1	12	6	6	21000	471
	1	20	20	0	20	12	0	60000	144
中国职业安全健康协会	1	68	13	5	9	5	4	550	328
	0	0	0	0	0	0	0	0	0
中国烟草学会	1	47	1	0	4	2	3	18000	84
	8	137	0	0	78	31	16	89900	1117
中国仿真学会	1	110	6	9	5	3	2	9600	269
	1	12	0	4	2	1	1	1000	930
中国电影电视技术学会	0	0	0	0	0	0	0	0	0
	0	0	0	0	0	0	0	0	0
中国振动工程学会	2	223	10	0	11	3	5	9441	1058
	1	108	3	0	9	5	4	12744	912
中国颗粒学会	2	102	3	30	7	6	6	7200	215
	1	24	0	0	5	1	2	0	0

续表 42

学　会	主办科技期刊（种）	编委会成员人数（人）	#两院院士人数（人）	#国际编委人数（人）	编辑部总人数（人）	#高级技术职称人数（人）	#硕士、博士及以上学位人数（人）	科技期刊印刷量（册）	科技期刊发表文章数（篇）
中国照明学会	1	81	2	7	9	6	7	12000	177
	2	21	0	0	12	5	2	37000	127
中国动力工程学会	1	25	0	0	4	1	4	27000	152
	0	0	0	0	0	0	0	0	0
中国惯性技术学会	2	67	14	0	12	5	5	16200	252
	0	0	0	0	0	0	0	0	0
中国风景园林学会	1	122	0	11	7	1	5	77931	300
	3	152	1	0	71	9	8	18200	134
中国电源学会	2	162	7	55	11	4	4	12724	182
	0	0	0	0	0	0	0	0	0
中国复合材料学会	0	0	0	0	0	0	0	0	0
	0	0	0	0	0	0	0	0	0
中国消防协会	1	10	0	0	46	20	8	61000	560
	1	15	0	0	9	0	0	14873	168
中国图象图形学学会	1	164	9	1	4	2	2	17400	180
	0	0	0	0	0	0	0	0	0
中国人工智能学会	2	212	24	89	6	2	5	36000	180
	0	0	0	0	0	0	0	0	0
中国体视学学会	1	98	1	5	3	2	2	4000	49
	0	0	0	0	0	0	0	0	0
中国工程机械学会	1	62	0	0	5	3	2	9000	108
	—	—	—	—	—	—	—	—	—
中国海洋工程咨询协会	0	0	0	0	0	0	0	0	0
	—	—	—	—	—	—	—	—	—
中国遥感应用协会	2	106	21	0	12	8	10	3744	157
	—	—	—	—	—	—	—	—	—
中国指挥与控制学会	1	85	27	6	8	5	3	3650	54
	—	—	—	—	—	—	—	—	—
中国光学工程学会	1	129	16	14	7	2	4	7200	578
	0	0	0	0	0	0	0	0	0
中国微米纳米技术学会	2	116	10	23	10	5	5	9432	290
	—	—	—	—	—	—	—	—	—
中国密码学会	1	77	8	5	4	1	3	1200	67
	—	—	—	—	—	—	—	—	—
中国大坝工程学会	2	168	17	9	18	11	7	259200	331
	—	—	—	—	—	—	—	—	—
中国卫星导航定位协会	1	63	8	7	6	5	1	6000	113
	—	—	—	—	—	—	—	—	—

续表 43

学会	主办科技期刊（种）	编委会成员人数（人）	#两院院士人数（人）	#国际编委人数（人）	编辑部总人数（人）	#高级技术职称人数（人）	#硕士、博士及以上学位人数（人）	科技期刊印刷量（册）	科技期刊发表文章数（篇）
中国生物材料学会	1	54	5	36	6	1	6	0	62
	0	0	0	0	0	0	0	0	0
国际粉体检测与控制联合会	0	0	0	0	0	0	0	0	0
	—	—	—	—	—	—	—	—	—
全国农科学会小计	50	3607	267	637	286	153	206	542859	10298
省级农科学会小计	95	2176	34	19	531	282	235	1096457	18812
中国农学会	9	872	69	206	51	29	34	72280	2179
	13	356	6	1	87	52	36	96977	3283
中国林学会	1	94	8	4	7	5	2	12600	252
	17	596	2	3	148	59	52	99770	1669
中国土壤学会	5	347	31	95	24	15	22	13250	924
	1	58	13	0	3	1	2	9000	296
中国水产学会	4	252	27	23	24	11	20	309600	942
	10	220	3	1	50	24	16	247600	1306
中国园艺学会	5	190	7	32	39	28	23	40523	429
	2	54	1	0	13	5	7	38000	2156
中国畜牧兽医学会	6	476	37	116	40	17	23	30820	2100
	13	284	0	0	82	43	47	293030	3628
中国植物病理学会	2	91	7	26	3	2	2	3450	132
	5	96	2	0	27	23	25	35000	4619
中国植物保护学会	2	130	11	7	11	4	11	12900	478
	0	0	0	0	0	0	0	0	0
中国作物学会	5	487	44	92	33	13	27	4576	745
	9	218	6	3	33	18	11	41300	655
中国热带作物学会	1	54	1	2	7	4	6	3000	341
	3	72	0	0	20	12	5	17800	207
中国蚕学会	1	55	0	0	5	2	5	6600	116
	3	38	0	0	9	7	6	4500	28
中国水土保持学会	0	0	0	0	0	0	0	0	0
	1	19	0	0	3	3	0	6000	72
中国茶叶学会	1	46	2	6	4	2	4	12000	79
	5	87	2	3	50	28	16	50600	2831
中国草学会	5	355	22	23	27	11	16	4800	1073
	8	137	0	0	78	31	16	89900	1117
中国植物营养与肥料学会	2	116	1	2	7	7	7	10460	425
	0	0	0	0	0	0	0	0	0

续表 44

学　会	主办科技期刊（种）	编委会成员人数（人）	#两院院士人数（人）	#国际编委人数（人）	编辑部总人数（人）	#高级技术职称人数（人）	#硕士、博士及以上学位人数（人）	科技期刊印刷量（册）	科技期刊发表文章数（篇）
中国农业历史学会	1	42	0	3	4	3	4	6000	83
	0	0	0	0	0	0	0	0	0
全国医科学会小计	**368**	**41920**	**1009**	**2376**	**2475**	**944**	**1355**	**6159174**	**109751**
省级医科学会小计	**139**	**10240**	**149**	**281**	**984**	**397**	**471**	**2993563**	**41945**
中华医学会	188	23770	417	1017	1106	428	641	3039993	38074
	0	0	0	0	0	0	0	0	0
中华中医药学会	37	3327	75	113	323	101	168	882809	26104
	—								
中国中西医结合学会	10	1158	40	85	66	27	41	140266	3257
	6	433	7	51	39	14	23	69689	3013
中国药学会	25	3229	192	207	169	81	95	284943	8226
	23	1702	8	13	187	59	82	343467	8075
中华护理学会	4	613	0	32	15	4	14	236275	837
	—	—	—	—	—	—	—	—	—
中国生理学会	3	177	6	10	16	11	14	11840	337
	0	0	0	0	0	0	0	0	0
中国解剖学会	7	534	8	6	63	38	51	13536	1075
	3	151	4	1	13	4	7	24000	383
中国生物医学工程学会	4	246	5	22	21	14	15	18200	410
	4	464	17	5	18	9	6	30000	459
中国病理生理学会	3	329	7	25	24	12	12	24800	868
	0	0	0	0	0	0	0	0	0
中国营养学会	2	110	0	28	9	2	7	10600	222
	2	5	0	0	7	5	2	2000	40
中国药理学会	7	803	51	56	43	23	29	45300	1556
	7	506	35	20	39	18	23	734100	2313
中国针灸学会	3	240	2	47	20	9	15	62600	608
	2	156	0	5	11	4	5	16050	1115
中国防痨协会	2	379	0	4	14	8	2	5600	322
	3	34	0	0	8	4	4	4000	35
中国麻风防治协会	1	58	0	0	8	3	4	6000	228
	0	0	0	0	0	0	0	0	0
中国心理卫生协会	3	23	0	0	45	0	0	600000	28
	0	0	0	0	0	0	0	0	0

续表 45

学 会	主办科技期刊（种）	编委会成员人数（人）	#两院院士人数（人）	#国际编委人数（人）	编辑部总人数（人）	#高级技术职称人数（人）	#硕士、博士及以上学位人数（人）	科技期刊印刷量（册）	科技期刊发表文章数（篇）
中国抗癌协会	7	926	65	199	57	13	30	21620	1058
	8	493	11	20	37	16	15	79370	1520
中国体育科学学会	3	164	1	43	17	8	12	53640	314
	6	114	0	1	35	20	23	19700	725
中国毒理学会	3	111	4	8	18	15	14	14000	265
	1	0	0	0	0	0	0	0	0
中国康复医学会	8	825	12	174	101	14	20	194400	9830
	1	67	0	0	8	3	1	4200	192
中国免疫学会	6	562	42	80	31	14	20	84900	1417
	1	41	0	1	4	1	3	9000	103
中华预防医学会	34	3570	69	104	265	101	121	324452	13688
	—	—	—	—	—	—	—	—	—
中国法医学会	1	59	2	9	9	3	4	6000	179
	0	0	0	0	0	0	0	0	0
中华口腔医学会	4	293	4	43	20	8	13	38600	256
	—	—	—	—	—	—	—	—	—
中国医学救援协会	1	125	3	0	6	3	4	20000	396
	—	—	—	—	—	—	—	—	—
中国女医师协会	0	0	0	0	0	0	0	0	0
	0	0	0	0	0	0	0	0	0
中国研究型医院学会	1	165	1	0	6	2	6	18000	111
	0	0	0	0	0	0	0	0	0
中国睡眠研究会	0	0	0	0	0	0	0	0	0
	2	0	0	0	0	0	0	0	0
中国卒中学会	1	124	3	64	3	2	3	800	85
	1	0	0	0	0	0	0	0	0
全国交叉学科学会小计	**47**	**1611**	**90**	**49**	**341**	**132**	**179**	**1403447**	**14193**
省级其他学科学会小计	**83**	**1662**	**92**	**11**	**601**	**216**	**187**	**1863536**	**156935**
中国自然辩证法研究会	2	255	9	0	14	3	12	38956	673
	2	40	0	0	6	4	6	2180	123
中国管理现代化研究会	1	16	0	0	4	2	3	98600	180
	0	0	0	0	0	0	0	0	0
中国技术经济学会	3	97	22	0	12	6	9	40560	2858
	0	0	0	0	0	0	0	0	0
中国现场统计研究会	0	0	0	0	0	0	0	0	0
	0	0	0	0	0	0	0	0	0

续表46

学 会	主办科技期刊（种）	编委会成员人数（人）	#两院院士人数（人）	#国际编委人数（人）	编辑部总人数（人）	#高级技术职称人数（人）	#硕士、博士及以上学位人数（人）	科技期刊印刷量（册）	科技期刊发表文章数（篇）
中国未来研究会	2	43	1	0	15	6	1	247200	945
	0	0	0	0	0	0	0	0	0
中国科学技术史学会	0	0	0	0	0	0	0	0	0
	1	10	0	0	2	2	0	1000	18
中国科学技术情报学会	2	78	0	9	15	10	12	15231	191
	6	81	0	1	44	22	25	24115	1454
中国图书馆学会	1	29	0	3	4	2	4	24000	52
	7	125	0	4	48	24	26	126544	1133
中国城市科学研究会	0	0	0	0	0	0	0	0	0
	3	97	2	0	23	8	7	7200	145
中国科学学与科技政策研究会	4	131	1	23	26	14	20	31700	702
	0	0	0	0	0	0	0	0	0
中国农村专业技术协会	0	0	0	0	0	0	0	0	0
	2	9	0	0	10	1	4	100000	113
中国工业设计协会	0	0	0	0	0	0	0	0	0
	1	65	1	14	11	7	7	5438	756
中国工艺美术学会	1	32	0	2	10	3	5	11080	162
	1	6	0	0	6	2	1	2000	1
中国科普作家协会	2	66	3	0	20	6	14	46000	195
	2	17	0	0	22	4	5	935600	145748
中国自然科学博物馆协会	1	34	2	0	11	5	7	18000	66
	1	4	0	0	4	2	2	2200	0
中国可持续发展研究会	1	26	5	0	10	6	7	30000	224
	0	0	0	0	0	0	0	0	0
中国青少年科技辅导员协会	1	10	0	0	3	1	1	64800	380
	0	0	0	0	0	0	0	0	0
中国科教电影电视协会	2	64	0	0	6	2	0	15300	528
	0	0	0	0	0	0	0	0	0
中国科学技术期刊编辑学会	1	42	0	0	3	1	2	13400	204
	2	0	0	0	4	1	2	150000	538
中国流行色协会	1	28	0	0	6	2	3	12000	750
	—	—	—	—	—	—	—	—	—
中国档案学会	1	20	0	0	3	2	1	18600	125
	0	0	0	0	0	0	0	0	0
中国国土经济学会	1	103	0	0	5	2	1	14400	90
	—	—	—	—	—	—	—	—	—
中国土地学会	1	73	0	0	9	5	8	13200	165
	6	182	0	0	38	13	4	73347	398

续表 47

学　会	主办科技期刊（种）	编委会成员人数（人）	#两院院士人数（人）	#国际编委人数（人）	编辑部总人数（人）	#高级技术职称人数（人）	#硕士、博士及以上学位人数（人）	科技期刊印刷量（册）	科技期刊发表文章数（篇）
中国科技新闻学会	8	73	34	0	81	23	20	295400	4199
	0	0	0	0	0	0	0	0	0
中国老科学技术工作者协会	1	0	0	0	16	5	6	30000	160
	2	45	0	0	11	7	3	22000	232
中国科学探险协会	1	10	2	0	8	0	1	9000	40
	—	—	—	—	—	—	—	—	—
中国城市规划学会	5	223	10	12	43	21	30	155320	552
	0	0	0	0	0	0	0	0	0
中国产学研合作促进会	1	32	0	0	4	0	3	80000	92
	0	0	0	0	0	0	0	0	0
中国知识产权研究会	1	39	1	0	5	3	5	48000	96
	1	4	0	0	3	1	3	0	5
中国发明协会	1	0	0	0	6	2	3	32400	258
	0	0	0	0	0	0	0	0	0
中国工程教育专业认证协会	0	0	0	0	0	0	0	0	0
	—	—	—	—	—	—	—	—	—
中国检验检疫学会	1	87	0	0	2	0	1	300	306
	0	0	0	0	0	0	0	0	0
中国女科技工作者协会	0	0	0	0	0	0	0	0	0
	0	0	0	0	0	0	0	0	0
中国创造学会	0	0	0	0	0	0	0	0	0
	0	0	0	0	0	0	0	0	0
中国经济科技开发国际交流协会	0	0	0	0	0	0	0	0	0
	—	—	—	—	—	—	—	—	—
中国高科技产业化研究会	0	0	0	0	0	0	0	0	0
	—	—	—	—	—	—	—	—	—
中国微量元素科学研究会	0	0	0	0	0	0	0	0	0
	0	0	0	0	0	0	0	0	0
中国国际经济技术合作促进会	—	—	—	—	—	—	—	—	—
	—	—	—	—	—	—	—	—	—
中国基本建设优化研究会	0	0	0	0	0	0	0	0	0
	—	—	—	—	—	—	—	—	—
中国科技馆发展基金会	0	0	0	0	0	0	0	0	0
	—	—	—	—	—	—	—	—	—
中国生物多样性保护与绿色发展基金会	0	0	0	0	0	0	0	0	0
	—	—	—	—	—	—	—	—	—
中国反邪教协会	0	0	0	0	0	0	0	0	0
	1	0	0	0	6	4	0	3240	190

六、科学普及

2020 年各全国学会、省级同名学会科学普及情况

学 会	次数（次）	举办科普宣讲活动					科普活动受众（人次）	#全国科普日、科普周活动受众（人次）	#青少年科普活动受众（人次）
		#专家科普报告会（次）	#专题展览（次）	#开展科技咨询（次）	#全国科普日、科普周活动（次）	#青少年科普活动（次）			
全国学会合计	42776	8431	2197	29074	1958	5735	1481163316	306401889	228288105
省级同名学会合计	54328	13337	2857	12685	14973	6739	283921239	69564432	39122453
全国理科学会小计	1669	895	140	83	340	1043	55882687	5087817	41092214
省级理科学会小计	4815	1679	419	665	779	1832	59598078	32770343	24042728
中国数学会	4	4	0	0	0	0	75000	0	0
	48	28	0	0	1	22	26020	20	13270
中国物理学会	8	3	0	0	0	0	10143	0	0
	284	152	12	14	31	92	96345	34823	53010
中国力学学会	10	8	1	0	1	4	50000	30000	50000
	62	27	3	14	5	12	78137	41221	36640
中国光学学会	17	7	1	0	9	16	5800000	120000	4600000
	193	66	30	50	12	41	1604013	155278	848908
中国声学学会	15	9	1	1	2	2	400000	350000	50000
	78	38	6	8	17	22	6560	1200	1960
中国化学会	3	1	0	0	0	2	58867	0	58867
	81	32	6	20	16	20	18965	7010	11845
中国天文学会	12	6	2	0	9	1	13000	12000	2000
	245	151	37	21	23	168	215528	92720	171466
中国气象学会	143	93	0	32	67	39	35876233	55000	33261033
	631	180	82	176	151	196	50755699	30452381	20332088
中国空间科学学会	61	61	0	0	1	5	570028	566628	100000
	—	—	—	—	—	—	—	—	—
中国地质学会	8	6	0	2	0	1	30000	0	1500
	301	46	20	22	69	162	796057	685345	89587
中国地理学会	12	3	0	5	0	4	5000	0	1000
	92	46	5	4	10	40	32527	10890	9750
中国地球物理学会	22	19	3	0	2	13	1800000	2500	2400
	86	26	8	13	12	32	43479	16743	24807
中国矿物岩石地球化学学会	34	22	5	3	2	2	2000000	1200000	1100000
	35	19	4	0	4	22	32924	10335	2355
中国古生物学会	5	5	0	0	2	3	12000	1000	2000
	63	9	3	0	10	41	28674	14152	14522
中国海洋湖沼学会	34	28	0	0	12	19	185000	105000	120000
	17	8	3	2	3	5	3855	2540	1280

续表 1

学 会	举办科普宣讲活动						科普活动受众（人次）	#全国科普日、科普周活动受众（人次）	#青少年科普活动受众（人次）
	次数（次）	#专家科普报告会（次）	#专题展览（次）	#开展科技咨询（次）	#全国科普日、科普周活动（次）	#青少年科普活动（次）			
中国海洋学会	215	76	34	0	59	140	3629507	418465	331782
	7	1	1	0	1	2	5000	1000	800
中国地震学会	5	5	0	0	5	1	1930	1930	330
	263	90	10	8	112	70	1882500	321600	164600
中国动物学会	0	0	0	0	0	0	0	0	0
	252	48	16	17	26	182	79159	53021	45420
中国植物学会	125	125	0	0	18	105	727741	403000	44011
	331	84	55	65	25	150	181208	141010	27426
中国昆虫学会	6	6	0	0	3	3	13000	9000	4000
	226	55	5	70	22	57	2253995	150235	2145378
中国微生物学会	32	32	0	0	31	31	7560	7550	7560
	86	36	9	20	8	26	177807	2859	164113
中国生物化学与分子生物学会	8	0	0	0	8	0	1823	1823	0
	32	16	4	10	10	9	63672	1790	1370
中国细胞生物学学会	150	50	0	32	76	126	1410540	1292471	688926
	209	63	2	49	85	47	616107	592776	584709
中国植物生理与植物分子生物学学会	21	17	4	0	6	21	80000	50000	80000
	1	0	0	1	0	0	200	200	0
中国生物物理学会	54	35	0	0	2	17	235000	55000	180000
	10	6	0	0	3	3	1686	530	156
中国遗传学会	10	8	0	0	0	2	38475	0	310
	67	33	10	14	7	17	209164	1281	3845
中国心理学会	100	55	16	4	5	20	80000	20000	45000
	409	269	12	23	16	25	86439	29800	16306
中国生态学学会	182	168	59	4	3	162	338135	4000	179145
	91	74	8	3	8	78	15510	1890	13050
中国环境科学学会	0	0	0	0	0	0	0	0	0
	478	44	20	35	76	178	260216	73121	82131
中国自然资源学会	20	10	1	0	0	5	93915	0	34570
	8	3	2	1	2	2	10228	628	165
中国感光学会	6	4	1	0	1	3	1389000	30000	20000
	—	—	—	—	—	—	—	—	—
中国优选法统筹法与经济数学研究会	0	0	0	0	0	0	0	0	0
	0	0	0	0	0	0	0	0	0
中国岩石力学与工程学会	0	0	0	0	0	0	0	0	0
	23	5	2	6	5	8	4420	1000	3390

续表 2

| 学 会 | 举办科普宣讲活动 | | | | | | 科普活动受众（人次） | #全国科普日、科普周活动受众（人次） | #青少年科普活动受众（人次） |
	次数（次）	#专家科普报告会（次）	#专题展览（次）	#开展科技咨询（次）	#全国科普日、科普周活动（次）	#青少年科普活动（次）			
中国野生动物保护协会	290	3	3	0	5	282	27000	10000	15900
	6	1	0	1	0	4	200	0	200
中国系统工程学会	23	13	6	0	7	10	350000	240000	110000
	5	1	0	2	0	2	650	0	650
中国实验动物学会	4	0	1	0	0	0	395	0	0
	1	0	0	0	1	0	70	70	0
中国青藏高原研究会	0	0	0	0	0	0	0	0	0
	—	—	—	—	—	—	—	—	—
中国环境诱变剂学会	8	4	0	0	1	0	265000	100000	0
	26	10	7	3	6	0	4841	3056	0
中国运筹学会	5	4	0	0	0	1	750	0	300
	6	3	0	0	0	1	885	0	10
中国菌物学会	4	3	1	0	0	2	5000	0	1500
	0	0	0	0	0	0	0	0	0
中国晶体学会	0	0	0	0	0	0	0	0	0
	—	—	—	—	—	—	—	—	—
中国神经科学学会	6	1	1	0	3	1	2530	2450	80
	4	1	0	0	3	0	300	250	0
中国认知科学学会	0	0	0	0	0	0	0	0	0
	0	0	0	0	0	0	0	0	0
中国微循环学会	6	6	0	0	0	0	300000	0	0
	6	5	0	0	0	1	272	100	172
国际数字地球协会	0	0	0	0	0	0	0	0	0
	—	—	—	—	—	—	—	—	—
国际动物学会	1	1	0	0	0	0	115	0	0
	252	48	16	17	26	182	79159	53021	45420
全国工科学会小计	3034	1551	157	471	744	370	87505672	63120429	42211662
省级工科学会小计	8850	970	461	899	918	643	9258529	1000433	3614361
中国机械工程学会	19	7	0	0	5	7	105142	101914	3228
	159	45	16	64	29	33	71550	43900	9570
中国汽车工程学会	107	104	3	0	1	6	587013	2000	3000
	18	11	0	4	2	3	4161	530	320
中国农业机械学会	110	58	3	0	0	0	1000000	0	0
	25	5	10	7	3	1	3820	930	190
中国农业工程学会	15	15	0	0	0	0	30500	0	0
	41	9	3	25	3	4	1510	200	200

续表 3

学 会	举办科普宣讲活动								
	次数（次）	# 专家科普报告会（次）	# 专题展览（次）	# 开展科技咨询（次）	# 全国科普日、科普周活动（次）	# 青少年科普活动（次）	科普活动受众（人次）	# 全国科普日、科普周活动受众（人次）	# 青少年科普活动受众（人次）
中国电机工程学会	20	19	3	0	6	9	28261	17019	18677
	145	21	38	23	60	35	25531	17385	9418
中国电工技术学会	104	23	10	65	7	4	13770	3600	2500
	12	5	0	6	5	0	960	765	200
中国水力发电工程学会	12	1	0	10	1	0	400	300	0
	24	4	5	5	10	8	5850	1773	1520
中国水利学会	81	25	16	6	25	18	36181	24628	4963
	83	25	15	14	25	6	3116820	94700	3011340
中国内燃机学会	5	3	0	0	2	0	1601	230	0
	5	2	2	1	0	2	756	0	702
中国工程热物理学会	2	2	0	0	2	0	1500	1500	0
	4	3	0	0	1	0	185	70	0
中国空气动力学会	12	8	4	0	0	2	7000	0	2000
	—	—	—	—	—	—	—	—	—
中国制冷学会	80	1	1	2	68	8	10550	8920	1630
	69	15	4	17	39	20	12174	6058	2923
中国真空学会	0	0	0	0	0	0	0	0	0
	13	8	0	3	2	2	1917	800	960
中国自动化学会	96	83	3	2	2	12	802195	10700	81330
	39	16	1	17	8	10	8420	5900	2960
中国仪器仪表学会	120	77	8	36	45	20	144368	117212	40879
	23	10	2	2	6	3	4340	1960	2810
中国计量测试学会	153	57	21	75	12	20	187345	6230	8140
	26	2	2	9	7	2	177791	4363	1970
中国标准化协会	2	0	0	0	0	1	600	0	600
	60	22	1	37	3	0	2678	858	0
中国图学学会	1	1	0	0	0	0	200	0	0
	12	1	0	0	0	3	2220	220	2000
中国电子学会	70	21	1	19	10	30	166985	49582	51423
	146	61	14	4	12	81	71456	2689	14482
中国计算机学会	0	0	0	0	0	0	0	0	0
	56	21	1	10	11	15	15387	3500	5921
中国通信学会	17	12	1	2	2	0	4000000	3000000	0
	50	14	7	18	13	7	1363641	20310	9880

续表 4

学 会	举办科普宣讲活动						科普活动受众（人次）	#全国科普日、科普周活动受众（人次）	#青少年科普活动受众（人次）
	次数（次）	#专家科普报告会（次）	#专题展览（次）	#开展科技咨询（次）	#全国科普日、科普周活动（次）	#青少年科普活动（次）			
中国中文信息学会	0	0	0	0	0	0	0	0	0
	1	1	0	0	0	0	40	0	0
中国测绘学会	0	0	0	0	0	0	0	0	0
	31	13	9	4	9	4	105090	3870	101820
中国造船工程学会	63	42	1	13	1	6	14307	1244	13894
	16	6	0	2	2	8	57050	2113	4877
中国航海学会	169	8	9	4	54	69	8509140	303152	8203028
	33	7	6	9	5	13	19770	7160	6490
中国铁道学会	36	35	1	0	36	10	16552	16552	600
	50	3	18	2	18	4	170129	145815	15073
中国公路学会	146	7	4	6	129	5	156000	150000	1000
	78	29	8	11	23	6	12078	7382	2290
中国航空学会	0	0	0	0	0	0	0	0	0
	78	48	14	1	6	34	28769	4200	23617
中国宇航学会	42	20	3	5	2	12	6000000	100000	6000000
	15	8	2	0	2	3	3200	500	2700
中国兵工学会	14	14	0	0	5	14	3000400	400	3000000
	34	3	1	1	28	1	21840	2801	2200
中国金属学会	19	17	2	0	7	0	40000	10300	0
	74	16	10	22	23	3	28358	23728	1580
中国有色金属学会	38	38	0	0	0	0	600000	0	0
	19	6	2	1	2	1	1190	860	800
中国稀土学会	1	1	0	0	0	0	138000	0	0
	0	0	0	0	0	0	0	0	0
中国腐蚀与防护学会	7	6	0	0	1	0	5240	2000	0
	51	14	17	13	2	2	4384	2656	1596
中国化工学会	93	32	2	23	25	23	20675	4062	5580
	41	16	6	7	9	13	8900	2295	5015
中国核学会	100	98	1	0	0	1	1000000	0	900000
	116	31	20	4	22	61	110227	100683	80133
中国石油学会	22	7	2	0	17	1	2255340	1653840	50300
	38	4	12	2	15	4	57330	38755	6595
中国煤炭学会	7	4	0	3	3	0	520000	400000	0
	17	5	2	1	4	4	1768	1062	402
中国可再生能源学会	3	0	0	0	0	3	530	0	530
	1	1	0	0	1	1	150	150	150

续表 5

学 会	举办科普宣讲活动								
	次数（次）	#专家科普报告会（次）	#专题展览（次）	#开展科技咨询（次）	#全国科普日、科普周活动（次）	#青少年科普活动（次）	科普活动受众（人次）	#全国科普日、科普周活动受众（人次）	#青少年科普活动受众（人次）
中国能源研究会	3	3	0	0	2	1	2300	2300	50
	24	11	4	3	6	5	5522	2552	1050
中国硅酸盐学会	102	11	1	87	6	2	2980	710	130
	24	10	5	2	7	5	18926	13468	3427
中国建筑学会	34	29	4	0	0	1	20000	0	200
	65	37	1	21	6	1	8410	3026	520
中国土木工程学会	0	0	0	0	0	0	0	0	0
	1	1	0	0	0	0	100	0	0
中国生物工程学会	6	6	1	0	0	0	80000	0	0
	5	2	1	1	1	1	400	200	100
中国纺织工程学会	21	15	3	21	2	4	44000	29400	14000
	60	26	10	8	3	1	2528	1390	180
中国造纸学会	0	0	0	0	0	0	0	0	0
	38	1	0	33	2	2	1336	1181	115
中国文物保护技术协会	0	0	0	0	0	0	0	0	0
	—	—	—	—	—	—	—	—	—
中国印刷技术协会	25	4	5	6	8	2	210000	200000	10000
	0	0	0	0	0	0	0	0	0
中国材料研究学会	80	37	3	18	5	22	24167	1920	1562
	11	3	0	0	2	6	2300	900	1950
中国食品科学技术学会	63	63	0	0	1	1	52005000	52005000	23000000
	27	10	1	6	8	3	1890	950	300
中国粮油学会	23	3	12	2	6	0	101496	101010	0
	3	0	0	3	3	0	300	300	0
中国职业安全健康协会	71	60	6	0	1	1	622991	560000	622991
	6	1	0	4	1	0	1000	210	0
中国烟草学会	10	0	1	0	9	0	40000	40000	0
	160	19	33	36	93	0	113082	90691	0
中国仿真学会	0	0	0	0	0	0	0	0	0
	0	0	0	0	0	0	0	0	0
中国电影电视技术学会	2	1	0	1	1	2	2500	2000	300
	0	0	0	0	0	0	0	0	0
中国振动工程学会	0	0	0	0	0	0	0	0	0
	10	1	0	0	1	8	775	135	652
中国颗粒学会	0	0	0	0	0	0	0	0	0
	9	2	1	3	2	1	1695	480	500

续表 6

学 会	举办科普宣讲活动						科普活动受 众（人次）	#全国科普日、科普周活动受众（人次）	#青少年科普活动受 众（人次）
	次数（次）	#专家科普报告会（次）	#专题展览（次）	#开展科技咨询（次）	#全国科普日、科普周活动（次）	#青少年科普活动（次）			
中国照明学会	10	0	0	0	0	0	86000	0	0
	33	18	0	6	7	3	7700	6750	500
中国动力工程学会	1	0	0	0	0	1	45	0	45
	0	0	0	0	0	0	0	0	0
中国惯性技术学会	14	14	0	0	1	1	8170	42	300
	8	6	0	1	0	1	247	0	42
中国风景园林学会	4	1	1	1	1	0	1100	1100	0
	184	2	1	6	2	6	2002870	1270	1170
中国电源学会	1	1	0	0	1	0	80	80	0
	5	0	0	1	0	4	750	0	750
中国复合材料学会	0	0	0	0	0	0	0	0	0
	10	2	0	6	3	2	1030	470	360
中国消防协会	500	300	0	0	200	0	52	52	0
	5634	1	62	244	259	11	313440	24680	5101
中国图象图形学学会	15	11	0	0	4	11	2800	800	2000
	20	10	2	2	2	4	420	200	220
中国人工智能学会	149	107	5	15	5	19	2008881	1600100	71970
	65	23	2	8	10	36	23588	1880	7690
中国体视学学会	15	6	6	0	1	10	770	100	270
	4	0	0	0	3	0	400	0	400
中国工程机械学会	9	5	0	3	2	1	1500	1200	300
	—	—	—	—	—	—	—	—	—
中国海洋工程咨询协会	0	0	0	0	0	0	0	0	0
	—	—	—	—	—	—	—	—	—
中国遥感应用协会	30	10	0	20	4	4	10000	3000	2000
	—	—	—	—	—	—	—	—	—
中国指挥与控制学会	0	0	0	0	0	0	0	0	0
	—	—	—	—	—	—	—	—	—
中国光学工程学会	22	4	2	16	0	0	137050	0	0
	10	4	1	3	1	1	800	450	300
中国微米纳米技术学会	1	1	0	0	0	0	120	0	0
	—	—	—	—	—	—	—	—	—
中国密码学会	3	0	1	0	2	0	2380000	2380000	0
	—	—	—	—	—	—	—	—	—
中国大坝工程学会	6	2	2	2	3	2	10000	5000	700
	—	—	—	—	—	—	—	—	—
中国卫星导航定位协会	7	3	0	2	0	2	100000	0	90042
	—	—	—	—	—	—	—	—	—

续表 7

学 会	次数（次）	# 专家科普报告会（次）	# 专题展览（次）	# 开展科技咨询（次）	# 全国科普日、科普周活动（次）	# 青少年科普活动（次）	科普活动受众（人次）	# 全国科普日、科普周活动受众（人次）	# 青少年科普活动受众（人次）
					举办科普宣讲活动				
中国生物材料学会	13	5	3	3	11	2	201580	201230	1500
	0	0	0	0	0	0	0	0	0
国际粉体检测与控制联合会	8	3	2	3	0	0	2295	0	0
	—	—	—	—	—	—	—	—	—
全国农科学会小计	804	190	32	526	53	57	30419677	9737951	63899
省级农科学会小计	5027	951	101	3549	382	294	3762462	652150	341516
中国农学会	42	32	1	0	10	0	20000600	6000000	0
	361	65	13	202	61	29	52765	19670	6490
中国林学会	44	11	11	23	2	2	3180	820	1200
	2499	32	24	1980	17	61	2833708	57561	273050
中国土壤学会	15	4	1	4	2	4	2240	330	920
	75	14	1	45	11	11	11515	6400	3520
中国水产学会	20	7	2	9	14	0	50000	2300	0
	68	12	5	11	37	12	32882	4558	25460
中国园艺学会	403	40	4	348	8	9	2463785	73519	2300
	302	53	4	215	36	5	53449	21280	430
中国畜牧兽医学会	44	8	0	34	4	1	8250	5260	90
	146	74	11	63	22	7	67079	32107	2132
中国植物病理学会	0	0	0	0	0	0	0	0	0
	48	28	0	0	1	22	26020	20	13270
中国植物保护学会	15	7	0	7	0	1	58631	0	300
	237	5	1	229	2	2	2430	326	146
中国作物学会	117	57	8	57	8	7	4264796	3477527	819
	315	188	12	198	20	14	66064	9245	6462
中国热带作物学会	62	1	1	38	2	20	53075	6875	46200
	36	4	2	21	9	0	7005	3815	1000
中国蚕学会	0	0	0	0	0	0	0	0	0
	8	0	0	2	3	0	2246	2046	0
中国水土保持学会	0	0	0	0	0	0	0	0	0
	15	2	0	2	9	1	2195	1760	200
中国茶叶学会	25	20	1	6	1	0	3500000	171000	0
	158	36	4	17	108	31	1521998	447708	19605
中国草学会	0	0	0	0	0	0	0	0	0
	160	19	33	36	93	0	113082	90691	0
中国植物营养与肥料学会	1	1	1	0	1	1	120	120	70
	1	1	0	12	0	0	0	0	0

续表 8

学 会	次数（次）	#专家科普报告会（次）	#专题展览（次）	#开展科技咨询（次）	#全国科普日、科普周活动（次）	#青少年科普活动（次）	科普活动受众（人次）	#全国科普日、科普周活动受众（人次）	#青少年科普活动受众（人次）
中国农业历史学会	16	2	2	0	1	12	15000	200	12000
	0	0	0	0	0	0	0	0	0
全国医科学会小计	36068	4997	1851	27731	717	3955	1081195628	226266347	144496739
省级医科学会小计	23829	6447	1343	2840	11492	2300	197951207	31579406	9782820
中华医学会	0	0	0	0	0	0	0	0	0
	15	10	0	0	0	0	8000	8000	0
中华中医药学会	7	1	0	5	1	0	200000	10000	0
	—	—	—	—	—	—	—	—	—
中国中西医结合学会	386	48	48	1	35	2	684234	20370	348
	579	378	7	123	64	16	168842	54423	1945
中国药学会	17	6	1	0	4	0	100000000	1909200	0
	1140	454	84	288	274	77	115963792	2952046	618845
中华护理学会	29906	1578	1479	26849	508	3890	28614622	22032773	135513
	—	—	—	—	—	—	—	—	—
中国生理学会	4	2	0	1	0	1	600	0	200
	44	18	3	18	5	11	16560	6117	9385
中国解剖学会	25	5	4	3	6	7	33000	3000	30000
	75	5	21	5	10	36	83348	16500	22118
中国生物医学工程学会	3	3	0	0	0	0	260	0	0
	14	7	3	4	0	0	17350	16000	0
中国病理生理学会	18	11	0	0	6	1	161050	10000	23000
	9	9	0	0	2	3	490	25	285
中国营养学会	37	4	0	37	2	0	570000000	400000	0
	13159	1771	764	779	8746	1400	27469412	13279805	869980
中国药理学会	3	1	0	0	1	0	10200	200	0
	94	44	0	30	19	7	11908	2210	718
中国针灸学会	424	306	8	16	0	0	351200	0	0
	345	209	12	49	74	31	138373	11330	2440
中国防痨协会	24	23	23	23	1	0	4500000	1750000	200000
	112	29	8	3	21	11	704484	147557	457022
中国麻风防治协会	4	3	0	1	2	0	1300	500	0
	17	2	1	5	4	2	24830	23412	460
中国心理卫生协会	0	0	0	0	0	0	0	0	0
	469	282	5	75	22	185	95101	53069	12959

续表 9

学 会	举办科普宣讲活动						科普活动受众（人次）	#全国科普日、科普周活动受众（人次）	#青少年科普活动受众（人次）
	次数（次）	#专家科普报告会（次）	#专题展览（次）	#开展科技咨询（次）	#全国科普日、科普周活动（次）	#青少年科普活动（次）			
中国抗癌协会	3860	2810	260	700	80	10	22000000	35000	2000
	556	216	4	58	363	1	8795846	7641094	16400
中国体育科学学会	88	32	0	39	13	4	138586	22000	100000
	162	97	8	32	9	24	262034	4120	5983
中国毒理学会	23	8	1	5	3	11	3619	1385	1028
	67	20	2	9	3	3	4564	835	540
中国康复医学会	96	42	25	50	37	22	33455	9850	3450
	90	39	2	27	24	12	40807	33458	411
中国免疫学会	0	0	0	0	0	0	0	0	0
	56	33	4	7	9	1	14559	3526	265
中华预防医学会	96	91	0	0	1	4	344000000	200000000	144000000
	—	—	—	—	—	—	—	—	—
中国法医学会	0	0	0	0	0	0	0	0	0
	6	3	0	3	0	1	560	0	60
中华口腔医学会	20	0	1	1	0	3	9396312	0	1200
	—	—	—	—	—	—	—	—	—
中国医学救援协会	3	1	1	0	0	0	2000	0	0
	—	—	—	—	—	—	—	—	—
中国女医师协会	1002	0	0	0	0	0	1000000	0	0
	0	0	0	0	0	0	0	0	0
中国研究型医院学会	15	15	0	0	15	0	3000	3000	0
	4	2	0	2	1	1	200	100	60
中国睡眠研究会	7	7	0	0	2	0	62190	59069	0
	12	5	0	0	5	0	16960	16760	200
中国卒中学会	0	0	0	0	0	0	0	0	0
	286	226	35	141	51	1	30230	12988	500
全国交叉学科学会小计	**1201**	**798**	**17**	**263**	**104**	**310**	**226159652**	**2189345**	**423591**
省级其他学科学会小计	**11807**	**3290**	**533**	**4732**	**1402**	**1670**	**13350963**	**3562100**	**1341028**
中国自然辩证法研究会	0	0	0	0	0	0	0	0	0
	61	39	0	8	3	6	3282	550	2600
中国管理现代化研究会	1	0	0	1	1	0	5000	5000	0
	2	2	0	1	0	0	460	0	0
中国技术经济学会	13	4	0	9	0	0	2400	0	0
	0	0	0	0	0	0	0	0	0
中国现场统计研究会	0	0	0	0	0	0	0	0	0
	16	7	0	9	0	2	316	38	226

续表 10

学 会	举办科普宣讲活动						科普活动受众（人次）	#全国科普日、科普周活动受众（人次）	#青少年科普活动受众（人次）
	次数（次）	#专家科普报告会（次）	#专题展览（次）	#开展科技咨询（次）	#全国科普日、科普周活动（次）	#青少年科普活动（次）			
中国未来研究会	1	0	0	1	0	0	200	0	0
	2	1	0	1	0	0	80	0	0
中国科学技术史学会	1	1	0	0	0	0	500	0	500
	0	0	0	0	0	0	0	0	0
中国科学技术情报学会	13	10	1	0	1	1	8815	315	1500
	770	248	4	595	744	0	1301661	1250700	50000
中国图书馆学会	12	6	6	0	0	0	20067000	0	0
	105	81	8	2	13	5	6635427	528317	69300
中国城市科学研究会	1	1	0	0	0	0	2000	0	2000
	6	1	1	0	5	0	1970	1720	0
中国科学学与科技政策研究会	35	10	0	25	0	0	7340	0	0
	0	0	0	0	0	0	0	0	0
中国农村专业技术协会	542	306	2	207	27	0	10000	3000	0
	507	148	8	305	39	1	241360	113200	15300
中国工业设计协会	0	0	0	0	0	0	0	0	0
	0	0	0	0	0	0	0	0	0
中国工艺美术学会	5	0	0	0	5	0	220000	220000	0
	627	599	19	0	10	235	66044	30500	14670
中国科普作家协会	50	38	0	0	10	2	1000000	1000000	200000
	80	36	9	2	10	32	173707	41055	19174
中国自然科学博物馆协会	0	0	0	0	0	0	0	0	0
	23	3	6	0	0	14	18900	0	13900
中国可持续发展研究会	0	0	0	0	0	0	0	0	0
	13	1	0	12	1	0	480	70	0
中国青少年科技辅导员协会	15	14	1	0	0	0	2003825	0	0
	302	222	8	0	6	78	381150	29000	350000
中国科教电影电视协会	34	0	0	0	34	0	50000	50000	0
	0	0	0	0	0	0	0	0	0
中国科学技术期刊编辑学会	10	4	0	0	0	6	500	0	500
	13	3	2	3	3	3	4600	1200	550
中国流行色协会	21	10	1	0	1	9	37800	10200	10416
	—								
中国档案学会	0	0	0	0	0	0	0	0	0
	14	1	13	7	2	0	5800	4500	2800
中国国土经济学会	5	1	0	0	3	0	735000	735000	0
	—								
中国土地学会	3	0	0	0	2	1	3000	3000	500
	33	9	3	6	14	3	67895	12546	600

续表 11

学　会	举办科普宣讲活动						科普活动受众（人次）	# 全国科普日、科普周活动受众（人次）	# 青少年科普活动受众（人次）
	次数（次）	# 专家科普报告会（次）	# 专题展览（次）	# 开展科技咨询（次）	# 全国科普日、科普周活动（次）	# 青少年科普活动（次）			
中国科技新闻学会	2	0	0	0	0	1	3000	0	3000
	2	1	0	0	1	0	370	300	0
中国老科学技术工作者协会	330	330	0	0	5	275	200000	3000	197000
	2608	363	31	1957	80	206	510229	137886	125354
中国科学探险协会	0	0	0	0	0	0	0	0	0
	—	—	—	—	—	—	—	—	—
中国城市规划学会	15	12	3	0	13	0	200162100	159800	0
	5	5	0	0	0	0	1200	0	0
中国产学研合作促进会	2	0	0	0	2	0	30	30	0
	3	1	2	0	0	0	100	0	0
中国知识产权研究会	2	2	0	0	0	0	210	0	0
	20	1	0	11	6	1	1230	260	340
中国发明协会	0	0	0	0	0	0	0	0	0
	32	30	0	0	2	0	3500	2000	0
中国工程教育专业认证协会	1	0	0	0	0	0	1600000	0	0
	—	—	—	—	—	—	—	—	—
中国检验检疫学会	50	45	0	0	0	7	15454	0	350
	0	0	0	0	0	0	0	0	0
中国女科技工作者协会	3	2	0	0	0	2	1025	0	1025
	11	8	3	5	3	1	500220	300170	50000
中国创造学会	0	0	0	0	0	0	0	0	0
	11	1	0	0	0	6	18000	8000	8070
中国经济科技开发国际交流协会	0	0	0	0	0	0	0	0	0
	—	—	—	—	—	—	—	—	—
中国高科技产业化研究会	24	0	3	20	0	1	12730	0	6400
中国微量元素科学研究会	0	0	0	0	0	0	0	0	0
	129	35	8	57	19	9	6620	3420	1200
中国国际经济技术合作促进会	—	—	—	—	—	—	—	—	—
	—	—	—	—	—	—	—	—	—
中国基本建设优化研究会	2	1	0	0	0	0	10000	0	0
中国科技馆发展基金会	2	0	0	0	0	0	1023	0	0
	—	—	—	—	—	—	—	—	—
中国生物多样性保护与绿色发展基金会	5	0	0	0	0	5	400	0	400
	—	—	—	—	—	—	—	—	—
中国反邪教协会	1	1	0	0	0	0	300	0	0
	393	129	125	95	204	165	1318391	306300	94275

续表 12

学 会	举办科普宣讲活动			举办实用技术培训（次）	实用技术培训人次（人次）	推广新技术、新品种（项）
	参加活动科技人员、专家（人次）	参加科普宣讲活动的学会、协会、研究会（个）	科普宣讲活动覆盖村（社区）（个）			
全国学会合计	868550	1385	52830	2067	3014634	900
省级同名学会合计	240909	7796	39605	17209	2966306	5560
全国理科学会小计	7914	288	792	162	22893	32
省级理科学会小计	13486	889	4468	952	101340	168
中国数学会	0	0	0	0	0	0
	88	2	3	1	30	0
中国物理学会	158	1	0	0	0	0
	1632	60	59	82	20390	2
中国力学学会	58	4	11	0	0	0
	301	8	3	1	75	0
中国光学学会	360	2	30	4	453	0
	234	15	1021	5	376	2
中国声学学会	600	5	1	10	230	0
	73	9	6	9	450	0
中国化学会	40	2	0	0	0	0
	244	42	8	4	270	1
中国天文学会	0	0	0	0	0	0
	532	48	67	10	238	0
中国气象学会	955	88	54	22	226	3
	1695	64	890	19	1392	8
中国空间科学学会	33	1	0	0	0	0
	—	—	—	—	—	—
中国地质学会	18	0	0	0	0	0
	1086	44	118	77	3030	0
中国地理学会	50	0	0	0	0	0
	377	17	26	8	160	0
中国地球物理学会	50	1	5	0	0	0
	117	14	40	82	20390	2
中国矿物岩石地球化学学会	66	1	1	1	100	1
	41	17	14	4	54	0
中国古生物学会	100	2	0	0	0	0
	16	3	6	0	0	0
中国海洋湖沼学会	50	10	15	69	3956	20
	39	8	6	1	200	0

续表 13

学　会	举办科普宣讲活动			举办实用技术培训（次）	实用技术培训人次（人次）	推广新技术、新品种（项）
	参加活动科技人员、专家（人次）	参加科普宣讲活动的学会、协会、研究会（个）	科普宣讲活动覆盖村（社区）（个）			
中国海洋学会	1071	7	20	2	180	0
	11	2	1	0	0	0
中国地震学会	52	5	1	4	1615	0
	336	72	162	0	0	0
中国动物学会	0	0	0	0	0	0
	233	28	66	12	789	2
中国植物学会	48	0	93	0	0	0
	242	31	76	12	841	4
中国昆虫学会	20	7	1	0	0	0
	333	12	170	261	25388	38
中国微生物学会	0	1	0	5	280	0
	211	50	44	98	18122	21
中国生物化学与分子生物学会	20	0	0	0	0	0
	126	15	12	4	209	1
中国细胞生物学学会	685	39	49	0	0	0
	501	139	525	16	1764	32
中国植物生理与植物分子生物学学会	54	3	0	0	0	0
	2	0	0	2	100	0
中国生物物理学会	70	15	0	1	2000	0
	1006	6	3	0	0	0
中国遗传学会	200	0	0	1	200	0
	246	23	73	79	3386	26
中国心理学会	1550	50	110	18	2200	0
	408	31	212	120	2808	4
中国生态学学会	859	5	13	8	917	8
	141	29	3	16	762	5
中国环境科学学会	0	0	0	0	0	0
	2458	54	1568	64	14564	4
中国自然资源学会	62	17	4	4	326	0
	24	6	12	1	90	0
中国感光学会	12	1	1	0	0	0
	—	—	—	—	—	—
中国优选法统筹法与经济数学研究会	0	0	0	0	0	0
	0	0	0	0	0	0
中国岩石力学与工程学会	0	0	0	0	0	0
	818	10	5	2	300	2

续表 14

学 会	举办科普宣讲活动			举办实用技术培训（次）	实用技术培训人次（人次）	推广新技术、新品种（项）
	参加活动科技人员、专家（人次）	参加科普宣讲活动的学会、协会、研究会（个）	科普宣讲活动覆盖村（社区）（个）			
中国野生动物保护协会	10	6	282	1	70	0
	20	6	0	1	300	2
中国系统工程学会	25	3	0	2	20	0
	17	2	0	0	0	0
中国实验动物学会	6	0	1	0	0	0
	50	3	0	2	220	0
中国青藏高原研究会	0	0	0	0	0	0
	—	—	—	—	—	—
中国环境诱变剂学会	340	1	100	0	0	0
	18	14	11	0	0	0
中国运筹学会	10	1	0	0	0	0
	311	4	0	0	0	0
中国菌物学会	15	2	0	2	120	0
	0	0	0	0	0	0
中国晶体学会	0	0	0	0	0	0
	—	—	—	—	—	—
中国神经科学学会	65	0	0	0	0	0
	3	1	0	0	0	0
中国认知科学学会	0	0	0	0	0	0
	0	0	0	0	0	0
中国微循环学会	200	5	0	8	10000	0
	18	1	11	1	15	1
国际数字地球协会	0	0	0	0	0	0
	—	—	—	—	—	—
国际动物学会	2	3	0	0	0	0
	233	28	66	12	789	2
全国工科学会小计	**221132**	**488**	**2181**	**369**	**1052008**	**155**
省级工科学会小计	**64676**	**2278**	**4592**	**1046**	**103877**	**909**
中国机械工程学会	0	0	0	0	0	0
	8544	31	17	74	3825	166
中国汽车工程学会	450	0	0	104	137363	0
	42	13	6	18	593	1
中国农业机械学会	160	1	300	0	0	0
	125	5	43	17	1453	12
中国农业工程学会	530	8	0	2	257	1
	216	7	1414	24	721	13

续表 15

学　会	举办科普宣讲活动			举办实用技术培训（次）	实用技术培训人次（人次）	推广新技术、新品种（项）
	参加活动科技人员、专　家（人次）	参加科普宣讲活动的学会、协会、研究会（个）	科普宣讲活动覆盖村（社区）（个）			
中国电机工程学会	1068	36	8	10	475	0
	513	15	43	10	439	3
中国电工技术学会	179	51	26	15	2182	35
	44	3	0	2	18	4
中国水力发电工程学会	155	2	2	2	50	1
	1813	9	8	6	525	0
中国水利学会	463	14	13	10	170524	2
	4604	67	1468	22	5580	63
中国内燃机学会	20	2	0	0	0	0
	22	3	3	2	346	0
中国工程热物理学会	0	0	0	0	0	0
	0	2	0	0	0	0
中国空气动力学会	20	1	0	0	0	0
	—	—	—	—	—	—
中国制冷学会	489	19	44	1	29	0
	193	12	31	29	1136	17
中国真空学会	0	0	0	0	0	0
	41	0	0	1	15	0
中国自动化学会	264	8	12	2	133	2
	106	25	1	2	90	1
中国仪器仪表学会	2330	60	72	29	116585	15
	211	7	4	0	0	0
中国计量测试学会	240	0	0	0	0	0
	189	6	17	95	6235	0
中国标准化协会	30	0	0	23	2000	0
	154	41	9	30	1860	0
中国图学学会	200	1	0	0	0	0
	85	3	15	23	680	2
中国电子学会	868	9	33	7	300	13
	214	175	101	30	2410	23
中国计算机学会	0	0	0	0	0	0
	409	19	49	12	969	11
中国通信学会	120	0	0	1	89	10
	13160	18	474	5	430	3

续表 16

学　会	举办科普宣讲活动			举办实用技术培训（次）	实用技术培训人次（人次）	推广新技术、新品种（项）
	参加活动科技人员、专家（人次）	参加科普宣讲活动的学会、协会、研究会（个）	科普宣讲活动覆盖村（社区）（个）			
中国中文信息学会	0	0	0	0	0	0
	0	0	0	0	0	0
中国测绘学会	0	0	0	0	0	0
	550	29	5	15	5030	7
中国造船工程学会	312	18	21	0	0	0
	86	8	2	6	550	0
中国航海学会	2283	8	15	5	675	0
	165	4	30	6	238	0
中国铁道学会	724	20	0	9	820	0
	427	29	58	1	70	2
中国公路学会	124	8	0	5	520	0
	937	96	24	29	4444	10
中国航空学会	0	0	0	0	0	0
	216	6	5	9	560	1
中国宇航学会	386	4	0	2	1030	0
	60	4	3	0	0	0
中国兵工学会	80	0	12	0	0	0
	31	5	0	1	80	0
中国金属学会	2000	0	1	0	0	0
	16843	30	22	30	1497	25
中国有色金属学会	200000	1	0	0	0	0
	386	5	3	18	1000	13
中国稀土学会	0	0	0	0	0	0
	0	0	0	0	0	0
中国腐蚀与防护学会	19	1	0	0	0	0
	326	24	65	42	800	200
中国化工学会	298	30	6	11	733	12
	513	13	11	12	1011	10
中国核学会	100	10	10	0	0	0
	659	50	35	6	576	2
中国石油学会	100	9	2	2	138	0
	182	8	9	15	653	0
中国煤炭学会	120	27	4	4	456	0
	16	4	7	2	56	0
中国可再生能源学会	18	0	0	0	0	0
	3	0	0	0	0	0

续表 17

学 会	举办科普宣讲活动			举办实用技术培训（次）	实用技术培训人次（人次）	推广新技术、新品种（项）
	参加活动科技人员、专家（人次）	参加科普宣讲活动的学会、协会、研究会（个）	科普宣讲活动覆盖村（社区）（个）			
中国能源研究会	19	1	1	0	0	0
	56	17	6	5	410	3
中国硅酸盐学会	1459	17	10	7	1070	28
	283	7	7	10	740	7
中国建筑学会	50	0	2	15	600000	0
	249	13	9	14	1192	15
中国土木工程学会	0	0	0	0	0	0
	5	2	0	0	0	0
中国生物工程学会	17	19	0	0	0	0
	115	1	1	1	200	1
中国纺织工程学会	6	1	0	4	160	3
	93	8	10	15	967	16
中国造纸学会	0	0	0	0	0	0
	88	10	14	7	242	14
中国文物保护技术协会	0	0	0	0	0	0
	—	—	—	—	—	—
中国印刷技术协会	150	10	0	8	350	0
	0	0	0	0	0	0
中国材料研究学会	157	13	21	8	370	18
	26	0	1	1	55	0
中国食品科学技术学会	50	1	0	0	0	0
	91	13	5	4	200	5
中国粮油学会	55	7	925	5	350	3
	32	0	7	4	300	3
中国职业安全健康协会	60	2	2	0	0	0
	10	0	2	1	210	2
中国烟草学会	100	24	500	0	0	0
	683	64	210	32	5282	17
中国仿真学会	0	0	0	0	0	0
	0	0	0	0	0	0
中国电影电视技术学会	10	0	1	0	0	0
	0	0	0	0	0	0
中国振动工程学会	0	0	0	7	3540	0
	20	1	1	1	27	0
中国颗粒学会	0	0	0	0	0	0
	20	2	0	1	23	2

续表 18

学　会	举办科普宣讲活动			举办实用技术培训（次）	实用技术培训人次（人次）	推广新技术、新品种（项）
	参加活动科技人员、专家（人次）	参加科普宣讲活动的学会、协会、研究会（个）	科普宣讲活动覆盖村（社区）（个）			
中国照明学会	10	0	0	0	0	0
	77	6	2	4	221	11
中国动力工程学会	9	1	0	0	0	0
	0	0	0	0	0	0
中国惯性技术学会	19	1	0	0	0	0
	13	2	0	2	45	6
中国风景园林学会	40	3	0	1	100	1
	54	2	9	4	1260	1
中国电源学会	0	1	0	5	333	0
	2	4	0	3	322	0
中国复合材料学会	0	0	0	0	0	0
	152	17	2	7	229	3
中国消防协会	98	0	100	0	0	0
	559	203	64	3	390	1
中国图象图形学学会	33	0	0	0	0	0
	18	2	1	0	0	0
中国人工智能学会	3853	17	23	32	9110	6
	212	26	21	7	625	46
中国体视学学会	26	0	0	2	120	0
	5	0	0	0	0	0
中国工程机械学会	10	2	0	19	586	0
	—	—	—	—	—	—
中国海洋工程咨询协会	0	0	0	0	0	0
	—	—	—	—	—	—
中国遥感应用协会	100	1	0	0	0	0
	—	—	—	—	—	—
中国指挥与控制学会	0	0	0	0	0	0
	—	—	—	—	—	—
中国光学工程学会	11	0	0	0	0	3
	45	3	2	3	50	6
中国微米纳米技术学会	5	1	0	1	630	0
	—	—	—	—	—	—
中国密码学会	0	0	0	0	0	0
	—	—	—	—	—	—
中国大坝工程学会	20	1	10	7	300	2
	—	—	—	—	—	—
中国卫星导航定位协会	205	4	0	3	480	0
	—	—	—	—	—	—

续表 19

学　会	举办科普宣讲活动			举办实用技术培训（次）	实用技术培训人次（人次）	推广新技术、新品种（项）
	参加活动科技人员、专　家（人次）	参加科普宣讲活动的学会、协会、研究会（个）	科普宣讲活动覆盖村（社区）（个）			
中国生物材料学会	200	1	5	1	150	0
	4	0	0	0	0	0
国际粉体检测与控制联合会	210	12	0	0	0	0
	—	—	—	—	—	—
全国农科学会小计	6874	98	678	979	1232066	558
省级农科学会小计	9855	525	7195	6727	839817	2052
中国农学会	3022	10	0	16	50000	0
	1587	70	211	1335	114929	481
中国林学会	610	7	37	44	6558	45
	1200	77	2119	2079	257682	75
中国土壤学会	800	1	3	0	0	0
	124	18	33	74	4164	39
中国水产学会	232	1	10	26	9000	7
	832	14	48	91	6042	33
中国园艺学会	475	22	278	577	42724	221
	696	22	367	612	28714	360
中国畜牧兽医学会	153	8	41	13	1330	1
	1077	40	850	324	31473	198
中国植物病理学会	0	0	0	0	0	0
	88	2	3	1	30	0
中国植物保护学会	46	2	23	19	64193	8
	247	16	99	81	4543	53
中国作物学会	1249	23	255	131	1046812	206
	1353	33	438	612	88798	315
中国热带作物学会	155	1	31	140	10286	5
	376	7	49	12	1400	18
中国蚕学会	0	0	0	0	0	0
	37	0	18	9	920	5
中国水土保持学会	0	0	0	0	0	0
	273	6	6	4	390	0
中国茶叶学会	110	20	0	13	1163	65
	254	26	1201	63	22178	32
中国草学会	0	0	0	0	0	0
	683	64	210	32	5282	17
中国植物营养与肥料学会	10	1	0	0	0	0
	50	5	50	42	45352	5

续表 20

学 会	举办科普宣讲活动			举办实用技术培训（次）	实用技术培训人次（人次）	推广新技术、新品种（项）
	参加活动科技人员、专家（人次）	参加科普宣讲活动的学会、协会、研究会（个）	科普宣讲活动覆盖村（社区）（个）			
中国农业历史学会	12	2	0	0	0	0
	0	0	0	0	0	0
全国医科学会小计	621466	383	47483	477	702575	58
省级医科学会小计	114860	2141	15149	4745	1636038	493
中华医学会	0	0	0	0	0	0
	0	0	0	0	0	0
中华中医药学会	400	0	0	0	0	0
	—	—	—	—	—	—
中国中西医结合学会	756	56	138	34	23970	0
	4989	45	492	68	8376	9
中国药学会	8167	0	1227	35	292885	3
	4560	482	2148	300	276842	42
中华护理学会	72450	24	3357	210	140000	11
	—	—	—	—	—	—
中国生理学会	5	1	5	0	0	0
	261	24	39	19	1965	24
中国解剖学会	50	1	30	0	0	0
	272	21	10	7	354	64
中国生物医学工程学会	10	0	0	0	0	0
	150	1	0	2	110	1
中国病理生理学会	300	6	50	9	600	3
	27	4	5	0	0	0
中国营养学会	262937	32	35863	2	80	0
	12101	84	1918	14	1525	3
中国药理学会	153	3	0	1	100	0
	208	15	47	8	4070	2
中国针灸学会	1301	0	77	132	55799	23
	566	81	193	92	10916	19
中国防痨协会	150	25	4500	3	800	18
	787	14	90	9	818	4
中国麻风防治协会	133	3	5	0	0	0
	35	6	41	7	1133	0
中国心理卫生协会	0	0	0	0	0	0
	409	149	210	14	6301	0

续表 21

学　会	举办科普宣讲活动			举办实用技术培训（次）	实用技术培训人次（人次）	推广新技术、新品种（项）
	参加活动科技人员、专　家（人次）	参加科普宣讲活动的学会、协会、研究会（个）	科普宣讲活动覆盖村（社区）（个）			
中国抗癌协会	270000	40	2000	0	0	0
	14449	372	244	31	5540	15
中国体育科学学会	197	8	17	7	3324	0
	234	24	71	19	950	0
中国毒理学会	27	1	3	4	1012	0
	208	12	24	38	1541	2
中国康复医学会	1020	96	192	0	0	0
	352	12	135	46	862260	46
中国免疫学会	0	0	0	0	0	0
	200	41	42	30	1650	2
中华预防医学会	160	1	0	36	183635	0
	—	—	—	—	—	—
中国法医学会	0	0	0	0	0	0
	55	2	1	7	1221	6
中华口腔医学会	1419	16	11	1	220	0
	—	—	—	—	—	—
中国医学救援协会	1000	2	8	3	150	0
	—	—	—	—	—	—
中国女医师协会	0	0	0	0	0	0
	0	0	0	0	0	0
中国研究型医院学会	0	0	0	0	0	0
	50	0	3	1	50	1
中国睡眠研究会	831	68	0	0	0	0
	50	5	38	5	470	0
中国卒中学会	0	0	0	0	0	0
	1715	28	756	78	12852	9
全国交叉学科学会小计	**11164**	**128**	**1696**	**80**	**5092**	**97**
省级其他学科学会小计	**38032**	**1963**	**8201**	**3739**	**285234**	**1938**
中国自然辩证法研究会	0	0	0	0	0	0
	155	5	12	6	60	5
中国管理现代化研究会	0	0	0	0	0	0
	5	1	2	0	0	0
中国技术经济学会	26	0	0	7	210	2
	0	0	0	0	0	0
中国现场统计研究会	0	0	0	0	0	0
	23	1	2	0	0	0

续表 22

学 会	举办科普宣讲活动			举办实用技术培训（次）	实用技术培训人次（人次）	推广新技术、新品种（项）
	参加活动科技人员、专 家（人次）	参加科普宣讲活动的学会、协会、研究会（个）	科普宣讲活动覆盖村（社区）（个）			
中国未来研究会	1	1	0	0	0	0
	40	3	0	0	0	0
中国科学技术史学会	0	0	0	0	0	0
	0	0	0	0	0	0
中国科学技术情报学会	450	14	0	3	213	0
	74	753	114	16	1461	18
中国图书馆学会	6	31	0	0	0	0
	129	4	36	6	1466	0
中国城市科学研究会	50	1	0	0	0	0
	246	4	2	1	100	0
中国科学学与科技政策研究会	7340	0	0	0	0	0
	0	0	0	0	0	0
中国农村专业技术协会	0	0	0	4	330	95
	532	64	1446	1558	162467	78
中国工业设计协会	0	0	0	0	0	0
	0	0	0	0	0	0
中国工艺美术学会	0	0	0	0	0	0
	156	10	167	8	500	1
中国科普作家协会	150	3	10	0	0	0
	296	31	133	0	0	0
中国自然科学博物馆协会	0	0	0	0	0	0
	120	0	4	0	0	0
中国可持续发展研究会	0	0	0	0	0	0
	48	5	1	1	40	2
中国青少年科技辅导员协会	14	1	0	0	0	0
	395	11	92	0	0	0
中国科教电影电视协会	0	0	0	0	0	0
	0	0	0	0	0	0
中国科学技术期刊编辑学会	6	1	0	0	0	0
	52	11	1	0	0	0
中国流行色协会	63	2	0	0	0	0
	—	—	—	—	—	—
中国档案学会	0	0	0	0	0	0
	25	2	6	1	1947	0
中国国土经济学会	30	2	500	0	0	0
	—	—	—	—	—	—
中国土地学会	20	0	0	0	0	0
	758	18	15	8	1852	0

续表 23

学 会	举办科普宣讲活动			举办实用技术培训（次）	实用技术培训人次（人次）	推广新技术、新品种（项）
	参加活动科技人员、专 家（人次）	参加科普宣讲活动的学会、协会、研究会（个）	科普宣讲活动覆盖村（社区）（个）			
中国科技新闻学会	20	0	0	0	0	0
	55	2	3	4	200	0
中国老科学技术工作者协会	40	10	30	0	0	0
	8803	118	334	508	81865	2
中国科学探险协会	0	0	0	0	0	0
	—	—	—	—	—	—
中国城市规划学会	1560	24	14	0	0	0
	12	0	0	0	0	0
中国产学研合作促进会	2	1	0	0	0	0
	0	0	0	0	0	0
中国知识产权研究会	7	1	0	10	2000	0
	510	4	0	25	400	0
中国发明协会	0	0	0	0	0	0
	30	0	30	0	0	0
中国工程教育专业认证协会	50	20	0	0	0	0
	—	—	—	—	—	—
中国检验检疫学会	9	0	30	3	50	0
	0	0	0	0	0	0
中国女科技工作者协会	88	15	0	0	0	0
	54	10	705	0	0	0
中国创造学会	0	0	0	0	0	0
	8	1	6	0	0	0
中国经济科技开发国际交流协会	0	0	0	0	0	0
	—	—	—	—	—	—
中国高科技产业化研究会	187	0	0	52	2189	0
	—	—	—	—	—	—
中国微量元素科学研究会	0	0	0	0	0	0
	92	16	45	41	700	34
中国国际经济技术合作促进会	—	—	—	—	—	—
	—	—	—	—	—	—
中国基本建设优化研究会	8	1	0	1	100	0
	—	—	—	—	—	—
中国科技馆发展基金会	1023	0	1112	0	0	0
	—	—	—	—	—	—
中国生物多样性保护与绿色发展基金会	4	0	0	0	0	0
	—	—	—	—	—	—
中国反邪教协会	10	0	0	0	0	0
	247	66	590	1	50	0

续表 24

学 会	举办青少年科技竞赛（项）	参加人次（人次）	获奖人次（人次）	青少年参加国际及港澳台地区科技交流活动（次）	参加人次（人次）	举办青少年高校科学营（次）	参加人次（人次）
全国学会合计	**112**	**1711049**	**122838**	**15**	**393**	**41**	**8155**
省级同名学会合计	**1148**	**1573197**	**224223**	**749**	**11069**	**132**	**18550**
全国理科学会小计	**29**	**1167593**	**104506**	**2**	**9**	**20**	**4570**
省级理科学会小计	**233**	**852280**	**104598**	**726**	**1047**	**43**	**3464**
中国数学会	4	261570	54570	0	0	3	576
	21	82925	21231	0	0	1	317
中国物理学会	3	689330	365	1	5	2	170
	47	412986	24871	702	957	4	507
中国力学学会	0	0	0	0	0	0	0
	7	7602	3289	0	0	1	37
中国光学学会	1	7350	234	0	0	4	2860
	5	1191	294	0	0	2	150
中国声学学会	0	0	0	0	0	2	100
	0	0	0	0	0	0	0
中国化学会	2	58267	12703	0	0	0	0
	8	19588	4070	0	0	3	300
中国天文学会	1	140	43	0	0	0	0
	15	13584	3924	3	5	1	15
中国气象学会	1	150	62	0	0	0	0
	31	32149	430	0	0	2	18
中国空间科学学会	0	0	0	0	0	1	22
	—	—	—	—	—	—	—
中国地质学会	0	0	0	0	0	0	0
	19	25000	569	0	0	1	30
中国地理学会	1	89500	14800	0	0	0	0
	4	243	70	0	0	3	460
中国地球物理学会	0	0	0	0	0	0	0
	1	48	18	0	0	0	0
中国矿物岩石地球化学学会	0	0	0	0	0	0	0
	0	0	0	0	0	1	40
中国古生物学会	0	0	0	0	0	0	0
	2	280	25	0	0	2	300
中国海洋湖沼学会	1	56	40	0	0	3	500
	1	320	50	0	0	1	150

续表 25

学　会	举　办青少年科技竞赛（项）	参加人次（人次）	获奖人次（人次）	青少年参加国际及港澳台地区科技交流活动（次）	参加人次（人次）	举办青少年高校科学营（次）	参加人次（人次）
中国海洋学会	2	933	282	0	0	0	0
	0	0	0	0	0	0	0
中国地震学会	0	0	0	0	0	0	0
	2	119	22	17	17	1	37
中国动物学会	0	0	0	1	4	0	0
	18	41108	3436	1	3	6	323
中国植物学会	2	41101	14384	0	0	0	0
	10	50213	7297	0	0	4	252
中国昆虫学会	0	0	0	0	0	0	0
	2	356	36	0	0	6	250
中国微生物学会	0	0	0	0	0	0	0
	1	18764	3349	1	35	0	0
中国生物化学与分子生物学会	0	0	0	0	0	0	0
	2	29474	1741	0	0	2	120
中国细胞生物学学会	0	0	0	0	0	1	30
	2	25	5	0	0	2	25
中国植物生理与植物分子生物学学会	0	0	0	0	0	0	0
	0	0	0	0	0	0	0
中国生物物理学会	0	0	0	0	0	0	0
	0	0	0	0	0	0	0
中国遗传学会	0	0	0	0	0	0	0
	1	600	50	1	10	0	0
中国心理学会	1	600	150	0	0	0	0
	3	77	25	0	0	0	0
中国生态学学会	3	1800	45	0	0	3	200
	1	10	1	0	0	0	0
中国环境科学学会	0	0	0	0	0	0	0
	2	1424	194	0	0	0	0
中国自然资源学会	1	1460	60	0	0	1	112
	0	0	0	0	0	0	0
中国感光学会	0	0	0	0	0	0	0
	—	—	—	—	—	—	—
中国优选法统筹法与经济数学研究会	3	14836	6568	0	0	0	0
	0	0	0	0	0	0	0
中国岩石力学与工程学会	0	0	0	0	0	0	0
	2	70	21	0	0	1	60

续表 26

学 会	举办青少年科技竞赛（项）	参加人次（人次）	获奖人次（人次）	青少年参加国际及港澳台地区科技交流活动（次）	参加人次（人次）	举办青少年高校科学营（次）	参加人次（人次）
中国野生动物保护协会	0	0	0	0	0	0	0
	0	0	0	0	0	0	0
中国系统工程学会	3	500	200	0	0	0	0
	0	0	0	0	0	0	0
中国实验动物学会	0	0	0	0	0	0	0
	0	0	0	0	0	0	0
中国青藏高原研究会	0	0	0	0	0	0	0
	—	—	—	—	—	—	—
中国环境诱变剂学会	0	0	0	0	0	0	0
	0	0	0	0	0	0	0
中国运筹学会	0	0	0	0	0	0	0
	0	0	0	0	0	0	0
中国菌物学会	0	0	0	0	0	0	0
	0	0	0	0	0	0	0
中国晶体学会	0	0	0	0	0	0	0
	—	—	—	—	—	—	—
中国神经科学学会	0	0	0	0	0	0	0
	0	0	0	0	0	0	0
中国认知科学学会	0	0	0	0	0	0	0
	0	0	0	0	0	0	0
中国微循环学会	0	0	0	0	0	0	0
	0	0	0	0	0	0	0
国际数字地球协会	0	0	0	0	0	0	0
	—	—	—	—	—	—	—
国际动物学会	0	0	0	0	0	0	0
	18	41108	3436	1	3	6	323
全国工科学会小计	68	128686	13763	13	384	18	3385
省级工科学会小计	729	227097	38713	14	3056	56	8271
中国机械工程学会	2	1420	499	0	0	0	0
	8	6400	2266	0	0	2	120
中国汽车工程学会	3	2172	1740	0	0	0	0
	1	264	135	0	0	0	0
中国农业机械学会	0	0	0	0	0	0	0
	0	0	0	0	0	0	0
中国农业工程学会	0	0	0	0	0	6	0
	1	45	12	1	8	1	39

续表 27

学 会	举办青少年科技竞赛（项）	参加人次（人次）	获奖人次（人次）	青少年参加国际及港澳台地区科技交流活动（次）	参加人次（人次）	举办青少年高校科学营（次）	参加人次（人次）
中国电机工程学会	0	0	0	0	0	0	0
	1	30	10	0	0	0	0
中国电工技术学会	0	0	0	0	0	0	0
	1	100	50	0	0	0	0
中国水力发电工程学会	0	0	0	0	0	0	0
	2	532	31	0	0	0	0
中国水利学会	0	0	0	1	28	0	0
	0	0	0	0	0	0	0
中国内燃机学会	0	0	0	0	0	0	0
	1	786	126	0	0	0	0
中国工程热物理学会	0	0	0	0	0	0	0
	1	20	5	0	0	1	32
中国空气动力学会	0	0	0	0	0	0	0
	—	—	—	—	—	—	—
中国制冷学会	1	184	96	0	0	0	0
	2	4704	456	0	0	0	0
中国真空学会	0	0	0	0	0	0	0
	0	0	0	0	0	0	0
中国自动化学会	3	1403	730	6	10	0	0
	2	550	12	0	0	2	140
中国仪器仪表学会	1	80	16	0	0	4	5
	3	1450	200	1	2	0	0
中国计量测试学会	0	0	0	0	0	0	0
	1	150	69	0	0	0	0
中国标准化协会	0	0	0	1	8	0	0
	0	3	3	1	3	0	0
中国图学学会	0	0	0	0	0	0	0
	1	356	187	0	0	0	0
中国电子学会	3	36100	1675	0	0	0	0
	22	13901	8085	0	0	1	300
中国计算机学会	1	306	256	0	0	0	0
	47	57116	8641	8	2613	2	2240
中国通信学会	0	0	0	0	0	0	0
	0	0	0	0	0	0	0

续表 28

学　会	举办青少年科技竞赛（项）	参加人次（人次）	获奖人次（人次）	青少年参加国际及港澳台地区科技交流活动（次）	参加人次（人次）	举办青少年高校科学营（次）	参加人次（人次）
中国中文信息学会	3	1480	8	1	12	1	80
	0	0	0	0	0	0	0
中国测绘学会	0	0	0	0	0	0	0
	3	1046	175	0	0	2	130
中国造船工程学会	3	1800	1050	0	0	0	0
	2	2112	135	0	0	0	0
中国航海学会	3	1400	115	0	0	0	0
	3	955	95	0	0	0	0
中国铁道学会	0	0	0	0	0	0	0
	0	0	0	0	0	0	0
中国公路学会	0	0	0	0	0	0	0
	1	150	42	0	0	0	0
中国航空学会	11	2500	1300	0	0	1	100
	14	5860	1377	0	0	1	100
中国宇航学会	0	0	0	2	320	1	300
	5	10870	1190	0	0	1	650
中国兵工学会	0	0	0	0	0	1	200
	0	0	0	0	0	0	0
中国金属学会	0	0	0	0	0	0	0
	1	67	13	0	0	0	0
中国有色金属学会	0	0	0	0	0	0	0
	0	0	0	0	0	0	0
中国稀土学会	0	0	0	0	0	0	0
	0	0	0	0	0	1	197
中国腐蚀与防护学会	0	0	0	0	0	0	0
	0	0	0	0	0	0	0
中国化工学会	3	16073	530	0	0	2	120
	516	92120	9345	1	200	1	200
中国核学会	0	0	0	0	0	2	140
	2	600	41	0	0	2	1300
中国石油学会	0	0	0	0	0	0	0
	0	0	0	0	0	0	0
中国煤炭学会	0	0	0	0	0	0	0
	1	200	3	0	0	0	0
中国可再生能源学会	0	0	0	0	0	0	0
	0	0	0	0	0	0	0

续表 29

学 会	举办青少年科技竞赛（项）	参加人次（人次）	获奖人次（人次）	青少年参加国际及港澳台地区科技交流活动（次）	参加人次（人次）	举办青少年高校科学营（次）	参加人次（人次）
中国能源研究会	0	0	0	0	0	0	0
	0	0	0	0	0	0	0
中国硅酸盐学会	0	0	0	0	0	0	0
	0	0	0	0	0	1	100
中国建筑学会	0	0	0	0	0	0	0
	6	3902	326	0	0	0	0
中国土木工程学会	0	0	0	0	0	0	0
	0	0	0	0	0	0	0
中国生物工程学会	0	0	0	0	0	0	0
	1	300	175	0	0	0	0
中国纺织工程学会	0	0	0	0	0	0	0
	0	0	0	0	0	0	0
中国造纸学会	0	0	0	0	0	0	0
	1	252	101	0	0	0	0
中国文物保护技术协会	0	0	0	0	0	0	0
	—	—	—	—	—	—	—
中国印刷技术协会	0	0	0	0	0	0	0
	0	0	0	0	0	0	0
中国材料研究学会	2	300	30	2	6	2	380
	1	900	80	0	0	0	0
中国食品科学技术学会	6	4500	462	0	0	0	0
	0	0	0	0	0	0	0
中国粮油学会	0	0	0	0	0	0	0
	0	0	0	0	0	0	0
中国职业安全健康协会	1	12	8	0	0	0	0
	0	0	0	0	0	0	0
中国烟草学会	0	0	0	0	0	0	0
	0	0	0	0	0	0	0
中国仿真学会	3	12578	572	0	0	0	0
	0	0	0	0	0	0	0
中国电影电视技术学会	0	0	0	0	0	0	0
	0	0	0	0	0	0	0
中国振动工程学会	0	0	0	0	0	0	0
	0	0	0	0	0	0	0
中国颗粒学会	0	0	0	0	0	0	0
	1	96	23	0	0	0	0

续表 30

学 会	举办青少年科技竞赛（项）	参加人次（人次）	获奖人次（人次）	青少年参加国际及港澳台地区科技交流活动（次）	参加人次（人次）	举办青少年高校科学营（次）	参加人次（人次）
中国照明学会	0	0	0	0	0	0	0
	0	0	0	0	0	0	0
中国动力工程学会	0	0	0	0	0	0	0
	0	0	0	0	0	0	0
中国惯性技术学会	0	0	0	0	0	0	0
	0	0	0	0	0	0	0
中国风景园林学会	1	1100	51	0	0	0	0
	1	220	95	0	0	0	0
中国电源学会	1	175	30	0	0	0	0
	0	0	0	0	0	0	0
中国复合材料学会	0	0	0	0	0	0	0
	0	0	0	0	0	0	0
中国消防协会	0	0	0	0	0	0	0
	0	0	0	0	0	0	0
中国图象图形学学会	0	0	0	0	0	0	0
	0	0	0	0	0	0	0
中国人工智能学会	10	26283	2309	0	0	3	60
	5	9118	1670	0	0	1	50
中国体视学学会	1	2000	100	0	0	0	0
	0	0	0	0	0	0	0
中国工程机械学会	0	0	0	0	0	0	0
	—	—	—	—	—	—	—
中国海洋工程咨询协会	0	0	0	0	0	0	0
	—	—	—	—	—	—	—
中国遥感应用协会	0	0	0	0	0	0	0
	—	—	—	—	—	—	—
中国指挥与控制学会	1	16000	2000	0	0	0	0
	—	—	—	—	—	—	—
中国光学工程学会	1	120	36	0	0	0	0
	2	300	120	0	0	1	35
中国微米纳米技术学会	0	0	0	0	0	0	0
	—	—	—	—	—	—	—
中国密码学会	0	0	0	0	0	0	0
	—	—	—	—	—	—	—
中国大坝工程学会	0	0	0	0	0	0	0
	—	—	—	—	—	—	—
中国卫星导航定位协会	4	700	150	0	0	1	2000
	—	—	—	—	—	—	—

续表 31

学　会	举办青少年科技竞赛（项）	参加人次（人次）	获奖人次（人次）	青少年参加国际及港澳台地区科技交流活动（次）	参加人次（人次）	举办青少年高校科学营（次）	参加人次（人次）
中国生物材料学会	0	0	0	0	0	0	0
	0	0	0	0	0	0	0
国际粉体检测与控制联合会	0	0	0	0	0	0	0
	—	—	—	—	—	—	—
全国农科学会小计	1	155	60	0	0	0	0
省级农科学会小计	6	3996	1000	0	0	5	300
中国农学会	0	0	0	0	0	0	0
	0	0	0	0	0	1	50
中国林学会	0	0	0	0	0	0	0
	2	1369	291	0	0	1	50
中国土壤学会	0	0	0	0	0	0	0
	0	0	0	0	0	0	0
中国水产学会	0	0	0	0	0	0	0
	0	0	0	0	0	3	200
中国园艺学会	0	0	0	0	0	0	0
	1	10	3	0	0	0	0
中国畜牧兽医学会	0	0	0	0	0	0	0
	0	0	0	0	0	0	0
中国植物病理学会	0	0	0	0	0	0	0
	21	82925	21231	0	0	1	317
中国植物保护学会	0	0	0	0	0	0	0
	0	0	0	0	0	0	0
中国作物学会	0	0	0	0	0	0	0
	0	0	0	0	0	0	0
中国热带作物学会	0	0	0	0	0	0	0
	0	0	0	0	0	0	0
中国蚕学会	1	155	60	0	0	0	0
	0	0	0	0	0	0	0
中国水土保持学会	0	0	0	0	0	0	0
	0	0	0	0	0	0	0
中国茶叶学会	0	0	0	0	0	0	0
	1	200	50	0	0	0	0
中国草学会	0	0	0	0	0	0	0
	0	0	0	0	0	0	0
中国植物营养与肥料学会	0	0	0	0	0	0	0
	0	0	0	0	0	0	0

续表 32

学 会	举办青少年科技竞赛（项）	参加人次（人次）	获奖人次（人次）	青少年参加国际及港澳台地区科技交流活动（次）	参加人次（人次）	举办青少年高校科学营（次）	参加人次（人次）
中国农业历史学会	0	0	0	0	0	0	0
	0	0	0	0	0	0	0
全国医科学会小计	3	380	6	0	0	3	200
省级医科学会小计	26	3708	230	1	30	4	470
中华医学会	0	0	0	0	0	0	0
	0	0	0	0	0	0	0
中华中医药学会	0	0	0	0	0	0	0
	—	—	—	—	—	—	—
中国中西医结合学会	0	0	0	0	0	0	0
	0	0	0	0	0	0	0
中国药学会	0	0	0	0	0	0	0
	3	270	28	0	0	1	400
中华护理学会	0	0	0	0	0	0	0
	—	—	—	—	—	—	—
中国生理学会	0	0	0	0	0	0	0
	0	0	0	0	0	0	0
中国解剖学会	0	0	0	0	0	0	0
	4	695	46	0	0	0	0
中国生物医学工程学会	0	0	0	0	0	0	0
	0	0	0	0	0	0	0
中国病理生理学会	3	380	6	0	0	3	200
	0	0	0	0	0	0	0
中国营养学会	0	0	0	0	0	0	0
	6	1100	60	0	0	0	0
中国药理学会	0	0	0	0	0	0	0
	1	120	24	0	0	0	0
中国针灸学会	0	0	0	0	0	0	0
	0	0	0	0	0	0	0
中国防痨协会	0	0	0	0	0	0	0
	0	0	0	0	0	0	0
中国麻风防治协会	0	0	0	0	0	0	0
	0	0	0	0	0	0	0
中国心理卫生协会	0	0	0	0	0	6	0
	0	0	0	0	0	0	0

续表 33

学　会	举办青少年科技竞赛（项）	参加人次（人次）	获奖人次（人次）	青少年参加国际及港澳台地区科技交流活动（次）	参加人次（人次）	举办青少年高校科学营（次）	参加人次（人次）
中国抗癌协会	0	0	0	0	0	0	0
	1	400	1	0	0	0	0
中国体育科学学会	0	0	0	0	0	0	0
	0	0	0	0	0	0	0
中国毒理学会	0	0	0	0	0	0	0
	0	0	0	0	0	0	0
中国康复医学会	0	0	0	0	0	0	0
	0	0	0	0	0	0	0
中国免疫学会	0	0	0	0	0	0	0
	0	0	0	0	0	0	0
中华预防医学会	0	0	0	0	0	0	0
	—	—	—	—	—	—	—
中国法医学会	0	0	0	0	0	0	0
	0	0	0	0	0	0	0
中华口腔医学会	0	0	0	0	0	0	0
	—	—	—	—	—	—	—
中国医学救援协会	0	0	0	0	0	0	0
	—	—	—	—	—	—	—
中国女医师协会	0	0	0	0	0	0	0
	0	0	0	0	0	0	0
中国研究型医院学会	0	0	0	0	0	0	0
	0	0	0	0	0	0	0
中国睡眠研究会	0	0	0	0	0	0	0
	0	0	0	0	0	0	0
中国卒中学会	0	0	0	0	0	0	0
	0	0	0	0	0	0	0
全国交叉学科学会小计	11	414235	4503	0	0	0	0
省级其他学科学会小计	154	486116	79682	8	6936	24	6045
中国自然辩证法研究会	0	0	0	0	0	0	0
	1	450	60	0	0	2	350
中国管理现代化研究会	3	4200	85	0	0	0	0
	0	0	0	0	0	0	0
中国技术经济学会	0	0	0	0	0	0	0
	0	0	0	0	0	0	0
中国现场统计研究会	0	0	0	0	0	0	0
	0	0	0	0	0	0	0

续表 34

学　会	举办青少年科技竞赛（项）	参加人次（人次）	获奖人次（人次）	青少年参加国际及港澳台地区科技交流活动（次）	参加人次（人次）	举办青少年高校科学营（次）	参加人次（人次）
中国未来研究会	0	0	0	0	0	0	0
	0	0	0	0	0	1	50
中国科学技术史学会	0	0	0	0	0	0	0
	0	0	0	0	0	0	0
中国科学技术情报学会	1	1500	450	0	0	0	0
	0	0	0	0	0	0	0
中国图书馆学会	0	0	0	0	0	0	0
	4	16405	395	0	0	0	0
中国城市科学研究会	2	4000	404	0	0	0	0
	0	0	0	0	0	0	0
中国科学学与科技政策研究会	0	0	0	0	0	0	0
	0	0	0	0	0	0	0
中国农村专业技术协会	0	0	0	0	0	0	0
	0	0	0	0	0	0	0
中国工业设计协会	0	0	0	0	0	0	0
	0	0	0	0	0	0	0
中国工艺美术学会	0	0	0	0	0	0	0
	0	0	0	0	0	0	0
中国科普作家协会	1	400000	3000	0	0	0	0
	5	51622	600	0	0	0	0
中国自然科学博物馆协会	0	0	0	0	0	0	0
	0	0	0	0	0	0	0
中国可持续发展研究会	0	0	0	0	0	0	0
	0	0	0	0	0	0	0
中国青少年科技辅导员协会	0	0	0	0	0	0	0
	21	187000	7910	0	0	4	1020
中国科教电影电视协会	0	0	0	0	0	0	0
	0	0	0	0	0	0	0
中国科学技术期刊编辑学会	2	3500	247	0	0	0	0
	0	0	0	0	0	0	0
中国流行色协会	0	0	0	0	0	0	0
	—	—	—	—	—	—	—
中国档案学会	0	0	0	0	0	0	0
	0	0	0	0	0	0	0
中国国土经济学会	0	0	0	0	0	0	0
	—	—	—	—	—	—	—
中国土地学会	0	0	0	0	0	0	0
	4	350	215	0	0	0	0

续表 35

学 会	举办青少年科技竞赛（项）	参加人次（人次）	获奖人次（人次）	青少年参加国际及港澳台地区科技交流活动（次）	参加人次（人次）	举办青少年高校科学营（次）	参加人次（人次）
中国科技新闻学会	0	0	0	0	0	0	0
	0	0	0	0	0	0	0
中国老科学技术工作者协会	0	0	0	0	0	0	0
	0	0	0	0	0	0	0
中国科学探险协会	0	0	0	0	0	0	0
	—	—	—	—	—	—	—
中国城市规划学会	0	0	0	0	0	0	0
	0	0	0	0	0	0	0
中国产学研合作促进会	0	0	0	0	0	0	0
	0	0	0	0	0	0	0
中国知识产权研究会	0	0	0	0	0	0	0
	0	0	0	0	0	0	0
中国发明协会	1	348	243	0	0	0	0
	0	0	0	0	0	0	0
中国工程教育专业认证协会	0	0	0	0	0	0	0
	—	—	—	—	—	—	—
中国检验检疫学会	0	0	0	0	0	0	0
	0	0	0	0	0	0	0
中国女科技工作者协会	0	0	0	0	0	0	0
	0	0	0	0	0	0	0
中国创造学会	1	687	74	0	0	0	0
	0	0	0	0	0	0	0
中国经济科技开发国际交流协会	0	0	0	0	0	0	0
	—	—	—	—	—	—	—
中国高科技产业化研究会	0	0	0	0	0	0	0
	—	—	—	—	—	—	—
中国微量元素科学研究会	0	0	0	0	0	0	0
	0	0	0	0	0	0	0
中国国际经济技术合作促进会	—	—	—	—	—	—	—
中国基本建设优化研究会	0	0	0	0	0	0	0
	—	—	—	—	—	—	—
中国科技馆发展基金会	0	0	0	0	0	0	0
	—	—	—	—	—	—	—
中国生物多样性保护与绿色发展基金会	0	0	0	0	0	0	0
	—	—	—	—	—	—	—
中国反邪教协会	0	0	0	0	0	0	0
	0	0	0	0	0	0	0

续表 36

学 会	编印青少年科技教育资料（种）	总印数（册）	举办青少年科技教育活动和培训（次）	参加人次（人次）	中学生英才计划培养学生（人次）	编著科技图书（种）	总印数（册）
全国学会合计	81	847644	439	402360	3927	384	1798166
省级同名学会合计	605	1282841	2583	581097	3323	1413	5275566
全国理科学会小计	18	107260	289	89311	20	29	703670
省级理科学会小计	117	427915	599	113207	541	101	281151
中国数学会	0	0	0	0	0	0	0
	2	400	3	1100	82	5	19000
中国物理学会	0	0	0	0	0	0	0
	5	1900	28	8730	56	1	1
中国力学学会	6	6000	0	0	0	0	0
	0	0	0	0	0	0	0
中国光学学会	0	0	4	2000	0	0	0
	2	11000	6	3860	100	1	10000
中国声学学会	1	100	1	3000	0	0	0
	0	0	2	150	50	0	0
中国化学会	0	0	1	400	0	0	0
	4	750	6	420	25	2	200
中国天文学会	0	0	0	0	0	0	0
	5	54150	177	47280	0	1	560
中国气象学会	1	2000	22	1164	0	3	3000
	44	160500	24	3250	0	26	88350
中国空间科学学会	0	0	0	0	0	2	1800
	—	—	—	—	—	—	—
中国地质学会	0	0	0	0	0	0	0
	19	8150	171	8118	5	6	18000
中国地理学会	0	0	0	0	0	1	50000
	4	2320	12	832	30	5	6040
中国地球物理学会	0	0	0	0	0	0	0
	0	0	20	2265	0	1	1
中国矿物岩石地球化学学会	0	0	0	0	0	0	0
	0	0	1	70	0	0	0
中国古生物学会	0	0	0	0	0	0	0
	0	0	0	0	0	1	2000
中国海洋湖沼学会	0	0	0	0	0	0	0
	2	6000	1	50	45	3	9000

续表 37

学　会	编印青少年科技教育资料（种）	总印数（册）	举办青少年科技教育活动和培训（次）	参加人次（人次）	中学生英才计划培养学生（人次）	编著科技图书（种）	总印数（册）
中国海洋学会	1	3500	0	0	0	1	600
	0	0	0	0	0	0	0
中国地震学会	0	0	0	0	0	1	2000
	10	130000	1	1000	0	8	59000
中国动物学会	0	0	0	0	0	0	0
	1	200	14	22479	127	0	0
中国植物学会	0	0	0	0	0	0	0
	4	6500	21	2145	0	5	7500
中国昆虫学会	0	0	0	0	0	0	0
	1	180	14	2170	0	3	7000
中国微生物学会	0	0	0	0	0	0	0
	0	0	4	450	34	4	4300
中国生物化学与分子生物学学会	0	0	0	0	0	0	0
	0	0	10	91	10	0	0
中国细胞生物学学会	1	400	10	61130	0	0	0
	1	200	1	25	0	14	27900
中国植物生理与植物分子生物学学会	0	0	0	0	0	1	3670
	0	0	0	0	0	0	0
中国生物物理学会	0	0	0	0	20	1	500
	0	0	0	0	0	0	0
中国遗传学会	0	0	0	0	0	0	0
	1	45000	1	647	0	1	1100
中国心理学会	1	2000	2	210	0	3	4000
	0	0	3	5048	0	1	1000
中国生态学学会	2	2500	3	405	0	9	3100
	1	65	3	145	0	0	0
中国环境科学学会	0	0	0	0	0	0	0
	0	0	35	2910	0	2	3800
中国自然资源学会	0	0	0	0	0	0	0
	0	0	1	62	0	1	200
中国感光学会	0	0	0	0	0	0	0
	—	—	—	—	—	—	—
中国优选法统筹法与经济数学研究会	2	73760	2	302	0	0	0
	0	0	0	0	0	0	0
中国岩石力学与工程学会	0	0	0	0	0	0	0
	5	800	2	80	0	21	600

续表 38

学 会	编印青少年科技教育资料（种）	总印数（册）	举办青少年科技教育活动和培训（次）	参加人次（人次）	中学生英才计划培养学生（人次）	编著科技图书（种）	总印数（册）
中国野生动物保护协会	2	12000	231	15700	0	5	30000
	0	0	0	0	0	2	20000
中国系统工程学会	1	5000	13	5000	0	1	5000
	0	0	0	0	0	0	0
中国实验动物学会	0	0	0	0	0	0	0
	0	0	0	0	0	0	0
中国青藏高原研究会	0	0	0	0	0	1	600000
	—	—	—	—	—	—	—
中国环境诱变剂学会	0	0	0	0	0	0	0
	2	6000	0	0	0	0	0
中国运筹学会	0	0	0	0	0	0	0
	0	0	1	40	0	1	200
中国菌物学会	0	0	0	0	0	0	0
	0	0	0	0	0	0	0
中国晶体学会	0	0	0	0	0	0	0
	—	—	—	—	—	—	—
中国神经科学学会	0	0	0	0	0	0	0
	0	0	0	0	0	0	0
中国认知科学学会	0	0	0	0	0	0	0
	0	0	0	0	0	0	0
中国微循环学会	0	0	0	0	0	0	0
	0	0	1	30	0	1	2000
国际数字地球协会	0	0	0	0	0	0	0
	—	—	—	—	—	—	—
国际动物学会	0	0	0	0	0	0	0
	1	200	14	22479	127	0	0
全国工科学会小计	47	166684	112	164184	3707	140	351946
省级工科学会小计	55	56977	1205	280186	1153	715	507739
中国机械工程学会	5	2	5	2600	0	12	25000
	0	0	13	382	0	7	59550
中国汽车工程学会	4	800	2	2000	2200	4	8800
	0	0	1	90	0	2	2012
中国农业机械学会	0	0	0	0	0	0	0
	0	0	0	0	0	2	8500
中国农业工程学会	0	0	0	0	0	0	0
	0	0	4	180	0	4	6100

续表 39

学 会	编印青少年科技教育资料（种）	总印数（册）	举办青少年科技教育活动和培训（次）	参加人次（人次）	中学生英才计划培养学生（人次）	编著科技图书（种）	总印数（册）
中国电机工程学会	0	0	5	4321	0	3	2300
	5	14650	2	160	0	5	15248
中国电工技术学会	0	0	2	40	0	3	6400
	0	0	0	0	0	1	300
中国水力发电工程学会	0	0	0	0	0	6	5290
	1	85	1	465	0	3	1501
中国水利学会	4	4000	1	700	0	10	36200
	11	3260	0	0	0	3	3180
中国内燃机学会	0	0	0	0	0	1	300
	0	0	1	352	0	0	0
中国工程热物理学会	0	0	0	0	0	0	0
	0	0	0	0	0	0	0
中国空气动力学会	0	0	0	0	0	0	0
	—	—	—	—	—	—	—
中国制冷学会	0	0	0	0	0	1	31000
	0	0	0	0	0	4	5450
中国真空学会	0	0	0	0	0	0	0
	0	0	0	0	0	0	0
中国自动化学会	1	55	5	269	0	4	12555
	3	650	3	290	25	2	200
中国仪器仪表学会	1	27	10	20390	56	6	24100
	1	1000	1	60	0	0	0
中国计量测试学会	0	0	0	0	0	2	4000
	3	3000	1	1970	0	4	3150
中国标准化协会	0	0	3	35	0	3	3000
	0	0	7	20	0	0	0
中国图学学会	0	0	0	0	0	0	0
	0	0	1	30	0	1	20000
中国电子学会	2	40000	7	5401	0	1	1800
	8	27	242	25810	800	2	53000
中国计算机学会	0	0	0	0	0	0	0
	5	18050	7	2431	225	8	30000
中国通信学会	0	0	0	0	0	1	2000
	1	2600	2	385	0	6	13600

续表 40

学 会	编印青少年科技教育资料（种）	总印数（册）	举办青少年科技教育活动和培训（次）	参加人次（人次）	中学生英才计划培养学生（人次）	编著科技图书（种）	总印数（册）
中国中文信息学会	0	0	1	80	0	0	0
	0	0	0	0	0	0	0
中国测绘学会	0	0	0	0	0	0	0
	3	2000	3	400	0	3	17600
中国造船工程学会	1	60000	4	1900	50	2	501
	2	2000	0	0	0	0	0
中国航海学会	0	0	6	103200	0	3	2800
	2	1810	2	380	0	2	4130
中国铁道学会	0	0	0	0	0	4	6450
	0	0	0	0	0	7	39000
中国公路学会	5	3500	0	0	0	1	2000
	0	0	1	150	0	506	6502
中国航空学会	3	15000	4	240	0	3	15000
	1	300	208	10958	0	2	2400
中国宇航学会	2	200	4	1000	100	0	0
	1	400	1	700	0	1	1400
中国兵工学会	2	1000	0	0	0	1	2000
	0	0	1	2000	0	0	0
中国金属学会	0	0	0	0	0	1	10000
	0	0	2	613	0	1	1500
中国有色金属学会	0	0	4	2052	0	1	500
	0	0	0	0	0	0	0
中国稀土学会	0	0	0	0	0	1	200
	0	0	1	189	0	0	0
中国腐蚀与防护学会	0	0	0	0	0	0	0
	0	0	0	0	0	10	3000
中国化工学会	0	0	8	380	8	20	40500
	3	650	5	785	0	6	31350
中国核学会	10	10000	2	500	0	10	30000
	1	1500	16	11607	0	1	1000
中国石油学会	0	0	0	0	0	0	0
	0	0	1	30	0	2	1000
中国煤炭学会	0	0	0	0	0	1	3000
	0	0	0	0	0	5	1640
中国可再生能源学会	1	10000	0	0	0	0	0
	0	0	0	0	0	0	0

续表 41

学会	编印青少年科技教育资料（种）	总印数（册）	举办青少年科技教育活动和培训（次）	参加人次（人次）	中学生英才计划培养学生（人次）	编著科技图书（种）	总印数（册）
中国能源研究会	3	4500	0	0	0	4	5000
	2	1000	4	150	0	2	6000
中国硅酸盐学会	0	0	0	0	0	2	8000
	0	0	1	150	0	1	62
中国建筑学会	0	0	0	0	0	0	0
	0	0	1	320	0	9	3692
中国土木工程学会	0	0	0	0	0	0	0
	0	0	1	35	0	0	0
中国生物工程学会	0	0	0	0	0	0	0
	0	0	0	0	0	0	0
中国纺织工程学会	0	0	4	14000	0	0	0
	0	0	0	0	0	3	5250
中国造纸学会	0	0	0	0	0	1	2000
	0	0	3	126	0	0	0
中国文物保护技术协会	0	0	0	0	0	0	0
	—	—	—	—	—	—	—
中国印刷技术协会	0	0	1	30	0	0	0
	0	0	0	0	0	0	0
中国材料研究学会	2	5600	6	2200	442	6	17300
	0	0	0	0	0	0	0
中国食品科学技术学会	0	0	0	0	0	1	2000
	0	0	0	0	0	1	10000
中国粮油学会	0	0	0	0	0	0	0
	0	0	0	0	0	0	0
中国职业安全健康协会	0	0	0	0	0	0	0
	0	0	0	0	0	0	0
中国烟草学会	0	0	0	0	0	0	0
	0	0	0	0	0	8	13000
中国仿真学会	0	0	0	0	0	0	0
	0	0	0	0	0	0	0
中国电影电视技术学会	0	0	0	0	0	0	0
	0	0	0	0	0	0	0
中国振动工程学会	0	0	0	0	0	0	0
	0	0	8	640	0	0	0
中国颗粒学会	0	0	0	0	0	0	0
	0	0	0	0	0	1	10000

续表 42

学　会	编印青少年科技教育资料（种）	总印数（册）	举办青少年科技教育活动和培训（次）	参加人次（人次）	中学生英才计划培养学生（人次）	编著科技图书（种）	总印数（册）
中国照明学会	0	0	0	0	0	0	0
	0	0	0	0	0	2	9100
中国动力工程学会	0	0	0	0	0	0	0
	0	0	0	0	0	0	0
中国惯性技术学会	0	0	3	16	0	0	0
	0	0	0	0	0	0	0
中国风景园林学会	0	0	1	80	0	1	1000
	0	0	0	0	0	2	10200
中国电源学会	0	0	0	0	0	2	1000
	0	0	0	0	0	0	0
中国复合材料学会	0	0	0	0	0	0	0
	0	0	0	0	0	1	1
中国消防协会	0	0	0	0	0	0	0
	2	1000	576	202800	0	2	40270
中国图象图形学学会	0	0	0	0	0	0	0
	0	0	0	0	0	0	0
中国人工智能学会	0	0	9	600	51	10	21000
	0	0	5	850	0	0	0
中国体视学学会	0	0	1	50	0	0	0
	0	0	0	0	0	0	0
中国工程机械学会	0	0	0	0	0	1	800
	—	—	—	—	—	—	—
中国海洋工程咨询协会	0	0	0	0	0	0	0
	—	—	—	—	—	—	—
中国遥感应用协会	0	0	0	0	0	0	0
	—	—	—	—	—	—	—
中国指挥与控制学会	0	0	0	0	0	1	3000
	—	—	—	—	—	—	—
中国光学工程学会	0	0	0	0	0	0	0
	0	0	1	45	20	0	0
中国微米纳米技术学会	0	0	0	0	0	0	0
	—	—	—	—	—	—	—
中国密码学会	0	0	0	0	0	2	13000
	—	—	—	—	—	—	—
中国大坝工程学会	0	0	2	200	0	2	150
	—	—	—	—	—	—	—
中国卫星导航定位协会	1	12000	10	900	800	2	2000
	—	—	—	—	—	—	—

续表 43

学 会	编印青少年科技教育资料（种）	总印数（册）	举办青少年科技教育活动和培训（次）	参加人次（人次）	中学生英才计划培养学生（人次）	编著科技图书（种）	总印数（册）
中国生物材料学会	0	0	2	1000	0	0	0
	0	0	0	0	0	0	0
国际粉体检测与控制联合会	0	0	0	0	0	0	0
	—	—	—	—	—	—	—
全国农科学会小计	0	0	6	7060	0	37	102050
省级农科学会小计	332	31180	47	14256	0	123	787396
中国农学会	0	0	0	0	0	0	0
	5	8600	10	500	0	15	189613
中国林学会	0	0	0	0	0	1	2400
	3	3800	4	10450	0	10	30490
中国土壤学会	0	0	0	0	0	0	0
	1	2000	1	200	0	9	5500
中国水产学会	0	0	0	0	0	0	0
	305	2600	0	0	0	8	9700
中国园艺学会	0	0	2	65	0	12	15450
	2	280	6	640	0	9	301000
中国畜牧兽医学会	0	0	0	0	0	3	6800
	2	2000	0	0	0	15	158070
中国植物病理学会	0	0	0	0	0	0	0
	2	400	3	1100	82	5	19000
中国植物保护学会	0	0	0	0	0	2	15000
	0	0	0	0	0	2	300
中国作物学会	0	0	1	225	0	16	12400
	0	0	5	413	0	14	15573
中国热带作物学会	0	0	0	0	0	0	0
	0	0	0	0	0	0	0
中国蚕学会	0	0	0	0	0	0	0
	0	0	0	0	0	2	4200
中国水土保持学会	0	0	0	0	0	0	0
	0	0	0	0	0	4	800
中国茶叶学会	0	0	0	0	0	3	50000
	0	0	0	0	0	0	0
中国草学会	0	0	0	0	0	0	0
	0	0	0	0	0	8	13000
中国植物营养与肥料学会	0	0	1	70	0	0	0
	0	0	0	0	0	0	0

续表 44

学 会	编印青少年科技教育资料（种）	总印数（册）	举办青少年科技教育活动和培训（次）	参加人次（人次）	中学生英才计划培养学生（人次）	编著科技图书（种）	总印数（册）
中国农业历史学会	0	0	2	6700	0	0	0
	0	0	0	0	0	0	0
全国医科学会小计	5	18500	7	37680	200	139	451900
省级医科学会小计	53	230650	137	27771	477	253	2064001
中华医学会	0	0	0	0	0	60	220000
	0	0	0	0	0	0	0
中华中医药学会	0	0	0	0	0	0	0
	—	—	—	—	—	—	—
中国中西医结合学会	0	0	0	0	0	7	16500
	0	0	0	0	0	44	199127
中国药学会	0	0	0	0	0	3	6000
	5	3920	5	1440	0	41	89903
中华护理学会	0	0	0	0	0	2	1700
	—	—	—	—	—	—	—
中国生理学会	0	0	0	0	0	0	0
	1	150	5	270	0	0	0
中国解剖学会	0	0	2	37000	0	0	0
	1	100	1	20	0	6	15300
中国生物医学工程学会	0	0	0	0	0	2	2000
	0	0	1	43	0	0	0
中国病理生理学会	3	10000	2	300	200	3	6000
	0	0	1	10	0	0	0
中国营养学会	1	3000	0	0	0	2	8000
	4	13000	25	3850	0	14	22000
中国药理学会	0	0	0	0	0	1	3000
	2	4000	1	120	7	8	738000
中国针灸学会	0	0	0	0	0	0	0
	2	3000	17	1200	0	5	10009
中国防痨协会	0	0	0	0	0	0	0
	0	0	0	0	0	2	30000
中国麻风防治协会	0	0	0	0	0	0	0
	0	0	0	0	0	1	2300
中国心理卫生协会	0	0	0	0	0	0	0
	8	5000	0	0	0	10	22000

续表 45

学　会	编印青少年科技教育资料（种）	总印数（册）	举办青少年科技教育活动和培训（次）	参加人次（人次）	中学生英才计划培养学生（人次）	编著科技图书（种）	总印数（册）
中国抗癌协会	0	0	0	0	0	23	41000
	0	0	1	400	0	10	80600
中国体育科学学会	0	0	0	0	0	11	16000
	0	0	0	0	0	2	22000
中国毒理学会	0	0	0	0	0	3	3000
	1	500	0	0	50	2	60
中国康复医学会	0	0	0	0	0	18	90000
	0	0	0	0	0	7	5690
中国免疫学会	0	0	0	0	0	0	0
	0	0	0	0	0	1	300000
中华预防医学会	0	0	0	0	0	1	5000
	—	—	—	—	—	—	—
中国法医学会	0	0	0	0	0	0	0
	0	0	0	0	0	0	0
中华口腔医学会	1	5500	3	380	0	1	5500
	—	—	—	—	—	—	—
中国医学救援协会	0	0	0	0	0	1	27900
	—	—	—	—	—	—	—
中国女医师协会	0	0	0	0	0	0	0
	0	0	0	0	0	0	0
中国研究型医院学会	0	0	0	0	0	1	300
	0	0	0	0	0	0	0
中国睡眠研究会	0	0	0	0	0	0	0
	0	0	0	0	0	0	0
中国卒中学会	0	0	0	0	0	0	0
	0	0	0	0	0	0	0
全国交叉学科学会小计	**11**	**555200**	**25**	**104125**	**0**	**39**	**188600**
省级其他学科学会小计	**48**	**536119**	**595**	**145677**	**1152**	**221**	**1635279**
中国自然辩证法研究会	0	0	0	0	0	0	0
	1	1000	2	350	0	7	13200
中国管理现代化研究会	0	0	1	130	0	0	0
	0	0	0	0	0	1	80
中国技术经济学会	0	0	0	0	0	0	0
	0	0	0	0	0	0	0
中国现场统计研究会	0	0	0	0	0	0	0
	0	0	0	0	0	0	0

续表 46

学 会	编印青少年科技教育资料（种）	总印数（册）	举办青少年科技教育活动和培训（次）	参加人次（人次）	中学生英才计划培养学生（人次）	编著科技图书（种）	总印数（册）
中国未来研究会	0	0	0	0	0	1	2000
	0	0	0	0	0	0	0
中国科学技术史学会	0	0	0	0	0	0	0
	0	0	0	0	0	3	7000
中国科学技术情报学会	0	0	0	0	0	0	0
	0	0	1	300	0	1	4800
中国图书馆学会	0	0	0	0	0	18	42000
	0	0	6	28215	0	0	0
中国城市科学研究会	0	0	1	1500	0	0	0
	0	0	0	0	0	1	600
中国科学学与科技政策研究会	0	0	0	0	0	1	2000
	0	0	0	0	0	0	0
中国农村专业技术协会	0	0	0	0	0	2	2000
	0	0	7	600	0	39	135300
中国工业设计协会	0	0	0	0	0	0	0
	0	0	1	45	0	0	0
中国工艺美术学会	0	0	0	0	0	0	0
	0	0	232	9390	0	4	5000
中国科普作家协会	1	3000	10	20000	0	1	20000
	2	4200	4	1490	45	66	785300
中国自然科学博物馆协会	0	0	0	0	0	0	0
	0	0	0	0	0	0	0
中国可持续发展研究会	0	0	0	0	0	0	0
	0	0	0	0	0	0	0
中国青少年科技辅导员协会	0	0	1	13859	0	0	0
	2	2000	30	15850	16	0	0
中国科教电影电视协会	0	0	0	0	0	0	0
	0	0	0	0	0	0	0
中国科学技术期刊编辑学会	5	200	10	200	0	0	0
	0	0	0	0	0	1	80000
中国流行色协会	0	0	0	0	0	0	0
	—	—	—	—	—	—	—
中国档案学会	0	0	0	0	0	0	0
	0	0	0	0	0	1	2000
中国国土经济学会	0	0	0	0	0	1	14400
	—	—	—	—	—	—	—
中国土地学会	0	0	0	0	0	1	1000
	1	360	1	100	0	3	52200

续表 47

学　会	编印青少年科技教育资料（种）	总印数（册）	举办青少年科技教育活动和培训（次）	参加人次（人次）	中学生英才计划培养学生（人次）	编著科技图书（种）	总印数（册）
中国科技新闻学会	0	0	0	0	0	0	0
	0	0	0	0	0	1	60000
中国老科学技术工作者协会	0	0	0	0	0	0	0
	5	2600	23	4090	0	30	118650
中国科学探险协会	0	0	0	0	0	0	0
	—	—	—	—	—	—	—
中国城市规划学会	0	0	0	0	0	12	20200
	0	0	0	0	0	1	500
中国产学研合作促进会	0	0	0	0	0	1	80000
	0	0	0	0	0	0	0
中国知识产权研究会	0	0	0	0	0	0	0
	0	0	0	0	0	0	0
中国发明协会	5	552000	1	7000	0	1	5000
	0	0	0	0	0	0	0
中国工程教育专业认证协会	0	0	0	0	0	0	0
	—	—	—	—	—	—	—
中国检验检疫学会	0	0	0	0	0	0	0
	0	0	0	0	0	0	0
中国女科技工作者协会	0	0	0	0	0	0	0
	0	0	0	0	0	0	0
中国创造学会	0	0	0	0	0	0	0
	0	0	0	0	0	0	0
中国经济科技开发国际交流协会	0	0	0	0	0	0	0
	—	—	—	—	—	—	—
中国高科技产业化研究会	0	0	0	0	0	0	0
	—	—	—	—	—	—	—
中国微量元素科学研究会	0	0	0	0	0	0	0
	0	0	1	200	0	2	4000
中国国际经济技术合作促进会	—	—	—	—	—	—	—
	—	—	—	—	—	—	—
中国基本建设优化研究会	0	0	0	0	0	0	0
	—	—	—	—	—	—	—
中国科技馆发展基金会	0	0	1	61436	0	0	0
	—	—	—	—	—	—	—
中国生物多样性保护与绿色发展基金会	0	0	0	0	0	0	0
	—	—	—	—	—	—	—
中国反邪教协会	0	0	0	0	0	0	0
	10	459500	13	3500	0	9	55330

续表 48

学 会	主办科技报纸（种）	总印数（份）	制作科普挂图（种）	总印数（张）	主办科普App或设置科普栏目的综合类App（个）	科普App下载安装数（次）	科普App更新数（次）
全国学会合计	7	547400	1979	1291028	10	254820	237
省级同名学会合计	79	16414703	39184	2287393	24	960528	4405
全国理科学会小计	1	60000	91	112488	1	0	0
省级理科学会小计	7	85750	385	119563	4	33637	3638
中国数学会	0	0	0	0	0	0	0
	1	100	0	0	0	0	0
中国物理学会	0	0	0	0	0	0	0
	0	0	27	204	0	0	0
中国力学学会	0	0	0	0	0	0	0
	0	0	0	0	0	0	0
中国光学学会	0	0	0	0	0	0	0
	0	0	4	62	0	0	0
中国声学学会	0	0	2	200	0	0	0
	0	0	5	150	0	0	0
中国化学会	0	0	0	0	0	0	0
	2	1200	14	290	0	0	0
中国天文学会	0	0	0	0	0	0	0
	0	0	42	606	0	0	0
中国气象学会	0	0	1	400	0	0	0
	0	0	49	51022	1	3600	3500
中国空间科学学会	0	0	0	0	0	0	0
	—	—	—	—	—	—	—
中国地质学会	0	0	0	0	0	0	0
	0	0	70	3932	1	36	128
中国地理学会	0	0	0	0	0	0	0
	1	50	5	550	0	0	0
中国地球物理学会	0	0	0	0	0	0	0
	0	0	17	135	0	0	0
中国矿物岩石地球化学学会	0	0	20	50	0	0	0
	0	0	90	90	0	0	0
中国古生物学会	0	0	0	0	0	0	0
	0	0	0	0	0	0	0
中国海洋湖沼学会	0	0	0	0	0	0	0
	1	300	1	10	0	0	0

续表 49

学　会	主办科技报纸（种）	总印数（份）	制作科普挂图（种）	总印数（张）	主办科普 App 或设置科普栏目的综合类 App（个）	科普 App 下载安装数（次）	科普 App 更新数（次）
中国海洋学会	1	60000	0	0	0	0	0
	0	0	0	0	0	0	0
中国地震学会	0	0	0	0	0	0	0
	1	5000	3	15500	0	0	0
中国动物学会	0	0	0	0	1	0	0
	0	0	0	0	0	0	0
中国植物学会	0	0	0	0	0	0	0
	0	0	1	28	1	30000	9
中国昆虫学会	0	0	0	0	0	0	0
	0	0	8	10080	0	0	0
中国微生物学会	0	0	0	0	0	0	0
	1	200	7	34	1	0	0
中国生物化学与分子生物学会	0	0	0	0	0	0	0
	0	0	1	10	0	0	0
中国细胞生物学学会	0	0	0	0	0	0	0
	0	0	1	89	0	0	0
中国植物生理与植物分子生物学学会	0	0	2	500	0	0	0
	0	0	0	0	0	0	0
中国生物物理学会	0	0	0	0	0	0	0
	0	0	0	0	0	0	0
中国遗传学会	0	0	0	0	0	0	0
	0	0	2	311	0	0	0
中国心理学会	0	0	6	200	0	0	0
	0	0	0	0	0	1	1
中国生态学学会	0	0	10	10	0	0	0
	0	0	7	425	0	0	0
中国环境科学学会	0	0	0	0	0	0	0
	0	0	23	21712	0	0	0
中国自然资源学会	0	0	0	0	0	0	0
	0	0	0	0	0	0	0
中国感光学会	0	0	0	0	0	0	0
	—	—	—	—	—	—	—
中国优选法统筹法与经济数学研究会	0	0	0	0	0	0	0
	0	0	0	0	0	0	0
中国岩石力学与工程学会	0	0	0	0	0	0	0
	1	100	22	22	0	0	0

续表 50

学 会	主办科技报纸（种）	总印数（份）	制作科普挂图（种）	总印数（张）	主办科普 App 或设置科普栏目的综合类 App（个）	科普 App 下载安装数（次）	科普 App 更新数（次）
中国野生动物保护协会	0	0	11	110000	0	0	0
	0	0	0	0	0	0	0
中国系统工程学会	0	0	0	0	0	0	0
	0	0	1	15	0	0	0
中国实验动物学会	0	0	28	28	0	0	0
	0	0	0	0	0	0	0
中国青藏高原研究会	0	0	0	0	0	0	0
	—	—	—	—	—	—	—
中国环境诱变剂学会	0	0	11	1100	0	0	0
	0	0	3	3000	0	0	0
中国运筹学会	0	0	0	0	0	0	0
	0	0	0	0	0	0	0
中国菌物学会	0	0	0	0	0	0	0
	0	0	0	0	0	0	0
中国晶体学会	0	0	0	0	0	0	0
	—	—	—	—	—	—	—
中国神经科学学会	0	0	0	0	0	0	0
	0	0	0	0	0	0	0
中国认知科学学会	0	0	0	0	0	0	0
	0	0	35	46	0	0	0
中国微循环学会	0	0	0	0	0	0	0
	0	0	0	0	0	0	0
国际数字地球协会	0	0	0	0	0	0	0
	—	—	—	—	—	—	—
国际动物学会	0	0	0	0	0	0	0
	0	0	0	0	0	0	0
全国工科学会小计	4	101600	171	38045	3	212530	8
省级工科学会小计	25	143603	5462	280062	7	1116	110
中国机械工程学会	0	0	100	500	0	0	0
	0	0	2	8000	1	201	10
中国汽车工程学会	0	0	0	0	0	0	0
	0	0	0	0	0	0	0
中国农业机械学会	0	0	0	0	1	181900	3
	0	0	0	0	0	6	0
中国农业工程学会	0	0	0	0	0	0	0
	0	0	7	200	0	0	0

续表 51

学　会	主办科技报纸（种）	总印数（份）	制作科普挂图（种）	总印数（张）	主办科普 App 或设置科普栏目的综合类 App（个）	科普 App 下载安装数（次）	科普 App 更新数（次）
中国电机工程学会	2	79800	0	0	0	0	0
	6	63200	57	256	0	0	0
中国电工技术学会	1	19800	1	1	0	0	0
	1	19800	0	0	0	0	0
中国水力发电工程学会	0	0	0	0	0	0	0
	1	1	6	9	0	1	0
中国水利学会	0	0	9	208	0	0	0
	0	0	11	16300	0	0	0
中国内燃机学会	0	0	0	0	1	630	3
	1	1500	9	90	0	0	0
中国工程热物理学会	0	0	0	0	0	0	0
	0	0	0	0	0	0	0
中国空气动力学会	0	0	0	0	0	0	0
	—	—	—	—	—	—	—
中国制冷学会	0	0	0	0	0	0	0
	0	0	0	0	0	30	2
中国真空学会	0	0	0	0	0	0	0
	0	0	0	0	0	0	0
中国自动化学会	0	0	0	0	0	0	0
	2	1200	4	200	0	0	0
中国仪器仪表学会	0	0	3	1000	0	0	0
	0	0	0	0	0	0	0
中国计量测试学会	0	0	1	1	0	0	0
	0	0	0	0	0	0	0
中国标准化协会	0	0	0	0	0	0	0
	0	0	1	500	0	0	0
中国图学学会	0	0	0	0	0	0	0
	0	0	0	0	0	0	0
中国电子学会	0	0	0	0	0	0	0
	1	3000	0	0	0	1	0
中国计算机学会	0	0	0	0	0	0	0
	0	0	0	0	0	0	0
中国通信学会	0	0	0	0	0	0	0
	1	20000	9	3060	0	0	0

续表 52

学 会	主办科技报纸（种）	总印数（份）	制作科普挂图（种）	总印数（张）	主办科普 App或设置科普栏目的综合类App（个）	科普 App下载安装数（次）	科普 App更新数（次）
中国中文信息学会	0	0	0	0	0	0	0
	0	0	0	0	0	0	0
中国测绘学会	0	0	0	0	0	0	0
	0	0	10	23000	0	1	1
中国造船工程学会	0	0	0	0	0	0	0
	0	0	0	0	0	0	0
中国航海学会	0	0	0	0	0	0	0
	0	0	5000	5000	1	280	3
中国铁道学会	0	0	20	3590	0	0	0
	1	3000	9	32050	0	0	0
中国公路学会	0	0	5	3500	0	0	0
	0	0	25	44	0	0	0
中国航空学会	0	0	5	10000	1	30000	2
	1	1200	2	90	0	0	0
中国宇航学会	0	0	5	500	0	0	0
	0	0	0	0	0	0	0
中国兵工学会	0	0	5	500	0	0	0
	0	0	0	0	0	0	0
中国金属学会	0	0	0	0	0	0	0
	2	8800	21	306	0	0	0
中国有色金属学会	0	0	0	0	0	0	0
	1	8500	12	24	0	0	0
中国稀土学会	0	0	1	800	0	0	0
	0	0	0	0	0	0	0
中国腐蚀与防护学会	0	0	0	0	0	0	0
	0	0	101	2080	0	0	0
中国化工学会	0	0	3	2	0	0	0
	0	0	3	5160	0	0	0
中国核学会	0	0	0	0	0	0	0
	0	0	14	81	0	0	0
中国石油学会	0	0	0	0	0	0	0
	0	0	49	501	0	0	0
中国煤炭学会	0	0	0	0	0	0	0
	0	0	0	0	0	0	0
中国可再生能源学会	0	0	0	0	0	0	0
	0	0	1	4	0	0	0

续表 53

学 会	主办科技报纸（种）	总印数（份）	制作科普挂图（种）	总印数（张）	主办科普 App 或设置科普栏目的综合类 App（个）	科普 App 下载安装数（次）	科普 App 更新数（次）
中国能源研究会	0	0	1	10000	0	0	0
	0	0	2	12	0	0	0
中国硅酸盐学会	0	0	0	0	0	0	0
	0	0	0	0	0	0	0
中国建筑学会	0	0	0	0	0	0	0
	0	0	2	534	0	0	0
中国土木工程学会	0	0	0	0	0	0	0
	0	0	0	0	0	0	0
中国生物工程学会	0	0	0	0	0	0	0
	0	0	0	0	0	0	0
中国纺织工程学会	0	0	0	0	0	0	0
	0	0	10	5000	1	116	20
中国造纸学会	0	0	0	0	0	0	0
	0	0	0	0	0	0	0
中国文物保护技术协会	0	0	0	0	0	0	0
	—	—	—	—	—	—	—
中国印刷技术协会	0	0	4	800	0	0	0
	0	0	0	0	1	0	0
中国材料研究学会	0	0	2	533	0	0	0
	0	0	0	0	0	0	0
中国食品科学技术学会	0	0	0	0	0	0	0
	0	0	0	0	0	0	0
中国粮油学会	0	0	4	3000	0	0	0
	0	0	0	0	0	0	0
中国职业安全健康协会	0	0	0	0	0	0	0
	0	0	12	2000	0	0	0
中国烟草学会	0	0	1	3000	0	0	0
	2	8750	13	1784	0	1	0
中国仿真学会	0	0	0	0	0	0	0
	0	0	0	0	0	0	0
中国电影电视技术学会	0	0	0	0	0	0	0
	0	0	0	0	0	0	0
中国振动工程学会	0	0	0	0	0	0	0
	0	0	0	0	0	0	0
中国颗粒学会	0	0	0	0	0	0	0
	0	0	2	200	0	0	0

续表 54

学 会	主办科技报纸（种）	总印数（份）	制作科普挂图（种）	总印数（张）	主办科普App或设置科普栏目的综合类App（个）	科普App下载安装数（次）	科普App更新数（次）
中国照明学会	0	0	0	0	0	0	0
	0	0	1	6	0	0	0
中国动力工程学会	0	0	0	0	0	0	0
	0	0	0	0	0	0	0
中国惯性技术学会	0	0	0	0	0	0	0
	0	0	0	0	0	0	0
中国风景园林学会	0	0	0	0	0	0	0
	0	0	0	0	0	0	0
中国电源学会	0	0	0	0	0	0	0
	0	0	0	0	0	0	0
中国复合材料学会	0	0	0	0	0	0	0
	0	0	0	0	0	0	0
中国消防协会	0	0	0	0	0	0	0
	0	0	18	150000	0	0	0
中国图象图形学学会	0	0	0	0	0	0	0
	0	0	0	0	0	0	0
中国人工智能学会	0	0	0	0	0	0	0
	0	0	0	0	1	100	10
中国体视学学会	0	0	0	0	0	0	0
	0	0	0	0	0	0	0
中国工程机械学会	0	0	0	0	0	0	0
	—	—	—	—	—	—	—
中国海洋工程咨询协会	0	0	0	0	0	0	0
	—	—	—	—	—	—	—
中国遥感应用协会	0	0	0	0	0	0	0
	—	—	—	—	—	—	—
中国指挥与控制学会	0	0	0	0	0	0	0
	—	—	—	—	—	—	—
中国光学工程学会	0	0	0	0	0	0	0
	0	0	0	0	0	0	0
中国微米纳米技术学会	0	0	0	0	0	0	0
	—	—	—	—	—	—	—
中国密码学会	0	0	0	0	0	0	0
	—	—	—	—	—	—	—
中国大坝工程学会	0	0	1	110	0	0	0
	—	—	—	—	—	—	—
中国卫星导航定位协会	1	2000	0	0	0	0	0
	—	—	—	—	—	—	—

续表 55

学 会	主办科技报纸（种）	总印数（份）	制作科普挂图（种）	总印数（张）	主办科普 App 或设置科普栏目的综合类 App（个）	科普 App 下载安装数（次）	科普 App 更新数（次）
中国生物材料学会	0	0	0	0	0	0	0
	0	0	0	0	0	0	0
国际粉体检测与控制联合会	0	0	0	0	0	0	0
	—	—	—	—	—	—	—
全国农科学会小计	**0**	**0**	**92**	**85052**	**1**	**0**	**0**
省级农科学会小计	**5**	**300123**	**12420**	**209739**	**2**	**2538**	**5**
中国农学会	0	0	3	7500	0	0	0
	0	0	34	7416	1	38	2
中国林学会	0	0	0	0	0	0	0
	2	2150	4	3504	0	0	0
中国土壤学会	0	0	0	0	0	0	0
	0	0	8	7100	0	0	0
中国水产学会	0	0	2	9000	0	0	0
	0	0	17	8140	0	0	0
中国园艺学会	0	0	2	2012	0	0	0
	1	8000	2	350	0	0	0
中国畜牧兽医学会	0	0	1	200	0	0	0
	2	290000	7	5006	0	0	0
中国植物病理学会	0	0	0	0	0	0	0
	1	100	0	0	0	0	0
中国植物保护学会	0	0	0	0	0	0	0
	1	123	5	3400	0	0	0
中国作物学会	0	0	14	66270	0	0	0
	0	0	5	11000	0	0	0
中国热带作物学会	0	0	70	70	0	0	0
	0	0	0	0	0	0	0
中国蚕学会	0	0	0	0	0	0	0
	0	0	0	0	0	0	0
中国水土保持学会	0	0	0	0	0	0	0
	0	0	0	0	0	0	0
中国茶叶学会	0	0	0	0	1	0	0
	0	0	61	70	0	0	0
中国草学会	0	0	0	0	0	0	0
	2	8750	13	1784	0	1	0
中国植物营养与肥料学会	0	0	0	0	0	0	0
	0	0	0	0	0	0	0

续表 56

学　会	主办科技报纸（种）	总印数（份）	制作科普挂图（种）	总印数（张）	主办科普App或设置科普栏目的综合类App（个）	科普App下载安装数（次）	科普App更新数（次）
中国农业历史学会	0	0	0	0	0	0	0
	0	0	0	0	0	0	0
全国医科学会小计	2	385800	432	955108	1	5679	8
省级医科学会小计	30	3332821	433	1294427	5	884534	446
中华医学会	0	0	0	0	0	0	0
	0	0	0	0	0	0	0
中华中医药学会	0	0	0	0	0	0	0
	—	—	—	—	—	—	—
中国中西医结合学会	0	0	5	15	1	5679	8
	0	0	11	4390	0	0	0
中国药学会	0	0	36	22000	0	0	0
	12	38000	113	7235	0	0	0
中华护理学会	0	0	317	903396	0	0	0
	—	—	—	—	—	—	—
中国生理学会	0	0	2	7	0	0	0
	0	0	0	0	0	0	0
中国解剖学会	0	0	0	0	0	0	0
	0	0	0	0	0	0	0
中国生物医学工程学会	0	0	0	0	0	0	0
	0	0	0	0	0	0	0
中国病理生理学会	0	0	3	3000	0	0	0
	0	0	0	0	0	0	0
中国营养学会	0	0	1	170	0	0	0
	0	0	31	35230	0	0	0
中国药理学会	0	0	0	0	0	0	0
	0	0	0	0	0	0	0
中国针灸学会	0	0	0	0	0	0	0
	0	0	1	2	0	0	0
中国防痨协会	0	0	0	0	0	0	0
	3	162600	6	56241	0	0	0
中国麻风防治协会	0	0	2	11000	0	0	0
	0	0	7	50800	0	0	0
中国心理卫生协会	0	0	0	0	0	0	0
	2	200	0	0	0	0	0

续表 57

学 会	主办科技报纸（种）	总印数（份）	制作科普挂图（种）	总印数（张）	主办科普App或设置科普栏目的综合类App（个）	科普App下载安装数（次）	科普App更新数（次）
中国抗癌协会	0	0	35	15000	0	0	0
	2	246000	25	4290	0	0	0
中国体育科学学会	0	0	0	0	0	0	0
	0	0	12	7000	0	0	0
中国毒理学会	0	0	21	500	0	0	0
	0	0	20	10	0	0	0
中国康复医学会	0	0	0	0	0	0	0
	0	0	15	20	0	0	0
中国免疫学会	0	0	0	0	0	0	0
	0	0	0	0	0	0	0
中华预防医学会	1	385800	0	0	0	0	0
	—	—	—	—	—	—	—
中国法医学会	0	0	0	0	0	0	0
	0	0	0	0	0	0	0
中华口腔医学会	0	0	0	0	0	0	0
	—	—	—	—	—	—	—
中国医学救援协会	1	0	10	20	0	0	0
	—	—	—	—	—	—	—
中国女医师协会	0	0	0	0	0	0	0
	0	0	0	0	0	0	0
中国研究型医院学会	0	0	0	0	0	0	0
	0	0	5	5	0	0	0
中国睡眠研究会	0	0	0	0	0	0	0
	0	0	0	0	0	0	0
中国卒中学会	0	0	0	0	0	0	0
	0	0	1	5000	0	0	0
全国交叉学科学会小计	**0**	**0**	**1193**	**100335**	**4**	**36611**	**221**
省级其他学科学会小计	**12**	**12552406**	**20484**	**383602**	**6**	**38703**	**206**
中国自然辩证法研究会	0	0	0	0	0	0	0
	0	0	0	0	0	0	0
中国管理现代化研究会	0	0	0	0	0	0	0
	0	0	0	0	0	0	0
中国技术经济学会	0	0	0	0	0	0	0
	0	0	0	0	0	0	0
中国现场统计研究会	0	0	0	0	0	0	0
	0	0	0	0	0	0	0

续表 58

学　会	主办科技报纸（种）	总印数（份）	制作科普挂图（种）	总印数（张）	主办科普App或设置科普栏目的综合类App（个）	科普App下载安装数（次）	科普App更新数（次）
中国未来研究会	0	0	0	0	0	0	0
	0	0	0	0	0	0	0
中国科学技术史学会	0	0	0	0	0	0	0
	0	0	0	0	0	0	0
中国科学技术情报学会	0	0	0	0	0	0	0
	0	0	14	389	0	0	0
中国图书馆学会	0	0	0	0	1	5200	0
	0	0	0	0	0	0	0
中国城市科学研究会	0	0	0	0	0	0	0
	0	0	0	0	0	0	0
中国科学学与科技政策研究会	0	0	0	0	0	0	0
	0	0	0	0	0	0	0
中国农村专业技术协会	0	0	187	187	0	0	0
	0	0	1	500	0	0	0
中国工业设计协会	0	0	0	0	0	0	0
	0	0	0	0	0	0	0
中国工艺美术学会	0	0	0	0	0	0	0
	0	0	0	0	0	0	0
中国科普作家协会	0	0	0	0	0	0	0
	0	0	32	15110	0	0	0
中国自然科学博物馆协会	0	0	0	0	0	0	0
	0	0	0	0	0	0	0
中国可持续发展研究会	0	0	0	0	0	0	0
	0	0	0	0	0	0	0
中国青少年科技辅导员协会	0	0	0	0	1	9055	4
	0	0	0	0	0	0	0
中国科教电影电视协会	0	0	0	0	0	0	0
	0	0	0	0	0	0	0
中国科学技术期刊编辑学会	0	0	0	0	0	0	0
	0	0	0	0	0	0	0
中国流行色协会	0	0	0	0	0	0	0
	—	—	—	—	—	—	—
中国档案学会	0	0	0	0	0	0	0
	0	0	1	36	0	0	0
中国国土经济学会	0	0	0	0	0	0	0
	—	—	—	—	—	—	—
中国土地学会	0	0	0	0	0	0	0
	0	0	8	1514	0	0	0

续表 59

学 会	主办科技报纸（种）	总印数（份）	制作科普挂图（种）	总印数（张）	主办科普 App 或设置科普栏目的综合类 App（个）	科普 App 下载安装数（次）	科普 App 更新数（次）
中国科技新闻学会	0	0	0	0	0	0	0
	1	12500000	16	6000	1	20000	2
中国老科学技术工作者协会	0	0	0	0	0	0	0
	0	0	0	0	0	0	0
中国科学探险协会	0	0	0	0	0	0	0
	—	—	—	—	—	—	—
中国城市规划学会	0	0	2	100	1	16756	12
	0	0	0	0	0	0	0
中国产学研合作促进会	0	0	0	0	0	0	0
	0	0	0	0	0	0	0
中国知识产权研究会	0	0	0	0	0	0	0
	0	0	0	0	0	0	0
中国发明协会	0	0	0	0	0	0	0
	0	0	0	0	0	0	0
中国工程教育专业认证协会	0	0	0	0	0	0	0
	—	—	—	—	—	—	—
中国检验检疫学会	0	0	0	0	0	0	0
	0	0	0	0	0	0	0
中国女科技工作者协会	0	0	0	0	0	0	0
	0	0	0	0	0	0	0
中国创造学会	0	0	0	0	0	0	0
	0	0	0	0	0	0	0
中国经济科技开发国际交流协会	0	0	0	0	0	0	0
	—	—	—	—	—	—	—
中国高科技产业化研究会	0	0	4	48	0	0	0
中国微量元素科学研究会	0	0	0	0	0	0	0
	0	0	36	250	0	0	0
中国国际经济技术合作促进会	—	—	—	—	—	—	—
中国基本建设优化研究会	0	0	0	0	1	5600	205
中国科技馆发展基金会	0	0	0	0	0	0	0
	—	—	—	—	—	—	—
中国生物多样性保护与绿色发展基金会	0	0	0	0	0	0	0
	—	—	—	—	—	—	—
中国反邪教协会	0	0	1000	100000	0	0	0
	1	9600	20025	304860	0	0	0

续表 60

学　会	主办科普微信公众号（个）	关注数（个）	全年阅读量（次）	主办科普微博（个）	关注数（个）
全国学会合计	**311**	**6968201**	**791247785**	**156**	**3894817**
省级同名学会合计	**797**	**8631768**	**153149761**	**2156**	**22434940**
全国理科学会小计	**44**	**684130**	**13490638**	**7**	**68347**
省级理科学会小计	**120**	**636491**	**19548206**	**2043**	**18883926**
中国数学会	1	92000	950000	0	0
	0	0	0	0	0
中国物理学会	1	130849	1770000	0	0
	6	11751	59062	0	0
中国力学学会	1	6092	23210	0	0
	3	247	2634	0	0
中国光学学会	1	5500	68000	0	0
	4	83328	124717	0	0
中国声学学会	1	5419	70000	0	0
	2	3160	48000	0	0
中国化学会	1	69091	1080010	0	0
	7	2892	33472	0	0
中国天文学会	1	2232	6804	0	0
	6	24905	105561	0	0
中国气象学会	2	33172	83615	1	440
	10	121838	2870909	7	4744623
中国空间科学学会	1	1551	25885	0	0
	—	—	—	—	—
中国地质学会	1	25666	2078946	0	0
	9	220062	372133	8	3490
中国地理学会	3	136134	3927291	1	18934
	6	7678	146169	4	5642
中国地球物理学会	2	3703	30636	0	0
	2	3809	15322	0	0
中国矿物岩石地球化学学会	1	5289	285692	0	0
	1	560	3000	0	0
中国古生物学会	0	0	0	0	0
	1	500	3000	0	0
中国海洋湖沼学会	1	4256	114600	0	0
	0	0	0	1	2190

续表 61

学　会	主办科普微信公众号（个）	关注数（个）	全年阅读量（次）	主办科普微博（个）	关注数（个）
中国海洋学会	1	14000	67979	0	0
	0	0	0	0	0
中国地震学会	2	9035	47214	0	0
	6	95027	13342214	2004	13872279
中国动物学会	0	0	0	0	0
	4	3448	11110	0	0
中国植物学会	2	9730	66928	0	0
	8	5467	76070	2	110000
中国昆虫学会	0	0	0	0	0
	3	3907	8856	1	200
中国微生物学会	0	0	0	0	0
	5	44167	1484828	0	0
中国生物化学与分子生物学会	0	0	0	0	0
	1	5000	10000	0	0
中国细胞生物学学会	1	28425	521789	1	31441
	4	18417	193967	2	6874
中国植物生理与植物分子生物学学会	1	9967	89075	1	934
	0	0	0	0	0
中国生物物理学会	2	35290	417169	0	0
	0	0	0	0	0
中国遗传学会	0	0	0	0	0
	4	1236	13192	0	0
中国心理学会	2	5888	38863	2	16000
	8	12348	242374	10	6500
中国生态学学会	1	1421	6991	0	0
	2	754	2278	0	0
中国环境科学学会	0	0	0	0	0
	12	30884	339824	0	0
中国自然资源学会	1	5216	39672	0	0
	0	0	0	0	0
中国感光学会	1	351	1000	0	0
	—	—	—	—	—
中国优选法统筹法与经济数学研究会	2	9841	42146	0	0
	0	0	0	0	0
中国岩石力学与工程学会	1	335	37	0	0
	1	680	15600	0	0

续表 62

学 会	主办科普微信公众号（个）	关注数（个）	全年阅读量（次）	主办科普微博（个）	关注数（个）
中国野生动物保护协会	0	0	0	0	0
	2	1677	69660	0	0
中国系统工程学会	1	4306	50370	1	598
	2	3114	3423	0	0
中国实验动物学会	1	454	1035	0	0
	2	3154	4474	0	0
中国青藏高原研究会	1	9200	110124	0	0
	—	—	—	—	—
中国环境诱变剂学会	2	1126	5523	0	0
	1	190	18000	0	0
中国运筹学会	1	6713	1200000	0	0
	0	0	0	0	0
中国菌物学会	1	10000	250000	0	0
	0	0	0	0	0
中国晶体学会	0	0	0	0	0
	—	—	—	—	—
中国神经科学学会	1	1294	20000	0	0
	2	1172	8571	0	0
中国认知科学学会	1	584	34	0	0
	0	0	0	1	500
中国微循环学会	0	0	0	0	0
	0	0	0	0	0
国际数字地球协会	0	0	0	0	0
	—	—	—	—	—
国际动物学会	0	0	0	0	0
	4	3448	11110	0	0
全国工科学会小计	**128**	**2283039**	**173795805**	**124**	**1951503**
省级工科学会小计	**229**	**695310**	**14272062**	**21**	**104913**
中国机械工程学会	6	96813	1318873	0	0
	13	15720	56018	0	0
中国汽车工程学会	1	12800	381000	1	16985
	6	7841	57823	0	0
中国农业机械学会	1	55839	834021	0	0
	3	8145	170179	0	0
中国农业工程学会	0	0	0	0	0
	1	120	2000	0	0

续表 63

学 会	主办科普微信公众号（个）	关注数（个）	全年阅读量（次）	主办科普微博（个）	关注数（个）
中国电机工程学会	1	21000	80000	0	0
	6	14861	259446	0	0
中国电工技术学会	4	4387	135793	2	11938
	1	295	492	0	0
中国水力发电工程学会	1	5759	214000	0	0
	5	3148	96261	1	1
中国水利学会	6	19860	1068025	0	0
	4	4724	168961	0	0
中国内燃机学会	1	4547	2187550	0	0
	1	840	9000	1	177
中国工程热物理学会	1	1958	36346	0	0
	0	0	0	0	0
中国空气动力学会	0	0	0	0	0
	—	—	—	—	—
中国制冷学会	0	0	0	0	0
	7	8754	66858	1	1200
中国真空学会	1	1370	6600	0	0
	1	1068	1233	0	0
中国自动化学会	4	68675	718583	2	79539
	5	2769	32272	0	0
中国仪器仪表学会	10	5443	75674	8	300
	1	400	360	0	0
中国计量测试学会	0	0	0	0	0
	4	3378	9773	0	0
中国标准化协会	1	5591	46234	0	0
	6	9690	302673	0	0
中国图学学会	1	44070	135673	0	0
	0	0	0	0	0
中国电子学会	1	7100	15000	0	0
	11	137239	6326548	2	20000
中国计算机学会	0	0	0	0	0
	6	10316	93501	0	0
中国通信学会	1	7130	33200	0	0
	8	8171	21188	0	0

续表 64

学 会	主办科普微信公众号（个）	关注数（个）	全年阅读量（次）	主办科普微博（个）	关注数（个）
中国中文信息学会	0	0	0	0	0
	0	0	0	0	0
中国测绘学会	1	62509	2744304	0	0
	4	6789	64960	0	0
中国造船工程学会	4	11075	136335	1	965663
	3	1543	23583	1	45
中国航海学会	1	2010	23100	91	5480
	3	2732	15767	0	0
中国铁道学会	0	0	0	0	0
	0	0	0	0	0
中国公路学会	1	30000	230000	1	2600
	5	24979	135642	2	343
中国航空学会	1	210000	140000000	2	480000
	5	3798	50045	0	0
中国宇航学会	2	18000	138230	0	0
	2	829	14400	0	0
中国兵工学会	1	51000	1500000	1	335838
	0	0	0	0	0
中国金属学会	1	3000	7500	0	0
	4	8217	19240	0	0
中国有色金属学会	1	9394	250000	0	0
	1	951	2836	0	0
中国稀土学会	1	5000	30000	0	0
	1	49	60	0	0
中国腐蚀与防护学会	3	24303	627001	1	3271
	0	0	0	0	0
中国化工学会	10	623163	7907467	0	0
	1	1300	14000	1	1200
中国核学会	1	20000	1000000	0	0
	3	869	14490	0	0
中国石油学会	2	1166	37490	0	0
	2	4105	52749	1	4500
中国煤炭学会	2	7458	402561	0	0
	1	315	92535	0	0
中国可再生能源学会	4	24050	174277	0	0
	1	140	108	0	0

续表 65

学 会	主办科普微信公众号（个）	关注数（个）	全年阅读量（次）	主办科普微博（个）	关注数（个）
中国能源研究会	1	4578	65472	0	0
	2	2751	52196	0	0
中国硅酸盐学会	6	40839	1807752	0	0
	4	10228	15796	0	0
中国建筑学会	1	46565	300000	0	0
	8	24114	209332	0	0
中国土木工程学会	1	5494	76584	0	0
	1	5020	175724	0	0
中国生物工程学会	2	220577	123377	0	0
	1	130	2000	0	0
中国纺织工程学会	2	2715	75374	0	0
	5	3823	88695	0	0
中国造纸学会	0	0	0	0	0
	0	0	0	0	0
中国文物保护技术协会	0	0	0	0	0
	—	—	—	—	—
中国印刷技术协会	2	18000	355000	1	2000
	0	0	0	0	0
中国材料研究学会	4	14716	81824	4	12000
	0	0	0	0	0
中国食品科学技术学会	2	38500	374210	0	0
	2	8760	39383	0	0
中国粮油学会	5	19598	345989	0	0
	2	250	3200	0	0
中国职业安全健康协会	0	0	0	0	0
	1	1333	7500	0	0
中国烟草学会	1	7200	15000	1	400
	2	72437	118859	0	0
中国仿真学会	0	0	0	0	0
	0	0	0	0	0
中国电影电视技术学会	0	0	0	0	0
	0	0	0	0	0
中国振动工程学会	0	0	0	0	0
	2	1247	2812	0	0
中国颗粒学会	0	0	0	0	0
	1	467	4500	0	0

续表 66

学会	主办科普微信公众号（个）	关注数（个）	全年阅读量（次）	主办科普微博（个）	关注数（个）
中国照明学会	0	0	0	0	0
	3	3073	22628	0	0
中国动力工程学会	1	1755	17860	0	0
	0	0	0	0	0
中国惯性技术学会	1	4729	18000	0	0
	1	292	2000	0	0
中国风景园林学会	0	0	0	0	0
	4	8756	105337	0	0
中国电源学会	1	18350	310020	1	1500
	0	0	0	0	0
中国复合材料学会	0	0	0	0	0
	0	0	0	0	0
中国消防协会	1	20996	100000	0	0
	7	88925	1561967	1	32000
中国图象图形学学会	1	7729	230499	0	0
	0	0	0	0	0
中国人工智能学会	7	159562	782119	4	8300
	4	8472	144976	1	13
中国体视学学会	1	1785	34652	0	0
	0	0	0	0	0
中国工程机械学会	0	0	0	0	0
	—	—	—	—	—
中国海洋工程咨询协会	0	0	0	0	0
	—	—	—	—	—
中国遥感应用协会	1	912	9342	0	0
	—	—	—	—	—
中国指挥与控制学会	1	105261	4492574	0	0
	—	—	—	—	—
中国光学工程学会	4	48148	982777	1	22049
	1	1320	5000	0	0
中国微米纳米技术学会	1	7342	177449	1	3440
	—	—	—	—	—
中国密码学会	0	0	0	0	0
	—	—	—	—	—
中国大坝工程学会	1	14834	380000	1	200
	—	—	—	—	—
中国卫星导航定位协会	0	0	0	0	0
	—	—	—	—	—

续表 67

学 会	主办科普微信公众号（个）	关注数（个）	全年阅读量（次）	主办科普微博（个）	关注数（个）
中国生物材料学会	1	5767	103000	0	0
	1	69	20	0	0
国际粉体检测与控制联合会	2	2617	42094	0	0
	—	—	—	—	—
全国农科学会小计	**28**	**231080**	**2520020**	**2**	**1117**
省级农科学会小计	**48**	**117450**	**8109626**	**4**	**965**
中国农学会	1	69000	280000	0	0
	5	10648	48725	0	0
中国林学会	1	344	9974	0	0
	12	18618	172715	1	260
中国土壤学会	0	0	0	0	0
	0	0	0	0	0
中国水产学会	0	0	0	0	0
	1	310	3422	0	0
中国园艺学会	6	14324	60612	0	0
	1	200	260	0	0
中国畜牧兽医学会	6	12566	97887	0	0
	9	17461	181021	0	0
中国植物病理学会	0	0	0	0	0
	0	0	0	0	0
中国植物保护学会	1	21151	176310	0	0
	0	0	0	0	0
中国作物学会	11	20799	360930	1	500
	0	0	0	0	0
中国热带作物学会	0	0	0	0	0
	0	0	0	0	0
中国蚕学会	0	0	0	0	0
	0	0	0	0	0
中国水土保持学会	0	0	0	0	0
	1	237	66683	0	0
中国茶叶学会	1	91590	1523461	1	617
	5	12171	133429	0	1
中国草学会	1	1306	10846	0	0
	2	72437	118859	0	0
中国植物营养与肥料学会	0	0	0	0	0
	0	0	0	0	0

续表 68

学 会	主办科普微信公众号（个）	关注数（个）	全年阅读量（次）	主办科普微博（个）	关注数（个）
中国农业历史学会	0	0	0	0	0
	0	0	0	0	0
全国医科学会小计	**52**	**1396260**	**11553996**	**12**	**1281461**
省级医科学会小计	**253**	**5016695**	**69535027**	**52**	**367211**
中华医学会	1	3116	22132	0	0
	0	0	0	0	0
中华中医药学会	2	8137	57857	0	0
	—	—	—	—	—
中国中西医结合学会	3	54062	58019	1	15489
	14	87976	412584	0	0
中国药学会	1	79490	741000	1	533077
	29	295040	5537091	3	3406
中华护理学会	0	0	0	0	0
	—	—	—	—	—
中国生理学会	1	733	29931	0	0
	2	6596	20993	0	0
中国解剖学会	1	63936	268316	3	115267
	1	71	2938	0	0
中国生物医学工程学会	1	13271	115910	0	0
	3	1492	7464	0	0
中国病理生理学会	5	9724	305509	0	0
	1	480	11000	0	0
中国营养学会	1	264037	1636171	1	55000
	20	536761	40479821	4	213102
中国药理学会	4	13112	176760	0	0
	4	34756	147310	2	111300
中国针灸学会	0	0	0	0	0
	5	21131	176753	0	0
中国防痨协会	1	101497	122236	0	0
	6	436049	678204	11	5057
中国麻风防治协会	1	299	1116	1	38173
	0	0	0	0	0
中国心理卫生协会	0	0	0	0	0
	4	7829	95587	0	0

续表 69

学　　会	主办科普微信公众号（个）	关注数（个）	全年阅读量（次）	主办科普微博（个）	关注数（个）
中国抗癌协会	1	109893	2630737	0	0
	12	51255	379894	1	2000
中国体育科学学会	5	37058	90093	2	500000
	4	3010	43695	0	0
中国毒理学会	1	9592	49636	0	0
	3	1967	24420	0	0
中国康复医学会	13	142847	2502325	0	0
	3	10559	124869	1	4
中国免疫学会	1	13961	50289	0	0
	3	2267	17003	0	0
中华预防医学会	3	182244	1522844	0	0
	—	—	—	—	—
中国法医学会	0	0	0	0	0
	1	307	293	0	0
中华口腔医学会	1	185185	303167	1	21346
	—	—	—	—	—
中国医学救援协会	1	1962	6687	0	0
	—	—	—	—	—
中国女医师协会	0	0	0	0	0
	0	0	0	0	0
中国研究型医院学会	2	3148	230000	0	0
	0	0	0	0	0
中国睡眠研究会	1	28921	483261	2	3109
	1	1241	64522	0	0
中国卒中学会	1	70035	150000	0	0
	3	16258	50576	0	0
全国交叉学科学会小计	**59**	**2373692**	**589887326**	**11**	**592389**
省级其他学科学会小计	**147**	**2165822**	**41684840**	**36**	**3077925**
中国自然辩证法研究会	0	0	0	0	0
	0	0	0	1	200
中国管理现代化研究会	0	0	0	0	0
	0	0	0	0	0
中国技术经济学会	1	787	23181	0	0
	0	0	0	0	0
中国现场统计研究会	0	0	0	0	0
	0	0	0	0	0

续表 70

学 会	主办科普微信公众号（个）	关注数（个）	全年阅读量（次）	主办科普微博（个）	关注数（个）
中国未来研究会	0	0	0	0	0
	1	120	390	0	0
中国科学技术史学会	0	0	0	0	0
	1	206	22000	1	994000
中国科学技术情报学会	0	0	0	0	0
	0	0	0	0	0
中国图书馆学会	1	87793	398646	0	0
	6	79224	6384028	0	0
中国城市科学研究会	11	22508	325292	0	0
	1	2	2	0	0
中国科学学与科技政策研究会	1	5674	128326	0	0
	0	0	0	0	0
中国农村专业技术协会	1	10690	58000	0	0
	7	110639	352600	0	0
中国工业设计协会	0	0	0	0	0
	0	0	0	0	0
中国工艺美术学会	0	0	0	0	0
	1	3127	60716	0	0
中国科普作家协会	1	9801	578692	1	35000
	5	3775	153181	2	110700
中国自然科学博物馆协会	0	0	0	0	0
	1	36	851	0	0
中国可持续发展研究会	1	1035	5060	0	0
	0	0	0	0	0
中国青少年科技辅导员协会	3	93410	755946	1	867
	1	70	71	0	0
中国科教电影电视协会	0	0	0	0	0
	0	0	0	0	0
中国科学技术期刊编辑学会	2	1485170	580366140	0	0
	1	1757	57961	0	0
中国流行色协会	4	82349	411250	1	39483
	—	—	—	—	—
中国档案学会	1	5182	65509	0	0
	0	0	0	0	0
中国国土经济学会	3	3938	29855	1	400000
	—	—	—	—	—
中国土地学会	1	7763	156325	0	0
	9	9264	91225	0	0

续表 71

学 会	主办科普微信公众号（个）	关注数（个）	全年阅读量（次）	主办科普微博（个）	关注数（个）
中国科技新闻学会	1	1453	17570	1	1453
	4	1257923	16390269	1	3500
中国老科学技术工作者协会	1	5023	225000	0	0
	2	1541	23350	1	60
中国科学探险协会	1	1666	3000	0	0
	—	—	—	—	—
中国城市规划学会	14	479380	6046765	5	115200
	2	835	6201	0	0
中国产学研合作促进会	2	7185	76303	1	386
	0	0	0	0	0
中国知识产权研究会	0	0	0	0	0
	0	0	0	0	0
中国发明协会	1	7000	30000	0	0
	0	0	0	0	0
中国工程教育专业认证协会	0	0	0	0	0
	—	—	—	—	—
中国检验检疫学会	0	0	0	0	0
	0	0	0	0	0
中国女科技工作者协会	0	0	0	0	0
	0	0	0	0	0
中国创造学会	1	590	9359	0	0
	1	500	500	0	0
中国经济科技开发国际交流协会	1	190	102	0	0
	—	—	—	—	—
中国高科技产业化研究会	1	745	955	0	0
	—	—	—	—	—
中国微量元素科学研究会	0	0	0	0	0
	1	620	3000	2	230
中国国际经济技术合作促进会	—	—	—	—	—
	—	—	—	—	—
中国基本建设优化研究会	2	6856	25950	0	0
	—	—	—	—	—
中国科技馆发展基金会	0	0	0	0	0
	—	—	—	—	—
中国生物多样性保护与绿色发展基金会	2	46527	10100	0	0
	—	—	—	—	—
中国反邪教协会	1	977	140000	0	0
	6	189848	13211386	1	19796

七、科技决策咨询

2020 年各全国学会、省级同名学会科技决策咨询情况

学 会	开展科技评估（项）	举办决策咨询活动			组织政协科协界委员协商或调研活动（次）	组织政策解读活动（次）	组织参与立法咨询（次）
		次 数（次）	#接受媒体采访或发表声明（次）	参加活动专家数（人次）			
全国学会合计	**2368**	**791**	**149**	**12509**	**79**	**190**	**100**
省级同名学会合计	**6165**	**2833**	**497**	**31895**	**421**	**1010**	**207**
全国理科学会小计	**74**	**53**	**13**	**480**	**2**	**2**	**8**
省级理科学会小计	**679**	**362**	**88**	**2987**	**57**	**81**	**29**
中国数学学会	0	0	0	0	0	0	0
	0	0	0	0	0	0	0
中国物理学会	0	0	0	0	0	0	0
	3	5	2	27	0	1	0
中国力学学会	0	0	0	0	0	0	1
	5	40	0	150	2	10	0
中国光学学会	3	3	1	22	0	0	0
	1	5	1	98	1	4	0
中国声学学会	0	0	0	0	0	0	0
	2	0	0	0	0	0	0
中国化学会	0	2	1	35	1	0	0
	25	38	2	238	3	2	0
中国天文学会	0	0	0	0	0	0	0
	7	4	3	332	0	2	0
中国气象学会	8	0	0	0	1	0	0
	23	59	19	263	4	6	6
中国空间科学学会	0	0	0	0	0	0	0
	—	—	—	—	—	—	—
中国地质学会	0	0	0	0	0	0	0
	235	20	5	370	0	7	2
中国地理学会	0	5	0	45	0	1	1
	42	8	0	75	2	3	3
中国地球物理学会	3	0	0	0	0	0	0
	2	0	0	0	0	0	0
中国矿物岩石地球化学学会	0	0	0	0	0	0	0
	0	1	1	5	0	0	0
中国古生物学会	0	0	0	0	0	0	0
	1	0	0	0	1	0	1
中国海洋湖沼学会	9	0	0	0	0	0	1
	6	1	0	3	0	0	1

续表 1

学 会	开展科技评估（项）	举办决策咨询活动		参加活动专家数（人次）	组织政协科协界委员协商或调研活动（次）	组织政策解读活动（次）	组织参与立法咨询（次）
		次 数（次）	#接受媒体采访或发表声明（次）				
中国海洋学会	9	0	0	0	0	0	0
	0	0	0	0	0	0	1
中国地震学会	1	0	0	0	0	0	0
	1	2	1	62	0	1	1
中国动物学会	1	1	1	6	0	0	2
	63	34	9	116	1	1	3
中国植物学会	0	0	0	0	0	0	0
	8	9	1	31	2	1	2
中国昆虫学会	0	0	0	0	0	0	0
	45	7	0	30	0	0	0
中国微生物学会	0	0	0	0	0	0	0
	1	4	2	65	2	1	0
中国生物化学与分子生物学会	0	0	0	0	0	0	0
	0	5	0	10	0	0	0
中国细胞生物学学会	3	17	10	104	0	0	0
	42	5	2	108	12	3	3
中国植物生理与植物分子生物学学会	0	2	0	64	0	0	0
	0	0	0	0	0	0	0
中国生物物理学会	0	3	0	33	0	1	0
	1	0	0	0	0	0	0
中国遗传学会	0	0	0	0	0	0	0
	32	20	15	233	6	3	1
中国心理学会	0	0	0	0	0	0	0
	3	24	12	95	8	3	0
中国生态学学会	1	18	0	152	0	0	3
	2	2	1	33	4	0	0
中国环境科学学会	0	0	0	0	0	0	0
	154	54	0	612	5	20	7
中国自然资源学会	0	0	0	0	0	0	0
	7	10	0	20	3	2	0
中国感光学会	0	0	0	0	0	0	0
	—	—	—	—	—	—	—
中国优选法统筹法与经济数学研究会	2	1	0	9	0	0	0
	0	0	0	0	0	0	0
中国岩石力学与工程学会	33	0	0	0	0	0	0
	1	9	1	130	1	1	1

续表 2

学 会	开展科技评估（项）	举办决策咨询活动			组织政协科协界委员协商或调研活动（次）	组织政策解读活动（次）	组织参与立法咨询（次）
		次 数（次）	#接受媒体采访或发表声 明（次）	参加活动专家数（人次）			
中国野生动物保护协会	0	0	0	0	0	0	0
	6	8	4	15	0	2	1
中国系统工程学会	0	0	0	0	0	0	0
	12	5	1	27	0	7	0
中国实验动物学会	0	0	0	0	0	0	0
	24	0	0	67	0	0	0
中国青藏高原研究会	1	0	0	0	0	0	0
	—					—	—
中国环境诱变剂学会	0	0	0	0	0	0	0
	0	0	0	0	0	0	0
中国运筹学会	0	1	0	10	0	0	0
	0	0	0	0	1	0	0
中国菌物学会	0	0	0	0	0	0	0
	0	0	0	0	0	0	0
中国晶体学会	0	0	0	0	0	0	0
	—					—	—
中国神经科学学会	0	0	0	0	0	0	0
	0	0	0	0	0	0	0
中国认知科学学会	0	0	0	0	0	0	0
	0	0	0	0	0	0	0
中国微循环学会	0	0	0	0	0	0	0
	3	2	0	3	0	0	0
国际数字地球协会	0	0	0	0	0	0	0
	—	—				—	—
国际动物学会	0	0	0	0	0	0	0
	63	34	9	116	1	1	3
全国工科学会小计	**1854**	**456**	**56**	**8350**	**35**	**85**	**42**
省级工科学会小计	**3118**	**894**	**71**	**8532**	**163**	**289**	**32**
中国机械工程学会	63	9	2	215	0	0	0
	264	76	13	960	4	22	0
中国汽车工程学会	6	6	0	380	0	0	0
	27	7	1	108	0	3	0
中国农业机械学会	0	0	0	0	0	2	0
	30	18	4	229	0	5	1
中国农业工程学会	4	0	0	0	0	0	0
	7	0	0	0	0	1	0

续表 3

学会	开展科技评估（项）	举办决策咨询活动			组织政协科协界委员协商或调研活动（次）	组织政策解读活动（次）	组织参与立法咨询（次）
		次数（次）	#接受媒体采访或发表声明（次）	参加活动专家数（人次）			
中国电机工程学会	260	9	2	52	0	1	1
	88	22	0	367	0	1	2
中国电工技术学会	58	3	1	15	0	4	0
	12	0	0	25	0	22	0
中国水力发电工程学会	45	0	0	0	0	0	4
	5	4	0	44	1	1	1
中国水利学会	77	40	5	666	0	10	2
	92	13	0	338	1	0	1
中国内燃机学会	9	2	0	35	0	0	0
	2	2	2	17	0	0	0
中国工程热物理学会	1	2	0	55	0	0	0
	0	1	1	5	0	0	0
中国空气动力学会	0	0	0	0	0	0	0
	—	—	—	—	—	—	—
中国制冷学会	6	0	0	0	0	0	0
	14	12	4	60	0	0	0
中国真空学会	0	0	0	0	0	0	0
	4	0	0	21	0	0	0
中国自动化学会	42	27	0	62	1	0	1
	25	35	2	208	3	2	0
中国仪器仪表学会	41	21	4	276	0	3	3
	9	34	2	196	0	0	0
中国计量测试学会	9	0	0	0	0	0	0
	22	0	0	0	1	0	0
中国标准化协会	2	0	0	0	0	0	0
	20	1	0	41	0	0	0
中国图学学会	0	0	0	0	0	0	0
	4	2	0	29	0	2	0
中国电子学会	92	30	3	559	1	6	5
	35	25	3	107	4	2	0
中国计算机学会	0	0	0	0	0	0	0
	32	15	2	308	12	9	2
中国通信学会	11	5	4	460	1	2	1
	19	8	0	118	0	0	0

续表 4

学 会	开展科技评估（项）	举办决策咨询活动			组织政协科协界委员协商或调研活动（次）	组织政策解读活动（次）	组织参与立法咨询（次）
		次数（次）	#接受媒体采访或发表声明（次）	参加活动专家数（人次）			
中国中文信息学会	0	0	0	0	0	0	0
	0	0	0	0	0	0	0
中国测绘学会	0	0	0	0	0	0	0
	17	1	0	59	0	1	2
中国造船工程学会	25	15	0	22	0	0	0
	5	5	0	35	4	4	0
中国航海学会	105	14	1	146	13	10	1
	46	16	0	306	0	3	0
中国铁道学会	6	0	0	0	0	0	0
	7	3	2	23	0	0	0
中国公路学会	245	11	0	200	0	5	1
	144	23	0	822	1	20	6
中国航空学会	49	7	1	14	0	0	0
	7	16	3	87	2	0	0
中国宇航学会	0	2	1	60	0	0	0
	1	0	0	0	0	0	0
中国兵工学会	0	20	0	235	0	0	0
	1	3	1	17	1	2	0
中国金属学会	42	3	0	30	0	0	0
	80	35	1	328	0	9	1
中国有色金属学会	0	0	0	0	0	0	0
	3	5	1	5	0	2	1
中国稀土学会	8	8	3	57	0	0	0
	0	0	0	0	0	0	0
中国腐蚀与防护学会	12	0	0	156	0	0	0
	3	8	0	15	8	16	0
中国化工学会	72	23	2	275	6	5	2
	53	27	1	298	5	4	0
中国核学会	0	0	0	0	0	0	0
	2	0	0	0	0	0	0
中国石油学会	12	1	0	9	0	0	0
	15	1	1	158	0	2	0
中国煤炭学会	3	5	1	4	6	5	1
	26	0	0	0	0	3	0
中国可再生能源学会	9	0	0	0	0	0	0
	1	1	0	4	0	0	1

续表 5

学 会	开展科技评估（项）	举办决策咨询活动			组织政协科协界委员协商或调研活动（次）	组织政策解读活动（次）	组织参与立法咨询（次）
		次数（次）	#接受媒体采访或发表声明（次）	参加活动专家数（人次）			
中国能源研究会	4	3	0	30	0	0	1
	1	4	0	16	0	1	1
中国硅酸盐学会	54	14	0	281	0	2	0
	23	5	1	49	0	3	0
中国建筑学会	1	10	2	120	0	3	1
	869	220	2	726	75	8	0
中国土木工程学会	0	0	0	0	0	0	0
	130	0	0	0	0	0	0
中国生物工程学会	0	0	0	0	0	0	0
	0	0	0	0	0	0	0
中国纺织工程学会	4	60	0	180	0	3	0
	20	13	1	55	2	15	6
中国造纸学会	0	0	0	0	0	0	0
	11	6	0	38	2	2	0
中国文物保护技术协会	68	2	0	10	0	0	0
	—	—	—	—	—	—	—
中国印刷技术协会	0	4	0	70	0	2	2
	0	0	0	0	0	0	0
中国材料研究学会	18	20	1	365	0	2	0
	7	0	0	0	0	0	0
中国食品科学技术学会	13	2	1	40	0	0	0
	16	5	3	130	1	0	0
中国粮油学会	15	2	2	12	5	0	0
	0	0	0	0	0	0	0
中国职业安全健康协会	87	19	1	605	0	0	0
	0	0	0	0	0	0	0
中国烟草学会	0	0	0	0	0	0	0
	9	22	0	104	1	5	2
中国仿真学会	0	0	0	0	0	0	0
	0	0	0	0	0	0	0
中国电影电视技术学会	67	0	0	0	0	0	0
	4	0	0	0	0	0	0
中国振动工程学会	0	0	0	0	0	0	0
	394	18	0	48	0	0	0
中国颗粒学会	0	0	0	0	0	0	0
	2	2	0	7	0	0	0

续表 6

学 会	开展科技评估（项）	举办决策咨询活动		参加活动专家数（人次）	组织政协科协界委员协商或调研活动（次）	组织政策解读活动（次）	组织参与立法咨询（次）
		次 数（次）	#接受媒体采访或发表声明（次）				
中国照明学会	0	0	0	0	0	0	0
	5	4	0	42	1	1	0
中国动力工程学会	0	0	0	0	0	0	0
	0	0	0	0	0	0	0
中国惯性技术学会	1	0	0	0	0	0	0
	0	0	0	0	0	0	0
中国风景园林学会	0	0	0	0	0	0	0
	69	2	0	205	0	2	1
中国电源学会	1	0	0	0	0	0	0
	0	0	0	0	2	0	0
中国复合材料学会	0	0	0	0	0	0	0
	0	5	1	64	0	0	0
中国消防协会	0	0	0	0	0	0	0
	12	2	0	30	0	3	0
中国图象图形学学会	2	0	0	0	0	0	0
	2	0	0	0	0	0	0
中国人工智能学会	56	3	0	10	0	1	0
	13	12	3	137	1	5	1
中国体视学学会	0	0	0	0	0	0	0
	0	0	0	0	0	0	0
中国工程机械学会	0	0	0	0	0	0	0
	—	—	—	—	—	—	—
中国海洋工程咨询协会	0	0	0	0	0	0	0
	—	—	—	—	—	—	—
中国遥感应用协会	3	0	0	0	0	0	0
	—	—	—	—	—	—	—
中国指挥与控制学会	3	3	0	100	0	1	0
	—	—	—	—	—	—	—
中国光学工程学会	9	1	0	39	0	1	0
	1	2	0	12	0	0	0
中国微米纳米技术学会	0	6	0	674	0	0	0
	—	—	—	—	—	—	—
中国密码学会	2	0	0	0	0	3	0
	—	—	—	—	—	—	—
中国大坝工程学会	32	20	4	305	0	2	12
	—	—	—	—	—	—	—
中国卫星导航定位协会	35	20	15	800	2	12	4
	—	—	—	—	—	—	—

续表 7

学 会	开展科技评估（项）	举办决策咨询活动			组织政协科协界委员协商或调研活动（次）	组织政策解读活动（次）	组织参与立法咨询（次）
		次数（次）	#接受媒体采访或发表声明（次）	参加活动专家数（人次）			
中国生物材料学会	53	1	0	710	0	0	0
	0	0	0	0	0	0	0
国际粉体检测与控制联合会	12	3	0	16	0	0	0
	—	—	—	—	—	—	—
全国农科学会小计	256	104	43	1082	5	10	13
省级农科学会小计	675	374	89	2603	44	137	65
中国农学会	71	8	3	218	0	3	3
	149	12	1	654	1	6	2
中国林学会	103	15	0	80	0	0	1
	149	14	2	595	8	6	2
中国土壤学会	1	0	0	0	0	0	2
	8	9	4	42	3	2	2
中国水产学会	14	2	0	98	0	0	2
	30	8	1	108	0	11	0
中国园艺学会	15	19	11	120	4	3	1
	29	14	6	80	1	7	0
中国畜牧兽医学会	1	5	1	37	0	1	3
	48	12	2	174	3	6	1
中国植物病理学会	0	0	0	0	0	0	0
	0	0	0	0	0	0	0
中国植物保护学会	0	1	0	25	0	0	0
	1	4	0	18	0	1	1
中国作物学会	40	51	28	459	1	3	1
	166	127	43	165	2	39	40
中国热带作物学会	1	0	0	0	0	0	0
	0	0	0	0	0	0	0
中国蚕学会	2	0	0	0	0	0	0
	0	0	0	0	0	0	0
中国水土保持学会	0	0	0	0	0	0	0
	6	3	0	8	6	6	3
中国茶叶学会	6	3	0	45	0	0	0
	5	7	1	34	1	6	5
中国草学会	2	0	0	0	0	0	0
	9	22	0	104	1	5	2
中国植物营养与肥料学会	0	0	0	0	0	0	0
	1	14	5	20	1	1	0

续表 8

学 会	开展科技评估（项）	举办决策咨询活动			组织政协科协界委员协商或调研活动（次）	组织政策解读活动（次）	组织参与立法咨询（次）
		次数（次）	#接受媒体采访或发表声明（次）	参加活动专家数（人次）			
中国农业历史学会	0	0	0	0	0	0	0
	0	0	0	0	0	0	0
全国医科学会小计	**19**	**36**	**0**	**1441**	**14**	**14**	**14**
省级医科学会小计	**443**	**418**	**136**	**12895**	**42**	**197**	**33**
中华医学会	0	4	0	135	0	0	0
	0	0	0	0	0	0	0
中华中医药学会	0	0	0	0	0	0	0
	—	—	—	—	—	—	—
中国中西医结合学会	0	0	0	0	0	0	0
	3	14	0	62	0	4	0
中国药学会	4	14	0	916	3	5	5
	43	43	8	408	11	41	5
中华护理学会	0	0	0	0	0	0	0
	—	—	—	—	—	—	—
中国生理学会	0	0	0	0	0	0	0
	1	3	0	19	0	0	0
中国解剖学会	0	0	0	0	0	0	0
	3	3	0	20	2	1	1
中国生物医学工程学会	0	0	0	0	0	0	2
	10	3	0	53	1	1	0
中国病理生理学会	3	4	0	17	8	7	7
	0	0	0	0	0	0	0
中国营养学会	0	2	0	32	0	0	0
	11	12	3	38	0	6	0
中国药理学会	0	0	0	0	0	0	0
	4	8	0	42	0	2	1
中国针灸学会	0	1	0	12	3	0	0
	2	3	0	600	0	1	0
中国防痨协会	5	2	0	60	0	0	0
	4	3	0	63	2	0	0
中国麻风防治协会	0	0	0	0	0	0	0
	0	0	0	0	0	0	0
中国心理卫生协会	0	0	0	0	0	0	0
	0	0	0	0	0	11	0

续表 9

学 会	开展科技评估（项）	举办决策咨询活动		参加活动专家数（人次）	组织政协科协界委员协商或调研活动（次）	组织政策解读活动（次）	组织参与立法咨询（次）
		次 数（次）	#接受媒体采访或发表声明（次）				
中国抗癌协会	0	0	0	0	0	0	0
	2	4	3	18	1	1	1
中国体育科学学会	6	2	0	20	0	0	0
	2	3	1	15	0	0	1
中国毒理学会	1	2	0	10	0	0	0
	3	1	0	35	0	0	0
中国康复医学会	0	0	0	0	0	0	0
	0	0	0	0	0	0	0
中国免疫学会	0	0	0	0	0	0	0
	15	0	0	0	0	0	1
中华预防医学会	0	3	0	50	0	0	0
	—	—	—	—	—	—	—
中国法医学会	0	0	0	0	0	0	0
	0	1	0	10	0	0	0
中华口腔医学会	0	2	0	189	0	0	0
	—	—	—	—	—	—	—
中国医学救援协会	0	0	0	0	0	0	0
	—	—	—	—	—	—	—
中国女医师协会	0	0	0	0	0	2	0
	0	0	0	0	0	0	0
中国研究型医院学会	0	0	0	0	0	0	0
	1	1	1	300	1	1	1
中国睡眠研究会	0	0	0	0	0	0	0
	0	0	0	0	0	0	0
中国卒中学会	0	0	0	0	0	0	0
	5	7	0	202	0	1	0
全国交叉学科学会小计	**165**	**142**	**37**	**1156**	**23**	**79**	**23**
省级其他学科学会小计	**1250**	**785**	**113**	**4878**	**115**	**306**	**48**
中国自然辩证法研究会	0	0	0	0	0	0	0
	23	18	6	45	0	6	1
中国管理现代化研究会	0	3	2	4	0	0	0
	3	1	0	17	0	0	0
中国技术经济学会	49	66	24	169	0	9	1
	0	0	0	0	0	0	0
中国现场统计研究会	0	0	0	0	0	0	0
	6	2	0	26	2	2	0

续表 10

学会	开展科技评估（项）	举办决策咨询活动			组织政协科协界委员协商或调研活动（次）	组织政策解读活动（次）	组织参与立法咨询（次）
		次数（次）	#接受媒体采访或发表声明（次）	参加活动专家数（人次）			
中国未来研究会	0	1	0	20	0	0	0
	2	1	0	10	0	0	0
中国科学技术史学会	0	0	0	0	0	0	0
	0	1	0	12	1	1	0
中国科学技术情报学会	0	5	0	30	0	0	0
	109	14	0	25	2	11	1
中国图书馆学会	0	0	0	0	0	0	1
	1	15	1	40	2	4	3
中国城市科学研究会	2	0	0	0	0	0	0
	0	2	0	51	0	0	0
中国科学学与科技政策研究会	36	2	0	200	1	1	13
	0	0	0	0	0	0	0
中国农村专业技术协会	0	19	1	20	0	1	1
	7	48	5	404	3	10	1
中国工业设计协会	0	0	0	0	0	0	0
	0	0	0	0	0	0	0
中国工艺美术学会	0	2	0	2	0	0	1
	2	2	0	58	13	1	0
中国科普作家协会	0	0	0	0	1	0	0
	0	0	0	0	1	1	2
中国自然科学博物馆协会	0	0	0	0	0	0	0
	0	4	0	8	0	0	0
中国可持续发展研究会	0	0	0	0	0	0	0
	4	14	1	106	1	7	0
中国青少年科技辅导员协会	0	0	0	0	0	0	0
	0	0	0	0	0	0	0
中国科教电影电视协会	0	0	0	0	0	2	0
	0	0	0	0	0	0	0
中国科学技术期刊编辑学会	0	0	0	0	0	0	0
	1	1	0	170	1	1	1
中国流行色协会	0	0	0	0	0	0	0
	—	—	—	—	—	—	—
中国档案学会	0	0	0	0	0	0	0
	0	0	0	0	0	0	1
中国国土经济学会	0	9	0	184	0	5	0
	—	—	—	—	—	—	—
中国土地学会	0	0	0	0	0	0	0
	3	1	0	6	1	4	1

续表 11

学会	开展科技评估（项）	举办决策咨询活动			组织政协科协界委员协商或调研活动（次）	组织政策解读活动（次）	组织参与立法咨询（次）
		次数（次）	#接受媒体采访或发表声明（次）	参加活动专家数（人次）			
中国科技新闻学会	0	0	0	0	0	0	0
	0	0	0	0	0	0	0
中国老科学技术工作者协会	0	4	0	28	0	0	0
	2	14	0	601	0	8	2
中国科学探险协会	0	0	0	0	0	0	0
	—	—	—	—	—	—	—
中国城市规划学会	14	18	4	252	0	43	1
	0	3	0	155	0	0	0
中国产学研合作促进会	0	0	0	0	17	0	0
	0	0	0	0	0	0	0
中国知识产权研究会	0	0	0	0	0	5	1
	2	28	0	7	3	35	1
中国发明协会	1	0	0	0	0	0	1
	0	0	0	0	0	0	0
中国工程教育专业认证协会	0	0	0	0	0	0	0
	—	—	—	—	—	—	—
中国检验检疫学会	5	5	0	50	0	0	0
	0	0	0	0	0	0	0
中国女科技工作者协会	0	0	0	0	3	0	0
	0	0	0	0	0	0	0
中国创造学会	0	0	0	0	0	0	0
	0	0	0	0	0	0	0
中国经济科技开发国际交流协会	0	0	0	0	0	0	0
	—	—	—	—	—	—	—
中国高科技产业化研究会	58	6	6	186	0	13	0
	—	—	—	—	—	—	—
中国微量元素科学研究会	0	0	0	0	0	0	0
	30	23	20	69	3	7	1
中国国际经济技术合作促进会	—	—	—	—	—	—	—
	—	—	—	—	—	—	—
中国基本建设优化研究会	0	2	0	11	0	0	0
	—	—	—	—	—	—	—
中国科技馆发展基金会	0	0	0	0	0	0	0
	—	—	—	—	—	—	—
中国生物多样性保护与绿色发展基金会	0	0	0	0	1	0	3
	—	—	—	—	—	—	—
中国反邪教协会	0	0	0	0	0	0	0
	0	0	0	0	0	0	0

续表 12

学 会	反映科技工作者建议（篇）	#获上级领导批示科技工作者建议篇数（篇）	#获上级领导批示条数（条）	答复人大政协代表（委员）提案数（件）	提供决策咨询报告篇数（篇）	#获上级领导批示决策咨询报告篇数（篇）	#获上级领导批示条数（条）
全国学会合计	883	105	92	161	1013	223	117
省级同名学会合计	1965	556	369	83	1883	523	236
全国理科学会小计	174	24	14	1	82	42	2
省级理科学会小计	167	59	23	5	230	67	28
中国数学会	0	0	0	0	0	0	0
	0	0	0	0	0	0	0
中国物理学会	2	0	0	0	1	0	0
	10	1	0	0	4	3	0
中国力学学会	3	1	0	0	0	0	0
	5	0	0	0	1	0	0
中国光学学会	3	3	3	0	2	2	0
	3	0	0	0	2	1	0
中国声学学会	0	0	0	0	1	0	0
	1	0	0	0	0	0	0
中国化学会	0	0	0	0	1	0	0
	23	0	0	1	6	2	0
中国天文学会	0	0	0	0	0	0	0
	0	0	0	1	1	0	0
中国气象学会	0	0	0	0	8	2	2
	26	11	1	0	55	4	1
中国空间科学学会	1	0	0	0	1	0	0
	—	—	—	—	—	—	—
中国地质学会	0	0	0	0	0	0	0
	13	4	5	1	11	4	1
中国地理学会	4	2	0	0	0	0	0
	12	0	0	0	24	13	5
中国地球物理学会	0	0	0	0	0	0	0
	0	0	0	0	1	0	0
中国矿物岩石地球化学学会	0	0	0	0	0	0	0
	1	0	0	0	0	0	0
中国古生物学会	0	0	0	0	0	0	0
	1	1	0	0	1	0	0
中国海洋湖沼学会	0	0	0	0	0	0	0
	5	2	0	0	5	2	0

续表 13

学会	反映科技工作者建议（篇）	#获上级领导批示科技工作者建议篇数（篇）	#获上级领导批示条数（条）	答复人大政协代表（委员）提案数（件）	提交决策咨询报告篇数（篇）	#获上级领导批示决策咨询报告篇数（篇）	#获上级领导批示条数（条）
中国海洋学会	0	0	0	0	0	0	0
	0	0	0	0	0	0	0
中国地震学会	0	0	0	0	0	0	0
	2	0	0	0	1	0	0
中国动物学会	1	1	0	0	2	0	0
	5	0	0	0	13	2	1
中国植物学会	1	0	0	0	0	0	0
	8	6	0	0	2	2	0
中国昆虫学会	0	0	0	0	0	0	0
	0	0	0	0	1	0	0
中国微生物学会	0	0	0	0	0	0	0
	25	16	8	0	38	20	11
中国生物化学与分子生物学会	0	0	0	0	0	0	0
	4	0	0	0	1	0	0
中国细胞生物学学会	12	0	0	0	3	0	0
	7	0	0	3	3	1	1
中国植物生理与植物分子生物学学会	0	0	0	0	1	0	0
	0	0	0	0	0	0	0
中国生物物理学会	0	0	0	0	3	2	0
	0	0	0	0	2	2	0
中国遗传学会	0	0	0	0	1	0	0
	5	2	0	0	1	1	1
中国心理学会	0	0	0	1	0	0	0
	5	4	3	2	13	7	5
中国生态学学会	12	4	0	0	15	6	0
	1	1	1	0	1	1	1
中国环境科学学会	0	0	0	0	0	0	0
	6	4	4	1	13	3	1
中国自然资源学会	5	1	1	0	2	0	0
	3	2	1	0	4	3	1
中国感光学会	2	2	0	0	0	0	0
	—	—	—	—	—	—	—
中国优选法统筹法与经济数学研究会	0	0	0	0	11	9	0
	0	0	0	0	0	0	0
中国岩石力学与工程学会	0	0	0	0	8	0	0
	7	1	0	0	21	3	2

续表 14

学　会	反映科技工作者建议（篇）	#获上级领导批示科技工作者建议篇数（篇）	#获上级领导批示条数（条）	答复人大政协代表（委员）提案数（件）	提供决策咨询报告篇数（篇）	#获上级领导批示决策咨询报告篇数（篇）	#获上级领导批示条数（条）
中国野生动物保护协会	6	0	0	0	0	0	0
	0	0	0	0	0	0	0
中国系统工程学会	122	10	10	0	21	21	0
	6	0	0	0	8	0	1
中国实验动物学会	0	0	0	0	1	0	0
	2	0	0	0	1	0	0
中国青藏高原研究会	0	0	0	0	0	0	0
	—	—	—	—	—	—	—
中国环境诱变剂学会	0	0	0	0	0	0	0
	0	0	0	0	1	1	0
中国运筹学会	0	0	0	0	0	0	0
	0	0	0	0	0	0	0
中国菌物学会	0	0	0	0	0	0	0
	0	0	0	0	0	0	0
中国晶体学会	0	0	0	0	0	0	0
	—	—	—	—	—	—	—
中国神经科学学会	0	0	0	0	0	0	0
	0	0	0	0	0	0	0
中国认知科学学会	0	0	0	0	0	0	0
	0	0	0	0	0	0	0
中国微循环学会	0	0	0	0	0	0	0
	0	0	0	0	0	0	0
国际数字地球协会	0	0	0	0	0	0	0
	—	—	—	—	—	—	—
国际动物学会	0	0	0	0	0	0	0
	5	0	0	0	13	2	1
全国工科学会小计	483	27	23	151	413	57	25
省级工科学会小计	494	140	32	23	650	168	52
中国机械工程学会	4	0	2	0	10	0	1
	10	1	1	0	13	3	0
中国汽车工程学会	0	0	0	0	16	0	0
	6	1	0	0	4	1	1
中国农业机械学会	0	0	0	0	0	0	0
	24	16	0	0	11	0	0
中国农业工程学会	0	0	0	0	0	0	0
	2	0	0	0	4	0	0

续表 15

学　会	反映科技工作者建议（篇）	#获上级领导批示科技工作者建议篇数（篇）	#获上级领导批示条数（条）	答复人大政协代表（委员）提案数（件）	提供决策咨询报告篇数（篇）	#获上级领导批示决策咨询报告篇数（篇）	#获上级领导批示条数（条）
中国电机工程学会	1	0	0	0	3	0	0
	2	0	0	0	5	1	0
中国电工技术学会	11	0	0	0	0	0	0
	0	0	0	0	1	0	0
中国水力发电工程学会	0	0	0	0	0	0	0
	0	0	0	0	4	0	0
中国水利学会	4	1	2	148	48	26	2
	6	0	3	0	3	2	0
中国内燃机学会	0	0	0	0	0	0	0
	0	0	0	0	0	0	0
中国工程热物理学会	1	0	0	0	1	0	0
	0	0	0	0	0	0	0
中国空气动力学会	0	0	0	0	0	0	0
	—	—	—	—	—	—	—
中国制冷学会	0	0	0	0	1	1	0
	1	0	0	0	1	0	0
中国真空学会	0	0	0	0	0	0	0
	1	0	0	0	0	0	0
中国自动化学会	316	10	10	0	3	2	0
	23	0	0	1	2	2	0
中国仪器仪表学会	3	2	0	0	11	0	0
	2	0	0	0	3	0	0
中国计量测试学会	0	0	0	0	0	0	0
	0	0	0	0	0	0	0
中国标准化协会	0	0	0	0	0	0	0
	0	0	0	0	1	0	0
中国图学学会	0	0	0	0	1	0	0
	0	0	0	0	0	0	0
中国电子学会	13	1	0	0	43	9	1
	3	0	0	0	14	1	0
中国计算机学会	0	0	0	0	0	0	0
	12	1	2	0	4	3	3
中国通信学会	8	1	1	0	18	0	0
	4	3	0	0	7	1	0

续表 16

学会	反映科技工作者建议(篇)	#获上级领导批示科技工作者建议篇数(篇)	#获上级领导批示条数(条)	答复人大政协代表(委员)提案数(件)	提供决策咨询报告篇数(篇)	#获上级领导批示决策咨询报告篇数(篇)	#获上级领导批示条数(条)
中国中文信息学会	0	0	0	0	0	0	0
	0	0	0	0	2	0	0
中国测绘学会	0	0	0	0	0	0	0
	14	6	2	1	8	4	3
中国造船工程学会	0	0	0	0	2	0	0
	4	1	0	0	3	0	0
中国航海学会	0	0	0	1	5	0	0
	19	3	0	0	17	7	0
中国铁道学会	0	0	0	0	0	0	0
	26	7	2	0	6	3	2
中国公路学会	18	0	0	0	7	0	0
	14	2	1	0	234	8	0
中国航空学会	1	1	0	0	5	1	0
	2	1	1	1	4	4	1
中国宇航学会	25	0	0	0	1	1	1
	3	0	0	0	1	0	0
中国兵工学会	7	5	5	0	9	2	2
	1	0	0	0	2	0	0
中国金属学会	1	0	0	0	7	0	0
	24	2	0	0	23	3	1
中国有色金属学会	0	0	0	0	0	0	0
	0	0	0	0	0	0	0
中国稀土学会	0	0	0	0	7	7	7
	0	0	0	0	0	0	0
中国腐蚀与防护学会	0	0	0	0	0	0	0
	3	3	2	8	3	1	0
中国化工学会	5	4	2	2	3	0	0
	21	3	2	0	5	2	0
中国核学会	0	0	0	0	0	0	0
	1	0	0	0	0	0	0
中国石油学会	0	0	0	0	0	0	0
	3	0	0	0	10	0	7
中国煤炭学会	1	0	0	0	3	0	0
	5	3	1	1	4	1	1
中国可再生能源学会	0	0	0	0	0	0	0
	0	0	0	0	1	0	0

续表 17

学 会	反映科技工作者建议（篇）	#获上级领导批示科技工作者建议篇数（篇）	#获上级领导批示条数（条）	答复人大政协代表（委员）提案数（件）	提决咨报篇（篇）	供策询告数（篇）	#获上级领导批示决策咨询报告篇数（篇）	#获上级领导批示条数（条）
中国能源研究会	3	0	0	0	3		0	0
	6	0	0	0	3		2	0
中国硅酸盐学会	11	0	0	0	2		0	0
	6	1	1	0	4		1	0
中国建筑学会	3	0	0	0	10		0	0
	5	2	1	0	3		0	0
中国土木工程学会	0	0	0	0	0		0	0
	1	1	0	0	0		0	0
中国生物工程学会	0	0	0	0	0		0	0
	1	0	0	0	0		0	0
中国纺织工程学会	3	0	0	0	4		0	0
	6	3	3	0	5		3	3
中国造纸学会	0	0	0	0	0		0	0
	1	0	0	0	1		0	0
中国文物保护技术协会	0	0	0	0	63		0	0
	—	—	—	—	—		—	—
中国印刷技术协会	0	0	0	0	3		0	0
	0	0	0	0	0		0	0
中国材料研究学会	6	1	0	0	8		1	1
	0	0	0	0	0		0	0
中国食品科学技术学会	32	0	0	0	72		0	0
	0	0	0	0	2		2	0
中国粮油学会	0	0	0	0	0		0	0
	0	0	0	0	0		0	0
中国职业安全健康协会	0	0	0	0	0		0	0
	0	0	0	0	0		0	0
中国烟草学会	0	0	0	0	0		0	0
	14	6	4	0	56		5	3
中国仿真学会	0	0	0	0	0		0	0
	0	0	0	0	0		0	0
中国电影电视技术学会	0	0	0	0	0		0	0
	0	0	0	0	0		0	0
中国振动工程学会	0	0	0	0	0		0	0
	0	0	0	0	0		0	0
中国颗粒学会	0	0	0	0	0		0	0
	2	0	0	0	3		0	0

续表 18

学 会	反映科技工作者建议(篇)	#获上级领导批示科技工作者建议篇数(篇)	#获上级领导批示条数(条)	答复人大政协代表(委员)提案数(件)	提供决策咨询报告篇数(篇)	#获上级领导批示决策咨询报告篇数(篇)	#获上级领导批示条数(条)
中国照明学会	0	0	0	0	0	0	0
	7	3	1	0	1	1	1
中国动力工程学会	0	0	0	0	0	0	0
	0	0	0	0	0	0	0
中国惯性技术学会	0	0	0	0	4	4	4
	0	0	0	0	0	0	0
中国风景园林学会	0	0	0	0	0	0	0
	3	1	0	0	10	0	0
中国电源学会	0	0	0	0	0	0	0
	0	0	0	0	0	0	0
中国复合材料学会	0	0	0	0	0	0	0
	1	0	0	0	0	0	0
中国消防协会	0	0	0	0	0	0	0
	0	0	0	0	0	0	0
中国图象图形学学会	0	0	0	0	0	0	0
	0	0	0	0	0	0	0
中国人工智能学会	6	1	1	0	11	1	5
	1	0	0	6	6	4	4
中国体视学学会	0	0	0	0	1	1	0
	0	0	0	0	0	0	0
中国工程机械学会	0	0	0	0	0	0	0
	—	—	—	—	—	—	—
中国海洋工程咨询协会	0	0	0	0	0	0	0
	—	—	—	—	—	—	—
中国遥感应用协会	0	0	0	0	24	1	1
	—	—	—	—	—	—	—
中国指挥与控制学会	0	0	0	0	0	0	0
	—	—	—	—	—	—	—
中国光学工程学会	0	0	0	0	0	0	0
	2	0	0	0	1	0	0
中国微米纳米技术学会	0	0	0	0	0	0	0
	—	—	—	—	—	—	—
中国密码学会	0	0	0	0	0	0	0
	—	—	—	—	—	—	—
中国大坝工程学会	0	0	0	0	2	0	0
	—	—	—	—	—	—	—
中国卫星导航定位协会	0	0	0	0	2	0	0
	—	—	—	—	—	—	—

续表 19

学 会	反映科技工作者建议（篇）	#获上级领导批示科技工作者建议篇数（篇）	#获上级领导批示条数（条）	答复人大政协代表（委员）提案数（件）	提供决策咨询报告数（篇）	#获上级领导批示决策咨询报告篇数（篇）	#获上级领导批示条数（条）
中国生物材料学会	0	0	0	0	0	0	0
	0	0	0	0	0	0	0
国际粉体检测与控制联合会	0	0	0	0	0	0	0
	—	—	—	—	—	—	—
全国农科学会小计	**24**	**1**	**0**	**2**	**73**	**19**	**13**
省级农科学会小计	216	31	23	17	284	46	29
中国农学会	18	0	0	0	12	0	0
	52	3	3	1	25	7	5
中国林学会	0	0	0	0	13	8	8
	40	2	1	0	11	0	0
中国土壤学会	0	0	0	0	1	1	0
	7	3	4	2	8	4	5
中国水产学会	2	0	0	0	1	0	0
	4	1	0	3	15	12	4
中国园艺学会	1	1	0	2	9	2	0
	1	0	0	0	4	1	0
中国畜牧兽医学会	1	0	0	0	0	0	0
	7	2	2	2	19	4	3
中国植物病理学会	0	0	0	0	0	0	0
	0	0	0	0	0	0	0
中国植物保护学会	1	0	0	0	0	0	0
	8	2	0	0	1	1	0
中国作物学会	1	0	0	0	36	8	5
	7	1	0	1	9	6	0
中国热带作物学会	0	0	0	0	0	0	0
	0	0	0	0	0	0	0
中国蚕学会	0	0	0	0	0	0	0
	0	0	0	0	1	0	0
中国水土保持学会	0	0	0	0	0	0	0
	3	0	2	2	1	0	0
中国茶叶学会	0	0	0	0	1	0	0
	2	1	1	0	0	0	0
中国草学会	0	0	0	0	0	0	0
	14	6	4	0	56	5	3
中国植物营养与肥料学会	0	0	0	0	0	0	0
	0	0	0	0	1	1	0

续表 20

学 会	反映科技工作者建议（篇）	#获上级领导批示科技工作者建议篇数（篇）	#获上级领导批示条数（条）	答复人大政协代表（委员）提案数（件）	提供决策咨询报告篇数（篇）	#获上级领导批示决策咨询报告篇数（篇）	#获上级领导批示条数（条）
中国农业历史学会	0	0	0	0	0	0	0
	0	0	0	0	0	0	0
全国医科学会小计	60	3	6	7	139	28	12
省级医科学会小计	359	98	83	28	150	38	18
中华医学会	0	0	0	0	0	0	0
	0	0	0	0	0	0	0
中华中医药学会	0	0	0	0	0	0	0
	—	—	—	—	—	—	—
中国中西医结合学会	0	0	0	0	0	0	0
	49	2	0	1	1	0	0
中国药学会	8	0	0	0	33	0	0
	11	1	1	2	12	2	0
中华护理学会	0	0	0	0	0	0	0
	—	—	—	—	—	—	—
中国生理学会	0	0	0	0	0	0	0
	1	0	0	0	3	0	0
中国解剖学会	0	0	0	0	0	0	0
	9	3	0	0	1	0	0
中国生物医学工程学会	0	0	0	0	0	0	0
	6	1	0	0	0	0	0
中国病理生理学会	36	1	1	1	0	0	0
	0	0	0	0	0	0	0
中国营养学会	0	0	0	3	1	0	0
	10	2	1	0	24	3	0
中国药理学会	0	0	0	0	0	0	0
	29	25	3	1	4	2	2
中国针灸学会	0	0	0	0	1	0	0
	16	1	0	0	11	0	0
中国防痨协会	0	0	0	0	3	0	0
	7	4	0	1	6	2	0
中国麻风防治协会	0	0	0	0	0	0	0
	0	0	0	0	1	0	0
中国心理卫生协会	0	0	0	0	0	0	0
	0	0	0	0	0	0	0

续表 21

学　会	反映科技工作者建议（篇）	#获上级领导批示科技工作者建议篇数（篇）	#获上级领导批示条数（条）	答复人大政协代表（委员）提案数（件）	提决咨报篇（篇）	供策询告数	#获上级领导批示决策咨询报告篇数（篇）	#获上级领导批示条数（条）
中国抗癌协会	0	0	0	0	0		0	0
	6	1	1	2	7		4	2
中国体育科学学会	10	0	5	3	98		28	12
	2	1	1	0	4		1	1
中国毒理学会	4	0	0	0	0		0	0
	0	0	0	0	0		0	0
中国康复医学会	0	0	0	0	0		0	0
	0	0	0	0	0		0	0
中国免疫学会	0	0	0	0	1		0	0
	7	0	0	0	0		0	0
中华预防医学会	2	2	0	0	0		0	0
	—	—	—	—	—		—	—
中国法医学会	0	0	0	0	0		0	0
	0	0	0	0	0		0	0
中华口腔医学会	0	0	0	0	2		0	0
	—	—	—	—	—		—	—
中国医学救援协会	0	0	0	0	0		0	0
	—	—	—	—	—		—	—
中国女医师协会	0	0	0	0	0		0	0
	0	0	0	0	0		0	0
中国研究型医院学会	0	0	0	0	0		0	0
	1	1	1	0	1		1	1
中国睡眠研究会	0	0	0	0	0		0	0
	0	0	0	0	0		0	0
中国卒中学会	0	0	0	0	0		0	0
	0	0	0	0	0		0	0
全国交叉学科学会小计	**142**	**50**	**49**	**0**	**306**		**77**	**65**
省级其他学科学会小计	**729**	**228**	**208**	**10**	**569**		**204**	**109**
中国自然辩证法研究会	0	0	0	0	0		0	0
	22	1	0	0	16		7	5
中国管理现代化研究会	0	0	0	0	10		10	0
	1	0	0	0	0		0	0
中国技术经济学会	65	43	43	0	100		46	46
	0	0	0	0	0		0	0
中国现场统计研究会	0	0	0	0	0		0	0
	6	0	0	0	0		0	0

续表 22

学 会	反映科技工作者建议（篇）	#获上级领导批示科技工作者建议篇数（篇）	#获上级领导批示条数（条）	答复人大政协代表（委员）提案数（件）	提供决策咨询报告数（篇）	#获上级领导批示决策咨询报告篇数（篇）	#获上级领导批示条数（条）
中国未来研究会	0	0	0	0	0	0	0
	0	0	0	0	1	1	0
中国科学技术史学会	0	0	0	0	0	0	0
	1	0	0	0	1	1	0
中国科学技术情报学会	0	0	0	0	1	0	0
	7	0	0	0	150	71	16
中国图书馆学会	0	0	0	0	0	0	0
	0	0	0	1	2	0	0
中国城市科学研究会	0	0	0	0	13	13	13
	2	0	0	0	0	0	0
中国科学学与科技政策研究会	16	1	0	0	30	0	0
	0	0	0	0	0	0	0
中国农村专业技术协会	3	0	0	0	1	0	0
	50	2	0	2	7	0	0
中国工业设计协会	0	0	0	0	0	0	0
	1	1	0	0	0	0	0
中国工艺美术学会	0	0	0	0	0	0	0
	59	17	17	0	0	0	0
中国科普作家协会	2	2	2	0	3	2	0
	4	0	0	1	1	0	0
中国自然科学博物馆协会	0	0	0	0	0	0	0
	0	0	0	0	0	0	0
中国可持续发展研究会	0	0	0	0	0	0	0
	1	0	1	1	8	1	3
中国青少年科技辅导员协会	1	0	0	0	0	0	0
	0	0	0	0	0	0	0
中国科教电影电视协会	0	0	0	0	0	0	0
	0	0	0	0	0	0	0
中国科学技术期刊编辑学会	0	0	0	0	0	0	0
	11	0	0	0	8	0	0
中国流行色协会	0	0	0	0	0	0	0
	—	—	—	—	—	—	—
中国档案学会	0	0	0	0	0	0	0
	0	0	0	1	5	0	0
中国国土经济学会	0	0	0	0	14	0	0
	—	—	—	—	—	—	—
中国土地学会	0	0	0	0	0	0	0
	7	3	1	0	2	1	0

续表 23

学 会	反映科技工作者建议（篇）	#获上级领导批示科技工作者建议篇数（篇）	#获上级领导批示条数（条）	答复人大政协代表（委员）提案数（件）	提决咨报篇（篇）	供策询告数	#获上级领导批示决策咨询报告篇数（篇）	#获上级领导批示条数（条）
中国科技新闻学会	0	0	0	0	0		0	0
	0	0	0	0	0		0	0
中国老科学技术工作者协会	0	0	0	0	15		2	2
	131	16	1	0	15		10	3
中国科学探险协会	0	0	0	0	0		0	0
	—	—	—	—	—		—	—
中国城市规划学会	45	4	4	0	55		4	4
	0	0	0	0	3		0	0
中国产学研合作促进会	0	0	0	0	0		0	0
	0	0	0	0	0		0	0
中国知识产权研究会	0	0	0	0	63		0	0
	0	0	0	0	2		1	1
中国发明协会	10	0	0	0	0		0	0
	0	0	0	0	0		0	0
中国工程教育专业认证协会	0	0	0	0	0		0	0
	—	—	—	—	—		—	—
中国检验检疫学会	0	0	0	0	0		0	0
	0	0	0	0	0		0	0
中国女科技工作者协会	0	0	0	0	0		0	0
	2	2	2	0	11		3	3
中国创造学会	0	0	0	0	0		0	0
	0	0	0	0	0		0	0
中国经济科技开发国际交流协会	0	0	0	0	0		0	0
	—	—	—	—	—		—	—
中国高科技产业化研究会	0	0	0	0	1		0	0
	—	—	—	—	—		—	—
中国微量元素科学研究会	0	0	0	0	0		0	0
	3	1	0	0	0		0	0
中国国际经济技术合作促进会	—	—	—	—	—		—	—
中国基本建设优化研究会	0	0	0	0	0		0	0
中国科技馆发展基金会	0	0	0	0	0		0	0
中国生物多样性保护与绿色发展基金会	0	0	0	0	0		0	0
	—	—	—	—	—		—	—
中国反邪教协会	0	0	0	0	0		0	0
	0	0	0	0	1		0	0

续表 24

学 会	发表论文、文章等（篇）	# 发布政策解读文章（篇）	出版科技决策咨询类图书（种）	印刷量（册）
全国学会合计	**6368**	**388**	**43**	**308504**
省级同名学会合计	**19611**	**417**	**179**	**158015**
全国理科学会小计	**18**	**7**	**3**	**3**
省级理科学会小计	**5726**	**60**	**22**	**28652**
中国数学会	0	0	0	0
	400	0	0	0
中国物理学会	0	0	0	0
	212	0	0	0
中国力学学会	0	0	0	0
	41	0	0	0
中国光学学会	0	0	0	0
	144	0	0	0
中国声学学会	0	0	0	0
	0	0	0	0
中国化学会	0	0	0	0
	248	2	6	8000
中国天文学会	0	0	0	0
	37	2	0	0
中国气象学会	0	0	3	3
	269	13	0	0
中国空间科学学会	0	0	0	0
	—	—	—	—
中国地质学会	0	0	0	0
	43	0	1	650
中国地理学会	0	0	0	0
	632	0	0	0
中国地球物理学会	0	0	0	0
	2	0	0	0
中国矿物岩石地球化学学会	0	0	0	0
	776	0	0	0
中国古生物学会	0	0	0	0
	40	0	0	0
中国海洋湖沼学会	0	0	0	0
	5	1	0	0

续表 25

学　会	发表论文、文章等（篇）	# 发布政策解读文章（篇）	出版科技决策咨询类图书（种）	印刷量（册）
中国海洋学会	0	0	0	0
	0	0	0	0
中国地震学会	0	0	0	0
	397	0	0	0
中国动物学会	0	0	0	0
	158	0	1	100
中国植物学会	0	0	0	0
	105	0	0	0
中国昆虫学会	0	0	0	0
	259	0	0	0
中国微生物学会	0	0	0	0
	210	18	1	9000
中国生物化学与分子生物学会	0	0	0	0
	150	0	0	0
中国细胞生物学学会	0	0	0	0
	58	2	0	0
中国植物生理与植物分子生物学学会	0	0	0	0
	0	0	0	0
中国生物物理学会	0	0	0	0
	0	0	0	0
中国遗传学会	0	0	0	0
	257	0	1	2
中国心理学会	0	0	0	0
	440	3	1	3000
中国生态学学会	0	0	0	0
	0	0	0	0
中国环境科学学会	0	0	0	0
	74	4	0	0
中国自然资源学会	0	0	0	0
	0	0	0	0
中国感光学会	0	0	0	0
	—	—	—	—
中国优选法统筹法与经济数学研究会	7	7	0	0
	0	0	0	0
中国岩石力学与工程学会	0	0	0	0
	208	15	18	10000

续表 26

学 会	发表论文、文章等（篇）	# 发布政策解读文章（篇）	出版科技决策咨询类图 书（种）	印刷量（册）
中国野生动物保护协会	0	0	0	0
	0	0	0	0
中国系统工程学会	0	0	0	0
	75	5	3	500
中国实验动物学会	0	0	0	0
	28	0	1	100
中国青藏高原研究会	10	0	0	0
	—	—	—	—
中国环境诱变剂学会	0	0	0	0
	125	2	0	0
中国运筹学会	0	0	0	0
	265	0	5	3500
中国菌物学会	0	0	0	0
	0	0	0	0
中国晶体学会	0	0	0	0
	—	—	—	—
中国神经科学学会	1	0	0	0
	1130	0	0	0
中国认知科学学会	0	0	0	0
	0	0	0	0
中国微循环学会	0	0	0	0
	50	0	0	0
国际数字地球协会	0	0	0	0
	—	—	—	—
国际动物学会	0	0	0	0
	158	0	1	100
全国工科学会小计	3745	68	22	231401
省级工科学会小计	3303	116	84	56341
中国机械工程学会	1	0	2	8000
	93	8	2	5000
中国汽车工程学会	0	0	0	0
	1	0	1	2000
中国农业机械学会	0	0	0	0
	138	0	0	0
中国农业工程学会	0	0	0	0
	9	0	0	0

续表 27

学 会	发表论文、文章等（篇）	# 发布政策解读文章（篇）	出版科技决策咨询类图书（种）	印刷量（册）
中国电机工程学会	3	0	2	3500
	0	0	0	0
中国电工技术学会	0	0	0	0
	1	0	0	0
中国水力发电工程学会	2	2	0	0
	0	0	0	0
中国水利学会	199	0	2	184000
	89	0	0	0
中国内燃机学会	0	0	0	0
	30	0	0	0
中国工程热物理学会	0	0	0	0
	0	0	0	0
中国空气动力学会	0	0	0	0
	—	—	—	—
中国制冷学会	0	0	0	0
	50	0	0	0
中国真空学会	0	0	0	0
	0	0	0	0
中国自动化学会	33	2	1	2000
	176	2	6	8000
中国仪器仪表学会	585	25	1	2000
	0	0	0	0
中国计量测试学会	0	0	0	0
	0	0	0	0
中国标准化协会	0	0	0	0
	11	0	2	2000
中国图学学会	0	0	0	0
	15	0	0	0
中国电子学会	799	13	0	0
	31	0	0	0
中国计算机学会	0	0	0	0
	1	0	0	0
中国通信学会	1	0	1	1000
	51	0	1	2000

续表 28

学　会	发表论文、文章等（篇）	# 发布政策解读文章（篇）	出版科技决策咨询类图书（种）	印刷量（册）
中国中文信息学会	0	0	0	0
	10	0	0	0
中国测绘学会	0	0	1	3000
	41	1	1	500
中国造船工程学会	8	4	0	0
	4	2	0	0
中国航海学会	19	0	0	0
	12	4	2	480
中国铁道学会	0	0	0	0
	29	0	1	4000
中国公路学会	1	1	1	300
	322	0	36	7960
中国航空学会	0	0	0	0
	15	0	0	0
中国宇航学会	0	0	2	600
	0	0	0	0
中国兵工学会	0	0	0	0
	0	0	0	0
中国金属学会	0	0	0	0
	297	9	0	0
中国有色金属学会	0	0	0	0
	0	0	0	0
中国稀土学会	0	0	0	0
	0	0	0	0
中国腐蚀与防护学会	17	0	1	1
	5	3	16	240
中国化工学会	307	4	1	20000
	321	0	1	6000
中国核学会	0	0	0	0
	25	0	0	0
中国石油学会	0	0	0	0
	150	2	0	0
中国煤炭学会	2	1	0	0
	0	0	4	1400
中国可再生能源学会	0	0	0	0
	0	0	0	0

续表 29

学 会	发表论文、文章等（篇）	# 发布政策解读文章（篇）	出版科技决策咨询类图书（种）	印刷量（册）
中国能源研究会	0	0	0	0
	4	2	0	0
中国硅酸盐学会	631	3	0	0
	15	8	1	60
中国建筑学会	0	0	0	0
	85	2	2	2650
中国土木工程学会	0	0	0	0
	0	0	0	0
中国生物工程学会	0	0	0	0
	146	0	1	9000
中国纺织工程学会	0	0	0	0
	125	0	0	0
中国造纸学会	0	0	0	0
	83	7	0	0
中国文物保护技术协会	0	0	0	0
	—	—	—	—
中国印刷技术协会	25	9	0	0
	0	0	0	0
中国材料研究学会	1067	0	0	0
	0	0	0	0
中国食品科学技术学会	0	0	1	2000
	2	0	0	0
中国粮油学会	0	0	0	0
	0	0	0	0
中国职业安全健康协会	0	0	0	0
	0	0	0	0
中国烟草学会	0	0	0	0
	166	19	1	50
中国仿真学会	0	0	0	0
	0	0	0	0
中国电影电视技术学会	0	0	0	0
	0	0	0	0
中国振动工程学会	0	0	0	0
	15	0	0	0
中国颗粒学会	0	0	0	0
	0	0	0	0

续表 30

学 会	发表论文、文章等（篇）	# 发布政策解读文章（篇）	出版科技决策咨询类图 书（种）	印刷量（册）
中国照明学会	0	0	0	0
	29	0	0	0
中国动力工程学会	0	0	0	0
	0	0	0	0
中国惯性技术学会	0	0	0	0
	0	0	0	0
中国风景园林学会	0	0	0	0
	0	0	0	0
中国电源学会	0	0	0	0
	0	0	0	0
中国复合材料学会	0	0	0	0
	0	0	0	0
中国消防协会	0	0	0	0
	11	0	0	0
中国图象图形学学会	16	0	0	0
	0	0	0	0
中国人工智能学会	5	1	0	0
	2	0	0	0
中国体视学学会	0	0	0	0
	0	0	0	0
中国工程机械学会	0	0	0	0
	—	—	—	—
中国海洋工程咨询协会	0	0	0	0
	—	—	—	—
中国遥感应用协会	2	0	0	0
	—	—	—	—
中国指挥与控制学会	0	0	0	0
	—	—	—	—
中国光学工程学会	0	0	0	0
	10	0	0	0
中国微米纳米技术学会	0	0	0	0
	—	—	—	—
中国密码学会	0	0	0	0
	—	—	—	—
中国大坝工程学会	10	0	0	0
	—	—	—	—
中国卫星导航定位协会	12	3	6	5000
	—	—	—	—

续表 31

学 会	发表论文、文章等（篇）	＃ 发布政策解读文章（篇）	出版科技决策咨询类图 书（种）	印刷量（册）
中国生物材料学会	0	0	0	0
	10	0	0	0
国际粉体检测与控制联合会	0	0	0	0
	—	—	—	—
全国农科学会小计	992	8	3	2500
省级农科学会小计	3275	51	26	37391
中国农学会	0	0	0	0
	531	24	3	3001
中国林学会	22	1	2	2000
	72	0	1	80
中国土壤学会	0	0	0	0
	244	4	2	2500
中国水产学会	0	0	1	500
	57	2	4	8001
中国园艺学会	951	6	0	0
	67	0	7	1550
中国畜牧兽医学会	0	0	0	0
	399	5	0	0
中国植物病理学会	0	0	0	0
	400	0	0	0
中国植物保护学会	0	0	0	0
	217	2	1	260
中国作物学会	19	1	0	0
	540	3	0	0
中国热带作物学会	0	0	0	0
	1	0	0	0
中国蚕学会	0	0	0	0
	0	0	0	0
中国水土保持学会	0	0	0	0
	15	2	0	0
中国茶叶学会	0	0	0	0
	8	0	0	0
中国草学会	0	0	0	0
	166	19	1	50
中国植物营养与肥料学会	0	0	0	0
	0	0	0	0

续表 32

学 会	发表论文、文章等（篇）	# 发布政策解读文章（篇）	出版科技决策咨询类图书（种）	印刷量（册）
中国农业历史学会	0	0	0	0
	0	0	0	0
全国医科学会小计	**99**	**35**	**11**	**57200**
省级医科学会小计	**5744**	**58**	**21**	**13030**
中华医学会	0	0	0	0
	0	0	0	0
中华中医药学会	0	0	0	0
	—	—	—	—
中国中西医结合学会	0	0	0	0
	5	0	0	0
中国药学会	4	0	6	7200
	16	13	0	0
中华护理学会	0	0	0	0
	—	—	—	—
中国生理学会	0	0	0	0
	20	0	0	0
中国解剖学会	0	0	0	0
	115	0	10	480
中国生物医学工程学会	0	0	0	0
	0	0	0	0
中国病理生理学会	46	0	0	0
	0	0	0	0
中国营养学会	1	0	0	0
	108	1	0	0
中国药理学会	0	0	0	0
	2205	0	0	0
中国针灸学会	0	0	0	0
	150	0	3	5000
中国防痨协会	0	0	0	0
	59	0	0	0
中国麻风防治协会	0	0	0	0
	19	0	1	2300
中国心理卫生协会	0	0	0	0
	1	0	0	0

续表 33

学 会	发表论文、文章等（篇）	# 发布政策解读文章（篇）	出版科技决策咨询类图书（种）	印刷量（册）
中国抗癌协会	0	0	0	0
	31	0	0	0
中国体育科学学会	47	35	5	50000
	9	0	1	500
中国毒理学会	0	0	0	0
	0	0	0	0
中国康复医学会	0	0	0	0
	0	0	0	0
中国免疫学会	0	0	0	0
	613	0	0	0
中华预防医学会	1	0	0	0
	—	—	—	—
中国法医学会	0	0	0	0
	0	0	0	0
中华口腔医学会	0	0	0	0
	—	—	—	—
中国医学救援协会	0	0	0	0
	—	—	—	—
中国女医师协会	0	0	0	0
	0	0	0	0
中国研究型医院学会	0	0	0	0
	1	1	0	0
中国睡眠研究会	0	0	0	0
	0	0	0	0
中国卒中学会	0	0	0	0
	255	4	0	0
全国交叉学科学会小计	**1514**	**270**	**4**	**17400**
省级其他学科学会小计	**1563**	**132**	**26**	**22601**
中国自然辩证法研究会	0	0	0	0
	217	12	0	0
中国管理现代化研究会	0	0	0	0
	0	0	0	0
中国技术经济学会	488	10	3	3000
	0	0	0	0
中国现场统计研究会	0	0	0	0
	32	0	0	0

续表 34

学　会	发表论文、文章等（篇）	＃发布政策解读文章（篇）	出版科技决策咨询类图　书（种）	印刷量（册）
中国未来研究会	0	0	0	0
	3	3	1	100
中国科学技术史学会	0	0	0	0
	43	3	0	0
中国科学技术情报学会	0	0	0	0
	51	2	6	2400
中国图书馆学会	0	0	0	0
	2	0	0	0
中国城市科学研究会	0	0	0	0
	1	0	0	0
中国科学学与科技政策研究会	0	0	0	0
	0	0	0	0
中国农村专业技术协会	24	2	0	0
	0	0	0	0
中国工业设计协会	0	0	0	0
	0	0	0	0
中国工艺美术学会	0	0	0	0
	0	0	0	0
中国科普作家协会	0	0	0	0
	23	1	0	0
中国自然科学博物馆协会	0	0	0	0
	0	0	0	0
中国可持续发展研究会	0	0	0	0
	32	4	0	0
中国青少年科技辅导员协会	0	0	0	0
	0	0	0	0
中国科教电影电视协会	0	0	0	0
	0	0	0	0
中国科学技术期刊编辑学会	0	0	0	0
	0	0	0	0
中国流行色协会	0	0	0	0
	—	—	—	—
中国档案学会	0	0	0	0
	30	0	0	0
中国国土经济学会	30	3	1	14400
	—	—	—	—
中国土地学会	0	0	0	0
	14	0	1	600

续表 35

学　会	发表论文、文章等（篇）	# 发布政策解读文章（篇）	出版科技决策咨询类图书（种）	印刷量（册）
中国科技新闻学会	0	0	0	0
	0	0	0	0
中国老科学技术工作者协会	8	0	0	0
	1	0	1	1000
中国科学探险协会	0	0	0	0
	—	—	—	—
中国城市规划学会	774	120	0	0
	0	0	0	0
中国产学研合作促进会	190	135	0	0
	0	0	0	0
中国知识产权研究会	0	0	0	0
	28	7	0	0
中国发明协会	0	0	0	0
	0	0	0	0
中国工程教育专业认证协会	0	0	0	0
	—	—	—	—
中国检验检疫学会	0	0	0	0
	0	0	0	0
中国女科技工作者协会	0	0	0	0
	11	11	0	0
中国创造学会	0	0	0	0
	0	0	0	0
中国经济科技开发国际交流协会	0	0	0	0
	—	—	—	—
中国高科技产业化研究会	0	0	0	0
	—	—	—	—
中国微量元素科学研究会	0	0	0	0
	27	0	1	3000
中国国际经济技术合作促进会	—	—	—	—
	—	—	—	—
中国基本建设优化研究会	0	0	0	0
	—	—	—	—
中国科技馆发展基金会	0	0	0	0
	—	—	—	—
中国生物多样性保护与绿色发展基金会	0	0	0	0
	—	—	—	—
中国反邪教协会	0	0	0	0
	0	0	0	0

主要指标解释

中国科协基层组织 各级科协在科技工作者集中的企业、事业单位，高等院校，有条件的乡镇（街道）、村（社区）、农村等建立的科学技术协会（科学技术普及协会）等。主要包括企业科协、高校科协、乡镇（街道）科协、村（社区）科协、农技协等。

企业（园区）科协 截至 2020 年 12 月 31 日，各级科协批复由企业（园区）成立的科协基层组织，以及在民政部门登记、经各级科协正式审批接纳的在国家和各级地方政府批准成立的自主创新示范区、经济技术开发区和高新技术产业开发区等企业密集区域和众创空间等新经济组织内建立的科协组织。

企业（园区）科协个人会员 截至 2020 年 12 月 31 日，企业（园区）建立的科学技术协会（科学技术普及协会）发展的个人会员。

高校科协 截至 2020 年 12 月 31 日，各级科协批复由高等院校成立的科协基层组织。

高校科协个人会员 截至 2020 年 12 月 31 日，高等院校建立的科学技术协会（科学技术普及协会）发展的个人会员（取得本协会会员资格的人员）。

乡镇（街道）科协 截至 2020 年 12 月 31 日，在乡镇、街道设立的科学技术协会（科学技术普及协会）等。

乡镇（街道）科协个人会员 截至 2020 年 12 月 31 日，乡镇、街道建立的科学技术协会（科学技术普及协会）发展的个人会员（取得本协会会员资格的人员）。

农村（社区）科协 截至 2020 年 12 月 31 日，在村、社区一级设立的科学技术协会（科学技术普及协会）等。

农村（社区）科协个人会员 截至 2020 年 12 月 31 日，村、社区一级建立的科学技术协会（科学技术普及协会）发展的个人会员（取得本协会会员资格的人员）。

农技协 截至 2020 年 12 月 31 日，经各级科协正式审批接纳或登记备案的农村专业技术协会及各类农村专业技术研究会（农研会）等。

农技协个人会员 截至 2020 年 12 月 31 日，农技协发展的个人会员（取得本协会会员资格的人员），其中，农村一户计为一个农技协个人会员。

本级科协代表大会人数 截至 2020 年 12 月 31 日，本届本级科协代表大会的代表人数。

委员会委员人数 截至 2020 年 12 月 31 日，本届本级科协代表大会委员会委员的人数。

常务委员会委员人数 截至 2020 年 12 月 31 日，本届本级科协代表大会常务委员会委员的人数。

从业人员平均人数 2020 年度平均拥有的从业人员数。

本级科协部门经费总收入 2020 年度本级科协部门经费总收入，包括科协本级经费总收入和直属单位经费总收入。

本级科协部门经费总支出 2020 年度本级科协部门经费总支出，包括科协本级经费总收入和直属单位经费总支出。

上级补助收入 2020 年度上一级科协以项目资助或委托等形式拨付的经费。

事业收入 2020 年度本部门开展业务活动及其辅助活动取得的收入，包括科研经费、技术收入、学术活动收入、科普活动收入和试制产品收入等。

经营收入 2020 年度本部门在专业业务活动及辅助活动之外开展的非独立核算的生产经营活动取得的收入，包括产品销售收入、经营服务收入、工程承包收入、租赁收入和其他经营收入等。

其他收入 2020 年度本单位经费筹集总额中除上述收入外的所有收入。

学会分支结构 学会按机构管理要求设置的常设专业委员会、工作委员会、分会和专项基金管理委员会等。

学会团体（单位）会员 截至 2020 年 12 月 31 日，在学会注册登记，通过无条件提供经费、志愿服务、物品等方式积极支持本学会事业发展的个人会员或单位会员。

理事会理事 截至 2020 年 12 月 31 日，经会员代表大会选举产生的学会理事。

常务理事 截至 2020 年 12 月 31 日，经学会会员代表大会或理事会选举产生的常务理事。

学会个人会员 截至 2020 年 12 月 31 日，在学会注册登记，并取得会员资格的人员（包括外籍会员）。

高级（资深）会员 截至 2020 年 12 月 31 日，符合学会章程所规定的高级会员或资深会员标准的会员。如果章程中无此项规定，则按具备高级专业技术资格的会员数填报。

交纳年度会费会员 截至 2020 年 12 月 31 日，在学会登记注册，并取得本学会会员资格并按年长期缴纳会费的人员。

学会个人会员中党员人数 截至 2020 年 12 月 31 日，在学会登记注册，并取得本学会会员资格的中共党员。

从业人员平均人数 2020 年度平均拥有的从业人员数。

举办各类思想政治教育培训班及活动 2020 年度本单位主办或牵头组织的以传播党的政治理论观点、路线方针政策、科学学风道德为主要内容，增强科技工作者对党的政治认同、思想认同、理论认同和情感认同的各类培训及活动，包括科协党校主题教育培训、科学道德与学风建设宣讲培训及活动等，不包括日常业务培训及活动等。

科协党校主题教育培训班 2020 年度本单位组织或牵头组织的，以学习习近平新时代中国特色社会主义思想，学习党的政治理论观点、路线方针政策，学习党的光辉历史和优良传统为主要内容，通过课堂讲授、现场体验、研讨交流、情景教学、音像教学、座谈会等方式开展教学的各类主题培训班。

科学道德与学风建设宣讲活动 2020 年度本单位主办或牵头组织宣讲科学精神、科学道德、科学伦理和科学规范的会议、培训及活动。

向省部级（含）以上科技奖项、人才计划（工程）举荐获奖人才数 2020 年度本单位向省部级（含）以上科技奖项（人物奖）、人才计划（工程）举荐并获得奖励、支持的人才数。

向省部级（含）以上科技奖项推荐获奖项目数 2020 年度本单位向省部级（含）以上科技奖项（成果奖）举荐的项目数，以及获得奖励的项目数。

科技人才信息库 截至 2020 年 12 月 31 日，本单位或本单位牵头建设、运行维护、开发利用的，为充分发挥科协联系科技工作者的桥梁纽带作用，进一步推进科技决策的科学化和民主化水平，推动科技领域专家发挥在科技管理和决策中的咨询和参谋作用，建设的主要以自然科学领域各主要学科与行业的高层次科技人才专家为主体的信息库，包括科技人才库、科技工作者信息库、学会会员信息库等。

举荐院士候选人次 2020 年度本单位向中国科协推选的院士候选人数。

科技奖项名称 截至 2020 年 12 月 31 日，本单位设立的奖项名称，涵盖人物奖、成果奖、科技奖和科普类奖项等，不包括一般的表扬鼓励和专门针对本单位工作人员的表彰奖励。注意，由本单位设立的奖项，包括本年度暂未开展表彰活动但奖项实际存在的奖项，不包括本单位或单位人员在其他单位获得的奖项。

表彰奖励科技工作者 2020 年度本单位正式行文表彰（含命名）的，在科技工作中有特殊贡献的科技人员。不包括一般的表扬鼓励和专门针对本单位工作人员的表彰奖励。

通过媒体宣传科技工作者人次 2020 年度本单位从宣传党和政府对科技事业的重视和支持、展示我国科技事业的重大进展和成就、推出优秀科技工作者和团队典型、弘扬科学精神和科学思想及传播科学知识和科学方法五个重点宣传内容方面宣传的科技工作者。

科技志愿服务活动 2020 年度本单位或本单位牵头组织科技志愿者、科技志愿服务组织为服务科技工作者、服务创新驱动发展、服务全民科学素质提高、服务党和政府科学决策，在科技攻关、成果转化、人才培养、智库咨询、科学普及、脱贫攻坚等方面自愿、无偿向社会或他人提供的公益性科技类服务活动。

科技志愿服务组织 截至 2020 年 12 月 31 日，各级科协、学会和相关机构成立的科技志愿者协会、科技志愿者队伍、科技志愿服务团（队）等。

科技志愿者人数 截至 2020 年 12 月 31 日，本单位登记注册的科技志愿者人数，包括原科普志愿者。

科技志愿者指不以物质报酬为目的，利用自己的时间、科技技能、科技成果、社会影响力等，自愿为社会或他人提供公益性科技类服务的科技工作者、科技爱好者和热心科技传播的人士等。

科普专职人员　截至 2020 年 12 月 31 日，本级科协系统中从事科普工作时间占其全部工作时间 60% 及以上且领取报酬的人员。包括科普管理工作者，从事专业科普研究和创作的人员，专职科普作家，各类科普场馆的相关工作人员，科普类图书、报刊科技（科普）专栏版的编辑，电台、电视台科普频道、栏目的编导，科普网站信息加工人员等。

科普兼职人员　截至 2020 年 12 月 31 日，在本级科协系统非职业范围内从事科普工作，仅在某些科普活动中从事宣传、辅导、演讲等工作的人员，以及工作时间不能满足科普专职人员要求的从事科普工作且领取报酬的人员。包括进行科普讲座等科普活动的科技人员、中小学兼职科技辅导员等。

开展维护科技工作者权益活动　2020 年度本单位组织开展或牵头组织开展的，主动代表科技工作者通过合法渠道、正常途径，合理伸展利益诉求，以加强服务科技工作者和维护科技工作者合法权益为目的，为科技工作者提供创业就业、心理疏导、法律援助、大病救助、困难群体慰问、婚恋交友、居家养老等服务的活动。

通过群众来信、信访热线等方式服务科技工作者　2020 年度本单位通过群众来信、信访热线等方式接到服务科技工作者诉求，并提供有效服务的次数及受益人数。

加入国际民间科技组织　截至 2020 年 12 月 31 日，本单位代表国家、地区或学科加入国际民间科技组织的数量，其中正式国际民间科技组织是经所在国正式注册，具有法人资质的国际组织。

任职专家　截至 2020 年 12 月 31 日，经本单位培养推荐且已在国际民间科技组织中任职的专家总数。

高级别任职专家　截至 2020 年 12 月 31 日，在核心领导层任职专家为高级别任职专家，包括主席、副主席、执委、秘书长、司库或相当职务的任职专家等。

一般级别任职专家　截至 2020 年 12 月 31 日，在核心领导层以外的专委会或其他常设机构任职的专家。

普通工作人员　截至 2020 年 12 月 31 日，经本单位培养推荐，且已在国际民间科技组织中任职的普通工作（非专家）人员总数。

参加国际科学计划　截至 2020 年 12 月 31 日，本单位及所联系的专家参与国际民间科技组织发起或主导的国际科学计划。

参加大陆境外科技活动人数　2020 年度本单位组织参加的大陆境外（含港澳台地区）会议、展览、经贸、访问考察、科研、培训等科技活动的总人数。

接待大陆境外专家学者　2020 年度本单位单独或牵头接待的来自大陆境外（含港澳台地区）参加学术交流活动、科技人文交流活动、专业技术培训、应用项目对接洽谈、科学教研等科技活动的专家学者。

海外人才离岸创新创业基地　截至 2020 年 12 月 31 日，本级科协已建立或认定的，为促进海内外创新创业服务机构和创新创业团队的交流合作，促进海外人才离岸创新创业工作，推动更多海外人才回国创业及更多海外创新成果在中国落地转化的创新创业基地。

海智计划工作基地　截至 2020 年 12 月 31 日，本级科协已建立或认定的，为加强与海外华人科技团体的联系，充分发挥海外人才和智力优势，切实发挥出海智平台以才引才、以才聚才的作用，发动全国学会和地方科协共同参与，为海外人才回国工作、为国服务搭建的海智计划工作平台。

开展推进创新创业活动　2020 年度本单位为推进创新创业而开展的各项工作、举办的各项活动。活动期间在中国各地举办政策宣传、展览展示、经验交流、信息发布、文化传播、互动对接、投资交易、成果转化等活动，促进各类创业创新要素聚集、交流、对接，在全社会营造良好的创业创新氛围。

举办竞赛、论坛、展览等　2020 年度本单位主办或承办的各种创新创业竞赛、论坛、对话会、座谈会、讨论会、展览、展示等营造创业创新氛围、展示"双创"成果、探讨"双创"理论与实践的活动。

开展咨询、教育、培训等　2020 年度本单位主办或承办的各种创新创业咨询、启蒙、培训、教育等宣传创新创业理念、培育创新创业人才、解答疑惑、助力发展的活动。

开展投融资、成果转化等　2020 年度本单位开展或参加的各种创新创业项目路演、发布、投融资、对接、洽谈、交易、转化、技术咨询、课题攻关等推进创新创业项目健康发展和转化的活动。

参与服务的科技工作者 2020 年度本单位在组织实施创新创业活动过程中，参与中国科协、地方科协和各级学会组织的决策咨询、评价评估、成果转化、技术推广、项目对接、技术服务、培训讲座等"双创"工作的科技工作者。

专家 在学术、技术等方面有专项技能和专业知识的副高级职称及以上人员。

专家服务工作站（中心） 截至 2020 年 12 月 31 日，本单位同有关单位，为高层次专家直接参与经济建设和社会服务而组建的专家科技服务机构。

专家进站（中心）人数 截至 2020 年 12 月 31 日，本单位以设站单位名义聘请进入专家工作站的专家人数。由颁发证书单位填报。

专家服务团队 截至 2020 年 12 月 31 日，本单位根据项目合作需要，按专业特点牵头组织的专家服务团队，打破单位界限，进行专家资源的整合，承担科学普及、科技攻关、决策咨询、工程论证、技术指导、科技扶贫等相关合作。

参加服务团队专家人数 截至 2020 年 12 月 31 日，参加本单位牵头组织专家服务团队的专家人数。

技术标准研制数量 截至 2020 年 12 月 31 日，经公认机构批准的、非强制执行的、供通用或重复使用的产品或相关工艺和生产方法的规则、指南或特性的文件等，其实质是对一个或几个生产技术设立的必须符合要求的条件及能达到此标准的实施技术。团体标准研制数量由团体按照团体确立的标准制定程序自主制定发布，由社会自愿采用的标准。

团体标准研制数量 截至 2020 年 12 月 31 日，由团体按照团体确立的标准制定程序自主制定发布，由社会自愿采用的标准。

国内学术会议 2020 年度在我国境内，由本单位主办或牵头主办的综合交叉性、专业性高端前沿等系列学术研讨会、交流会、报告会和论坛等。注意，同一会议分论坛场次不重复统计。

学术年会 学术年会是学术会议中一种制度性的会议形式，通常是定期（一年或多年）召开的一种大型综合性或主题型学术年会会议，与会代表涵盖全学科或全专业领域。

国内学术会议参加人数 2020 年度本单位主办的国内学术会议参加总人数。

国内学术会议交流论文、报告 2020 年度本单位主办的国内学术会议交流论文、报告等的篇数。

境内国际学术会议 2020 年度在我国境内，由本单位主办或牵头主办及受国际组织委托承办的以学术交流为目的的研讨会、交流会、报告会和论坛等。与会代表来自 3 个或 3 个以上国家或地区（不含港澳台地区）。以提交学术论文、作学术报告、展示学术海报等形式参与交流。注意，同一会议分论坛场次不重复统计。

境内国际学术会议参加人数 2020 年度本单位主办的境内国际学术会议参加总人数。

境外专家学者 2020 年度本单位主办的境内国际学术会议参加人员中的境外专家人数。

境内国际学术会议交流论文、报告 2020 年度本单位主办的境内国际学术会议交流论文、报告等的篇数。

港澳台地区学术会议 2020 年度由本单位和港澳台地区有关组织联合主办的以学术交流为目的的研讨会、交流会、报告会和论坛等。来自港澳台地区的与会代表人数占参会总数的 1/3 以上。以提交学术论文、做学术报告、展示学术海报等形式参与交流。注意，同一会议分论坛场次不重复统计。

港澳台地区学术会议参加人数 2020 年度本单位主办的港澳台地区学术会议参加总人数。

港澳台地区学术会议交流论文、报告 2020 年度本单位主办的港澳台地区学术会议交流论文、报告等的篇数。

主办科技期刊 截至 2020 年 12 月 31 日，由本单位主办，具有固定刊名、刊期、年卷或年月顺序编号、印刷成册、以报道科学技术为主要内容的连续出版物。包括学术期刊、综合期刊、技术期刊、科普期刊和检索期刊，不包括各类内部刊物。两个以上主办单位合办期刊须确定一个主办单位。

实行开放存取的期刊 截至 2020 年 12 月 31 日，由本单位主办的开放获取期刊，是在线出版物，采用数字化出版、网络传播、作者或机构付费（版权属于作者）、读者免费获得的出版模式。

科技期刊发行量 2020 年度本单位主办的本科技期刊的发行量。

实体科技馆数量 截至 2020 年 12 月 31 日，本单位拥有所有权或使用权，具备展览教育、培训教育、实验教育等功能，面向公众已建成且常年开馆的社会科技教育固定设施。

实行免费开放的科技馆　截至 2020 年 12 月 31 日，本级科协所属，符合科技馆建设标准，具有展教功能，免费向公众开放的科技馆。

实体科技馆建筑面积　截至 2020 年 12 月 31 日，本单位拥有所有权或使用权的科技馆的展览教育、公众服务、业务研究、管理保障等用房主体建筑面积总和。

实体科技馆展厅面积　截至 2020 年 12 月 31 日，本单位拥有所有权或使用权的科技馆内专门用于布置常设展览和短期展览的用房（场所）的使用面积。

科技馆参观人次　2020 年度接待参观科技馆的总人次。

数字科技馆数量　截至 2020 年 12 月 31 日，本单位以激发公众科学兴趣、提高公众科学素质为目标，面向全体公众，特别是青少年群体，搭建的基于互联网传播的公益性科普服务平台或网络科普园地。

流动科技馆　截至 2020 年 12 月 31 日，本单位获得中国科协配发或自行研发的用于科普活动的流动科技馆。由配发或自行研发单位填报。

流动科技馆巡展受众人数　2020 年度本单位单独或牵头组织的流动科技馆巡展所覆盖的总人数。

科普活动站（中心、室）数量　截至 2020 年 12 月 31 日，长期或定期从事青少年科普，向公众进行科学技术传播，开展示范性、导向性科学普及活动，开展青少年科技教育，组织青少年科技竞赛等工作的社会公益性机构和场所的数量。

全年参加活动（培训）人数　2020 年度参加科普活动站（中心、室）举办活动的总人数。

科普大篷车数量　截至 2020 年 12 月 31 日，本单位获得中国科协配发和自行开发的用于科普活动的大篷车的数量。由使用大篷车的单位填报。省级科协负责审核各级数量。

科普大篷车下乡次数　2020 年度本单位科普大篷车当年下乡开展科普活动的次数。

科普大篷车覆盖人数　2020 年度本单位科普大篷车当年下乡开展科普活动所覆盖的总人数。

科普大篷车行驶里程　2020 年度本单位科普大篷车当年开展科普活动累计行驶的千米数。

科普大篷车展品数量　2020 年度本单位科普大篷车全部展品的数量。

科普画廊建筑面积（宣传栏、科技宣传橱窗）　截至 2020 年 12 月 31 日，由本单位单独或牵头联合有关单位共同在广场、社区、村寨、公园、路边等建设的，直接向公众宣传科学技术信息的具有展示功能的宣传栏、橱窗等固定科普设施。按实际建筑面积计算，单面的计算单面面积，双面的计算双面面积。单个建筑面积之和等于总面积。

科普画廊展示面积　截至 2020 年 12 月 31 日，在本单位单独或牵头联合有关单位共同建设的科普画廊（宣传栏、橱窗）中，展示科学技术信息图片、文字的实际面积。按实际展示面积计算，单面的计算单面面积，双面的计算双面面积。单个年展示面积之和等于年展示总面积。单个年展示面积＝每次展示面积 × 展示次数。

举办科普宣讲活动　2020 年度本单位单独或牵头组织的以报告会、广播、电视、报刊、网络或其他形式举办的科普讲座和报告，以陈列实物及展示图片等形式举办的各类科普展览，组织相关专业专家组成智力团体，以科学技术为依据，向社会和公众提供的智力服务。按实际举办次数统计，包括青少年科普活动次数。

科普活动受众人数　2020 年度本单位单独或牵头组织的科普宣讲活动所覆盖的总人数。

参加活动科技人员总数　2020 年度参与本单位单独或牵头组织的各类科普活动的全部科技人员，包括志愿者、被邀请的专家和科技专业人员等。

专家人数　2020 年度参与本单位单独或牵头组织的各类科普活动的全部科技人员中专家的数量。

参加活动的学会、协会、研究会　2020 年度参与本单位单独或牵头组织的各类科普活动的各类学会、协会、研究会的数量。

推广新技术、新品种　2020 年度本单位推广的用于农业生产方面的科学新技术及农作物新产品，包括种植、养殖、化肥农药的用法、各种生产资料的鉴别、高效农业生产模式等。

青少年　泛指 18 周岁以下的人。

举办青少年科技竞赛　2020 年度本单位独立举办或牵头组织举办的旨在推动青少年科技活动蓬勃开展，培养青少年创新精神和实践能力，提高青少年科技素质，鼓励优秀人才涌现，推进科技普及发展的各类科技竞赛活动。

参加人数 2020年度本单位举办的青少年科技竞赛参加人数。

获奖人数 2020年度本单位举办的青少年科技竞赛获奖人数。

青少年参加国际及港澳台科技交流活动 2020年度本单位组织国内优秀青少年参加国际及港澳台地区青少年科技竞赛、交流活动及代表国家参加国际奥林匹克学科竞赛。

举办青少年高校科学营 2020年度由中国科协、教育部共同主办的青少年高校科学营活动。

参加人数 2020年度由中国科协、教育部共同主办的青少年高校科学营活动参加人数。

编印青少年科技教育资料 2020年度本单位编印的以青少年科技教育为题材的论文集、画册、活动指导手册、宣传资料、汇编等。

举办青少年科技教育活动和培训次数 2020年度本单位单独或牵头组织的向青少年、科技辅导员和各级管理工作者普及科学技术、提供展示和交流平台的主题性科普活动，以及相关的实用技术和技能培训活动。

中学生英才计划培养学生 2020年度本单位根据中国科协和教育部联合开展、落实"支持有条件的高中与大学、科研院所合作开展创新人才培养研究和试验，建立创新人才培养基地"的要求，发现和培养一批有潜质的科技创新后备人才的数量。

编著科技图书种数 截至2020年12月31日，本单位组织编著的科技综合类、信息类、普及类、专业技术类等图书。只统计在新闻出版机构登记、有正式书号的科技图书。

科技图书总印数 2020年度本单位编著科技图书的总出版册数。

主办科技报纸种数 截至2020年12月31日，本单位出版的自然科学和科学技术方面的报刊，主要任务是介绍先进科学技术、传播科技信息、交流科学方法、开发智力资源、培养科技人才、促进科研成果转化为生产力、普及科技知识、提高全民科学技术文化水平。

报纸总印数 2020年度本单位主办的科技报纸的总印数。

制作科普挂图种数 截至2020年12月31日，本单位独立或牵头组织编创的，用于各项科普宣传活动的挂图。以主题进行统计，一个主题计为一种。

科普挂图总印数 2020年度本单位制作的科普挂图的总印数。

制作科技广播、影视节目套数 截至2020年12月31日，本单位本年度独立或牵头组织制作的以宣传科学技术为主要内容的广播节目、电影和电视节目的套数。

制作科普动漫作品套数 截至2020年12月31日，本单位以"科普创意"为核心，以动画、漫画为表现形式，以网络为技术传播手段制作的动漫作品的套数。

制作科普动漫播放时长 2020年度本单位制作动漫的总播放时间，按分钟计。

开设科教栏目的电视台 截至2020年12月31日，开设专门科教栏目，利用固定时段播放科普节目的电视台。由各级科协填报本级电视台数据。

开设科教栏目的广播电台 截至2020年12月31日，开设专门科教栏目，利用固定时段播放科普节目的广播电台。由各级科协填报本级广播电台数据。

主办科技传播网站 截至2020年12月31日，本单位主办的面向社会公众弘扬科学精神、传播科学知识、普及科学技术的网站。

科技传播网站浏览人次 2020年度本单位主办的科技传播网站的浏览人次。

主办科普App 截至2020年12月31日，本单位开发运营的科普类手机移动端应用个数。

科普App下载安装数 截至2020年12月31日，主办科普App的下载安装数。

主办科普微信公众号 截至2020年12月31日，本单位在微信公众平台上申请的，主要用于面向公众弘扬科学精神、传播科学知识、普及科学技术等的应用账号。

科普微信公众号关注数 截至2020年12月31日，本单位主办科普微信公众号的关注数。

科普微信公众号年度总阅读量 2020年度本单位主办科普微信公众号发表文章的总阅读量。

主办科普微博 截至2020年12月31日，本单位在新浪微博上申请，主要用于面向公众弘扬科学精神、传播科学知识、普及科学技术等的应用账号个数。

科普微博关注数　截至 2020 年 12 月 31 日，主办科普微博的关注数。

研究人员数量　截至 2020 年 12 月 31 日，本单位具有较强研究能力，掌握着本学科领域内的国际、国内最新进展，取得过高水平的研究成果，主要负责参与并完成科研任务的人员，包括在职研究人员、兼职研究人员及连续工作一年及以上的非在编研究人员数。不包括单位管理人员及短期合作的研究人员。

本单位研究人员数量　截至 2020 年 12 月 31 日，在本单位主要从事研究工作、领取劳动报酬的在编人员和连续工作一年及以上的非在编研究人员数。

举办决策咨次数　2020 年度本单位举办的会议、论坛、调研等决策咨询活动的次数量。

组织政协科协界委员协商或调研活动　2020 年度本单位组织的政协科协界委员协商或调研活动的次数。

组织参与立法咨询次数　2020 年度本单位或本部门组织专家或专业研究人员参与的立法咨询的次数。

开展科技工作者专项调查次数　2020 年度本单位或本部门组织开展的科技工作者专项调查次数。

组织政策解读活动　2020 年度本单位主办的政策解读活动的次数。

开展科技创新评估　2020 年度本单位牵头开展的对科技政策、计划、项目、成果、专有技术、产品机构、人才等科技活动有关的评估行为，遵循一定的原则、程序和标准，运用科学、公正和可行的方法进行的专业判断活动的次数。

提供决策咨询报告　2020 年度本单位向党和国家机关提交的科技工作者建议、科技界情况、调研动态评估报告等，有助于提升决策质量的咨询报告的数量。

获上级领导批示条数　2020 年度本单位向党和国家机关提交的科技工作者建议、科技界情况、调研动态评估报告等，有助于提升决策质量的咨询报告获得上级领导批示的数量，包括报同级单位党委领导批示的条数。

答复人大政协代表（委员）提案　2020 年度本单位负责并完成答复人大和政协的有关机构交办的议案的数量。